29

新 知
文 库

XINZHI

The Culture of War

战争的文化

[以] 马丁·范克勒韦尔德 著 李阳 译

生活·讀書·新知 三联书店

图书在版编目（CIP）数据

战争的文化／（以）范克勒韦尔德著；李阳译．—2 版．—北京：生活·读书·新知三联书店，2016.9　（2017.4 重印）
（新知文库）
ISBN 978 – 7 – 108 – 05747 – 1

Ⅰ．①战…　Ⅱ.①范…　②李…　Ⅲ.①战争理论　Ⅳ.① E8

中国版本图书馆 CIP 数据核字（2016）第 156755 号

责任编辑　徐国强
装帧设计　陆智昌　康　健
责任印制　徐　方
出版发行　生活·讀書·新知 三联书店
　　　　　（北京市东城区美术馆东街 22 号 100010）
网　　址　www.sdxjpc.com
经　　销　新华书店
印　　刷　北京隆昌伟业印刷有限公司
版　　次　2010 年 12 月北京第 1 版
　　　　　2016 年 9 月北京第 2 版
　　　　　2017 年 4 月北京第 3 次印刷
开　　本　635 毫米 × 965 毫米　1/16　印张 27.25
字　　数　300 千字　图字 01-2009-2075
印　　数　13,001 – 16,000 册
定　　价　45.00 元
（印装查询：01064002715；邮购查询：01084010542）

新知文库

出版说明

　　在今天三联书店的前身——生活书店、读书出版社和新知书店的出版史上，介绍新知识和新观念的图书曾占有很大比重。熟悉三联的读者也都会记得，20世纪80年代后期，我们曾以"新知文库"的名义，出版过一批译介西方现代人文社会科学知识的图书。今年是生活·读书·新知三联书店恢复独立建制20周年，我们再次推出"新知文库"，正是为了接续这一传统。

　　近半个世纪以来，无论在自然科学方面，还是在人文社会科学方面，知识都在以前所未有的速度更新。涉及自然环境、社会文化等领域的新发现、新探索和新成果层出不穷，并以同样前所未有的深度和广度影响人类的社会和生活。了解这种知识成果的内容，思考其与我们生活的关系，固然是明了社会变迁趋势的必需，但更为重要的，乃是通过知识演进的背景和过程，领悟和体会隐藏其中的理性精神和科学规律。

　　"新知文库"拟选编一些介绍人文社会科

学和自然科学新知识及其如何被发现和传播的图书，陆续出版。希望读者能在愉悦的阅读中获取新知，开阔视野，启迪思维，激发好奇心和想象力。

生活·讀書·新知 三联书店

2006 年 3 月

战争的文化

马丁·范克勒韦尔德的《战争的文化》一书，以精辟的论证，推翻了"战争只不过是政治通过其他手段的延伸"这一观念。

——威廉·S.兰德 (Willian S.Lind)，有"第四代战争教父"之称的美国军事理论家

三十多年来，马丁·范克勒韦尔德始终是这个世界上最杰出的军事思想家之一。他的《战争的供给》和《战争的指挥》迄今仍是军事后勤学和军事指挥学上有开创意义的著作。在《战争的文化》中，范克勒韦尔德又一次展现了卓越的才华，探索了战争至关重要却又鲜为人们认知的一个方面——其根深蒂固的文化。如同他在激动人心的《战争的转型》一书中一样，范克勒韦尔德又一次向普鲁士战略家克劳塞维茨发起了挑战。这回他论述了克劳塞维茨提出的战争只是为政治目的而发动这一前提是不成立的，因为他没有认识到战争本身也是一个目的。他认为这种目的体现在战争的文化中。这是一种关于恐惧、激动、武器、组织、历史、传统，以及更多地汇入和融进那些武装起来的人们头脑中的文化。范克勒韦尔德列举了大量历史和现实的例证，论述精辟，令人信服。无论对平民还是对军人，这都是一部观点新颖、富于教益、启人深思的书。

——保罗·范里佩尔 (Paul van Riper)，美国海军陆战队退役中将

这是马丁·范克勒韦尔德又一部精彩而独到之作，又一次展现了他在认识战争方面的远见卓识。很少有战略家具备他那样渊博的知识、严谨的学风和出色的分析能力。《战争的文化》是又一部所有需要真正了解冲突本质的人必读的经典之作。

——安东尼·津尼（Anthony Zinni），美国海军陆战队退役中将，《纽约时报》畅销书《为和平而战》的作者

有些人太热爱和平了，竟然筑起了一道关于战争的诺言的墙来保护它。而马丁·范克勒韦尔德则说出了实话。他阐释了为什么99％的战争都是由志愿者打响的。战斗是美妙的，但又是残酷的，因而需要一种战争文化来维护士气。

——爱德华·N.勒特韦克（Edward N.Luttwak），《政变：实用手册》一书作者

这部辉煌之作又一次证明了我们已知的事实：马丁·范克勒韦尔德是当今英语世界最富创造力、最具洞察力的首屈一指的军事历史学家。

——安德鲁·J.巴瑟维奇（Andrew J.Bacevich），国际关系专家，波士顿大学历史和国际关系学教授

你们这些大胆的探求者、尝试者，巧妙地扬帆而在可怕的大海上驾船的人——

你们这些陶醉于哑谜的人，爱好朦胧之光的人，听到笛声就让你们的灵魂被勾引到任何魔法深渊的人；

因为你们不想用胆怯的手顺着一根线摸索前进，你们能猜得出的，你们就讨厌去推断。

——尼采，《查拉图斯特拉如是说》

目 录

前言

　　理论上讲，战争只不过是为达到目的而使用的一种手段，是一种通过杀死敌人、击伤敌人或以其他手段使敌人丧失战斗力，从而服务于某一集团利益的行动——如果说非常残酷，却是理性的。但在实际上，任何论断都不能超越事实。甚至经济学家，今天都已一致认为，包括部落勇士和士兵在内的人类，并非一心图利的机器。无数事实证明，战争本身就具有强大的魔力——这种魔力会最大限度地激励参战者，然而其影响力又绝不仅仅限于参战者。战斗本身就可能是快乐的源泉，甚至是最大源泉。从战争的魔力中产生了一整套围绕着战争的文化。实际上，战争便浸润于这种文化中。像所有其他文化一样，这种与战争相关的文化，很大程度上也是由各种"无用的"游戏、装饰和装模作样之举构成的。这些装饰、游戏、装模作样，时而也会过头，产生适得其反的作用。事实一向如此，将来大概也会如此。

　　要想充分地讨论战争文化，不是一本书所能完成的，而需要整整一座图书馆。这种文化表现在：从古代的盔甲（或者说，在盔甲产生之前部落勇士涂在身上的颜料）到今天的迷彩服和兽纹装，一直存在的远非实用的形状和装饰；从古埃及人在特制的棋盘上通过象征物玩的兵棋，到今天五花八门的战争游戏、军事训练项目和军事演习；从《申命记》中耶和华的训诫（对于在战争中遇到各种敌人时如何应对所制定的基本原则）到今天国际法中不可胜数的条文。战争文化涵盖了从军人的举止、习尚、文书、队列、阅兵和其他各种仪式，以及无穷无尽的宣战、作战、庆祝和纪念战争的方式中，所体现出的武士的价值和传统。

在许多社会，特别是塔西佗（Tacitus）① 曾描述过的部落社会、荷马笔下的希腊那样的封建社会，还有中世纪的欧洲、马穆鲁克（Mamluk）时代的埃及和武士时代的日本，战争文化都享有极高的地位。例如，克雷蒂安·德特鲁亚（Chrétien de Troyes）② 在《珀西瓦尔》（*Perceval*）中曾说这是"上帝最高级的创造物和支配物"；16 世纪的一位法国骑士皮埃尔·德布朗托姆（Pierre de Brantôme）说骑士制度是"荣誉的宗教"，还号召赋予骑士制度高于所有其他文化形式的地位。相反的是，今天自诩"先进"的国家中，很少有如此高度崇尚战争文化的。军人、战争游戏玩家、军品收藏家，甚至军史学家，都对此心知肚明。在最好的情况下，战争文化会被视为很久以前的，大概也不那么理性、不那么实际、不那么人道的古代社会的一种古怪的残余。在最坏的情况下，这种文化会遭到否定、摒弃、忽视、嘲讽，或者被斥为孩子气的"好战"。正如无数关于军事智慧、军法、军乐甚至军队伙食的笑话所暗示的，战争文化经常被蔑视为喧闹、粗俗和鄙陋的。

有人甚至声称战争与文化是截然对立的。在拜伦爵士等人的眼中，战争完全是"割断脖子、砸碎脑袋的艺术"；因此，每当军旗升起、军号吹响时，他们都会移开目光，捂上耳朵。另外一些人，虽然愿意承认的确存在一种战争文化，却视之为万恶之首，是"军国主

---

① 56 ~ 120，古罗马元老院议员、历史学家。著有《历史》、《编年史》等。——译注
② 1160? ~ 1180，法国诗人，以描写亚瑟王传奇的故事诗《珀西瓦尔》闻名。——译注

义"。学术界，特别是许多政治思想左倾的学者，尤其喜欢这样思考问题。这也许就能解释：为什么诸如《中世纪的兵器和盔甲》、《德军军服》或《世界各国战斗机》之类的书很受欢迎，但对于战争文化进行全面研究的学术著作却从未面世。这也许还能解释：为什么一本自称主题为古代社会的"战争标志"的书，内容却可能是在讨论兵器、盔甲和战术。

即使对战争的指责是正确的，也不能说明战争文化就不值得认真关注。战争在人类事务中一向发挥着至关重要的作用。正如一位英国官员曾对我说过的，任何帝国、任何文明、任何民族或者任何宗教的崛起，莫不以在这种"打打杀杀的事情"上取得优势为先决条件。通常，最成功的思想、宗教、民族、文明和帝国，都不过是设法获得了最多的大炮，然后利用大炮将其余的对手压制了下去。相反，鲜有伟大的思想、宗教、民族、文明或帝国，在衰亡之前不试图通过武力来挽救其命运的。尽管悲天悯人的心灵厌恶这样的事实，但战争及其文化的确是人类历史和人类生活中不可割裂的要素。它们作为人类生活的一部分，需要予以了解。而为了了解它们，就应当以研究人类生活的其他部分同样的认真、认可的态度来研究它们。

而正如本书所试图揭示的，人们对战争的指责经常是不正确的。即便今日，当大多数发达国家都不再实行征兵制，军队重新由职业军人构成时，大多数平民和军人之间也并非黑白分明的。的确，军人不是千人一面。也许有些军人感觉迟钝、冷酷无情、粗鲁野蛮，但绝对没有理由认为这样的人在军队中就比在其他行业中多；相反，倒是有理由认为：那么多"文明"人能够陶醉于高雅的情趣中，原因之一就是有军人在替他们干脏活儿。因此，只有"偏见"这个词，可以解释为什么军人创造并浸润于其中的那种文化，经常会被认为低劣于其他群体的文化，无论这些群体是牧师、商人、职员、工人、白人、黑人、女人，还是从癌症中康复的人。

实际上，战争绘画、盔甲、军服和武器，较之平民的服装，同样有趣，同样历史悠久，同样与经济、社会和文化发展的方方面面密切相关。军队的典礼不仅像平民的典礼一样复杂精细并充满象征意义，而且往往对后者有示范作用。的确，时常有军人无视或践踏战争方面的法律，或以之作为掩饰一些人冷血本性的幌子；然而，同样的情况也会发生在所有其他领域中用以规范人们行为的所有其他法律上。从荷马史诗到林肯的葛底斯堡演讲，既能给人们带来无比的欢乐也能带来难言的痛苦的战争，历来能激发出伟大的文学灵感。从希腊萨莫色雷斯岛展翅欲飞的胜利女神像，到华盛顿黑色的 V 形越战纪念碑，为纪念战争而建造的建筑也是如此。

很多对战争文化嗤之以鼻的人，都不过是些自以为是的人（对他们根本不必理睬）或者是些对战争一无所知的人（就他们自身而言倒是幸运的）。有些故意忽视战争文化的人也是对战争一无所知的人，然而对我们其余人来说这却很不幸，因为他们非常危险。我指的是那些自诩为"新现实主义者"的人，他们就像童话里制造麻烦的小妖精，他们当真认为战争就是政治（或者多半是官僚们就预算问题展开的争斗）的继续，而不是别的。他们从没当过兵，完全无视战争会引发巨大的伤亡，而打仗的人也是血肉之躯这一事实。他们舒舒服服地坐在办公室里，整天处理的都是些抽象的事情。他们的眼里除了"效用"和"利益"之外，再无其他。他们认为战争文化与手头"现实"的事务风马牛不相及，因而也会以此为出发点来决策处事。他们中就有一些人在华盛顿或者其他国家的首都担任着要职，或身处只要他们愿意就能把他们的同胞拖入战争的高位。

的确，与其他各种文化相比，围绕战争的文化有很多是看似不明智，不合算的。然而，这丝毫不能降低其重要性。原因之一就是，如果剥离了这些"无用"的文化，战争就会堕落为仅仅是暴力的放纵，就是没有任何组织、任何目的和任何意义的施暴。不言而喻的是，历史上这样的暴行屡见不鲜。一些史上最好的军队，时而也犯下这样的罪恶，将纪律抛诸九霄云外，不顾一切，在盲目的愤怒驱使下胡作非为。然而，这样的暴行并不是战争造成的。总体而言，那些没有分清战争和暴行的区别的军队，都算不上是组织严密、纪律严明，装备有重型"文化武器"的军队。

这就告诉了我们战争文化之所以重要的真正原因，那就是：它对于军人克服畏惧死亡和逃避危险的心理，做好在需要时付出最大牺牲的准备，发挥着至关重要的作用。各种军队都可能准备好为这样或那样的目的杀戮、抢掠和破坏。他们也许具备达到这些目的所必需的一切要素：财力、人数、组织、装备等等。然而，除非他们也准备好了克服天性，牺牲生命，否则他们就派不上用场，甚至更糟。

必须承认的是，巴顿（George Patton）的那句名言——打仗的目的就是要让另一个家伙为他的祖国而死——是很有道理的；然而，他只说对了一半。他的话反过来又意味着：那些不重视战争文化的学究们，无论是出于无知还是自以为是，都在犯着大错，因此无论他们说什么、写什么、做什么，都不能太相信。曾有一个故事说，德军参谋总长阿尔弗雷德·冯·施里芬（Alfred von Schlieffen；1893～1905 年在职）做出过一个直率的总结。"是的，"他曾对一名刻薄的批评者说道，"归根结底就是一个愚蠢的问题：怎么打赢。"

本书的内容大致如下：第一篇论述战争文化在和平时期的表现。包括对军服和武器的装饰，各种军事教育机构中对军人价值观的灌输和传授，以及大量旨在准备战争和模仿战争的军事训练项目和战争游戏。第二篇论述战争文化在战争当中的表现。包括由和平转入战争、进入战斗、战斗的乐趣、战争的规则，以及由战争转回和平。第三篇简要地介绍随着战争结束产生的战争文化，诸如纪念碑、战争文学、战争电影、战争博物馆等等。第四篇关注 1945 年以来的文明——即所谓的"后现代文明"、"后军事文明"、"后英雄时代文明"，旨在说明没有战争的世界是不可能存在的，恰恰相反，此前几章所探讨的战争文化要素，不仅全部存在，而且极其活跃。这些要素尽管经常遭到蔑视，时而受到压制，但就潜藏在水面之下，随时等待着露出峥嵘。

这些是本书关于历史的章节。然而假如战争文化不存在了，会发生什么情况？第五篇，也是最后一篇，就是要回答这个问题的。本篇关注的是一些历来被认为，在很大程度上也的确是，与战争文化对立的事物，即：野蛮的乌合之众、没有灵魂的机器、没有骨头的男人，以及女权主义。

我写本书有两重目的。首先，我想煞煞那些各种各样的"主义者"们 —— 例如相对主义者、解构主义者、破坏主义者、后现代主义者、更脆弱的非战主义者，还有女权主义者 —— 的气焰。请他们原谅我的不恭，这样一种战争文化不仅存在，而且还很兴盛，非常值得研究。再进一步，在许多方面，今天的战争文化与各个时代各个地区的战争文化，本质上仍是一致的。在某种意义上，我的写作目的与约翰·基根（John Keegan）的《战争史》（*A History of Warfare*，1993 年出版）针锋相对。他试图说明，当文化改变后，战争行为也会随之变化。我则恰恰相反，想揭示的是：尽管武器、战术等等发生了翻天覆地的变化，但战争的一些最本质的特性却依然如故。

另一方面，我想冒犯一下"新现实主义者"们。他们关注的几乎只有信息、性能、武器系统，以及一位著名军事杂志的编辑所谓的"精确战略"。他们所做的一切就是要证明他们根本不明白究竟是什么促成了战争，以及他们没有能力驾驭战争。我则相反，旨在唤起人们研究所有那些被他们，以及他们的"笔杆子"克劳塞维茨（Carl von Clausewitz）①所忽略了的关于战争的至关重要的东西。于是我就在政治—文化领域的两条战线上，同时与多愁善感的左派和铁石心肠的右派开战了。但我一向是好战的。

---

① 1780 ~ 1831，普鲁士将军、军事理论家和军事历史学家，著有《战争论》，主张战争是政治的继续，提出了总体战概念。——译注

第一篇　准备战争的文化

　　理论上讲，战争只不过是为达到目的而使用的一种手段，是一种通过杀死敌人、击伤敌人或以其他手段使敌人丧失战斗力，从而服务于某一集团利益的行动——如果说非常残酷，却是理性的。但在实际上，任何论断都不能超越事实。战争是否有益，这一点经常受到怀疑。但它能使男人着迷，并且以不同的方式令女人也着迷，这却是毋庸置疑的。相对于第一次世界大战持续的每一天，都会有好几本关于"一战"的书被创作出来，而且至今仍有这方面的书源源不断地问世。假如让某个人把迄今拍摄的所有关于"二战"的电影都看一遍，他怕是得花上好几年才能看完。正是这种迷人的魅力，超过所有其他因素，使得人们将多得令人难以置信的金钱和无数人的才华投入到打扮士兵、装饰武器方面。战争文化的其他方面还包括让士兵为战斗做好准备，设计和玩耍各种战争游戏，甚至到了从纯军事的观点来看，都感到投资过大的地步。

第一章
从勇士文身到迷彩服

从情理上讲，人们在投入战争时，应当尽可能穿戴得简单实用 —— 因为战争难道不是最消耗体力的活动吗？但实际上，人们的行为却经常是恰恰相反，要在自己身上覆盖上也许需要几小时，甚至几天才能完成的精细的装饰。从我们所能探知的最遥远的史前时代起，打仗前在脸上和身上涂上颜料，就始终是部落社会文化的一部分。最初这样的涂抹也许只意味着要打仗了，要制造出一种明显不同于和平时期的气氛来。然而，就像我们称之为战争文化的众多其他要素一样，这样的装饰经常也在其他场合用于礼仪目的，其应用是如此频繁，以致往往很难说究竟是战争渗入了文化，还是文化渗入了战争。

通常颜料都是由本地物质制成的，特别是植物，再掺入少量矿土或矿石研成的粉。但有时也通过贸易换来。朱红颜料在北美印第安人中很受欢迎，1756～1763 年间，法国和英国都把这种颜料当作付给他们的印第安盟友的报酬物之一。通常颜料都是用手指来涂抹的，但时而也用专门的工具。涂抹的目的之一是施魔法壮胆 —— 某些图案被认为有保护作用，或者在一定程度上也起识别作用。

尽管通常情况下每个勇士都是随心所欲地装饰自己，但每个部落也都有自己的图案，以作身份识别用。印第安人中的苏族人（Sioux）用红色，克劳人（Crow）用白色。卡罗来纳的卡托巴人（Catawba）的赫赫威名，很可能与他们在脸上涂画的不对称图案有关。他们把一只眼睛画上白圈，把另一只眼睛画上黑圈，把脸上其余部分也涂黑。通常不同的颜色表示不同的情绪。例如，在切诺基人（Cherokee）

中，红色代表胜利，蓝色代表失败或不利，黑色代表死亡，白色代表安静、和平和欢乐。经常是要编造一整套神话故事，来解释为什么人们要为不同的目的涂不同的颜色。在太多的情况下，整个故事都是在掩饰一个事实：选择实在是太多太随意了。

起初，北美印第安人是徒步行军和打仗的。然而，马匹刚一引进，他们就把同样的颜色也用在了马身上。马的身体两侧都被对称地涂绘，每一侧的图案讲述的都是同一个故事。使用的符号包括在马的一只眼睛或两只眼睛上画圈，也许是想让它们看上去更凶猛，还有用长长的Z字线表示闪电，显然意在增强马的力量和速度，以吓唬敌人。不同的符号并非孤立的，而是相互结合来表达意思的。它们形成的整体图案，或者说想要形成的整体图案，在创意者眼中是和谐的，哪怕在别人看来可能是稀奇古怪的。

北美印第安人中的这种情况，在散布于世界各地的其他部落社会中也都存在——尽管在白人到来前，他们极少知道彼此的存在。无论南非的祖鲁（Zulu）勇士，还是南达科他的苏族勇士，都不是以他们的神创造他们时的原样投入战斗的。新几内亚以割取敌人首级为战利品的部落，波利尼西亚群岛各岛的斗士们，以及今天被称为拉丁美洲的地区无数部落的勇士们，也都是如此。他们都是在身体上装饰了各种图案，或者像肯尼亚的梅鲁人（Meru）一样，将头发也梳成了特殊的发型。在很多部落，这些图案并不是涂画上去的，而是在加入部落的仪式上忍痛刺绘上去的；的确，文身是部落勇士鲜明的标志之一。例如，大约与基督同时代的布里顿勇士将身体的大部分都覆盖以动物图案，于是他们的身上泛着蓝色，正如尤利乌斯·恺撒（Julius Caesar）所说的，这使他们"在战斗中看上去很可怕"。罗马士兵没过多久便也采用了这一习俗。在接下去的几个世纪里，他们将这一习俗传遍了帝国各处，直到第一位信奉基督教的皇帝君士坦丁一世（Constantine Ⅰ）才将之禁止。他认为此举破坏了"上帝的手工"。

在战争中用颜料来修饰人和动物的外观，也不只是我们通常在人种学博物馆中看到的那些"野蛮"民族的行为。18世纪英国军队就曾为他们的战马涂上颜色，使它们看上去外观一致。起初这只是为阅兵

　　　　　　　战争的文化

所用，后来有时也沿用到战争中，尽管此举有害于牲畜的健康——也正是因为这一原因，这一习俗于 1811 年被废止了。那个世纪稍晚些时候，法国军队颁布了一道长期的命令，要求长着淡黄色胡子的军官都用鞋油将胡子涂黑。在今天的军队中，在身体上涂颜料的办法也仍在运用——而且运用之多，竟致成为准备打仗的代名词。至少有两本书——辛西娅·恩洛（Cynthia Enloe）的《哈基会变成你吗?》（*Does Khaki become You?*）和安德鲁·巴切维奇（Andrew Bacevich）的《美国的新军国主义》（*The New American Militarism*）——载有这样的照片：年轻士兵，男女皆有，站在车辆的防尘罩上，将脸涂成黑中泛绿的颜色。还有一本书是比尔·戈申（Bill Goshen）写他越战经历的自传，书名就叫"战争涂绘"（*War Paint*）。

对部落勇士来说，打仗时在身上涂颜料的原因之一是祈求神奇的力量，既保护自己也伤害敌人。此外，更实际的原因也许是提供伪装——特别是在夜战、埋伏和偷袭时——或者是吓唬敌人。当今世界情况更为复杂。一方面，随着大多数人都已破除了迷信，趋于理性，祈求神奇魔力的解释就说不通了。另一方面，由于大多数士兵都已不再白刃搏斗，而是在很远的距离外射击，他们很难看到敌人的脸，第二和第三个理由也不成立了。只有极少数的士兵仍然会近距离作战，其中就有突击队员。比尔·戈申在美国精锐特种部队"游骑兵"部队服役，并描写这个部队，并非偶然。

这就解释了原因：抛开实际的作用后，现代的军队把在脸上和身上涂色变成了优秀士兵的标志。其他士兵因羡慕那些勇士，有时也会给自己涂上颜色，想模仿他们，赢取通常是为他们准备的荣誉。在这方面还须增加一些其他理由，包括希望通过参加仪式活动汲取勇气，以及需要对一个人从大体安全的和平生活转入危机四伏的战争状态有所标记。使用战争涂绘的动机很多、很复杂——有心理的、社会的、实用的和魔幻的——把它们割裂开来是不可能的。我们很快就会有机会看到，战争文化的几乎所有要素都是如此。

在数不清的社会中，战争涂绘——无论是涂在皮肤上的颜料还是永久性的文身——都还有其他形式的装饰作为补充。用动物羽毛或尾巴做成的头饰，各种样式和形状的环饰，刺穿鼻子或耳朵的木针、骨针或金属针，用于装饰头盔或腰带，或制成项链的各种动物的角、爪或牙——所有这些，以及许多其他装饰，都被广泛应用。像涂绘一样，这些装饰的使用目的也不一而足。其中之一也许是想使勇士们看上去比本身更加高大，更加凶猛。另一个目的是想使所利用的那种动物的特性在战斗中附着于战士们身上。还有一个目的是想产生使披挂者刀枪不入的神奇魔力。在南北美洲、密克罗尼西亚、波利尼西亚、新几内亚、新西兰和东南亚的许多地区，"战争披挂"中还包括在先前的战斗中被杀死的敌人的风干、萎缩或腌泡过的身体器官，以显示披挂者的威力。

今天的士兵在奔赴战场时，除了会带上一些寄托感情的物件，如妻子、孩子、女朋友的照片之类，绝不会带真正的贵重物品的。古代的人们却通常不是这样。他们会带上自己的所有物投入战争，会披挂它们，尽可能突出地展示它们，这是因为他们别无选择：毕竟，那时候还没有银行，甚至经常是连长久的住所都没有，他们没法做到把所有物放在某个地方，打完仗后再回到那里。也许还有部分原因是，把华丽的装饰品都披挂上，能够激励自己的勇气。迟至 1789 年的尼罗河战役结束后，拿破仑的士兵还在河里打捞敌人的尸体，以取下他们随身携带的金银币。

从很早的时候起，许多社会的勇士们都多多少少不再是光着身子打仗了。他们穿上了也起保护作用的衣服：换言之，他们披盔戴甲了。有些人在此之外还持有其他保护器具，例如盾牌。在本书中，我们关心的主要不是这些衣甲的功能，至少不是其保护穿戴者的功能。

历史上，并非所有士兵都穿防护衣或盔甲，或者手持盾牌。例如罗马轻装步兵（velite）或称"快速"部队就是如此，这是因为他们宁愿依靠灵活敏捷来保护自己。在更多的情况下，人们也许是因为负担不起，尤其是盔甲和盾牌。依时间和地点的不同，置办盔甲和盾牌，也许需要很多时日，也许需要大量钱财。防护用具之昂贵，使之成为身份的象征，在人们当中激起了竞争。从一开始，那些手持盾牌和/或身穿甲胄的人，通常都佩有极其精致，大部分情况下也极其昂贵的装饰品。

如同战士们涂在身上的颜料、文身，以及身上披挂的各种物件一样，某些装饰意在给人留些深刻印象或吓唬敌人。在许多社会，勇士们打仗时穿的衣服往往是由诸如老虎、豹子、狮子等野兽的皮制成的。这种作战服上经常饰有动物的头，特别是有玻璃的眼睛和牙齿的头；这方面最著名的例子是古希腊半人半神的力士赫拉克勒斯（Heracles），他在战斗中总是披着狮子皮。还有古希腊女神帕拉斯（Pallas，意为强健的），也就是雅典娜，她的"宙斯盾"是用羊皮制成的，上面镶着美杜莎（Medusa）被砍下的首级。美杜莎的头上长出的是毒蛇而不是头发，神话中说任何人只要看见她的头，就会立刻变成石头。在弗洛伊德（Sigmund Freud）看来，这个神话的产生，是因为在人们的潜意识中，它象征着阉割和回到人们所出自的母亲的子宫。

《伊利亚特》（*Iliad*）中有几段对甲胄的精彩描写。老涅斯托耳（Nestor）用的盾是用整个一大块金子制成的（史诗的本意也许是盾上覆盖着一层很薄的金子，否则那个盾就太不好使了）。阿伽门农国王（Agamemnon）在准备战斗时，首先"用胫甲裹住小腿，那是精美的制品，带着银质的踝扣"。接着，他又穿上一副胸甲，上面"满缀着箍带，有着十条深蓝色的珐琅，十二条黄金，二十条白锡；及至咽喉的部位，贴爬着珐琅勾出的长蛇，每边三条，像横跨天际的长虹——克罗诺斯之子把它们划上云朵，作为对凡人的兆示"。他的"精工铸就"、"掩罩全身"的盾牌上，"环绕着十个铜围，夹嵌着二十个闪着白光的圆形锡块；正中是一面凸起的珐琅，颜色深蓝，像个拱冠，突现出戈耳工的脸谱，面貌狰狞，闪射出凶残的眼光，同近旁的骚乱和恐惧相辉映。背带上白银闪烁，缠绕着一条黑蓝色的盘蛇，卷蜷着身子，一颈三头，东张西望"。这套精致的装备的最上面，"他戴上头盔，挺着两支硬角，四个突结，顶着马鬃的盔冠，摇撼出镇人的威严"。

阿喀琉斯（Achilles）的盾更有名，是用金、银、锡和天青石制成的。上面装饰着一幅人类生活的完整的全景画，有天，有地，有环绕着土地的河流，有城市，有在大会上表决的人，还有农业生活的场景，等等。

显然，赫拉克勒斯、涅斯托耳和阿伽门农都非常重视装饰。赫拉克勒斯和涅斯托耳大概得为他们的装备付钱，而阿伽门农的装备却是火和锻冶之神赫菲斯托斯为他打造的。就神话中所显示的，他们的动机各自不同。在三张盾中，阿喀琉斯的那张最精致也最漂亮——用一句古希腊人还不懂的现代术语来说，是"为艺术而艺术"。阿伽门农的那张，是为令人生畏而设计的，涅斯托耳的那张则是为炫耀他的主人多么有钱有势。这三个动机，在三千多年前的特洛伊战争时都已存在了，而在今天的人们中，显然也依旧存在。

还是在古希腊，我们能看到无数的花瓶上绘有勇士搏斗和方阵前进的画面。从这些画面中，我们能清楚地看到盔甲的装饰是多么精美。苏格拉底（Socrates）曾经批评过这种现象，他主张士兵穿贴身的盔甲而不是嵌着金银的盔甲。平时为公民、战时才应征的士兵，从工匠那里购买武器和盔甲是天经地义的。就我们所能判断的，这大概是几乎没有两件盔甲装饰相同的原因之一。一些胫甲和胸甲的制作者精益求精，直到它们成为真正的艺术品，上面刻有神话人物、禽、兽和各种符号的浮雕。不过，更多的情况下，装饰只是蚀刻在金属上的几何图案。

古希腊士兵手持的盾有三种类型：镀金的、铜制的和银质的。色诺芬（Xenophon）[1]在谈到青铜盾较之木制盾的优点时，只是说前者可以磨得闪闪发光。一些盾上有几何图案。另外一些盾上则绘有各种具有攻击性的动物，如狮子、公牛、野猪、公羊、蛇、蝎子、斗鸡以及各种猛禽。还有一种人们喜欢刻在盾上的标志，是人的眼睛。斯巴达人通常在他们的盾上刻上"lambda"的字样，这代表斯巴达城邦最早的名字：Lacedaemon。然而，像这样使用统一图案的盾牌的事例，是绝无仅有的。这也许是因为在希腊数百个城邦中，只有斯巴达有统一购买武器装备部队的制度。也许这种制度的本意就是要阻止士兵各行其是，沉溺于自己的趣味。我们对亚历山大[2]及其继承者的士兵怎

---

① 约公元前 431～前 355?，古希腊将军、历史学家，著有《远征记》等。——译注
② 公元前 356～前 323，马其顿国王，曾建立了横跨欧、亚、非的大帝国。——译注

样装饰他们的盾牌知之不多，但仍有资料告诉我们：一些精锐部队使用的是很贵重的盾，可能是银制的，也可能是镀银的，因此他们被称作"银盾兵"（argyraspide）。

希腊和马其顿士兵的头盔如果说有什么特别的话，那就是形状更多地是出于审美的考虑。《伊利亚特》中充满了对飘拂的冠饰的描写，其中最著名的是赫克托耳（Hector）赢得的头盔装饰，甚至吓着了他那年幼的儿子阿斯提阿那克斯（Astyanax）。头盔因产地不同而不同，但依照头盔主人的身份、勇士所属的特殊部队，或者戴头盔者所属的阶级，随时间推移，头盔的做工也越来越精细，以亚历山大大帝及其继承者的御林军所戴的头盔为登峰造极。他们精致的面甲、护耳和颈甲，以及华美的羽饰，都反映了在发起冲锋时引人注目并标示勇士特殊地位的需要。如果说戴上这样的头盔会引起敌人长矛兵的注意，有受到攻击的危险，他们显然认为这样的险是值得冒的。

古时候和今天一样，一些非常精美、非常贵重的物件，都是战争文化的组成部分，而非战争本身的组成部分。它们是为阅兵、游行、典礼、大人物相互赠送或赏赐部下所用的，或者仅仅是为了在展示柜中炫耀。其中的一些物件太过精致，显然除了上述用途外再无他用。然而，情况也并非绝对如此，有两个重要原因。首先，在战斗中只拥有最普通、最廉价的装备的指挥官和部队等于是在向外界说明：他们不为自己而自豪，他们对战争结果没把握。换言之，他们未及开战，心理上已处于劣势。其次，正如我们将在本书后面部分清楚地看到的，军事史上的大部分战役，本身就是最大的阅兵式。

不管怎么说，有大量的文字记载表明，古代的士兵们经常携带装饰精美的昂贵装备开赴战场，并将其用于战斗。我们知道色诺芬总是穿着他最好的盔甲。其他将领也是如此；千真万确，他在《远征记》（Anabasis）中就是这么说的。李维（Livy）[1]在描述公元前309年的萨谟奈人（Samnite）[2]时，说他们5万人中有一半都身披银甲，头盔上

---

[1] 公元前59～公元17，罗马历史学家，著有《罗马史》等。——译注
[2] 古代居住在意大利中部的部落，公元前350～前200年间曾三次卷入反抗罗马人的战争。——译注

飘拂着羽饰。这一景象给罗马军队的指挥官卢修斯·帕皮里乌斯·库舍（Lucius Papirius Cursor）留下了极其深刻的印象，他不得不晓谕部下："羽饰并不能伤人，而罗马人的长矛却能刺穿镶金绘彩的盾。"恺撒认为士兵们的贪婪本性能刺激他们更加英勇地作战，因而鼓励他们使用镶有金银的武器。但在公元前48年的法萨罗之战中，他却反过来担心起庞培的麾下华丽的装备会对自己的士兵产生不利的心理影响。

在公元84年的格劳皮乌斯山战役中，英国人的首领卡尔加库斯（Calgacus）曾对他的手下说："别被〔罗马军队〕华而不实的炫耀吓倒，别怕那些闪亮的金子和银子，那既保护不了他们也伤不了我们。"公元14世纪的作家阿米亚诺斯·马塞里努斯（Ammianus Marcelinus）说：罗马人曾利用他们"壮观"的装备来威胁和震慑他们的日耳曼敌人，有时还取得了成功。罗马帝国晚期作家韦杰蒂乌斯（Vegetius）补充道，百夫长的头盔和铠甲都是用白银装饰的，以便他们手下的士兵能很容易地辨认出他们。实际上，有如此众多的证据表明：至少有些昂贵的装备是用于战斗的，而不仅仅是用于阅兵的，真不明白有些人为什么就是不相信。

古希腊和罗马共和国的士兵，通常都出身于中等阶层的平民。他们自己购买武器装备并保存在家，当应召出征时则带上它们。我们知道在罗马帝国，我们能够推测出在希腊化诸王国，正规军中的普通士兵大多来自更下等的阶层，然而即使在这些时期，战争中真正重要的仍是军团和方阵，而非个人。但大量留存下来的文献都表明，这样的事实并没有催生统一着装和披甲的要求。不过，他们肯定限制了士兵们相互攀比的程度，或者只准许士兵在制度规定范围内自行装饰。对于依靠阵形作战的军队来说，这样的攀比是有害的。到了原始封建社会和封建社会——例如中世纪的欧洲和武士时期的日本——情况就大不相同了。在这些社会，就其本身而言，中等阶层基本上已不存在了。同样就其本身而言，这些社会都是由蔑视法规、视个人的荣耀和独立性高于一切的武士贵族所主宰的。

在审美及其他领域，这样的形势很容易导致个人间的狂热攀比。因此，这一时期欧洲的盔甲产生了多得惊人的形状和样式，就不足为奇了。英国发掘出的盎格鲁—撒克逊人坟墓，北欧发掘出的前维京时期的坟墓，德国发掘出的加洛林王朝之前的坟墓，都展现出了一幅有趣的画面。女人的墓里都充满了珠宝，而男人的墓里则有大量装饰精美的武器。显然他们认为这两样东西的价值是相当的。在这方面尤其令人感兴趣的是在德国各地甚至一直到意大利北部都发现过的高高的圆锥形头盔（Spangenhelme）。许多这种头盔都镀了金，还装饰有动物和花的图案。有些头盔上有剑击的痕迹，说明它们的确用在了战斗中，而不仅仅是用来炫耀的。木制的盾也经常装饰得很精美，上面有用银或铜制作的代表猛禽、狮子及其他动物的嵌花。

虽然中世纪早期穿的锁子甲不易装饰，但诸如巴约挂毯①等很多美术作品都让我们无法怀疑，那时候交战双方的士兵在战场上都拿着五颜六色、装饰精美的盾。此后的两个世纪在很多方面都有巨大发展，但最精致也最昂贵的装饰形式，仍不得不等到 13 世纪晚期盔甲上的金属片取代了金属扣后才出现。从那时起直到 16 世纪中叶，制作铠甲成了一门高度发达、高度专业化的手艺，其制作中心在纽伦堡、奥格斯堡和米兰等城市。

制作铠甲最基本的原料是铁，锻造和捶打成想要它变成的样子，用我们的标准来看，就是低质量的钢。上面经常还要镶嵌，或饰以纹章，以形成各种图案，然后再抛光，直到闪闪发亮。能出得起钱的人还要给他们的盔甲饰以金银。盔甲上有时会嵌入珍稀的宝石，并蚀刻出各种各样的徽章，如涡卷饰、花冠饰、王冠饰、圣经人物或神话人物，还有难以名状的人或物。有些图案是根据诸如丹尼尔·霍普弗（Daniel Hopfer）、汉斯·霍尔拜因（Hans Holbein）父子和阿尔布雷希特·丢勒（Albrecht Dürer）等名画家的作品蚀刻而成的。为了说明盔甲的不同类型，还形成了一整套只有内行明白、一般人听不懂的术语，如：杰克甲、护身甲、胸甲、带肋或不带肋的锁子甲，等等。

"锁子甲加固时代"早在 14 世纪就结束了，继而是"Cyclas②时

---

① 刻画 1066 年诺曼底公爵威廉征服英国的关键之战黑斯廷斯战役的巨幅挂毯。长 70 米，现存 62 米，宽半米，现藏于法国小城巴约的圣母院中。——译注
② 一种长及膝盖，在胸部侧面用带子扎起的无袖防护罩衣。——译注

代"（1325～1335）。接下去是"饰钉和薄金属片时代"、"Camail① 和 Jupon② 时代"、"兰开斯特王朝时代"或称"无罩衣时代"。鉴于很少有那些时代盔甲的残片留存下来，这些分期主要是根据英国教堂中的黄铜浮雕做出的；其他专家也有各自的分期方法。"兰开斯特王朝时代"之后是"纹章战袍时代"，也叫"哥特时代"，这个时代的很多盔甲和铠甲之外的罩袍都保留了下来。顾名思义，盔甲采用了精致的"哥特"风格。然而，这还不算完，因为后来又在盔甲上做出了凹槽、凸棱和串珠状装饰等等。

有些覆盖脚面的铁片上炫耀般地装上了长长的饰钉——有些比脚本身还长，穿着者怕是都难以行走；有些却是又宽又平。有些防护肩膀和臂肘的甲片非常简单；有些则饰上了形状像菜花叶子一样的突起物。护手铁套的样式也是千差万别。有些上面有关节，能够防护每根手指；有些样子则像连指手套，还有一些抢在了今天的朋克文化之先，在前面装上了尖钉。这形形色色的种类中，只有极少数可以解释出实用的价值。恐怕绝大多数铠甲都反映了式样变化的一种普遍趋势，就是许多甲胄的制造商，都刻意在金属上模仿上层人士衣服上的装饰。

抛开这些样式不谈，意大利制作的以外观"结实"著称的盔甲，与更为精致的德国风格不同。现代的一些研究者给许多从属的样式起了如下的名字：肖特—松嫩贝格式（Schott-Sonnenberg）、腓特烈"胜利"式（Frederick the Victorious）、圣塞韦里诺式（Sanseverino），等等。我们发现，依时期和地区不同，有高腰围线的，有低腰围线的；有高领口的，有低领口的（这样的铠甲在领口处覆盖着锁子甲）；有的有垫片，有的有开叉。大约 16 世纪中叶制作的一些军服，有绝对是男子气概的象征——巨大的下体盖片。仅仅在二十多年后制作的另外一些军服，腰以下部分的形状却像是裙子，你也许会以为该是芭蕾舞女演员穿的呢。

---

① 一种披肩甲。——译注
② 一种合身的无袖罩衣，在侧面用带子扎起。——译注

像很多早期时代一样，头盔尤其有炫耀的机会。有些头盔是盒子形的，有些是圆形的，还有一些是圆锥形的。有些前面是敞开的，有些则有面甲，还有一些有带合叶的面甲，可以开合。有些侧面有护耳，后面有护颈，有些则没有。有些有帽檐，有些也没有。有些上面有喙状物，形成了一个冲着敌人的尖利的角。也许是为了看上去更可怕，一些 15、16 世纪的头盔甚至还雕上了牙齿、眉毛和/或胡子的模型。也有一些为了追求同样的效果，装饰了各种各样动物的形状——狮子、狼和猛禽尤其受青睐——还有一些装上了大钉、鸡冠状饰物、羽饰及各种各样像风筝一样的装饰，以使戴头盔者显得比本人要高。骑士们穿戴或手持的任何物件，无论多么不重要，恐怕都逃脱不过制作它和订购它的人装饰它的冲动。就拿马刺来说吧，经常是由各种各样的贵重物质制成的，或者嵌有贵重物质，而且经常被精心地制作成真正的艺术品，尽管不大。

战马身上也覆盖着装饰品——你也许想说是被这些装饰品所羁绊。已经有古代文献记载：马嚼子、挽具的其他部分，甚至马掌，都有用贵金属或珐琅制成的。为驾驭马，中世纪时马具中又增加了马镫和马鞍。一些马鞍虽然是由木头和皮革制成的，上面却厚厚地覆盖着雕刻，使之看上去像是象牙制成的；还有一些上面则镶嵌着宝石。虽然巴约挂毯上的马都还没有任何装饰，但到了 13 世纪末，有些马的头部便被特制的铁罩保护了起来，铁罩上还有长钉伸出。再后来马的胸部和两侧也有了护甲，马的尾巴得到了精心的修剪和装饰，马的全身都覆盖上了被专门称为"马饰"的五颜六色的彩绣，几乎看不出它们的体形了。离 16 世纪中叶越近，马的装饰就越精美。

在杰出的荷兰历史学家约翰·赫伊津哈（Johan Huizinga；1872～1945）看来，装饰越来越精美的倾向呈现出下滑趋势。政治、经济和技术因素都导致轻骑兵长期被倚重的基础在消失，人们隐隐约约地认识到这一事实，便想抓住最后的机会大肆装饰一番。也有人不同意这种观点，他们试图完全以实用性为出发点来解释这一时期武器和盔甲的发展变化，因而倾向于否认这与任何形式的"文化"有关。我个人认为这两种观点都不能令人信服。赫伊津哈本人在他的另一部巨著

《人类：游戏者》（*Homo Ludens*）中，就曾提出实用性和装饰性、实际考虑和表演作秀，不仅在中世纪晚期，而且在人类历史的所有时期和所有地方，都是紧密相连的（只可惜，在他本人不幸地所处的那个时代例外）。没有理由认为，在人类活动的其他领域是这样，在战争这个领域就不是这样，真实的情况甚至恰恰相反。

这一次提出了那个问题，就是上述军服是什么时候、为什么而制作、购买和穿戴的？毫无疑问，其中一些只能为真正的贵族所拥有，并且纯粹是为阅兵和比武大会所用的。另一方面，我们知道有些贵族为准备自己预期的战争，专门订购了特制的盔甲，例如1618年蒂罗尔的利奥波德五世大公（Archduke Leopold V）所做的。现在陈列于各种各样的博物馆内的军服，已知是作为战利品被夺取的。另外一些军服属于雇佣兵，就是整个人生都在一场接一场地打仗的人。有些军服上甚至还刻上了这样的话："上战场去！"我们再从另一个角度来审视一下这些事实，不看武器，而是看武器使用的场合，因为在有些战役中我们有明显的例证。1396年的尼科波利斯战役时，在基督教骑士们的攀比下，武器甲胄之豪华，使得军队更像是一个欢乐的集会，而不是一支准备打仗的武装力量。1476年的格朗松战役也是如此。

而且，直到16世纪中叶甚至更晚，亲王、公爵、国王，甚至还有皇帝，都在他们指挥的战役中积极地发挥着作用。他们经常要亲自上阵。单是英国国王中，哈罗德（Harold）、"征服者"威廉（William the Conqueror）、亨利一世（Henry I）、亨利二世（Henry II）、"狮心"理查（Richard the Lionhearted）、爱德华一世（Edward I）、爱德华三世（Edward III）、黑王子（Black Prince），还有亨利五世（Henry V），都曾这样做，并认为这是理所当然的。在欧洲大陆上，法国国王让六世（Jean VI；1415年在阿金库尔战役中被俘）、勃艮第公爵"大胆者"查理（Charles the Bold；1477年在南锡战役中被杀）及法国国王弗朗西斯一世（Francis I；1525年在帕维亚战役中被俘），也是如此。1535年，查理五世皇帝（Charles V）在比塞大指挥同土耳其人作战时，座下一连好几匹战马都被杀死。1578年，葡萄牙国王塞巴斯蒂昂一世（Sebastião I）在阿尔卡萨基维尔同摩洛哥人对阵时阵亡。54年后，瑞典的古斯塔夫斯·阿道弗斯（Gustavus Adolphus）国王在吕森同保皇党人交锋时也丧了命。出于我们先前讨论过的原因，这样尊贵的人物在率军出征时不可能不穿上他们华丽的军服。而他们这样做了，又会要求他们的部下仿效他们。

尽管社会条件和战争方式千差万别，但世界上其他地方盔甲的发展却与欧洲相去无几。按成本递增的顺序，印度的一些盾牌是由竹笋粘在一起制成的。有些是用犀牛皮制成的，有些是用镶了金银的钢制成的，有些则是用镀了金的钢制成的——这最后一种是为最高级别的勇士准备的。然而无论便宜还是贵重，几乎所有盾牌都装饰着大量几何图形和花卉图案。许多盾牌上都刻着醒目的动物形象，狮子和大象尤其多。还有一些则刻着代表各种各样魔咒的文字。甚至参战的大象所披的甲也有装饰。阿拉伯人的盔甲、波斯人的盔甲、中国人的盔甲、奥斯曼人的盔甲（用牛皮制成，用于马背上），以及几乎所有你能想得到的盔甲，情况也类似。

就整个世界而言，也许最醉心于装饰自己的盔甲，并经常采用十分奇特的方式的战士，就是日本武士了。中世纪的日本，像封建时代的西方一样，大部分武器都不是集中分配的，而是由武士个人向不同的工匠订购的。甚至在情况已不是这样时，武士们也要在戴着他们主人的冠饰的同时，佩戴自己的冠饰。于是，在所有的日本绘画中，你很难发现有两名武士的穿着和装备是一模一样的。所有形式的装饰，都是为了威慑敌人，或者可能的话，不战而屈人之兵。装饰的办法包括：使用闪光的物质，特别是抛光的金属和漆器；使用魔鬼和猛兽图案的徽标；佩戴黑色的头盔，有些看上去像是电影《星球大战》中达斯·瓦德（Darth Vader）戴的那种，有些则饰上了鹿角或伸出的长牙；武士们的脸上则涂上了红色、黑色、黄色，或其他很多颜色的颜料。

上述有些装备如此精致，从军事的角度看，很显然是有害的。一个很好的例子就是伊达正宗（1566～1636）的军队在1592年出师朝鲜途经京都时戴的两英尺高的金漆圆锥形头盔。像在西方一样，这种怪异举动的真实目的，也许是要掩盖正在衰落的事实。像在西方一样，这只是若干种可能的解释之一，并不一定是最具说服力的一种。也许甚于西方的是，日本武士愿意采用一切手段，使自己外貌得体。我们甚至听说有一个叫做 Kimurai Shinegari 的武士，在自己的头上装饰了很多香料，以便假如头被敌人砍下，将成为更具吸引力的战利品，结果这种情况还真的发生了。

在西方和日本，16世纪下半叶都是一个转折点。在日本，是因为德川家康于1603年获胜后，接下来的两个半世纪里都没再发生战争。在西方，不仅是因为盔甲对于子弹来说越来越没用，也因为盔甲已变得太精致太昂贵，只有少数大军阀能负担得起。自大约1550年起，盔甲开始衰落。先是防护小腿的甲片被弃用了，接着是防护大腿和胳臂的甲片，最后只剩下了护胸板，继而是只有被称为"胸甲骑兵"的重装骑兵才佩有护胸板。自大约1650年起，盔甲开始为军服所取代。军服的起源必定要到主子发给扈从的号衣中去寻找，其目的是为了省钱（并且向扈从们收钱）和便于识别。不过很快军服中就加入了审美的考虑，直至变成实际上的玩物。

作为装饰的盔甲：在这幅西方漫画中，一名武士正对着镜子欣赏自己的凶相。

在今天的军队中，许多军服的目的是要使其穿戴者尽可能地不被人发现。但17世纪开始出现，并流行于整个18世纪和19世纪上半叶的军服却不都是这样，例如轻装部队或者说步兵，就有些例外。那个时代的士兵，是用滑膛枪射击但经常也拿着长矛，在对敌人一览无余的情况下站着战斗的。敌军也是站在不到一百米的距离之外。的确，自西班牙王位继承战争后，长矛被彻底弃用了。然而，燧发枪取代滑膛枪并没有将交战距离拉开很大，战斗仍然是由血肉之躯组成的人墙相互稳步前进而展开的。直到大约1860年，情况才最终改变。步枪等轻武器和大炮的出现迫使士兵不得不卧倒并在掩体中作战。前膛装填弹药的枪被后膛装填弹药的枪所取代，使得他们可以这样做。直到那时，军服的发展，并非出人意料地，是沿着类似于1300~1550年铠甲演变的轨迹进行的。一些指挥官，其中最引人注目的是法国的萨克斯元帅（Marshal de Saxe），高声反对军服越来越精致、越来越昂贵、（有时）也越来越无用的发展趋势。然而，他们却是徒劳的。

除了奢侈外，这一时期的军服经常还是由业余人士作为业余爱好来设计的。其中之一是英国的安妮女王（Queen Anne）。她周围聚集着一帮她称之为"亚马孙"①的穿军服的女弓箭手。另一位是普鲁士的"士兵国王"腓特烈·威廉一世（Frederick William I）。他似乎是史上第一位穿军服的君主。曾有一个故事说，当他临终前躺在床上，听牧师唱道"我也必赤身面对你严肃的面容"时，他一跃而起，高喊着要穿上他的军服。还有俄国的彼得二世（Peter II），据他的妻子叶卡捷琳娜大帝（Catherine the Great）说，他非常喜爱自己的靴子，竟至于在床上还不肯脱去。普鲁士的腓特烈·威廉三世（Frederick William III）收藏有大量的军服。英国国王乔治四世（George IV）对军服的痴迷竟使他成了报界的嘲笑对象。

拿破仑手下的一些元帅也以为他们自己和他们的部下设计军服为乐。后来当上了那不勒斯国王的勇猛的骑兵司令若阿基姆·缪拉（Joachim Murat），是个非常自负的人。他给自己制作的一些军服太过

---

① 相传曾居住在黑海边的一族尚武善战的女战士中的一员。——译注

稀奇古怪，以至于皇帝曾把他比作当时一位著名的马戏团小丑。对军服的兴趣不仅仅局限于这些头戴王冠的人，也在向社会金字塔的下层蔓延。许多军官出于放置不当的虚荣心或全然的无聊，也胡乱摆弄起自己部队的军服，甚至为保证军服的纽扣用某种物质制成并刻有某种图案而自掏腰包。在 19 世纪的头几十年，小孩子们用几枚硬币就能很容易地买到一套佩有可以换的纸军服的纸人儿士兵。

由于所有的战士都是自己制作或委托工匠制作自己的武器衣甲，并随心所欲地装饰它们，我们迄今讨论的许多装备，尽管不是全部，都是凭借它们的个性而获得审美效果的。军服却不是这样，是靠无穷无尽并反复使用的标准样式——换言之，是通过唤起人们也许与生俱来的条理感——来达到这种效果的。17 世纪晚期和 18 世纪的所有军队都有自己的军纪官。最早的军纪官名叫让·马蒂内 (Jean Martinet)，是路易十四 (Louis XIV) 的军队监察长。他于 1672 年被杀，但已在军官和士官中留下了威名。军纪官们手持九尾鞭——法语中的"九尾鞭"，就是因马蒂内而得名的——其任务就是强制推行整齐划一，就连军靴的最后一颗纽扣也要保持一致。但这并没有妨碍军服产生多得令人眼花缭乱的样式、图案和颜色，以及各种各样的附件。其最主要的目的永远是突出军人的整齐，使他们的身材显得更高，使他们的肩膀显得更宽，使他们看上去更加孔武有力，同时还要掩盖他们体型的缺陷（比如长脖子、窄肩膀、大肚子、细瘦腿，等等）——简而言之，就是要让他们自己、他们的敌人，以及男女两性的观看者，都对他们留下深刻的印象。虽然下体盖片早就过时了，一些军服却通过其他办法来吸引人们对穿着者男子气概的注意力，比如 V 形的条纹，或者是从肩膀一直到腹股沟的成排的纽扣。

军服裁剪的一些辉煌高峰，是由英国军队于 19 世纪早期达到的。因此我们可以将英军军服作为范例，看看在这一领域人们做了些什么，可以做到什么。不同兵种的军服差别极大。军服的颜色主要有以下几种：步兵和工兵是传统的猩红色，骑兵是猩红色和深蓝色，炮兵是深蓝色，来复枪部队是深绿色。然而，说起领口、翻领和袖口，每个团都有自己的颜色，最受欢迎的是黄色和绿色。在此基础上，军官的外衣上镶有金银边，而士兵则是白色的毛呢边。外衣各处饰有20到40颗闪闪发光的金属纽扣。每颗纽扣上都有凸起的标志，周围有饰边。军官们还佩戴有金银条的肩章，士兵们的肩章则是由精纺毛料制成的。

军帽也很令人关注。骑兵尤其喜欢戴巍峨的高帽，帽子上还饰以红色和白色，或者绿色和白色的羽毛，又进一步增加了其高度。甚至在我们此前描述过其战术的时期，这样的军帽从军事研究角度讲也是有害的。正如一个调查委员的报告所说的，军帽太重了——它们"容易致病的重量"会使脖子酸痛，并且还需要一条宽而不舒服的带子套在下巴上。有些类型的帽子对天气的影响几乎起不到任何保护作用。有些会引导雨水沿着戴帽者的后背"源源不断地流下"。还有一些会吸收水分，聚集尘土，或者无论是戴在头上参加战斗，还是储藏在仓库之中，都很不幸地会招引虫子。有一个可能是编造的但却很有趣的故事，说是惠灵顿公爵（Duke of Wellington）1829年视察部队时，因帽子太过巨大，竟然被风从马上刮了下来。

在士兵们喜欢使用的颜色中，白色因其会令所有污渍一览无余这一特质，占有特殊的地位。法国、英国和奥地利的军队都穿着至少有一部分是白色的军服（奥地利军队有时就被称为"白衣兵"）。白色的军服在清洗时需要用陶土刷白。陶土在变干之前，会妨碍士兵的行动，因为他们必须避免沾染一切污物。反复使用陶土刷白，会使军服变得僵硬，穿起来很不舒服，并且缩短军服的寿命。在行军时，陶土会在飞扬的尘土中脱落。有一位英国军官曾将陶土称为"白色的灰尘"，说它"对于人的视力和健康，比任何你能想象出的物质危害都大"。

太紧的军服会妨碍战士的行动，特别是对要上马的骑兵，而著名的惠灵顿靴在行军时极不舒服。然而军服上最有害的部件却是"neck-stock"（字面上的意思是"脖子的支架"，即"硬领圈"），这个词实在太古怪，以致今天的大多数词典都没有收入。所有的军队，包括美国军队，都采用过硬领圈。硬领圈是用僵硬的皮子制成的，大约高四英寸，可以用带子系上，以保证穿衣者的头直立在正确的军姿要求的位置上。尽管很多人都抱怨硬领圈不舒服，甚至造成了伤害，但在和平时期，军人们被要求始终穿着有硬领圈的军服。任何试图将硬领圈的高度降低或通过刮擦皮子而使之柔软的行为，都会受到严厉的惩罚。直到1845年，惠灵顿公爵才同意采用一种更柔软的领圈，但即便如此，仍有一些军官拒绝这一改变。

所有这些将我们带到了真正至关重要的问题，那就是：这些有害之举是只出现在和平时期的阅兵式上呢，还是也保持到战时？答案是：在战时也应用。如果不是应用于所有人的话，那么应用于一些部队；如果不是应用于所有时间的话，那么应用于很多时间。仿佛是要消除我们的疑虑似的，一些绘有穿着蓝上衣白裤子的普鲁士军队的当代书籍插图上清楚地标注着"作战服"。色彩鲜艳的军服会在战斗中招致危险，是众所周知的。然而英国军队在欧洲大陆行军作战时，仍然把他们的全部行头穿戴整齐，并认为这是理所当然之事。一个非常著名的事例是，在滑铁卢战役中，军官们在投入战斗时，穿的正是前一天晚上在布鲁塞尔的盛装舞会上穿的军服。

穿在身上就像上刑的军服；漫画中的硬领圈。

战争的文化

由于缺乏约束全军的统一条令，驻扎世界各处殖民地的英国军队军官，因地制宜地采取了不同的规制。有些军官根据通常都很恶劣的天气状况，对着装要求做了灵活掌握，废除了一些令人厌恶的规定，代之以实际的考虑。但也有一些军官恰恰相反，希望给殖民地民众留下深刻印象，严令部队在任何时候都要穿红军服戴白手套，哪怕是在战斗中。在殖民地，英军的红军服是非常有价值的战利品，这一事实会导致被遗弃在战场上的伤兵遭到屠杀的可能性大大增加，但却无人重视。很显然，所有殖民地驻军军官的眼光都没有远到废除用陶土刷白军服的地步。1841 年，埃尔芬斯通勋爵（Lord Elphinstone）在喀布尔被围时，有三名到附近山中寻找白陶土的士兵被残酷地杀死了。在克里米亚战争（1854～1856 年）和第二次缅甸战争（1855 年）中，一些士兵甚至坚持穿有硬领圈的军服。

透过表象，我们很容易看出一个悖论。战争是生死攸关的大事。在战争中，任何手段都是公正的，实际上任何举措都是允许的，更不用说战争会造成巨大的人员伤亡和财产损失，并且会使人们蒙受一些极端的痛苦。因此，逻辑上讲，在战争中，我们最不可能看到一些非功能性的习俗出现或从和平时期保留下来。理论上讲，上述所有理由都会促使人们抛弃一切多余的东西；然而，人们仍然认为，如果某件装备或服装能够产生某种心理作用，那就即使多余也须保留。这就像送女人一套厨房用具作为生日礼物。这套用具会是非常有用的，甚至非常好看。但是，如果你的目的是想让她给你一个吻，那你最好还是送一件没用的礼物，例如一束花，或者更好的，一颗钻石。

把这种类比再推进一小步，也许正确理解由来已久的军服越变越华丽这一趋势——不仅在和平时期，在战场上也经常如此——的办法，就是引用所谓的障碍理论。这一理论最早产生于 20 世纪 70 年代，是解释某些鸟类的行为的，例如孔雀巨大的尾巴，很显然是机能障碍；后来这一理论又推广到其他物种，如长着巨大的角的鹿。其论点如下：雄性——在我们的讨论中也就是穿军装的男性——必须展示他们的力量和生命力，以吸引配偶和吓退敌手。为此他们必须进行某种对生存并非必要的炫耀。这条理论适用于战争，正如适用于爱情一样。

前面已经提到，自 19 世纪中期起，技术和战术的变化使得军服变得多少不及以前精致了。在 1857 ~ 1858 年的印度兵变中，英军部队开始把他们的白色军服染成土黄色——一种实用价值高得多的颜色。硬领圈等折磨人的物件也取消了，尽管军人，尤其是军官们，仍极力保持仿佛他们还佩着硬领圈一样的军姿——甚至直到今天，英国桑赫斯特皇家陆军军官学校的学员们入校的前六星期，仍必须像机器人一样操练队列。其他军队也不得不放弃他们传统上鲜艳的军服颜色，因为穿上太显眼，太危险。取而代之的是诸如战地灰、橄榄绿、土褐色和天蓝色等等，名称就足以揭示其用途。头盔也变得不那么精致了，不过这一变化过程中不可避免地出现了一些奇特的设计，如著名的普鲁士尖顶盔（Pickelhaube）。随着在 19 世纪上半叶非常典型的巨大肩饰被弃用，军官制服上装饰的金银条饰也在减少，到第一次世界大战后仍在减少。然而，军服的设计从未变得完全考虑实用——或者说，像商界职业装（一个世纪来几乎没有什么变化）、工作服或运动服那样实用。

平民们在想买衣服时会尽可能多地买新衣服，很容易跟随流行时尚。新衣服上了衣架，旧衣服就会逐渐淘汰。与之相反的是，改变数以万计，或数以十万计，甚至数以百万计的组织成员的服装，对于后勤部门来说将是一项繁重的任务，成本极高，这就导致了这种改变的次数不会很多，改变的时间间隔会很长。结果很多军服都极其过时。例如，自肩部斜穿过胸前的武装带起源于 17 世纪火枪手的子弹带，但到第二次世界大战甚至之后，军服上仍有这种斜挎的武装带。在第二次世界大战中，英国、德国和苏联的军官，甚至部分美国军官，在他们的部队早就以坦克取代了马匹，甚至他们本人早已不会骑马之后，仍然穿着马裤、马靴，蹬着马刺。军官和士官军服上绕过肩部消失在左胸口袋上的索带，最早是系哨子用的。衣服上很多像这样的部件起初在战斗中都有实际用途。但在它们起初的功能早已丧失并被人们遗忘之后，它们仍被保留在军官们的制服上——正因为它们历史悠久，所以成为人们尊崇之物。

军服上保留，估计以后还会永久保留，一些远超过必需的装饰要素之外的部件，还有一个原因，就是要吸引想当兵的人。自一位古埃及诗人抱怨参加法老军队的男孩子们命定会在沙漠中"粉身碎骨"的时代起，军旅生活就有其阴暗的一面：不仅野蛮、凶险，而且可能短命。华丽的军服——以及在军服出现之前的盔甲和战士们涂在身上的颜料——功能之一就是要抵消或掩盖这一令人不快的事实，产生一种诱人的魔力，吸引那些否则根本不会入伍的年轻人。

通常，这种招数是管用的。在18世纪的苏格兰，曾有一位观察家写道：

> 年轻人被尚武的雄心所激励……夸耀着 [被称为"苏格兰灰"的第二龙骑兵队] 他们长着长长白尾巴的灰马，他们猩红色的军装，他们高高的熊皮帽和帽前洁白的羽饰，他们两侧镶着黄色宽条的蓝马裤，他们的马靴和马刺，他们挂在马鞍旁的马枪，还有手枪皮套和手枪……他们骄傲地高谈阔论，还在心目中勾画着自己穿上这样的军服，骑上这样的马的形象。①

在威廉时代的德国，获准穿上军装是所有男人莫大的愿望。曾有一个故事说，军官们的女儿出于对她们的男同胞的嫉妒，渴望专门为她们制作一种特殊的军徽。其实不必追溯到那么远。在20世纪50年代的以色列，只配发伞兵部队而不配发其他部队的美式短筒军靴，被称为"英雄鞋"，所有年轻人都梦想着穿上一双。前美军参谋长联席会议主席科林·鲍威尔（Collin Powell）在其回忆录中写道：

> 在纽约城市学院的第一学期，有一帮人紧紧地吸引了我的目光——校园里一群穿着军装的年轻小子……终于有一天，我也站在了训练礼堂的队列中，等待着发给我橄榄黄色的裤子和上衣、棕色的衬衫、棕色的领带、棕色的鞋、带着黄铜扣的皮带，还有

---

① A. Somerville, *The Antobiography of a Working Man*, London, MacGbbo 1967 [1848], p. 125.

一顶船形帽。我一回到家，就立刻穿上了军服，照起了镜子。我很喜欢自己的这副模样。①

为了促进征兵工作，军队会组织，并将不断组织阅兵、分列式、军营公开日等类似活动。在这些活动上，盛装的士兵都是吸引观众的最大亮点。

现代的军服必须满足许多不同的要求，而有些要求是相互矛盾的。军服必须保持统一性，但又不能达到损害个人和集体自豪感的程度。军服必须不同于平民的服装，但又不能落得被鄙视和嘲笑的地步。军服必须与时俱进，但又不能将传统一股脑儿抛却。军服必须穿着舒适，但也必须引人注目。军服既要保护身体又要突出线条，但还绝不能被人指斥有纨绔气或脂粉气。今天法国专门为诸如巴士底狱日阅兵等典礼所设计的骑兵军服，为了达到所有这些要求，竟取消了所有口袋。至少有一位参与了这种军服设计的专家表示，这样的军服能使士兵产生一种最好的职业模特都达不到的优雅和神气。

通常一套军服是无法满足所有这些要求的——因此需要有不同的军服，由不同的部队在不同的场合穿。理论上讲，最简单、最结实、装饰最少的军服应当在战斗中穿，而最精致的军服应当在和平时期的舞会上穿。但实际上，由于一切与战斗有关的东西都能给人带来威望，情况要复杂得多。1990年年底，我到位于美国弗吉尼亚州匡蒂科的海军陆战队大学参观时，很惊讶地看到许多学员都穿着迷彩服在校园里走来走去——当然，那时候海湾战争就要打响了，所有被留在美国大陆上的海军人员实际上都会怀有自卑情绪。1999年年底我参观美国空军学院时，又得知成绩好的学员得到的奖励是：可以在校园中穿飞行服（尤其是对女学员来说，这种"盛装"实在是不实用）。相反的是，越南战场上的美军士兵为了炫耀勇气，有时会违反规定，故意系上有闪闪发光的金属皮带扣的皮带，或戴上珠宝首饰。有时候，通过精心设计的漫不经心之举，也能达到同样的目的，如"二战"时期

---

① Colin Powell, *My American Journey*, New York, Random House, 1995, p. 26.

的美军轰炸机飞行员，故意丢掉了他们贝雷帽上的帽顶圈。

现代的军服在某种意义上都如出一辙。但各国军服仍然会展现出鲜明的国别特色。俄国沙皇时代的军服，此后苏联时代的军服，都倾向于宽松膨胀，并且有大大的肩章——这一传统在1991年后的俄罗斯军队中仍然保持着。也许这样做是为了证明俄国人实际上是熊。俄国军服的另一个特色是胸前不仅有绶带，还挂满了勋章。在其他各国军队纷纷采用大檐帽后很久，法国军队仍然保留着19世纪流行的平顶帽。一些设计最为成功的军服，在外观上把军队特色与商界职业装特色结合了起来。英国军官过去和现在，穿的都是这样的军服。

1945年之前的德军军服遵循着许多不同的传统。在德国，军人享有极高的地位。军服与平民服装差别极大，设计得一丝不苟。德军军服紧凑、潇洒、华丽，佩有很多五彩缤纷的绶带。在纳粹时期，党卫军的服装也是同样设计的。一位穿过多年德军军服的前德国士兵这样评论道："再没有其他国家的军服设计得像德国这样精心，意在把人转变成兵，就是能够和战友步调一致、齐心协力的兵，而不是穿上了特殊服装的平民。"当今美国的一些热衷于重演历史的人，其特长就是能轻松地告诉你某件装备或某种服装是否在1943年时出现了，他们也同意这种说法。

与之相反的是，美国的军服无论过去还是现在，都与平民服装很像。也许这正是要反映一种愿望：要避开一切会泛出"军国主义"气息的东西。正如纳粹大屠杀的幸存者、犹太语言学家维克托·克伦佩雷尔（Victor Klemperer）所说的，美国士兵和他们的德国敌人一比，看上去一点儿也不像军人。至少有一位美国人——"二战"中做了战俘的小说家库尔特·冯内古特（Kurt Vonnegut）——做出了同样的评判。他写道："然而美国军队却让入伍的人穿上改造的商界服装，把他们送上战场赴死。这种衣服显然是为其他人制作的，是捏着鼻子的慈善家在贫民窟里分发给醉鬼后，经过消毒但没经过熨烫，又发给了士兵。"意大利的士兵，尤其是军官，多有一种花花公子做派，喜好华丽装饰，以致无论他们的盟友还是敌人，都看不起他们。1938年，纳粹宣传部长约瑟夫·戈培尔（Joseph Goebbels）访问罗马时，曾公然取笑过墨索里尼和其他法西斯分子穿的军服。战后，曾有人开玩笑说，意大利输掉战争，不仅要归咎于军队和官员，也要归咎于他们的时装设计师。

还有一个当代国家，尽管在军事上威名赫赫，却从未在军服上投入很多，那就是以色列。这有很多原因，但都非常有趣，因为它们很能说明军队与其所服务或被认为服务的社会之间的相互影响。首先，以色列军队起源于建国之前的准军事组织帕尔马赫突击队（Pal-mach）。部分上是因为该组织是非法的，部分上是因为其成员将农业尊为人类所知的最崇高的职业，帕尔马赫突击队不仅从不在意衣着整洁，反而轻蔑地称其为"资产阶级颓废"的标志。其次，一个起初很穷的社会，会认为有很多地方都比闪光的纽扣、皮带和鸭舌帽更值得花钱。第三，气候不适于打领带。第四，正如所有去过以色列的人都知道的，以色列人是世界上最不守纪律的民族之一，那里大多数平民都穿着邋遢、不修边幅，这种风气也被带进了军队中。然而，最重要的原因是，在该国历史的大部分时间里，在所有人的心目中，军队对于国家的生存都是至关重要的。在这样的情况下，军人根本没必要通过华丽的军服来提高其社会地位。恰恰相反，那样的军服会让人们想象，军人并非在战斗岗位上服役，而是整天在办公桌前把文件推来推去，就像常言所说的那样。

不仅是不同国家的军队，即使是同一支军队中的不同兵种，都有自己的军服传统。美国就是一个很好的例子。不知出于什么原因，20世纪美国陆军的军服，起初是橄榄绿后来是深绿色，却始终都是最难看的。而海军、空军（为了与他们所脱胎的陆军拉开距离，模仿了海军），尤其是海军陆战队，军服都要好看得多。随着声名狼藉的伊拉克战争越拖越长，海军陆战队发现自己比其余兵种都更容易征兵，这也许就是原因之一。这种差别在其他国家的军队中也能看到，但很难解释，如果硬要解释，则往往会陷入荒谬。尽管外人也许不大在乎这点，但对士兵来说这的确非常重要。例如，美国陆军在2001年突发妙想，给它的全体人员配发了黑色贝雷帽。这导致此前唯一戴黑色军帽的精锐特种部队——"游骑兵"部队——起而"造反"了，结果他们赢了。

无论何时，无论何地，只需看一眼军人华美的军服，就应当认识到"现实主义者"的观点是不正确的——他们认为，绝大多数战争都不过是由一群像机器人一样的家伙，在冷血的状态下为达到这样或那样的目的，而发动的一种理性的行动。军人所来自的社会可利用的自然资源和技术手段；士兵所属的阶层及他们在社会生活中的地位；信仰系统和宗教；个人主义和部队凝聚力之间的冲突；士兵保持个性的愿望和指挥官保持统一的要求；威慑敌人的希望和有时尽可能隐蔽自己的需求；骄傲、恐惧及各种传统，很多是无法解释的，很多是非理性以至有害的；各种力量的总体平衡——所有这些以及很多其他因素以各种各样的方式相互作用。

无论何时，无论何地，人们打仗时穿什么，必然会反映出社会总体的穿衣（或根本不穿衣）状况。无论何时，无论何地，那些穿军服或穿盔甲或者在身上涂颜料的人都要准备面临死亡这一事实，都会促使他们要让自己的军服、盔甲或涂在身上的颜料越来越华丽、越来越精致，超过人们在从事"普通"职业时所穿的任何服装。这一越来越精致的趋势，便是在无数的情况下，"军事"都能和"典礼"画等号的原因之一。当然，这也正是战争文化的另一个方面。

第二章

从回飞镖到堡垒

　　世界上最古老也最伟大的文明之一——中国文明，经常被认为主体上是反对战争、爱好和平的。这种说法是否非常正确，我们将在第四章以更多的篇幅加以讨论，这里只需要说明，早在青铜时代（约公元前2100~前500年），中国的工匠就已经在当时技术所能达到的程度内，苦心孤诣地装饰和美化他们制作的兵器了。今天在世界各地的很多博物馆中看到的中国斧刃，都有蚀刻在金属上的装饰图案，如动物、龙和各种各样的几何图案。至少在两件斧刃上，我们看到了有五条腿的"卍"字饰①。还有些斧刃上有穿孔。这些孔可能本身就是装饰——很难说出它们有什么实战用途——也可能是用来系诸如羽毛或挂穗等装饰物的。短剑的刃上，也装饰着大量不同的符号、铭文和人脸，也是蚀刻在金属上的。剑柄通常也被做成动物的形状或饰有动物图案。有些装饰，例如剑柄上的虎形饰，的确质量极高。这样的兵器也不单是中国有。当时中国的武器贸易似乎非常活跃，以致这样的武器传到了朝鲜、日本、俄罗斯，甚至远及乌克兰。在上述国家和地区，甚至迄今所知的最古老的兵器，都是有装饰的。

　　由于上述兵器的年代都太久远，我们很难弄清上面符号的含义，只能猜测它们与巫术有关。这一点在青铜时代中东地区（包括小亚细亚、美索不达米亚、叙利亚、巴勒斯坦和埃及）的兵器上更为明显。在这一时期，中国和中东文明似乎极少有来往，或许根本就没有接

---

① 象征太阳、吉祥等的标志，与后来的纳粹党徽不同。——译注

触。然而在中东，我们仍然发现了通过蚀刻、浮雕或穿孔等手段精心装饰的斧刃。在这里，短剑上通常也有精心制作的各种形状的剑柄，上面还镶嵌有宝石，剑刃上也刻有各种装饰图形。许多短剑的剑刃和长矛的矛头上都有螺纹，除了装饰作用外，很难说出有什么其他用途。审美的考虑，例如希望达到较高的抛光度，也许也能解释为什么一些剑刃和斧刃中的含铅量，比假如只需注重质量时要高得多。

中国的人口在很长的时间内都相对属于同一种族，而从人种学的角度看，公元前 2000 年时的中东则种族极其繁多。有赫梯人、亚述人、米塔尼人、亚摩利人、迦南人、埃及人，以及数不清的其他民族在这里居住和交流，这本身就会促成不断的变化。东西越精致，被交易的次数就越多，流传的地域也就越广，这一事实也支持了这种说法。然而，还有其他因素也会促进发展。毫无疑问，装饰最豪华、最精致、也最昂贵的武器，会给其拥有者和使用者带来威望。社会下层的人会通过购买较便宜的相同武器，以同样的式样来装饰，来模仿社会上层的人——这种风气今天也仍在流行。其结果便是会给匠人们带来不断推陈出新的压力。无论这种解释是否正确，有一件事情我们是可以肯定的：许多武器样式的改变都与武器功能的变化无关。既然如此，时尚的需求便是很好的解释了。

在青铜时代的中国和中东存在的这些情况，在其他文明中也同样存在。澳大利亚的土著也许武器种类不多，但在我们确知他们拥有的武器中，比如回飞镖和飞矛，都用鲜艳的色彩涂绘着各种各样复杂的图案。北美印第安人的棍棒、弓、箭和战斧，非洲民族的金属刀、矛，还有古代希腊人、罗马人、凯尔特人和日耳曼人的刀和剑，都是被制作成许多不同的形状。尽管在其他方面很简陋，但即使是中世纪最简单的武器——棍棒，通常也有很多装饰。甚至是士兵用的欧洲最简单的戟，刃部也几乎总是被做成不同的装饰形状，或者穿上十字形的小孔。单是日本的箭头，就有好几百种不同的样式，其中有一些非常漂亮。尽管有些样式是为一些特殊目的设计的，比如射鸟、打猎、穿透铠甲等等，但并非全部，或甚至并非大部，有实际用途。世界各地的武器，都有装饰性的螺纹，或者饰有珠子，或者饰有五颜六色的羽毛或流苏。也有在武器上镶嵌各种宝石，进行蚀刻、铭刻，或者将其磨亮到能做镜子的程度的。

有时候事情竟会发展到这样的程度，武器的制作者和拥有者都不知道其真正的功能了。这方面一个引人注目的事例就是，希伯来语中的"武器"（zayin）一词在与之关系密切的阿拉伯语中，意思就是"装饰"。另一个事例是《塔木德经》①中所记载的。甲拉比②说武器也是一种工具，因而在安息日是不能带在身上的。乙拉比却不这么看，他说人们带武器是做装饰用的，因而安息日也可以带。最终是后者的解释直到今天还在奉行。

托马斯·卡莱尔（Thomas Carlyle）③曾说："没有工具，人百无一用；有了工具，人就拥有了一切。"适用于工具的说法通常都更加贴切地适用于武器。没有武器，人在面对很多动物时，都多多少少无能为力。一旦战争——也就是一群人针对另一群人的有组织的暴力行动——发生，武器就更是至关重要的了。毕竟，国王、国家、民族和男人（以及他们最珍贵的所有物——女人和孩子），其生存依靠的都是武器的质量，以及武器砸、刺、砍、射或穿透的功能（或者通过所有这些功能阻止敌人对自己造成伤害）。武器是其主人还活着的象征和证明。因此，除了在技术允许的范围内，尽可能地把武器制作得越来越好，而且还要佩戴、装饰、珍爱武器，甚至将其视为珍宝，难道值得惊讶吗？因此，围绕着武器发展起了一套完整的文化，一套其深奥、辉煌，最重要的是其理性程度，丝毫不亚于任何其他文化的文化，难道值得惊讶吗？

自有历史以来，人类以这样的态度对待武器的证据便浩如烟海。其中一些最好的例证出自坟墓。在世界各地不可胜数的文明中，人们，尤其是上层人物，极其珍爱自己的武器，以致死后仍坚持带上它们。到处都可以看到献给武器的只能被称为情歌的作品。一首也许是三千年前的印度旁遮普诗歌，可以作为我们的例证：

---

① 关于犹太人生活、宗教、道德的口传律法集，为犹太教仅次于《圣经》的主要经典。——译注
② 拉比是犹太教负责执行教规、律法并主持宗教仪式的人员或犹太教会众领袖。——译注
③ 1795～1881，苏格兰作家、历史学家。——译注

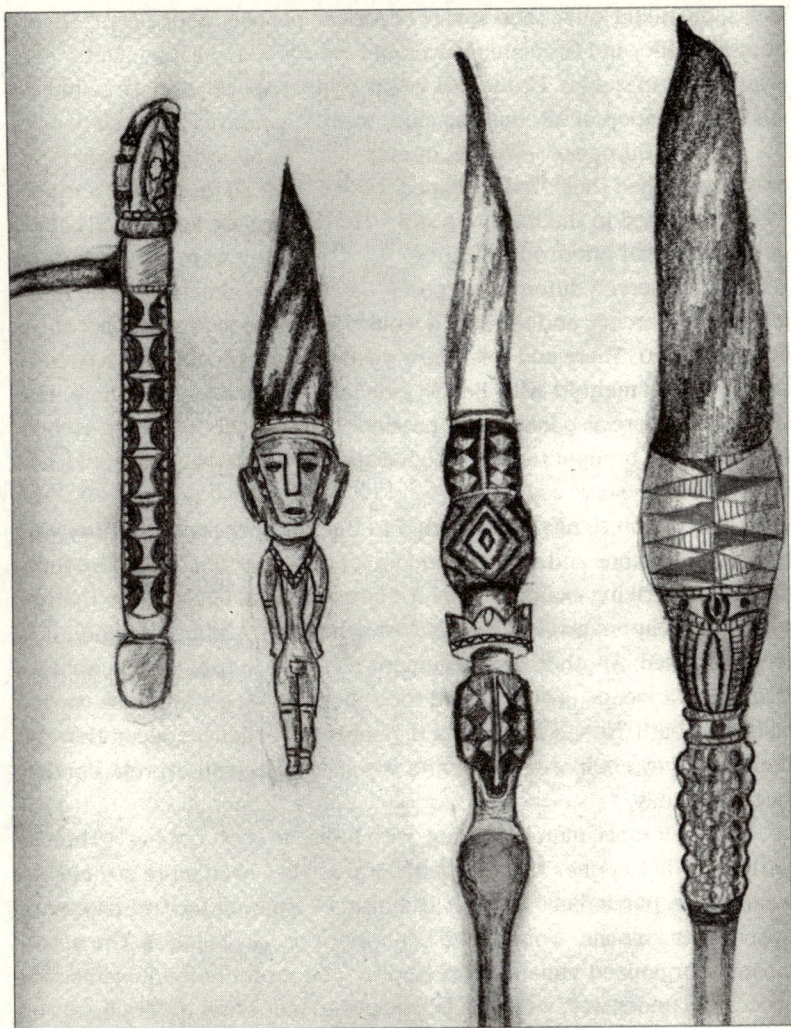

海军上将群岛出土的带有装饰的武器。

有了弓我们去战斗，

有了弓我们能打赢，

有了弓我们不怕遭遇战，

有了弓我们要敌人肝肠断，

有了弓我们无往而不胜。

她贴在他的耳朵上，

　　高兴地说着悄悄话，

　　她把心爱的朋友，

　　紧紧抱在怀里边。

　　拉开弓吧，

　　她就像姑娘在呢喃——

　　弓弦就是我们的保护神。①

　　今天的军官也经常教育士兵说，他们应当像照顾妻子一样对待步枪。

　　如果要举一个武器在整个文化中占有中心地位的例子的话，可以看一看马来短剑。对于外行来说，马来短剑只不过是一种有着特别的波状刃的短小、狭窄的钢制短剑。现代的马来短剑是在工厂里大批量生产的。只需花几美元，就能在从曼谷到雅加达甚至更远地区的集市上买到。然而学者们却知道传统上马来短剑有至少七个大类型。每大类还有无数子类型，都可以通过剑刃、剑柄和剑鞘的长度和形状来区分。剑柄的形状尤其多得不可胜数，既有简单的几何形状，也有非常精致的鸟、动物和魔鬼形状。至于剑刃，只需说买主有六种不同的方法来评估它们，就足矣。所有剑刃、剑柄和剑鞘上还各有不同的咒语，意在确保武器给其主人带来的是好运而非厄运。

　　与古代拉比们的观点一致的是，马来短剑也是装饰品——"过去"，人们告诉我们，一个马来人如果没有佩带短剑，人们会认为他衣冠不整。统治者会就穿多少衣服、如何穿颁布规章，和平时期的衣着与战时是不同的。在一些现代国家，官员们出席同僚的婚礼时，也会拔出剑来，排成两列，举剑在空中交叉，让新郎和新娘从剑下穿过。在马来婚礼中，短剑起的作用还更大，由于剑主人与剑的关系如此密切，在有一种仪式中，短剑就代表着新郎。根据对这个问题的最具权威性的研究，短剑代表着"马来精神的精髓，不仅是马来主权，

---

① Quoted in R. E. Oakshott, *The Archeology of Weapons*, London, Lutterworth 1960, p. 17.

　　　　　　　　　　　　战争的文化

也是马来人男子气概的象征"。短剑也是苏丹宫廷服饰中不可缺少的一部分，今天在新加坡军队的徽章中还能看到。

这样的现象，即使不是全部，其中的大部分也出现在了不同文明的其他武器上。11世纪和12世纪的日耳曼诗歌告诉我们，在婚礼上，新娘是从新郎的剑尖上取下她的戒指的。同样，在18世纪的苏格兰，短剑是男人勇气的象征，也代表着其主人的个性，因而在主人发誓时，担当着"见证"主人的诚实的角色。在欧洲其他国家，在其他冷兵器早已不使用之后，军官和贵族仍然佩剑。20世纪的法西斯和纳粹组织，如黑衫党、党卫军、希特勒青年团等，也给其成员颁发刻有铭文、装饰精美的匕首。在德川时期的日本，剑象征着整个贵族文化的核心，只有贵族才被允许佩剑。于是便又出现了一个有趣的矛盾。到弓箭取代剑成为武士的主要武器时，战争已经结束了。结果，剑的唯一用途便是社会地位的象征。事实上，这一象征是如此重要，竟至于武士们不得不在所有时间都佩着剑。

最后一个例子是shebariya——一种弯刀。时至今日它仍是贝都因人衣着中不可缺少的一部分。贝都因男人外出时如果没有带刀，感觉就好像裸体一般。这种现象部分上反映了一种实际需求，一些地广人稀的社会，至今仍根本没有警察，一旦出事，所有的人都不得不自卫。然而，这也与剑在伊斯兰教中扮演的角色有关——当然，伊斯兰教一开始本身就是一种贝都因人的宗教。像新月一样，剑是伊斯兰教的主要象征之一。剑既代表使伊斯兰教早期的征服成为可能的武器，也代表着其教义的真实性。于是阿拉伯语中的"剑"——sayif（音为"萨伊夫"）就成了很多阿拉伯人名字中的一部分。叫这个名字的人，至少远在17世纪有萨伊夫·伊本·奥马尔（Sayif ibn Umar）——《古兰经》的早期注释者之一。今天则有萨伊夫·伊斯兰·卡扎菲——利比亚领导人穆阿迈尔·卡扎菲（Muammar Khadafi）的儿子。还有臭名昭著的菲律宾恐怖组织"阿布沙耶夫"（Abu Sayif）武装。

另一方面，为了赢得尊敬，剑和其他武器也不能仅仅是锋利的金属片。如在古代中东，这给武器商们带来了压力，他们必须不断革新武器的形状，哪怕是没有实用的理由。根据一位专家的说法，在欧洲，980～1550年间，单是剑柄的末端，就有六种不同的样式，其下又分19种子类型。许多剑都是因为剑刃上刻有各种各样的铭文，从而获得了尊贵的地位。有些铭文的含义已经不得而知了，但似乎都与巫术相关，或是犹太神秘哲学中的咒语，意在保护剑的主人，或加害于剑主人的敌人。"+HDXOXCHMDRCHXORVI+"是从泰晤士河中打捞上来的一把剑上的铭文。而在诺福克发现、现藏于大英博物馆的另一把剑上，则刻着"ANTANANTANANTAN"。

有些剑上镌刻着制作者或拥有者的名字。还有一些刻着祷辞、祝辞或献辞，例如"In nomine domini"、"Sosmencrsos"和"Si si non non"，最后一句意思显然是剑主人是守信用的。至少有一把产于大约1500年，目前藏于维也纳的宫廷狩猎和兵器博物馆（Hof-Jagd und Ruestung Kammer）的剑，上面有拉丁语铭文，其中的一部分翻译出来是："假如你问起：我是打仗用的，不是打猎用的。"许多非常昂贵，对它们的主人来说也非常珍贵的剑，上面也有形状很富艺术感的护手和镶嵌着宝石的剑柄圆头——又一次，这些宝石之所以被看重，不仅是因为其外观，也因为其被认为拥有的魔力。有些剑柄的圆头上开着洞，可以放置圣物。最为著名的剑——杜朗达尔（Durendal）——出名的部分原因是载有很多圣物：圣彼得（Saint Peter）的牙、圣巴西尔（Saint Basil）的血、圣但尼（Saint Denis）的头发，还有圣母玛丽亚袍服上的布。

杜朗达尔并非唯一有名字的剑。亚瑟王（King Arthur）①的剑叫做"埃克斯卡利伯"（Excalibur）。奥丁（Odin）②的剑有"巴尔蒙克"（Balmung）、"齐格弗里德·格拉姆"（Siegfried Gram）和"查理曼·茹瓦约斯"（Charlemagne Joyeuse）。我们还可以在日本和印度看到同样的情况。这两个国家不约而同地把剑的发明都归功于神。在日本，最早的剑是太阳女神天照（Amaterasu）送给她孙子的礼物。在印度，剑首次出现，是在梵天（Brahma）献祭时藏身于一朵流星形的莲花中

---

① 中世纪传说中的英格兰国王。——译注
② 北欧神话中的主神，世界统治者。——译注

来到世上的。穆罕默德有四把剑，分别叫做"锋利"（Dhu'l Fakar）、"打击"（Battar）、"锐利"（Medham）和"夺命"（Halef）。在他之后，蒙古统治者也给自己的剑起了名。于是就有了"杀敌者"（Dusman-Kush）、"世界征服者"（Alam-Sitam）、"克敌者"（Fateh-Lashkar）、"腰间佩"（Kamar-Jeb）和"忠实朋友"（Yare-Vafader）。有些剑几乎被认为是有生命的。远至青铜时代，有些剑柄的末端圆头就是人脸形状的。罗兰（Roland）①在临死时，曾饱含深情地向他忠实的杜朗达尔剑做了告别。

也许是试图提高自己的名望，也许是为了求得高价，剑匠们都竭尽全力地想使剑蒙上些许神秘的色彩，使它们与性、生育和丧葬等仪式联系起来。平安时代的日本将锻造剑刃的过程变成了一种祭仪，届时要用绳子和剪纸装饰作坊，工匠要沐浴，穿上特殊的长袍，甚至还要禁欲、禁酒、禁食某些食品。日本和其他国家一样，最珍贵的宝剑能够成为一种世系。剑的制作者、拥有者和被剑杀死的人，都会被记录并保存下来。加勒哈德（Galahad）②在其历险过程中发现的一把剑，据说最早的主人可追溯至大卫王。作为历史，对这样的传说不必太当真。但这样的传说仍然表明了一种态度，假设这故事是可信的，那么在战斗中绝不会没有心理影响的。

剑也并非战争中唯一有名字的装备。给战船命名的习俗至少可追溯至古希腊时期。最初这也许只是一种区别战船的功能性手段。然而，后来掺入了象征意义和感情色彩，情况也许就大不相同了。雅典的碑铭博物馆藏有一系列公元前4世纪的碑铭，上面载有大约三百艘雅典三桨战船的名字。像在英语、拉丁语和许多其他语言中一样，希腊语中船也是用女性的"她"来称呼，在语法上适用于阴性。有些船是以神或神话中的男女英雄的名字命名的。有些则是以地方、地区的名字，或抽象特性和动物命名的。希腊最著名的船是"阿耳戈"号（Argos），是根据伊阿宋（Jason）和阿耳戈英雄们跨越黑海去科尔基斯寻

① 法国史诗《罗兰之歌》的主人公，以膂力、勇敢和骑士精神著称。——译注
② 《亚瑟王传奇》中的圆桌骑士之一，因其圣洁与高贵而寻获圣杯。——译注

求金羊毛时所乘的船及因此而得名的希腊地区而命名的。其他船名还有"安费特赖特"号（Amphitrite；海神波塞冬的妻子）、"忒提斯"号（Thetis；希腊神话中的海中女神，阿喀琉斯的母亲）、"依洛西斯"号（Eleusis；拥有一种秘密宗教仪式的地方）、"自主"号（Eleutheria）和"海豚"号（Dolphis）。

为战舰——当然，还有其他运输工具——命名的传统一直延续到了今天，可以很容易地形成一个专门的研究课题。霍雷肖·纳尔逊（Horatio Nelson）[①]在特拉法尔加海战中的旗舰是"胜利"号。1866年意大利在利萨海战中被奥地利人击沉的军舰叫"意大利国王"号（Re d'Italia）。德国人在第二次世界大战中有"俾斯麦"号军舰。起初它准备叫"德意志"号，但后来被改了名，因为如果"德意志"号被击沉的话，对德军士气的打击实在太严重。今天的一些战舰依然以希腊诸神的名字命名，如英国曾将一系列航空母舰命名为"赫耳墨斯"级。其他可以为军舰命名的还有：地名（如在珍珠港被击沉的前美国军舰"亚利桑那"号）、胜仗名（如前美国军舰"萨拉托加"号）、统帅名（如美国军舰"艾森豪威尔"号、"尼米兹"号、"麦克阿瑟"号）、被认为特别珍贵或能够震慑敌人的抽象性质（如美国军舰"企业"号，前英国军舰"无畏"号、"蹂躏"号）。也有一些军舰以野兽（如前英国军舰"雄狮"号）、飞禽或天气现象（如"暴风雨"号）命名。

为弹弩、攻城槌、投石器及其他战争用的发射器命名的习俗也可以追溯到希腊时代，如果不是更早的话。这一习俗在罗马采用后，当公元1000年左右中世纪的勇士开始使用这些机器时又得以复苏。最早的大炮刚一问世，就被冠以"破坏者"、"恐怖"、"暴怒"、"疯女人"等名字。17世纪中叶，中国有一种著名的大炮叫做"神威无敌大将军"。第一次世界大战时，德国生产了一种巨大的42厘米口径的大炮，叫做"大贝尔莎"（Big Bertha），是以工业家古斯塔夫·克虏伯·冯·波伦·翁德·哈尔巴赫（Gustav Krupp von Bohlen und Halbach）

---

① 1758～1805，英国海军统帅。曾因作战负伤，先后失去右眼和右臂。1805年指挥舰队在特拉法尔加海战中大败法国—西班牙联合舰队，本人受重伤阵亡。——译注

肥胖的妻子命名的，希望能摧毁比利时的边境堡垒。坦克也是刚一出现，人们就开始为之起名。"埃阿斯"、"夏布利"、"吸血鬼"、"大利拉"和"卓别林"等，是备受青睐的名字。第一次世界大战后期，德国著名作家恩斯特·容格（Ernst Jünger）①在观察了一个到处是被击毁的坦克的战场后，注意到没有一辆坦克没有名字，无论是讽刺性的、威胁性的还是祈求幸运的名字。第二次世界大战中在意大利作战的盟军士兵，半是出于钦佩半是出于害怕，给德军用来轰击他们的巨大的列车炮起了个绰号，叫"安奇奥的安妮"（Anzio Annie）。简而言之，士兵们总是把武器人格化，武器的体积和威力越大，就越有可能被这样起名。也许被起名的最著名的机器，就是在广岛投下原子弹的轰炸机"埃诺拉·盖伊"（Enola Gay）了。这是以飞行员的母亲命名的，因为他一想起他的母亲，就会浑身发抖。

有些名字是为了让士兵记住以往的胜利或是他们愿意为之冒险的事情。有些是为了威慑敌人，有些则带有感情色彩。1940年，大英帝国能够派出保卫马耳他的仅有的三架古老的双翼飞机，名字分别为"忠诚"、"希望"和"仁慈"。在太平洋战争中，一个美军机组给他们的B-29轰炸机起的名字是"回飞镖"。其用意是：回飞镖总能回到被发出的地方。他们在飞机上还带着一只真正的回飞镖，上面刻有完成飞行任务的次数。子弹上也经常刻有名字，或者是拥有者的名字，或者是想要打击的敌人的名字。如果是后者，则可能寄托着一些痴心妄想或感应魔法。至少有一只马其顿箭头，我们看到上面刻有亚历山大大帝的父亲——腓力二世国王的名字。罗马人用投石器投掷的石弹，是用铅浇铸成的，上面经常有拥有者和发射者的名字。今天投向敌人，或向敌人发射的炸弹、火箭和导弹，更多刻有希望炸死的人的名字。在1991年的海湾战争中，美国人加紧研制出的一种巨大的"掩体炸弹"，被命名为"萨达姆毁灭者"。至少有一辆美国海军陆战队的坦克，也起了这个名字。

① 1895～1998，德国作家，除小说和日记外，还以其"一战"回忆录《钢铁的风暴》而闻名。有人认为他是德国最杰出的现代作家之一，也有人斥其为好战分子。——译注

再回到装饰的话题上。当大炮问世后，没过多久炮身上就被刻上了各种各样的符号，以及其他装饰图形、箴言和警句。长枪和手枪的金属部分，尤其是枪机和枪管，也都有镶嵌或蚀刻的装饰。枪托和枪把也是如此。虽然基本上都是木头做的，但上面有绘画，有雕刻，有波纹装饰，也有的镶嵌着珍稀物质，如金、银、象牙等。一把17世纪的欧洲手枪，其枪把的形状像是一个妇女正在与一个半人半羊的怪物在性交。我们又一次要问到那个问题了：这些装饰是为了实战，还是为了其他目的，比如炫耀、献礼或打猎。又一次，答案似乎是其中大多数被用于所有这些目的。然而，任何武器，无论多么漂亮，如果不能在你愤怒时射出弹药，那就不过是玩具，除了适用于幼儿园，不适用于任何地方。在某些社会，甚至会被认为连幼儿园都不适用。

　　大多数装饰恐怕都是无害的，除了会影响武器的价格外，不会影响它们在战斗中的作用。然而，有些装饰不仅是有害的，还是故意这样做的。一个很好的例子来自第一次世界大战。在那场战争，以及此后的所有战争中，空战的胜利在很大程度上要依靠率先发现敌机的能力。这就促使人们为飞机涂上伪装色彩，以尽可能地使其无论在天空中还是在地面上都不易被发现。于是飞机的底部会被涂成灰色或蓝色，顶部会涂上绿色或棕色，以便与周围环境相混淆。然而，仍有一些王牌飞行员的飞机被涂上了各种各样鲜艳的色彩。从战术上讲，给飞机涂上鲜艳的蓝、绿、黄或红色——这最后一种是著名飞行员曼弗雷德·冯·里希特霍芬（Manfred von Richthofen）最喜欢的颜色——是愚蠢之举。然而从士气的角度来看，效果却恰恰相反。这些颜色在几英里外就能看见。它们在向世界宣告，驾驶这些飞机的飞行员，是一群真正不好惹的家伙，他们不畏惧任何对手，会死战到底。

　　一些现代空军会将其飞行员的名字保密，旨在隐藏10%左右王牌飞行员的身份。第一次世界大战时却不是这样。那时候情况恰恰相反。法国和意大利的王牌飞行员经常会在飞机上装饰他们自己设计的图案，比如棺材、狮子头之类，以发出一种有可能要了自己的命的挑战。到了战争后期，交战双方都开始将一些飞机的前端画得像鲨鱼头一样，有大张的颚、成排的利齿、沉重的阴影和凶狠的眼睛。顺便说一句，这样的眼睛，早在古希腊罗马时期就画在战船上了。根据"凶眼"理论，在不同的时间和地点，它们都有相应的魔法意味。在第二次世界大战中，一些德国战斗机在黄色的螺旋桨叶片上涂上了螺旋状的黑色。这种特殊的图案也许是想给敌人带来瞬间的眩晕，从而在战斗中取得至关重要的优势。对此也有其他解释，但很多都似乎很牵强。在考虑过所有因素后，这种装饰的最重要的动机也许是飞行员喜爱他们操作的武器，为之感到骄傲。有鉴于他们的性命就寄托在这些武器的表现上，这并不奇怪。

最著名的要算是美国战斗机的"机头艺术"了，有成千上万种图案。有些图案，例如炮弹，或表示完成飞行任务的次数、击落敌机的架数的符号，意在记录昔日的辉煌战绩或嘲弄敌人。有些则反映了飞行员在军队强加给他们的统一性中保持个性的愿望，以及他们幻想中的生活。考虑到他们的创作环境，不必奇怪有些图案明显地带有施虐情绪，画的是骷髅、妖怪、魔鬼、海盗、恶龙，以及希特勒、墨索里尼或东条英机的头遭到棒打。更不必奇怪的是，考虑到大多数机组人员都是多么年轻，有些图案是赤裸裸的色情绘画。许多这样的绘画，灵感汲取于当时的杂志插图画家。画的多是各种各样的裸体少女。这些女人通常都坐在，或以其他姿态靠近枪或其他发射器上。

有些研究者认为，一支部队离上级指挥部越远，其装饰图案就越具挑逗性，但这种说法难以证实。有些"机头艺术"极富想象力，将一些最不相干的要素融合起来，形成了一个多少是和谐的，往往又非常有趣的整体。出乎很多人想象的是，这些绘画并非业余之作，而是职业画家们的合格作品。他们为其画作索要了高价——这从另一方面证明了这些装饰对委托创作者们多么重要。令人遗憾的是，在我们这个讲究政治正确的世界，这样的表现平素是被禁止的。也就是说，一直会被禁止到爆发战争，正如1991年的情况一样。随着空气中弥漫起危险气息，生死问题突然变得严峻起来，士兵们从纳税人花重金养的闲人，摇身一变成了珍贵物品。和平时期的高雅像蛛丝一样被拂去了，人们又被允许展现表皮之下的本性了。

迄今我不惜笔墨论述的，都是一个事实：许多大加装饰的武器，都是打算在战斗中使用的，也的确在战斗中使用了。然而，相反的说法也是可以成立的。今天显而易见的事实是：一件工具、一台机器，甚至是一幅画作，只要与战争有关，通常都会被认为在艺术上是二流的。欣赏这样的艺术，就有被称为"好战分子"的危险。在以往很多时代和地方，情况都不是这样，而且恰恰相反，它们都会被视为当之无愧的艺术品。尤其是部落社会，从来没有像我们今天这样的对"手艺"和"艺术"的区别。在部落中，哪怕是日常使用的最寻常的物件，比如家具（越小越如此）、农具、各种容器，还有乐器，都会被大加装饰，这几乎是理所当然之举。如果是这样，武器为什么就不能精心装饰呢？再举一例，16 世纪和 17 世纪一些最精致的盔甲，肯定是为了在比武大会（见第四章）或富豪的珍宝库中展示的。然而，绝对没有人会认为上述物件是不那么出色的艺术品，只因为它们与战争有关。情况甚至还恰恰相反。

今天，一些武器也是由多少很宝贵的物质制成，或镶嵌有宝贵物质。它们被擦得锃亮，配有很漂亮的包装，既用于展示，也用作赠礼。甚至有些不是用于此等目的的武器，也因其外观漂亮而受到珍视。这方面一个很好的例子出自以色列空军。20 世纪 60 年代时，以色列空军是一支真正的精锐之师，以强烈的自豪感、团队精神和胜利传统而著称。那时的以色列还是个又小又穷的国家，飞机——尤其是战斗机——数量稀少，极其珍贵。这就难怪以色列空军全体人员都一致认为最出色的战斗机也应当是最漂亮的。他们为当时作为以色列一线战斗机的法国"幻影 IIIc"绝美的流线型写下了大量颂歌。特别是在 1967 年 6 月的"六日战争"取得辉煌胜利之后，几乎与军事有关的一切，都被认为本身就是美丽的。直到 1973 年另一场不那么成功的战争之后，尽管包括梅纳赫姆·贝京总理（Menachem Begin）在内的很多人竭力想重振士气，但人们仍恢复了冷静的头脑，结束了对军事的狂热崇拜，然而对武器的看法却依然如故。

像世界上所有事情一样，对于武器应该怎样，不应该怎样，观点差别极大。这方面一个绝佳的例子，是冷战的几十年间苏联和美国建造的战舰之间的反差。如果不是前者的战舰如今要么沉入了海底，要么在港口内等着生锈，这种反差还会继续存在。苏联的舰船在甲板和桅杆上，像花彩一样装饰着一排又一排的武器（炮或导弹）、天线和雷达，仿佛在怒视着世界。美国的军舰则追求简洁朴素的外观。舰船上所载的武器，以及用于通讯、监测、武器制导等等的电子设备，多半都隐藏在人们看不到的地方。结果就是主甲板以上的部分非常平整，就像是瓦尔特·格罗皮乌斯（Walter Gropius）①或路德维希·米斯·范德尔罗厄（Ludwig Mies van der Rohe）②设计的。有趣的是，许多苏联战舰都是1976年后在海军总司令谢尔盖·戈尔什科夫（Sergei Gorchakov）领导下建造的，实际上比美国同等的战舰还要现代化。因此，单是时间并不能解释这种差别。

还有一个例子。据说，19世纪晚期时，英国海军人员通常都认为大炮太残忍，因为在发射时会使战舰的油漆开裂。而他们的美国同行的情况却恰恰相反：从舰船的配备来判断，他们一定会为自己的武器深感羞耻。同样的差别在其他武器装备上也能看到，尤其是坦克。如果你能参观一下美国马里兰州阿伯丁的美国陆军火炮博物馆，就会看到，与馆内展出的"二战"时期德国和苏联的坦克相比，英国、法国、意大利、日本，甚至美国的坦克都简直像是玩具。这也许是因为苏德两国经历了人类历史上空前，也很可能绝后的规模最大也最为惨烈的地面战。设计师换了一茬又一茬，这些差别却似乎永恒不变。许多这样的差别都与武器的效力关系甚小，甚至根本无关。

自弗洛伊德通过《梦的解析》（*The Interpretation of Dreams*）一书提出物体可以被作为性的象征后，迄今一个世纪以来，认为许多武器和武器系统与男性生殖器很相似的说法，已经成了陈词滥调。不需要多强的心理分析学素养，就能看出锋利的武器经常受到男人的喜爱，并被作为男子气概的象征，原因之一就是它们能撕开并进入其他人的身体。实际上，在拉丁语中，gladius（剑）一词也可用作男性阳物的俚语。将男性生殖器与需要点燃射弹的火器，以及需要点燃或发射的

---

① 1883～1969，德裔美籍建筑家、教育家，现代主义建筑学派的倡导人和奠基人之一，包豪斯学校的创办人。——译注
② 1886～1969，德裔美籍建筑家，国际风格的领袖人物。——译注

子弹、鱼雷、导弹等进行类比，也许更为相似。许多射弹为了强调这种相似，将顶头染成了鲜艳的颜色，尤以红色最受青睐。顺便说一句，就子弹而言，每种颜色都代表着不同的意味。例如弹头为红色的子弹通常被用做曳光弹。至少有一种设计为空对空、至今已不再使用的英国导弹，正式的名称就叫"红头儿"（Red Top）。

那些设计武器的人通常都不天真，而是完全清楚他们在做什么。让某些武器"性感起来"，已经成了让它们吸引潜在的买主和使用者眼球的行话。涂上少许的颜色，或在适当的位置采用适当的形状，往往会产生神奇的效果。还有一些武器，如各种战斗机和导弹，装备了所谓的穿透辅助设备，以增强突破敌人防御从而击中目标的能力。反过来说，所有这些也有助于解释为什么不像男人阳物的一些武器，如地雷、毒气弹、凝固汽油弹等，威力越大却越不招人喜爱。它们既非长形也不锋利，或者是箱形的，或者是圆形的，或者是不规则形状的。它们也不会给使用者带来发射并穿透别人躯体的超级快感。这也许也解释了为什么女人对武器的态度比男人要含糊得多。尽管有例外，但喜欢收藏武器及其复制品的女人，实在可谓怪人。

如果说现代军事装备大多线条明快，造型优美，有些却绝非如此。请想一想美国的悍马汽车。这种车最初设计出来，是为了取代"二战"中灵巧的吉普的。它们宽矮、笨拙，看上去就像是装了轮子、能够翻倒、皱着眉头的垃圾箱子。但这种奇丑无比的怪物也有可取之处——鉴于其在战斗中的用途备受争议，有人会说这也是其唯一的可取之处。那就是如其广告中所说的，它是一种"柴油动力的大马力越野汽车"，可以傲视任何伪称空气动力的装置，因而燃料使用效率极高（这一点，五角大楼也有人认为是"女里女气"）。于是它也给了人们具有野蛮的动力，能够赛过公路上一切奔跑之物的印象。正是这一特性，使之受到了一些有钱人，如武打明星阿诺·施瓦辛格（Arnold Schwarzenegger）、篮球明星丹尼斯·罗德曼（Dennis Rodman）等人的青睐。他们不仅欣然购买，还定制了专车，提出了各种使之更为舒适的特殊要求并得到了满足。

另一种在战争中的作用一直在增长的这样的武器就是攻击性直升

　　　　　　　　　战争的文化

平民们也喜欢分享军用汽车那种具有猛兽般力量的感觉。
图为美国通用汽车公司的悍马越野车。

机。这种直升机是人类迄今制造出来的最难看的机器之一。它们不是流线型的，看上去很笨重，表面上覆盖着似乎从来没能很好地拼接在一起的奇形怪状的金属片，再加上短而突出的鼻子和螺旋桨，以及总是在人们意想不到的地方鼓起一块大小不一的装饰物——如果可以说是"装饰"的话。诸如旋转机枪、导弹发射器、电子对抗吊舱等附件，越发增添了其丑陋。整个这种奇妙的设备的顶部，是一组高速旋转、构造极其复杂的传动装置。配上它们特有的催人心烦的噪音，给人的整体印象就是有猛兽般的力量，能够不顾一切地向前冲。很多观察家都将攻击性直升机比作有巨大翅膀、随时准备蜇人的昆虫。实际上，一些最新型号的直升机，因为装上了庞大的光学眼以具备红外线夜视能力，还更加深了人们的这一印象。攻击性直升机最典型的战术是先隐藏在山后面，然后突然咆哮着出现在敌人眼前。它们是最令人生畏的武器之一。

最后，再请想一想堡垒的历史。许多堡垒和城堡都绝不只是实用性建筑，而是极尽装饰之能事的（顺便说一句，正如本书中不及探讨的许多其他军用建筑一样）。其中相当多一部分都是建筑艺术上的杰作。其实，只须想一想人们对于其他类型的建筑一向是多么骄傲，就能明白：军用建筑怎么可能例外呢？始建时间可追溯至公元前两千年的迈锡尼狮子门，举世闻名。现藏于柏林帕加蒙博物馆的古巴比伦城门，被涂上了灿烂的蓝色，如玻璃般闪闪发光，上面还装饰着各种各样神话中的动物，创造了一种直到今天仍会令所有观者无一例外地倾倒的惊人视觉效果。在尼尼微失陷约 2600 年后精心重建的雉堞状的该城城墙，当初建造时也不是单纯考虑实用功能，同样追求审美价值。西班牙的托莱多城堡也是如此。

日本的城堡，也是既具军事价值，也有象征作用。令人奇怪的是，日本从来没有建造过雉堞形的城墙，有人推测，这说明这种前现代时期军事建筑中最常见的特色，其创意都是更多地出自于文化传统而非军事上的实用考虑。日本的城堡采用对称的均匀间隔的屋顶梁来追求视觉效果。其中一些最好的范例似乎显示出展翅欲飞的气势。很显然人们在建设城堡时倾注巨大的努力，甚至是热爱，以确保其成为人类的双手能创造出的最美的艺术品。其中一个典型的例子是距京都不远的近江的安土城。该城堡落成于 1576 年，正是内战打得如火如荼之际，城堡不仅充分利用了险峻的自然地形，城墙上也绘有艳丽的龙。还有一件奇怪之事，留存至今的城堡，几乎全都是 1603 年后在和平时期修建的，又一次说明人们是多么痴迷于堡垒建筑啊。

同样，许多中世纪的城镇也非同寻常地为他们的堡垒感到骄傲，并竭尽所能地把它们建造得既具备实用性，也很赏心悦目。伊斯兰统治者也遵循了类似的传统。他们用一圈又一圈五颜六色的石头和砖头、各种各样的铭文，以及动物浮雕来装饰他们的城墙。这方面一个著名的例证就是耶路撒冷所谓的狮子门上的豹子雕像。意大利文艺复兴时期的城堡也可跻身于世界上最好的城堡之列。它们将倾斜的城墙、塔楼、雉堞、胸墙（因为火药的出现，胸墙在很大程度上已经过时了，但出于审美的目的仍在建造）、枪眼精心地结合在一起，形成了一个即使并非总是实用，却肯定像所有其他建筑风格一样和谐的整体。毫不奇怪的是：很多设计者都是著名的艺术家。例如，重新设计锡耶纳堡垒（并于 1553 年参与保卫了它）的是乔治·迪·乔瓦尼

（Giorgio di Giovanni）大师。他接受过多米尼科·贝卡富米（Domini-co Beccafumi）的指导，在和平时期以创作壁画谋生。更为著名的艺术家，如列奥纳多·达·芬奇、米开朗基罗·博那罗蒂，还有阿尔卑斯山北边的阿尔贝特·丢勒，都曾在这个领域一试身手。

由于篇幅所限，对于堡垒这个巨大的题目，即使粗略地概述一下都不可能，我只能聚焦于一组堡垒，尽可能地使读者们窥一斑而知全豹。至少从 12 世纪 40 年代起，英格兰的一些城堡在建造时，对于审美功能都是经过深思熟虑的。这一特点在爱德华一世于威尔士修建的那些城堡中尤为明显，卡那封的大城堡更是如此。该城堡的选址便带有宣示王权的意味，因为它恰好建在罗马人兴建的塞贡蒂乌姆要塞之上。最重要的装饰效果包括：几何图形的轮廓；有彩色条纹的砖石结构的城墙，据说是模仿拜占庭的狄奥多西城墙；远远超过瞭望需要的众多小塔楼；有六角、八角，甚至十角的多角塔；刻有各种图案的城垛，包括西塔上的鹰。像众多的城堡一样，最精致的装饰是在国王门上，这往往是给来访者留下第一印象的地方。设计基于三个构成了三角形的八角结构，共有五组门和六组铁格子闸门。顶部是一个雕刻得很精致的壁龛，里面是坐着的国王形象，据一些作家说，是受到了意大利卡普阿的腓特烈二世（Frederick Ⅱ）的凯旋门的启发。

先将其防御功能搁置一边，这些装饰的一部分是为了威吓和震慑威尔士部落民的。另外一些，如枪眼和堞口等等，则肯定是看重其审美效果。雉堞尤其如此。由等距离分布的同样大小的齿状垛构成的雉堞，也许迎合了人们的秩序感。前面已经提到，军服也与这种秩序感有关。这也许能解释为什么不仅是大领主，普通平民也愿意购买在自己的房屋上建造雉堞的许可证。因为雉堞不仅是武力的象征，也是后者财力的显示。其他特色，如护城河，建造目的也许不仅仅是为了给来犯之敌增加一道障碍，也是为了打造一条与当时流行的亚瑟王传奇故事的联系纽带。爱德华一世的有些城堡，例如什罗普郡的阿克顿伯内尔城堡，承载的象征物和装饰物之多，从军事上讲，已经达到了有害的地步。在这个问题上，有一位当代历史学家的见解令我获益匪浅，我觉得再没有比引用他的一段话更好的了。他说："卡那封及类似的城堡给人的整体印象是：这是国王长期的军事支持者，一群贵族好战分子，为满足战争欲望而穷奢极侈、挥霍无度的结果。它们就是当今美国'星球大战'计划在中世纪时期的前驱。"

因此，无论刀剑、大炮、战船、飞机、堡垒，还是诸如用掷弹器抛射的铅弹等低劣武器，从来都不仅仅是为打仗而制作和使用的"工具"。它们当然一直是为打仗用的，但它们同时也承载着众多其他功能。有些是极其昂贵，甚至可谓珍贵的艺术品。它们是花了远超过实战需求的大价钱制作和装饰的，但这并没有妨碍它们被用于实战。有些武器与宗教相关，有些则被认为在防卫或进攻方面具备神奇的魔力。有些武器受到的待遇仿佛是有独立的人格，有些被其主人当作男子气概的象征，还有一些（有时甚至是敌人的武器）则被视为某种情感的寄托。武器和装备作为思想和传统的承载者，通过铭刻在其上的箴言或所起的名字代代传承。它们会因其大小、形状和各种各样的特殊性能，而激起人们的敬畏。此外，或者因其形状，或者因其装饰，它们也会成为最强有力的性的象征物。

最为重要的是，武器装备和战争建筑是人们赖以保护自己性命并夺取敌人性命的，这便使它们被罩上了一种特殊的光环。一方面，它们经常要受到其他工具很难分享到的尊重。另一方面，它们又是力量的标志，甚至有时是崇拜的对象。因此，一些纳粹头目曾试图创造出一种"德国式"的基督教，在需要摆放十字架的地方，用剑取而代之。美国空军学院教堂的祭坛上方，在喷气发动机取代之前，放置的也是一个巨大的由螺旋桨构成的十字架。

所有这些思想、信仰和态度，相互影响也相互促进。虽然有些社会的军事技术是原始的，但人的思想却绝不原始；于是，甚至在像新几内亚那样的石器时代的社会，都会围绕战争产生一种绝非原始的文化。当今的书籍和论文越是关注"战略"，就越少提及这种文化。这样的书读得多了，的确就意识不到还有战争文化存在。然而，不了解战争文化，就永远无法真正理解人类在战争和战斗中的行为，更不用说以最大限度地提高自己的战斗力，最大限度地降低敌人的战斗力来主导战争了。

　　　　　　　　　战争的文化

第三章
勇士是怎样造就的

把年轻人培养成勇士，无论何时何地，目标和方法都大致相同。这也许意味着在人类中存在一种根深蒂固的军事和心理需求。任何娇纵，无论是以民主还是以女权主义的名义出现，都无法消除这种需求。20 世纪初，曾有一位军校校长这样说过：

> 先生们：你们已经选择了世界上最崇高的职业。你们为自己设定了世界上最崇高的目标。我们在这里，就是要告诉你们怎样达到这个目标。你们将在这里学到生和死的意义……你们以前所经历、所看到、所明白的一切，都必须忘掉。你们从今所经历、所看到、所明白的一切，都将成为你们的目标。从现在起，你们将没有任何自由意志。你们必须学会服从，这样你们将来才能够指挥。[1]

虽然这些方法和目标在一些当今世界上最先进国家的军队中很容易看到，但直到不久前，在一些世界上最原始的部落社会，如肯尼亚的梅鲁人中，也能看到。在本章中，我们将主要关注态度、价值观和传统代代传授和继承的方式。这也是战争文化的一部分。

在当今的现代化社会，大多数年轻人都是由家庭培养大的。他们通常是在十八九岁后，才独自去闯荡世界的。很多从前的社会却不是

---

[1]　Von Salomon, *Die Kadetten*, Hamberg, Rowohlt, 1957 [1942], p. 29.

这样。那时候，要让男孩子——不包括女孩，她们在出嫁前会被准许一直留在家里——离开他们的父亲，特别是母亲，这样才能把他们培养成男人（也就是勇士，较少情况下成为牧师）。在很多社会，尤其是按年龄段构建的所谓分级社会，男孩子们要在 7 岁左右时离开家。并非偶然的是，斯巴达就是这种情况。在所有希腊城堡中，斯巴达是最保守的之一，也就是说它保持着它所起源的部落社会的最多的特色。

为阿拉伯酋长买未来的马穆鲁克兵和为奥斯曼苏丹买未来的禁卫军战士的奴隶贩子们，一般是买过了 7 周岁的男孩，但有时似乎也买大到 14 岁的男孩。在中世纪的欧洲，贵族的小儿子们离开家去参加别的贵族的军队，正式年龄是 9 岁左右。其他社会开始训练男孩学打仗，是在他们十一二岁时，第一次世界大战前的德国士官学校和日本传统上都是如此。年轻人报名进军校，在美国和其他现代国家，普遍是在十四五岁时。

无论任何军事教育，其必不可少的第一步，都是从身体上将年轻人与"普通"社会，与其习俗，与其诱惑，与其成员千丝万缕的联系隔离开来。许多部落社会是通过强加给男孩子们一系列严格的禁令，来做到这一点的。例如，会命令他们永远不许再碰某种食物；会禁止他们再进父母的小屋（或者也许要求他们回家时只能进某个指定的门），尤其是会禁止他们与女性的亲属说话，因为如果要让他们变成男人，首先就必须清除他们身上的一切女性特质。许多现代军队，例如美国海军陆战队，为达到同样的目的，在新兵接受基本训练的头几个星期，禁止他们与外界发生任何接触，哪怕是写一封信或打一个电话都不行。

为了将受训者与普通百姓区别开来，使他们显得与众不同，会为他们提供特殊的徽章，或者在他们身上涂上特殊的颜色，或者给他们文身，还可能给他们穿尽可能与普通衣裳不同的服装。为了再进一步将新生与他们的高年级学长区别开来，还要把他们的头发理成奇怪的发式，或者索性剃光。还有一些社会，这种隔离期开始的一小段时间内，就是让受训者坐着、等着，什么也不干，无论是有意的还是无意的，在随后一大串现代的加入仪程中，还要不断地坐着、等着。当隔

战争的文化

训练勇士：约1880年，法国圣西尔军校的一名学员在理发。

离期结束时，受训者的厌倦度已经近乎极致。他们既会有挫折感，也会热血沸腾。简而言之，他们会嗷嗷叫着离开。

另一个办法是羞辱。人类迄今所发明的所有军事教育制度，都是以羞辱受训者开始的。不仅仅是施加惩罚，而是将羞辱作为周到完备的计划的一部分。其目的是切断他们与外部社会的一切联系，尽可能地消除他们彼此间的地域和阶级差别，剥夺他们的安全感和自我价值感，让他们切实地认识到他们现在要完全依靠他们的长官了，从而使他们能自觉地遵守纪律、服从命令。使用的办法很可能是非常野蛮的。亘古不变的一条是身体检查。在这方面，纳粹德国国防军采取的方法，通常是让士兵裸体立正，让其战友在一旁观看，但同时代的许多其他军队，也没有好到哪里去。

还有言辞上的羞辱。包括咆哮、嘲笑，或者爆粗口。教官们发明侮辱用语——通常夹杂着极具争议的性用语——的本领，向来是有名的。在允许这样做的地方，他们会把由他们管教的人称为"姑娘们"。有些教官为了增强羞辱的效果，会一面将脸尽可能地贴近受训者，一面声嘶力竭地吼叫。还有一种教官们喜用的手段是，命令新兵们重复一些毫无意义、荒唐可笑或者自我贬低的套话。不仅要折磨他们，还要让他们自己折磨自己。

接下去，还有体罚。也许会要求受训者摆出很难持续很久的姿势，如半蹲、倒立，或吊在单杠上。在美国南卡罗来纳州的一家私营军校"城堡学院"中，有一个独门的高招，把刺刀插在地上，刀尖朝上，再让学员吊在上面的单杠上。学员们会被要求长时间地立正，像机器人一样一动不动地站岗，接受枯燥的队列训练，或者承受击打。还有一些狡猾的招数。最为常见的往往是教受训者在压力下做动作，就是要求他们在极短暂的时间内完成某项任务，如整理床铺、换衣服、清洗或拆装各种装备，等等。在做所有这些事情的同时，还必须小心翼翼地注意极微小的细节：床毯一定要叠平整，皮鞋一定要擦得锃亮并摆齐。如果没能在规定的时间内完成任务——这往往是难以避免的——受训者就会被要求一遍又一遍地重复。

为了增强效果，剥夺睡眠——美国海军的新兵，每晚的睡眠时间不超过五到七小时——饥饿、干渴、噪音、故意设置的会使人心烦意乱、困惑不安的闪光灯，都可能派上用场。这样，便能尽量地抹煞个性，强制施行统一性，目的是使所有人都能像机械一样做出可靠和可预见的反应。一方面，达不到标准者或显示出畏惧迹象者，会遭到训斥和惩罚（或者说，在政治正确性和更友好、文明的军事管理出现前，过去时通常是这样）。另一方面，那些想通过自夸而突出自己的人，那些做得超出要求的人，那些指导同伴怎样做的人，会被视为更为讨厌的家伙。如果说训练中有什么人是绝对不可容忍的，那就是这种自作聪明的傻瓜。总之，所有称职的教导者都能迅速地察觉问题，将表现特别的人单挑出来，予以特殊对待。

年轻人在进入纳粹的精锐学校时，首先必须在冰下游泳十米，以展示他们的勇气——这并非完全没有危险，但对 12 岁左右的少年来说，却绝对是一件可怕的事情。纳粹国防军的步兵教官，通常都身高体壮，他们会命令新兵仰面躺在地上，然后从他们身上走过去，这也是一些其他军队喜欢用的办法。也许最残酷的虐待是纳粹党卫军新兵所经受的，他们必须在一颗置于他们钢盔上的手榴弹被引爆后，仍然立正站直。有些新兵会被命令在泥里，或者更令人不快的物质中打滚，如美国海军陆战队。在以色列，"在荆棘中匍匐前进"已经成了一些精锐步兵部队的基础训练的代名词；那里像许多其他国家一样，说这是对新兵的"打磨"，就好像他们是金属或木头一样。如果问这种传统的历史有多悠久，只需想一想斯巴达的男孩是赤足行走的。他们终年只准穿一件衬衫，要睡在由他们自己在不许用刀的情况下从埃夫罗塔斯河畔采来的杂草铺成的床上。在梅鲁人中，想要成为勇士的人所必须经受的一项考验是，长时间地坐在一张由荨麻扎成的床上不动如山。这样的例子不胜枚举。

这样的办法似乎有神奇的魔力。新兵们被告知，他们在训练中经历的事情，将永远地改变他们。孩子气、女人气和软弱性必须消灭，取而代之的将是男子汉气概和强壮的体格。换言之，士兵们现在已经准备好了杀戮和在必要时被杀。这些办法也同样被用作测试，使教官们得以剔除最软弱的新兵，使剩下的人准备好接受更高级的训练，承担更艰巨的任务。

然而，甚至这些都不是唯一的目标。甚至在羞辱受训者们的同时，也在实施着一项考虑周到、执行严密的计划，要给他们注入自信和自豪——实际上，这一点的重要性丝毫不亚于传授给他们的任何技能。测试必然是这样设计的：既要让他们难以通过，但也不能难到让太多培训者通不过的地步。当学员们毕业时，回顾他们所克服的困难，他们将产生一种满足感和一种大大增强了的自尊感。这样的"测试"，也是现代教育家们经常提倡的，测试的价值并不在于达到的结果，而在于为之付出的诚实的努力，所有人都能通过的测试，是起不到这样的作用的。在这个意义上，大多数人的成功要依赖于少数人的失败。

例如，我们知道部分斯巴达男孩子是通不过训练课程，即 agoge

（指引、管教）的，尽管我们已不可能知道其数量了。也许斯巴达人的标准更严格，这也有助于解释他们在公元前400年后人数大大下降了的原因。1919年之前的德国士官学校，被认为在培养未来军官方面成绩极其卓著，协约国在《凡尔赛和约》中给了它们一个反面的赞扬——勒令它们关闭。这些士官学校的淘汰率在4%～13%。这并没能阻止德国人。在魏玛共和国期间进过德国战争学院（协约国也要求关闭，但德国却一直秘密地开办着）的军官中，最终只有三分之一被德国国防军总参谋部接纳。与之相反的是，美国西点军校的淘汰率是在四年多的时间里才淘汰20%左右。我在美国弗吉尼亚州匡蒂科的海军陆战队参谋学院任教时，曾有一个误解造成了一个印象，说是我给25%的学生都打了不及格，于是痛苦的号叫声就连30英里外的五角大楼都听见了。他们对我说，这样的结果是不可能的，他们挑选学生的办法非常好，以往一向是所有人都能通过考试。

另一方面，上述这些办法不能永久使用下去，那样会打击士气。虽然在必要时这些招数随时可以祭出，但当隔离、羞辱和使受训者们较好地了解对他们的期望这些最初目的达到后，就须由更固定的常规取而代之了。部分上是出于实际的考虑——通常时间就是金钱——部分上也是为了防止出现厌烦或更糟糕的情绪，制定的计划要确保受训者尽可能没有自己的时间。监督是严格的，只在受训者睡觉时才稍有放松。在最初的几个星期，受训者即使上厕所也要请求准许，更不用说吃饭、说话和睡觉了。部分上是为了保持紧张，部分上也是因为相当多的人有要求，每一分钟做什么，都是有计划的。活动一个接一个，毫无间断，不能遵守时间的人必会遭殃。

培训时间有时会有所间断，有时要模拟紧急情况发生，以增加更大的压力；或者不时地举行一些仪式，纪念历史上或培训机构本身的重大事件。然而，总体而言，培训时间是漫长而有规律的。这样的日程会让受训者专心致志，因而被认为有利于学习。下面这张日程表将让你了解到1915年时的德国士官学校大致是什么样子。

06：00　　　　　　　起床，洗漱，穿衣

06：20	早餐
06：35	训练时间，检查伤员，准备上课
06：55	军容检查，体操训练，自由练习
07：05	开始晨祷
07：10～07：20	晨祷
07：20～12：20	5个课时，每课时50分钟（10：10～10：30 课间餐）
12：25	检查伤员
12：30～12：55	点名
13：00～13：30	午餐
13：30～14：30	休息
14：30	为训练做准备
14：40～17：55	训练时间
16：10～16：30	晚祷，列队
17：30～19：25	操练或体育活动
19：40～20：00	晚餐
20：00～21：00	自由活动
21：15	熄灯

在这个阶段，惩罚越来越多地被奖励所取代。根据时间和地点的不同，奖励包括：免除诸如到厨房帮厨等令人厌烦的工作；获得穿戴某种服装、佩戴某种徽章或使用某种武器的权利；在食堂和队列中处于特殊的位置；表现出色的受训者的成绩会得到宣扬。在西点军校，所谓的考绩制可以追溯到19世纪20年代西尔维纳斯·塞耶（Sylva-nus Thayer）任校长时期。然而，人是很容易受到影响的顺从动物。很多情况下，只需让一个表现良好的受训者去见某个有身份的人，赞扬他几句，就会有非常理想的效果。他们可能还会获得诸如短期休假、得到更好的配给物品、被准许抽烟（在抽烟被人们视为恶习之前的时代）、得到奖品等等特殊待遇。所有这些，可能是对良好行为就事论事的奖励，也可能是对做出重大成绩者永久性的奖励或寄托某种

信任。其目的是授予某种荣耀，并使获得者明白这对他的前程是有裨益的。

最大的奖励始终是提拔担任某种既有权威也有责任的职务。希腊的年轻人经常被授予掌管一些更年轻的人的职责。在斯巴达，他们被称为"执鞭人"（mastigophoroi），词义就足以解释他们的职位了。在罗马共和国——令人惊奇的是似乎竟没有正规的"新兵"（tirone）训练制度——由被挑选出的"年龄其次大的士兵"（hstati）来掌管新兵。现代的组织，不仅是军事院校，也包括一些准军事组织，如法西斯先锋队、希特勒青年团等，在这方面也都有自己的制度。

通常级别较高的受训者被授予的是象征性的权力，而非真正的权力。这是为了避免滥用权力的现象。有时候这种制度会带来反作用。因为如果权力交给了没有能力的人，他会用来欺凌被掌管者，为自己曾经受到的羞辱进行报复。无论如何，奖励制度和惩罚制度一样，都必须小心谨慎地实施，才能达到目的。也许最重要的事情就是要避免出现任何偏袒。如果制度显示出不公，就会使其余的受训者联合起来反对受到偏爱者，那么奖励的目的就彻底失败了。它不仅没能使分散的个人团结起来，反而阻碍了这种团结；不仅没能使受训者拥抱战争文化，反而导致了悲观怀疑情绪的产生。

训练的目的是双重的。一方面，要尽可能地切断年轻人们与社会的纽带，隔离他们，把他们变成原子。另一方面，又要在他们当中建立新的纽带，诸如纪律和战友情谊。当战争来临时，这后一种纽带必须足够坚牢，部队必须能够服从长官的命令。无论是在混战中，还是死亡就在眼前，他们都必须不惜一切代价，守望相助，有组织地行动。在任何名副其实的军队中，整个组织结构的建设都是为了这个唯一最主要的需求。通常，用来形容这种纽带的词是"兄弟"，例如以色列国防军（既包括精锐的戈拉尼步兵旅，也包括海军）、菲律宾陆军，还有最著名的莎士比亚的《亨利五世》（Henry V）中，都是这样。

从古代斯巴达到西点军校，打造这种纽带的方法始终是一样的。其中之一是当众惩罚违反纪律者，杀一儆百。不仅是惩罚违纪者个人，也惩罚他所在的集体。这一招也并非没有风险。如果运用到了极端，也可能导致反抗和哗变。但也许更常见的情况是，这会导致大多数受训者攻击少数人，甚至可能使后者遭受严重虐待或被杀死。这也是纳粹的集中营看守们（他们可不在乎囚徒的死亡）用连坐这种办法防止逃亡的原因。但如果正确而持续地使用这种方法，也会促进受训者相互帮助，产生团队精神。

另一种为达到同样效果的办法是将受训者分队。许多部落社会为做到这一点，专门创造了一些土办法。当年轻人达到适当的年龄，即将开始受训时，他们会被送到专门挑选的神圣之地。他们在那里可能不吃不喝，直到最终梦见自己氏族的图腾动物，从那一刻起，他们就属于那种动物了。斯巴达的年轻人也被划分成部落（当然与那种包括老百姓的部落不同了），部落下又分小队，不过怎样划分部落，哪个男孩子编入哪队，具体的方法已不得而知了。现代的培训机构始终不变的是，也会仿照军队中连、排、班等模式将受培训者划分单位。有时候这种划分是基于各种各样复杂的心理考虑做出的，其目的，至少在理论上，是达到某种平衡。也有的时候，这种划分似乎完全是随意的。

无论采用哪种办法，每个队都会获颁自己的徽章、旗帜。每个队也会被指定自己的指挥官或发言人，负责该队事务并代表该队与上级打交道。例如，在斯巴达，他们被称为 bouagoi 和 eirenes。普卢塔克（Plutarch）①告诉我们，他们是因为睿智和勇武而获选的。从管理者的角度来看，这种制度的好处之一是权威可以贯彻到各队，却又不必烦劳他们事必躬亲。然而，有利也必有弊。只要每个队共用一间宿舍、一顶帐篷、一个食堂，他们就有一定的独立性。久而久之，就会与其他队在一些细小的方面产生意义重大的差异。

永恒不变地由这种机制产生的团队精神，又会在有意为之的列队行进、唱歌和齐声高呼口号中得到加强。在新兵们展示身手的基地，一切都像是"生气勃勃的快板"。也许最行之有效的办法，就是举行队际比赛，并奖励优胜者了。在斯巴达，众所周知，男孩子们既要比赛唱歌，也要在石灰画线的场地内进行像混战一样的球赛。从我们现

---

① 约46～约120，古希腊传记作家、散文家。——译注

在所掌握的极少的资料得知，比赛的目的似乎是"抓住移动中的球然后扔回去，直到一方通过推进将另一方逼出底线。"还用指明吗？今天的许多军事培训机构仍在沿用着同样的办法。

在所教授的科目中，历史占有重要的地位，而且教育越是先进，就越是如此。在部落社会中，历史课包括传说和部落的传统，是由年长者记忆并口授给年轻人的。在中世纪的欧洲，历史是通过《武功之歌》（chansons de geste）发掘的。其目的是赞颂先辈和当今的英雄以供模仿。因此，事实与虚构之间经常是没有鲜明的界限的；在涉及教育而非训练时，虚构的故事与事实的作用是一样的，甚至更大。后来，军事历史中纳入了对以往战争、战役和英雄事迹的讲述和分析。一些教育者认为历史就是用来激励受训者的事迹的主要源泉。还有一些教育者，从波利比奥斯（Polybios）①到马基雅弗利（Niccolo Machiavelli）②及以后，认为历史更多的是一种实用工具，其他实用课程都能够并应当从中汲取教益。19 世纪上半叶"科学"史的兴起，牺牲了前一种观点，加强了后一种见解。在考虑过一切情况后，这是不是一个好主意，就是另一个问题了。

尽管惩罚和奖励在教育中的确具有重大作用，但并不能包办一切。学习一项技能，最主要的办法是模仿，就态度而言，也许更是如此，然而如果没有行为榜样，就无从模仿。传统上，这意味着勇士必然是由别的勇士——如果可能的话，就是其事迹已经有目共睹，其名声已经远播四方的勇士——来培养的。在斯巴达和其他希腊城邦，年轻的勇士与年长的勇士之间的关系往往像情人一样。在许多部落社会、古代社会和封建社会，找到适当的人选是不成问题的。因为古典时期的希腊，战争是常态，和平条约一般只管用几年。在长达四分之三个千年的时间里，罗马共和国的军队都在年复一年地四处征战，以

---

① 公元前 205？~ 前 123？，古希腊历史学家。其名著《通史》叙述了公元前 264 ~ 前 146 年间的罗马历史。——译注
② 1469 ~ 1527，意大利政治思想家、历史学家、作家。认为为达到政治目的可不择手段。著有《君主论》等。——译注

致雅努斯（Janus）①神庙的门几乎从来没有关上过。中世纪的欧洲骑士和1603年前的日本武士，也总是在为主人或为自己的利益而战斗。因此绝不缺乏经历过战争甚至享有盛誉的勇士。但现代社会就通常不是这样了，很多国家往往是一连几十年都没见过真正的战争。

有时候，相反的情况也会发生。当一支军队准备战争和投入战争时，最优秀的人才会被指派担任指挥职务。于是，培训机构就不得不将就使用剩下的人——包括不适合指挥岗位的人、正在养伤的人或永久残废的人，还有年龄过大的人。更糟糕的是，接受这样的任务，而不是到战场上去建功立业，往往意味着军人生涯走到了穷途末路。如被委派在美国海军陆战队参谋学院教书的人自称为"失宠于上帝的孩子"。在美国其他军事院校，情况也绝不会更好。有些院校的教员与学员差别之小，几乎难以分辨。这便是为了眼前出路牺牲了长远利益。1945年前的德国军队，意识到了这一危险，非常注意确保各级教员的职业生涯不会因担任教学任务而受到损害。于是便有许多著名将领，如埃里希·鲁登道夫（Erich Ludendorff）②、海因茨·古德里安（Heinz Guderian）③、埃里希·冯·曼施坦因（Erich von Manstein）④这样量级的人物，都曾在柏林战争学院任教。他们也在这一过程中进一步提高了自身。除非是这样，否则培训质量至多也是平庸。

与教官素质几乎同样重要的还有物质环境。在没有大型永久性建筑的部落社会，通常是在远离部落居住区的森林中的某块空地上培训勇士，以防有人窥探。有些社会还更进一步，索性建起了一些公共宿舍，让未来的勇士们彻底脱离社会。他们可能会在那里住上好几年，完全处于教导者的掌控之下。斯巴达的男性在7岁左右时进入某种类型的兵营，一直待到30岁左右结婚时。然而甚至直到第一个孩子降生后，他们才能最终建立起自己的家园。按照恰卡·卡森赞加科纳国

---

① 罗马天门神，头部前后各有一副面孔，司守护门户和万物的始末。——译注
② 1865～1937，德国名将，第一次世界大战时期曾任德军总监督，为主将之一。——译注
③ 1888～1954，德国陆军上将，纳粹德国装甲兵之父，德国"闪击战"创始人。——译注
④ 1887～1973，德国陆军元帅，第二次世界大战中纳粹德军最出色的指挥者之一。——译注

王（Shaka kaSenzangakhona；约1787~1828）时期制定的祖鲁人的规矩，男人在军营里待的时间还要更长。

训练可能是不集中的，意味着训练地点与驻扎在当地的其余部队之间没有明显的界限；也可能是集中的，也就是说有一个通过围墙，或者距离，或者两者兼而有之，与周围地区隔离开来的院子。在罗马军队中，这两种例子都有。共和国时期似乎的确没有专门的训练基地，鉴于那一时期的军队每次战役后都会解散，这并不奇怪。然而，随着军队完成了职业化转变，情况发生了变化。从英国到伊拉克，在相距如此遥远的地方，考古发掘都使得一些可断定为帝国时代的罗马军团营地重见天日，所有迹象都表明是用来训练新兵的。有一份中世纪的文献，提到了哈伦·赖世德（Harun al Rashid）①的一个儿子——后来成为萨迈拉苏丹的阿布·伊沙克·穆塔西姆（Abu Ishaq al Mutasim；794~842）。文中用诗一般的语言，记载了他的所作所为。"他建起了一道很长很长的墙，他把它叫做 Ha'ir Halayr。于是土耳其人（指马穆鲁克兵）远离了市场，远离了人潮……没有任何人，诸如商人之流，能与之混杂……[苏丹不]准许任何陌生人……与他们为邻……他在土耳其人的街道上，修起了清真寺和公共浴室，还在每一条街上都建了座小市场。"

在我们这个时代，西点军校坐落在哈得逊河谷中，与其他任何地方都相距数英里之遥，也是基于同样的理念。最初军校的附近还有一座酒馆和一座旅店，但在校方的压力下关闭了，因为军校的首脑们看不惯酒馆和旅店里充斥着军校自己的学员。其他一些著名的培训机构，最初几乎也都是开设在偏远的地方，只是城市的发展后来蔓延到了它们周边。这些军校大院之所以要与其余的世界隔绝开来，还有一个极其重要的原因，如柏拉图（Plato）所说的，为打仗而进行的训练，如果不想堕落为孩童般的游戏，就必须冒折胳膊断腿甚至搭上性命的危险。为了将战争的艰难和恐怖尽可能真实地再现出来，辟出一块能保证安全规章制定并执行、使不相干的人远离的地方，便是至关重要的。

---

① 763~809，阿拉伯帝国阿拔斯王朝第五代哈里发，以拥有大量财富和骄奢淫逸而闻名。——译注

古往今来，培训勇士的地方，设施都是倾向于俭朴的——即使有些贫穷的士兵会认为比家里好。部分上，这是出于吝啬，因为盖房子和维修房子都需要花钱。部分上，朴素也是有意为之的，旨在通过避免奢侈而培养勇士坚韧不拔的精神。不用说，"奢侈"的标准各处不同。当我在匡蒂科任教时，有一名以色列学员，是一位曾担任过营长的中校，对我说美国海军陆战队列兵的宿舍，比他在国内的军官住宅都强。受训者可能住在帐篷里，也可能住在临时性的房子里，不过经验告诉我们，后者往往会变成永久性的住所，这一点有着惊人的普遍性。即使不是这样，令人不舒服的基地布局、维修很差的老房子、不能充分制热或制冷的设备、不敷使用的卫生设施、太过拥挤、缺乏私人空间，往往是天经地义的。这是一所重要的美国军校中人们抱怨的清单。其他院校也可想而知了。

不过，在这方面也仍然不能走到极端。虽然生活条件要俭朴，甚至要简陋，但如果简陋到让受训者觉得他们所属的社会在故意刁难他们，或者根本不在乎他们，那就适得其反了。尤其是志愿兵，必须给予良好的待遇，如果你不想让入伍率下降的话。一支军队越是依赖于志愿兵，培训项目越是高级，设施就越倾向于舒适。相反的是，义务兵在军旅生涯的开端，总是要倒霉的。最重要的是，必须牢记培训的目的不仅仅是传授技能，还要灌输和传承价值观。因此，使用很久的设施如果能被冠以一种特殊的光环，也许是最好的。

在部落社会，这种光环来自于部落中死者占据的地方，意味着祖先的灵魂在注视着生者，会赐福于行为良好的人，也会对数典忘祖者施以神奇的惩罚。唉，更先进的军队却没有这样美妙的工具可供使用。因此他们试图通过以过去勇士的名字命名建筑物或其他设施，来达到类似的目的。这些勇士可能是胜利者，也可能是树立了为事业牺牲自身这样的榜样的人。在古罗马，同样的功能是由军团的旗帜来承担的。这是马略（Marius）①于公元前 100 年左右规定的，也是由征召

---

① 公元前 157～前 86，罗马共和国后期的将军，七次任执政官，曾击败朱古达人和日耳曼人的入侵。——译注

士兵组成的军队转向主要依靠志愿兵的职业军队的产物之一。起初，军旗的旗杆是银制的，后来变成了镀金的。它们是部队集体精神的具体表现，平时被供奉在特殊的圣所中，得到细心的维护和尊崇的对待，只是在适当的典礼上才拿出来。在帝国时期，军旗的作用又得到了在位帝王胸像或雕像的补充。可能也包括帝王近亲的像——例如坎伯利的英军参谋学院的食堂里，就曾有安妮公主（Princess Anne）的油画画像。

现代的培训机构，特别是培养未来军官们的学校，建筑物大门上的铭文会记载该建筑是何时由何人修建的。也会有艺术作品，如绘画、浮雕和雕塑，纪念以往的战争及参战者、指挥者。陈列品通常包括旧的旗杆和军旗——如果有从敌人手中夺取的破碎的军旗，就更好了——还有军服、勋章、武器，以及类似的纪念品。最后，还会有阵亡战友的纪念碑或名单，这便起到了先辈灵魂的作用。一些发达国家的军事院校，如英国桑赫斯特军校、美国西点军校和法国圣西尔军校，提供了这种格调的典范。在这些军校中，所有房间都像是精心布置的博物馆，每个角落都洋溢着号召，或者毋宁说是命令学员们仿效的昔日的荣耀。然而，诸如英国达特茅斯的皇家海军学院、加拿大金斯顿的皇家军事学院、美国安纳波利斯的海军军官学校和相对较新的美国科罗拉多州斯普林的空军学院，也都不逊色。

下一章将更深入地关注培训的技术层面。在此，有必要说明的是，为使培训获得实效，应当循序渐进，从简单到复杂，每一个阶段都建立在上一个阶段的基础之上，并为下一个阶段奠定基石。真正需要强调的至关重要的一点是，如欲正确行事，每一步都不仅仅是为了增强体格、传授技能（虽然这些也很重要），而可以也应当是为更重要的目标服务的。这个目标应当是不断强化勇士过去一向需要，将来也永远需要的素质，如服从、勇敢、坚毅、自信、具有团队精神、有荣誉感、诚实（按照琐罗亚斯德教的名言，应当教导年轻人"挽弓须弯，说话须直"），等等。简而言之，就是直到大约1945年前人们绝不会耻于称为"品格"的东西。

所有这些都是说起来容易做起来难。如果急功近利，就很可能招

　　　　　　　　　　　战争的文化

致冷嘲热讽或麻木不仁等形式的反抗，效果就适得其反了。因此，最好的培训计划也许是灌输这些品质，却不过于频繁地谈论它们，正如西点军校校长西尔维纳斯·塞耶所做的那样，如果有人向他报告学员的不良行为，他在接受学员的解释时，毫无疑问地将其作为诚信制度的一部分。不过，在谈论这些品质时，一定要以适当的方式让受训者留下深刻的印象。

祖鲁人和许多其他前现代社会，在培训勇士时，都有一个要他们切断与其余社会的纽带的阶段。但接下去，又会有一个放纵的阶段，让他们看看可以做什么。古代日耳曼人和北美平原上的印第安人，都会让受训者外出去尝试发现敌人和打击敌人。古代克里特人和斯巴达人的年轻勇士，必须靠自己的智慧而求生，也许要通过偷窃、采集和猎取来获得食物。后者还扮演着某种内部警察的角色，要监视奴隶，杀死其中有可能产生危害者。或者，他们也可以在边远地区巡逻，寻找麻烦制造者。雅典的年轻勇士也是这样，只要他们还属于"青年公民"(ephebe)，他们就不用承担任何民事责任，既不能起诉，也不能被起诉。也许年轻人结伴外出，寻求"冒险经历"的骑士—游侠时代风尚，也可以同样的方式予以理解。按照日本的传统，据说做一段时间的"浪人"，也是所有武士生涯中的一个阶段。

从管理者和操作者的角度来看，这种制度有额外的好处。它使得年长的受训者能够在某种类似于运行条件的情况下掌管年轻的受训者，从而提供了另一种教育前者的手段，使他们能够获取经验，得到检验，接受挑选。世界各地的现代军队都在试图模仿这种制度，效果可谓喜忧参半。例如，"二战"时期的德国军队将一些培训基地移入了被占领国，使得受训者在形势需要时也可以作为宪兵使用。随着时间推移，被占领国人民的抵抗越来越强烈，新兵们过于频繁地应召去处理紧急情况。这导致军事文化的传授过程遭到了破坏而不是得到了加强。与此同时，参加德国人所谓"剿匪"行动的部队，也不像他们想象的那样行动裕如。

在现代社会，培训期通常是九个星期到四年。如果想获得成效，九个星期可能是必须花在基础训练上的最短的时间了，而四年则是学完军校课程或者预备役军官训练团全部课程所必需的时间。从前，在社会差异较小的社会，培训期要长得多，培训也不会等到年轻人长到十八九岁才开始，而是要早得多。十年为期非常普遍，年轻人不仅要为将来成为勇士做准备，还要为成为男子汉做方方面面的准备。在世界各处，都有一些地方培训期更长。

无论过去社会还是现代社会，培训时间越长，就越有可能被划分为若干个明显的阶段。每个阶段都是一个完整的周期，都有明确的开始和结束时间。在斯巴达，似乎有四个这样的阶段，不过年轻人确切在哪些年龄由一个阶段转入另一个阶段，已不得而知了。其他城邦则有两三个阶段。无论如何，理论上讲，你如果想被封为骑士，首先得从侍从升为护卫，虽然封建社会分散的本质意味着很多领主会以不同的方式划分等级。把一项计划分为若干个阶段，又一次使优秀学员管理年轻学员变得容易起来。这也使得给受训者降级，无论是因为不合格而永久性地降级，还是因为犯了某种错误而作为暂时性的惩罚，都具备了可能性。

无论培训时间有多长，总归有必须结束的一天。新兵们首先要经历一次对毅力、勇气和技能的最终检验。在有些社会，这种检验是在他们行割礼时，这是一种必须毫不畏惧地经受的极其痛苦的过程。在其他社会，他们须经受一顿痛打。还有一些社会，会给他们文身，或将装饰物刺穿他们身体上的某个部位，象征着他们获得的新地位。例如，在中世纪晚期，封爵仪式经常是在战场上进行的，或者是在开战前，以激励勇气；或者是在战斗刚刚结束时，作为对表现出勇敢和忠诚的人的嘉奖。

现代的军队，正式或非正式地，也要通过折磨的手段来证明其勇气。以色列步兵部队有一种"贝雷帽竞赛"。顾名思义，士兵们必须挣到戴红色或紫色贝雷帽的权利。竞赛是 66 英里不得停顿的徒步跋涉，到达终点时，参赛者都会累得瘫倒在地。而在海军，新兵登上军舰所受的"欢迎"，或者是被抛入污水中，或者是遭受模拟的轮奸。伞兵则是必须一次又一次地从飞机上跳下，也许（为了增强危险性从而加深其印象）所用的伞是不能自动张开的，而必须自己将绳子拽开。在一些美国海军陆战队部队，新兵在标志着他们成为部队一员的别针被敲进他们的胸膛时，必须立正站直。这种被称为"血染翅膀"的仪式，长期是被默许的，直到被媒体曝光引发了公众强烈抗议后，才最终被取消了。

在通过测试后，新兵还要等上几天甚至几个星期，才能在一个专门挑选、精心布置的地方"亮相"。他们要穿上最好的衣服，接受发给他们的武器。然后还要庄严宣誓。在雅典，这一仪式是在集合起来的队列前进行的，誓词如下：

> 我决不会玷污［授予我的］神圣的武器。无论我站在队列中的哪个位置，都不会丢弃身旁的战友。我将捍卫神圣的一切，尽我最大的所能，并借助一切帮助，留给子孙一片更大更富强的家园，决不容领土丧失。我将随时听命于那些慎重地行使权力的人，遵守所有已成的法律以及将在未来生效的圣明的法律。①

在很多社会，随后还要举行某种宗教仪式。在斯巴达，年轻的成人们在完成培训课程后所做的第一件事情是：向面对逆境坚韧不拔的神赫拉克勒斯献祭。在现代军队中，这时便该召唤牧师、拉比、毛拉们了。高级的神职人员将发表演讲，并向优秀的毕业生颁奖。还会分发一本圣书，例如德国国防军发尼采（Friedrich Nietzsche）的《查拉图斯特拉如是说》（*Thus Spake Zarathustra*），以色列国防军发《圣经》，接下去还会有战争舞蹈、阅兵式、分列式、战争游戏或其他展示力量的活动，会请朋友和亲人（很可能包括女性）来观看和鼓掌。官方的庆典以一次盛宴和豪饮而告结束，目的不仅是为了填饱肚子，还为让受训者与折磨了他们良久的教官和解。最后，会给新兵们一段时间的自由，让他们自己去庆祝。

了解任何社会、任何组织或任何机构的文化，一个极好的办法就

---

① *Greek Historical Inscriptions*, M. N. Tod, ed., Oxford, Clarendon, 1948, vol. 2, no. 204.

是审视其教育制度，审视这种文化借以阐明、教诲和传授的最卓有成效的手段。就勇士和士兵而言，其教育制度的代表有部落社会按年龄分组的制度、斯巴达和其他城邦的 agoge 制、中世纪欧洲和日本的军事学徒制，当然还有现代军队自 17 世纪下半叶起开始创制的各种各样的培训制度、军校、士官学校和军事学院。所有这些都在创造、定型、教诲和传授价值观。为了达到这样的目的，经常要求借助各种典礼、仪式、活动和假扮游戏。这些全都是人类文化不可分割的一部分，其地位和研究价值都丝毫不逊于文明生活中与之对应的一切，无论是属于教会的、专业的，还是其他。

实施军事教育时所处的政治、经济、社会、文化和技术背景，会导致大量细节上的差异。然而许多基本的目标，无论何时何地都是一致的。因为对勇士素质的要求基本上是亘古不变的，这丝毫不奇怪。难道亚历山大麾下的士兵所需要的勇气、忠诚和意志与今天的士兵不同吗？那么现在，难道没有必要淘汰那些不具备这些素质的人，同时确认并促进那些具备这些素质的人吗？真正奇怪的是，现在在军事培训方面所下的多少功夫，都是沉迷于教授和学习"技能"，却根本不提战争文化。研究一下他们的教学，你简直要认为他们的目的不是培养勇士，而是要制造一种机器和善于计算的人的杂交品种。

上述方法也许不会合所有人之意。然而，它们历经数千年却基本上始终不变本身就很说明问题。任何制度或组织，在培训勇士方面如果没能正确运用这些方法，那么几乎可以肯定，不仅达不到其自身目的，也势必辜负那些将自己的命运寄托于这种教育的人。

战争的文化

第四章

战争游戏

很多人都曾听说，惠灵顿公爵有这样一句名言："滑铁卢战役是在伊顿公学的操场上打赢的。"的确，现在几乎可以肯定惠灵顿公爵并没有说过这样的话。但这个故事能流传得如此久远，也说明其中蕴涵着深刻的道理。如果惠灵顿公爵当真没有说过这话，那他也是本该说的。游戏中包含着人类文化中最基本的要素，这一点几乎没有人会否认。还有人更进一步，认为游戏是人类最重要的文化活动，其他文化活动都是以这样或那样的方式，建筑在其上的。在这方面，令我们感兴趣的问题是，游戏活动怎样与战争发生了关联，我们能从这种关联中看出战争文化发挥着什么作用。

我们玩耍，就是在进行游戏。游戏也许可以定义为任何因为自身的原因，而非为了其他目的而展开的活动。游戏可以说是因为人们要从自己生活的世界里挣脱出来，才得以产生的。人们创造了一个虚拟的世界，在这个世界里，日常活动中的正常关系——也就是"因为什么"和"为了什么"——统统都被暂时搁置了起来。在游戏进行的地方，只要游戏在进行中，那么压倒一切的动机，就都是渴望得到快乐，而且是游戏者和旁观者同样享受到的快乐。因此几乎所有活动，无论多么微小还是多么重大，都可以转化为游戏。实际上，人类社会存在的所有活动，从玩一套微型火车玩具到完成一笔数额达好几千万美元的交易，几乎都时常被转化为游戏。我永远忘不了的一件事情是，我小时候曾问我祖父（一位白手起家的千万富翁）为什么他要不停地赚更多的钱，他回答说那是游戏。任何活动的性质，都莫过于我们赋予它们的性质了。

那么，在当今的条件下，什么是快乐呢？最好的回答莫过于尼采所给出的答案：快乐就是我们接受挑战时的感受。为了享受到快乐，你必须与对手竞争，与对手搏斗，并且在这一过程中，因为感受到自身实力的增长而形成充分的成功感。这并不一定意味着我们只有永远不输才能享受到游戏的快乐，但的确意味着我们遭遇的抵抗既不能太强也不能太弱，结果不能是未战而先知的。这些道理，是那些负责组织诸如足球、棒球、橄榄球等竞技体育运动的人最为清楚的。虽然一支球队如果总是输球肯定会士气低落，但如果一直不停地赢下去，也再没有比这更乏味的了。因此必须设法给所有球队提供公平合理的机会，让他们不断地注入新鲜血液。假如这些条件能够满足，究竟怎样形成对抗性，倒不必操心了。

为了定义这种对抗，计分办法和使用的器具便是规则的功能。有些游戏，规则会明确说明带有危险性（即使在绝大多数情况下这种危险性都是虚假的）。跳伞、蹦极和翻滚过山车都是很好的例子，它们会被称为勇敢者的运动。而有些游戏看似靠的是运气，如赌博和俄罗斯轮盘，但在很大程度上甚至比跳伞和蹦极更需要的勇气，它们真正考验的纯粹是人的神经。许多游戏要求玩家必须具备一定的技能（如猜谜语和射击）或者力量和耐力（如跑步和游泳）才能完成。还有一些对抗则来自于动物（如打猎和钓鱼）或其他人，无论是单独对抗（如网球单打）还是团体对抗（如棒球）。

最近几十年又出现了在屏幕上进行的对抗来自于电脑的游戏。这些游戏既有生理能力（如良好的协调性和快速的反应）要求，也有智力要求，或者两者兼而有之。那些设计游戏和计算机程序的人完全明白他们在做什么。随着时间推移，挑战变得越来越艰难。然而也没有任何理由将游戏限制为只有一种类型的对抗，在许多游戏中，玩家都需要应对并克服多种不同类型的对抗。

对抗来自于人的游戏，是我们主要关注的，大致有两类。一种游戏，规则允许双方争取胜利，但禁止任何一方直接干涉另一方争胜，如赛跑，叫做"竞赛游戏"。与之相反的另一种游戏，如象棋和足球，既允许双方追求自己的目标，也允许相互阻挠对方，叫做"谋略游戏"。实际上，谋略本身就可定义为"谋求自身利益的系统"（赫尔穆特·冯·毛奇 [Helmut von Moltke] ① 语)，恰好是为达到那两个目的而设计的。谋略游戏无论是在哪里进行，规则如何，都要求玩家不仅要考虑自己的意图和能力，也要考虑对手的。因此，它们比任何其他游戏都复杂。双方参加的人数越多，使用的器具越丰富，展开角逐的环境越复杂，也就越是如此。

最后，许多谋略游戏，如象棋，不允许身体接触或用身体的力量对付对手，而另外一些，如拳击和足球，却（在一定范围内）允许。后者中，有相当一部分允许使用至少某些暴力，因而被称为搏斗型体育运动。有些搏斗型体育运动甚至允许——但并不是说要求——使用致命性的暴力。这种致命性的暴力，或者是故意施加的，如古罗马的角斗，或者是为了有趣而要求点到为止的，如中世纪早期的比武和现代的拳击。此处应当强调的是，暴力，包括致命性的暴力，并不总是与文化对立的。例如，尤卡坦半岛的玛雅人（Maya）有一种球类游戏，强迫战俘参加，而且他们必须输球，最终都要被砍头。虽然结果不可避免地要死人，但这种游戏仍是文化的一部分。这是一套完备的宗教信仰的核心，除非进行了这样的球赛，否则神便会发怒，就会有灾难降临。

那么，战争是怎样与此发生关联的呢？最简单的回答是：战争是一种集体性的、异常复杂的、极端暴力的搏斗型体育运动形式。像所有其他搏斗型体育运动一样，参加者有两方（在极少数情况下还会有多方)。存在两方则意味着参战者必须使用谋略，以及搏斗型体育运动所包含的一切复杂的智力活动。像所有其他搏斗型体育运动一样，战争是对技能、实力、毅力、勇气及谋略的检验。与其他搏斗型体育运动相比，战争的对抗性可想而知是最强烈的，因为它是在地球上最富智慧、最具优势，而且是我们倾向于认为最强有力的动物之间进行

---

① 1800~1891，德国陆军元帅，普鲁士和德国军事家，指挥军队击败丹麦、奥地利和法国。又被称为老毛奇，与其侄儿小毛奇相区别。——译注

的。甚于其他搏斗型体育运动的是，它允许，甚至要求充分动用所有参加者的智力、心理和身体素质。这是因为在战争中，极少有规则（如果说有的话）阻止参战者运用其任何本领。无论有什么本领，都可以运用到最大极致。归纳起来，所有这些因素都解释了为什么战争能如此经常地在人们当中产生快乐，甚至是狂喜。战争经常会导致，甚至要求人们摆脱平凡世界。简而言之，战争是令所有其他游戏都黯然失色的最高级的游戏。

想知道游戏和战争的关系有多密切，看看语言学即可。在《圣经》中，我们看到当扫罗的仆人押尼珥向大卫的追随者约押发起挑战，进行一场 12 人对 12 人的决斗时，他说的是："让少年人起来，在我们面前戏耍吧。"直到 24 个人全部被杀死，这场"戏耍"才结束。在古希腊，"agon"一词既表示体育竞赛也表示战争。在德尔斐的奥林匹克体育场，作为其象征的雕像就立在战神阿瑞斯（Ares）的像旁。在罗马，致命的角斗被称为 ludi，意为"游戏"。在荷兰，"oorlog"（战争）一词似乎来自"oor"（起源，原始）和"log"（跳跃，跳舞，游戏）。英国人在其帝国的鼎盛时期曾谈论过"伟大的博弈"（the Great Game）。这个说法似乎是大英帝国最伟大的作家拉迪亚德·吉卜林（Rudyard Kipling）创造出来的，意在描述中亚地区无穷无尽的小冲突、阴谋、反阴谋、伏击和袭击；后来又被用于形容这样的战争。尽管"the play of cannon"（大炮的游戏）这种说法已经过时了（正如大炮本身在很大程度上也已过时一样），我们却仍在谈论"swordplay"（剑术）。

正如战争在很多方面就是体育运动的极端形式，体育运动中也处处浸透着战争语言。"exercise"（训练）一词就来源于拉丁语中的"exercitus"，意为"军队"。登山运动员经常将自己的探险行动称为"出征"。他们每次出征，都要努力击败高山的"反抗"，他们自称要进行一场"战斗"，以免被"征服"。在许多其他体育项目中，每当两名运动员或两支运动队准备交锋时，他们都要首先收集对方的"情报"。他们搜集统计数据，观看比赛录像，派出观察人员，甚至可能采取一些间谍手段来刺探对手军情，以便窥破对方的"作战方案"。当查清了对手的实力和弱点后，他们会再考虑自己的实力和弱点，然后坐下来研究"战略"，可能还有"战术"。

一旦比赛开始，一方防守，一方进攻。一方退却，一方推进。一方试图顶住、阻拦和堵截，另一方则试图转移、突破，最后"射"中目标。一方胜利，一方失败。（这些军事术语是如此地吸引人，甚至被用在了高尔夫球上，而高尔夫球基本上是一项技巧运动，并非谋略游戏，其规则根本不允许参赛者做任何阻挠其他选手的事情。）受伤离场或被担架抬下场的运动员有时被称为"伤员"。所有的体育解说员都了解这些术语，并会尽其所能地使用它们。通常他们使用的语言越血腥，解说就越是成功。

作为最高级的游戏，战争要求参加者具备较低级的游戏所需要的全部身体、心理和智力方面的素质，而且还远不止于此。相反的是，许多体育运动项目也需要战争要求的某些素质，使得军事训练成了培养教育其选手的一种出色的手段。甚至某些训练勇士所采用的最古老、最基本的步骤，如教他们跑、跳、爬、翻越障碍等等，都可以也经常被变成游戏。许多当过兵的人都从这些活动中感受到极大的乐趣，他们很喜欢聚在一起回忆那些时光。在所有时代和所有地方，大多数受训新兵都是男人，而且是年轻男子。因此，如果想让他们热衷于一项活动，只需以一种竞赛的方式给这项活动增加些挑战性，并对获胜者予以奖励——简而言之，就是把它转化为游戏——就足矣。

自古埃及时起，射箭和掷标枪就一直被用于训练勇士，直到不久前一些民族仍在这样做，如亚马孙河上游森林中的雅诺马马人（Ya-nomama）。在雅典人举行的一种小型奥林匹克运动会上，有一个叫做"euandria"（字面的意思为"好男儿"）的比赛项目中，显然包括全副武装地赛跑，也许还包括拔河。在其他希腊城邦的节日上，也有类似比赛。还有一些训练科目，是为先教人骑马，再教人在马上使用武器而设计的。例如，马穆鲁克人有一整套这方面的训练项目，如长矛游戏、棍棒游戏、葫芦游戏等。部分上，这些训练只是为达到目的的手段。然而，部分上，它们也被理解为游戏，围绕着"furusiyya"（马术，这个词源自 furus，意为"骑手"），竟逐渐地发展起了一整套文化，就是明证。对马术的态度和对其技艺的精通，使得马穆鲁克人与众不同。然而，马术本该是为军事行动服务的，但马穆鲁克人将其推崇到了过高的地位，以致竟妨碍而不是增益了军事行动。如果说游戏可以转化为严肃的军事训练，那么通常严肃的军事训练也可转化为游戏。

与马穆鲁克人类似的训练方法，无论是打靶还是掷手榴弹，世界各地的所有现代军队都仍在使用。仿佛是为了证明战争和游戏的关系有多密切，有些训练项目被转化成了真正的体育运动，如射击、射箭和铁人三项运动，在自奥运会以下的无数运动会中都被设为比赛项目。也许这些竞赛项目与军事训练最大的差别就在于前者的规则更严格。体育比赛规则对可以使用什么样的武器，以及使用方式等等，做出了精确的规定。这不仅是为了最大限度地降低危险，也是为了统一比赛条件，使得参赛者能够严格地在同等条件下参赛，并使他们的成绩比军事训练所要求的更精确。

无论这样的游戏和训练在完善勇士的技能方面多么有益，它们都有一个缺陷，就是他们是单方面进行的，而战争则明确是在双方之间展开的。假如在有双方参加的训练中使用真刀真枪，那将是极端危险的，会产生就连柏拉图都不能容忍的伤亡。由于双方都会为争胜而尽可能地发出自己最强劲的击打，任何限制都会被抛到九霄云外，对抗的升级是不可避免的。局面也许会完全失控——正如一些中世纪的比武大会和现代的足球比赛所证明的，这绝非不大可能发生的意外事件。解决这一难题的最古老的办法，也许就是以动物代替人了。柏拉图不是说过战争就是不同类型的狩猎吗？的确，动物有其局限。任何动物，甚至包括大猩猩，都不具备能使它们准确掷物的关节。单是这个原因，就导致所有的动物都没能制造出武器。更重要的是，任何动物都不具备建立像我们这样的军事组织所需的智力和交流能力。它们不能任命指挥官，不能遵从命令，不能分工协作，不能在人类猎取它们时组织集体的抵抗。许多动物的确有体型、防护功能、力量、凶猛、灵活和/或速度上的优势，但对它们来说不幸的是，这恰恰使它们成了值得较量的对手。

不仅是人，动物也会捕猎。一些动物，如狮子、狼、鬣狗和黑猩猩等，在捕猎时会成群行动。但如果没有精密的组织，也就谈不上有协作。一些人类学家认为，人类智力的形成，很大程度上要归功于狩猎，以及更重要的，为分配猎物所必须进行的"政治"互动。最初的时候，狩猎一定是为在面对大型动物时进行自卫和获取食物而形成的一种办法——由于当时的人类只有原始的武器，要达到这些目的就必须结为集体。然而，无论我们探查的历史多么久远，都能看到，人们会为了娱乐而进行狩猎练习。有人认为这就是最古老的体育运动形式，而其他体育项目都是以此为基础而发展起来的。从对黑猩猩的捕猎行动的描述判断，它们也许同样会在这一活动中感受到快乐。无疑，它们通过高叫、尖叫、敲击和挥动树枝，表现出了它们的激动。

尽管有例外，但通常动物越大、越危险，人们在捕猎它们时就越是感到快乐，而猎取到它们的人获得的威望也就越高。这也许就是古希腊的花瓶上，像野兔等小动物与猎手相比，体形都会画得很庞大的原因。同样，无论我们探查的历史多么久远，在很多情况下，狩猎也不仅仅是追逐和杀戮的"游戏"，而是包含有各种各样的仪式。其中一些仪式无疑是为了使捕获猎物变得更加容易。另一些则是求神保佑即将死去或已经死去的动物的灵魂，安抚它们和纪念它们。众所周知，英国的猎狐活动中就有一个仪式是为死去的狐狸默哀一分钟。愤世嫉俗者也许会理直气壮地指出，所有这些举动都不过是为了猎手自身的利益，全都对可怜的动物毫无益处。的确如此，但这并不能否定这些仪式构成了文化。

本章中，我们的主要兴趣点是打猎作为军事训练的功能。无疑，古代希腊人、罗马人，中世纪时的骑士，南北美洲的印第安人，以及无数其他社会，都因这样或那样的原因而打猎。色诺芬高度评价打猎，曾说这是男孩子成长为男子汉的过程中所应当迈出的第一步，是"为战争进行的极佳的训练"。在他之后又过了将近两千年，马基雅弗利也这样说过。这两人都是著名的军事作家。同样重要的是，两人也都是成功的军队指挥官，而且都不能说是比普通人更具浪漫倾向的人。19 世纪的英国上层文化也崇尚打猎，无论是猎狐、刺野猪、射老虎，还是别的。他们认为打猎促进了几乎所有军事技能的发展，是英国当时武力强盛的重要原因之一。

不同的社会、不同的猎手身份、不同的技术、不同的"游戏"性质，都使得打猎的形式千差万别。从若干洞穴人联手用木头长矛搏击狮子和野牛，到把装有瞄准镜的高级步枪架在高台上，使年迈且活动不便的贵人安全地屠杀被赶向他们的倒霉的小鹿，都是打猎。在这两个极端之间，打猎通常都要付出较大的体力，冒切实的危险。荷马笔下的奥德修斯（Odysseus）绝不会是唯一因打猎而在腿上留下伤痕的人，哈德良皇帝（Hadrian）①也不会是仅有的蓄须以遮掩脸上伤疤的人。

在汽车发明前一千年间，军队指挥官主要是靠骑马行军和作战的，在这方面，打猎也提供了有益的练习。打猎除了教给了，或者说能教给人们诸如在开阔地上不畏艰苦地奔驰、观察地形——这是马基雅弗利特别提及的一种素质——悄悄地移动、了解猎物的意图、当机立断、团体协作等技能，实际上，几乎所有军事上的主要战术在打猎中都有对应战术，也有人认为这些战术就是起源于打猎。最后，打猎还教给人们如何放血和杀戮，哪怕猎物是根本无法反抗的小动物。尤其是在当今社会，很少有人再猎活物或在农场劳动，屠宰取肉也是专门的工厂的活计，死刑也不再公开执行，这样的素质已不再是大多数人所必备的了，正如美国的乔治·巴顿将军和以色列的伊扎克·萨迪（Yitzhak Sadeh）将军所深知的，必须刻意培养。

尽管所有这些都可以解释为什么打猎经常被与战争联系在一起，但两者毕竟不同。人的素质当然非动物可比拟，尤其是智力。为弥补这一缺陷，有必要创造一些游戏，既要让人们相互搏斗，又只能允许他们在严格的规则和限制下使用暴力。能够清楚地确定的最古老的此类游戏出自公元前 3000 年时的苏美尔人。然而，鉴于几乎所有的部落社会都有这样的游戏，完全有理由认为在苏美尔人之前一定还有更古老的游戏。更有意义的是，古埃及表现各种军事活动的绘画中有摔跤的场面，说明那时候摔跤已被作为士兵训练的项目之一了。

---

① 76～138，罗马皇帝，117～138 年在位，曾在不列颠境内筑"哈德良长城"，镇压犹太人暴动，编纂《罗马法典》。——译注

到埃及新王国时期，无论是在正常训练中还是在其他场合，士兵们已肯定在进行摔跤了。底比斯发现的浮雕刻画了在被神化的法老图特摩斯三世（Tuthmosis Ⅲ）面前举行的比赛，也许能说明他成为世界上最伟大的征服者之一并非偶然。其中的一幅刻的是获胜者说道："唉，你呀，说大话的可怜鬼！我要让你明白，跟陛下的士兵交手是多么愚蠢！"哈布城发现的另一些雕刻中，也是在法老面前，一名摔跤手高喊道："站在我一边吧！我要让你看看一名（真正的）勇士的身手！"

希腊人的军事体育是从埃及人那里继承来的——像他们的许多其他事物一样，还是自己创造发展的，对本书来说无关紧要。但无疑在他们的史诗中，战争和游戏从来没有远离过。在为纪念帕特洛克洛斯（Patroclos）举行的运动会包括拳击比赛，以及狄俄墨特斯（Diomedes）和埃阿斯（Ajax）著名的决斗。这场决斗实在是太像真正的战争了，以致阿喀琉斯不得不将其叫停，以免后者丧命。后世的作家经常将战场比作摔跤场，形容指挥官像优秀的运动员一样"消耗"对手。除了摔跤外，希腊人还进行拳击和"pankration"（字面上的意思是"利用一切可以利用的手段击败对手"）。在这些运动中，拳打脚踢都是允许的，似乎唯一不允许的动作是挖眼和咬人。这三项运动似乎都是希腊青年男子教育的必修课程。此外，还举行赛跑、跳跃、游泳、掷铁饼或标枪、赛车等等比赛。举办这些活动的场地叫做"palaestra"（运动场），在地中海沿岸的数百个城邦中，都是文化中心。

对希腊人来说，享受有两方参与的搏斗同时又要避免伤亡，办法是举行各种各样不带武器的格斗。以角斗而闻名的罗马人却不是这样。传说他们是从伊特鲁里亚人那里学到的角斗；另外还有一个举行角斗的民族是色雷斯人。在罗马，第一场角斗举行于公元前264年，是曾任执政官的朱尼厄斯·布鲁图·佩拉（Junius Brutus Pera）的儿子们为纪念亡父而组织的表演。一些学者将这件事情与其他证据结合起来，认为在罗马和希腊，使用武器进行的格斗都是最早的军事体育项目。按照这一理论，军事体育最初是葬礼的宗教仪式的一部分，后来才被世俗化的。在这一过程中，武器被取消了（当然，只有角斗士还要用）。这使得游戏变得不那么致命了，虽然从那时直到今天它们从来保证不了彻底安全。于是这种观点认为，军事体育的起源并非军事，而是宗教仪式。

尽管有可能是这样，但随着时间的推移，游戏改变了其性质。它们几乎变成了纯粹的娱乐——实际上，在罗马变成了最大的娱乐活动，以致世界上最大的建筑之一圆形大竞技场最终建立了起来。政治候选人们、执政官们、皇帝们用自己的声望支持这些游戏，竭力讨好民众，出大钱来组织游戏。德尔图良（Tertulian）①是一名优秀的观察家，他说男人们将灵魂交给了斗士，女人们则是连身体带灵魂一起交付了出来。一些格斗在个人之间进行，而另一些则是在团队之间进行。从公元1世纪起，就有不断增长的趋势，挑选以往著名的战役在竞技场内进行重演。

按照奥古斯丁（Augustine）②在其《忏悔录》（Confessions）中的说法，这些游戏是如此激动人心，人们是不由自主地为其所吸引的。在他之前几个世纪，西塞罗（Cicero）③也说过类似的话。这种吸引力部分上肯定是来自于勇气和武艺的展现，然而，更多的则是缘于公开展示杀人场面。根据苏埃托尼乌斯（Suetonius）④的描写，就连依罗马人的标准还算不上特别嗜血的克劳狄乌斯（Claudius）皇帝，每当角斗士要断气时，还要专门上前去审视他们的脸。使得所有这些屠杀成为可能的原因，无疑是角斗士们都是奴隶或被判了死刑的罪犯，他们本已丧失了生的权利。只是到了后来，角斗士中才有志愿者加入，在帝国时期，还包括一两位皇帝。你也许能够想象，这表明在角斗中获胜是多么大的荣耀。

在古代时，所有这些不同类型的游戏与准备真刀真枪的战争就已经没有实际的联系了。为了增加游戏的乐趣，罗马的角斗士被划分成

① 160?~220?，迦太基基督教神学家，使拉丁语成为教会语言及西方基督教传播工具。——译注
② 354~430，基督教哲学家，罗马帝国北非领地希波教区主教。——译注
③ 公元前106~前43，古罗马政治家、雄辩家、哲学家。——译注
④ 75~150，古罗马历史学家、传记作家。——译注

许多不同的类型，分别拿不同的武器，包括三叉戟和渔网，而这些都不是士兵的正式装备。角斗士捉对厮杀，而非组成队形作战。因此，角斗士实际上没有对士兵做出贡献。通常两者的生活完全没有关系。前者在竞技场内打发光阴，后者则是在军营中或战场上。古希腊的体育运动更是如此，包括军事体育。在《伊利亚特》中，（后来制造了特洛伊木马的）拳击手优菲斯（Epheus）承认自己根本不是优秀的战士。色诺芬也曾这样评论过他那个时代的拳击冠军博伊斯科斯（Boiscos）。

大约生活在公元前 7 世纪的斯巴达战争诗人提尔泰奥斯（Tyrtaeus），也对体育成绩不屑。他在一首歌中写道："除非敢于直面血腥的屠杀，否则任何人在战争中都百无一用。"最后，还有欧里庇得斯（Euripides）①。在他的一个已经佚失、只留下了只言片语的剧中，一个已经无法确定其身份的人物对运动员说了些很是刻薄的话："那些出色的摔跤手、飞毛腿，还有掷铁饼的人，还有善于用拳头打人下巴的人，赢得桂冠，对他们古老的祖国有什么用？他们能和拿着铁饼的敌人搏斗吗？他们能踢破盾牌阵，赶走祖国的敌人吗？真刀真枪地打仗的人，才不会沉溺于这些愚蠢的事情呢。"

撇开摔跤不谈，柏拉图也对其他体育项目同备战的关系存在严重偏见，认为前者根本无法与后者比拟。伊巴密浓达（Epaminondas）②、亚历山大和菲洛皮门（Philopoemen）③ 都曾应和过他的这一观点。这三位都是著名的军事将领。三人都曾以这样或那样的方式表示过：摔跤、拳击和 pankration（普卢塔克曾说亚历山大对此尤其不喜欢）以及其他形式的体育运动，都与战争太不相像，因而并无用处。他们都曾试图以更逼真的训练取而代之，包括组成阵列和/或使用武器。在年轻时就是小有名气的摔跤手的伊巴密浓达，甚至晓谕部下：准备战争的地方在军营，而非 palaestra——这样的言论，考虑到其发出的时代和文化背景，简直近乎于异端邪说。

---

① 公元前 480？~ 前 406？，古希腊三大悲剧作家之一。——译注
② 公元前 418？~ 前 362，希腊底比斯政治家、将军。——译注
③ 公元前 252 ~ 前 182，希腊城邦联盟亚该亚同盟将军。——译注

然而，问题还有另一面。也许我们不太注重像琉善（Loukians）①、菲洛斯特拉托斯（Philostratos）②和普卢塔克这样的作家。三人全都是公元 2 世纪的人，全都致力于为希腊文化辩护，反对罗马人对其"轻浮"的指责。因此他们对体育之有益于战争以及希腊的"自由"的赞扬，也许不过是反映了一种怀旧情绪。然而，角色游戏可以用于体格训练，无疑在罗马征服前几个世纪就已经确认了。相对于每一位不擅长于战争的运动员来说，都有可能举出一位擅长于战争的运动员，如阿尔贡的攸利巴都斯（Eurybates of Argons；奈迈阿运动会上的五项全能冠军）、佩伦的普罗马乔斯（Promachos of Pellene；奥运会 pankration 项目冠军）、德尔斐的蒂玛斯塞奥斯（Timasitheos of Delphi；pankration 项目运动员，在奥林匹亚获两项冠军，在德尔斐获三项冠军）等等。从阿里斯托芬（Aristophanes）③的作品中，我们得知至少有一部分他的同时代人，都认为旧式的体格训练促成了马拉松战役的胜利。

　　而且，斯巴达人进行的训练无疑对他们创造著名的军事辉煌起了至关重要的作用。他们的训练包括一年一度的祭祀阿耳特弥斯女神（Artemis；狩猎女神）的活动。作为典型的斯巴达人的做法，一件没有任何内在价值的东西——一块奶酪——被置于女神的祭坛上。一队年轻人被指派去偷窃这块奶酪，另一队则防守。不仅是扭打，甚至欺骗、撕咬和拳击都是允许的。总而言之，这种被称为 agoge 的游戏极其激烈极其暴力，以致亚里士多德认为它只能培养野兽而不是人。最后，无论伊巴密浓达、亚历山大还是菲洛皮门，都不曾否认某些运动和游戏对于军事训练是必要的。正如柏拉图也曾说必要的伤亡也是可以接受的一样，这些都表明，他们真正的目的是用那些他们认为有益于军事的游戏取代那些不足以支持军事的游戏。

　　至于罗马角斗士，任何不愿将他们与军事联系起来的观念，都是更多地出于社会的考虑而非军事的原因。毕竟，角斗士大多是外国俘

---

① 120～180，古希腊讽刺作家。——译注
② 公元 2 世纪的诡辩学派作家。——译注
③ 公元前 450?～前 385?，古希腊早期喜剧代表作家、诗人，有"喜剧之父"之称。——译注

房（这也是他们持不同的武器，受不同的训练的部分原因）和奴隶。一旦有了机会，如在斯巴达克思（Spartacus）领导下举行暴动，他们就能证明他们不仅在竞技场上，在真刀真枪的战场上也同样善战。弗洛鲁斯（Florus）①曾说这些人都像合格的角斗士一样死战到底，并补充说斯巴达克思本人英勇战死时"就像一名将军"。在罗马军事史上不止一次，角斗士及其训练者——或称"lanistae"——都曾奉命训练正规军的士兵。意味深长的是，其中一位掌管过这种训练的将军便是马略。他本人就出身于下等阶层，并以鄙夷上等阶层的自负而闻名。所有这些都表明，尽管角斗与战争之间有许多明显的差异，但也不像罗马一些势利小人喜欢说的那样大。

后来的游戏，如中世纪的比武大会，也是出于同样的原因举行，也产生了同样的问题。公元9世纪成形的亚瑟王传奇故事中说，其主人公们都是"马上比武"的冠军。然而，这是个年代错误，历史上已知最早的比武大会是在1100年左右举行的。这种比武大会是由两方参加的，也非常激烈，无异于小型战争。首先，宣布时间和地点。然后，参加者分为两队，如果可能的话，就按现成的界限来划分，如甲镇对乙镇，南方人对北方人，等等。信号发出后，双方就像打仗一样，骑着马挥舞着武器冲向对方，实际上没有任何规则限制，直到夜幕降临双方才分开，都如真正的战争一样。

在没有一座大竞技场的情况下，没有任何障碍能阻止打斗翻山越岭、践踏田地和花园、毁坏庄稼，甚至祸害居民区。不仅是参加者，甚至是旁观者，都经常发生伤亡。正如许多现代足球赛一样，并非总是没有害处的。14世纪晚期的一条英格兰法令，禁止"前来观看比武大会者"携带剑、匕首、棍棒或石块。能够降低打斗的残暴程度的极少数因素之一，是大多数参加者的目的并非杀死或致伤对手，而是要活捉他们以勒索赎金——在某种程度上，很多人参加真正的战争，也是为了同一目的。

自从比武大会被发明出来，当权者一直不知道该拿它如何是好。

---

① 公元1~2世纪，罗马历史学家。——译注

尽管比武大会非常野蛮，却是"骑士"阶级发泄多余精力的安全阀。就这点而言，它们总比骑士间发生真正的战争要可取。同理，很多人宁愿看到足球流氓在体育场内相互厮打，也不愿看到他们在体育场外滋事。考虑到比武大会与战争的差别是多么小，它们肯定对后者具有很好的训练功能。实际上，鉴于封建社会是多么分散，缺乏正规的军事组织，这的确是极佳的训练手段。随着时间推移，很多比武大会开始定期举行。往往提前一个月预告比赛时间，吸引了远远近近的参赛者。它们使得一些人可以展示武艺，并赢得一笔不菲的收入，同时也使统治者借以考察潜在的追随者并征召他们。

然而，情况甚至比这还复杂。无论是因为喜欢这样做，还是作为骑士别无选择，很多统治者，甚至包括英格兰的三位爱德华国王和理查三世国王（Richard III）这般权势的人物，都积极地参加比武大会。理查三世甚至还为参赛，专门将一些长矛染成红色。还有一些国王，如英格兰的亨利二世，禁止了比武大会，而另一些国王，如亨利二世的儿子理查二世（Richard II），试图对比武大会加强管理，既是为减少伤亡，也为了自己敛财。他们规定举办和参加比武大会都需要购买许可证。所有这些各种各样的因素都在作用和相互作用，造成了一个真正的大杂烩。

最重要的是，比武大会很快从法国北方传遍整个欧洲，甚至蔓延到了十字军跨海征服的地区，不仅在其起源的贵族阶层广为流行，在市民阶层也大受欢迎，如在意大利。显然，原因之一是其观赏性。古往今来，人们都喜欢观看大规模的残杀，特别是如果再与大规模的盛典结合起来。14世纪晚期和16世纪的绘画都显示出，窗户里、屋顶上，甚至树上，都挤满了观众。

到了12世纪末，出现了专门设计的竞技场，出席比武大会变得不那么危险了，骑士阶层的妇女们也开始观看比武大会了。有些人是希望借此物色到丈夫，有些则是想邂逅一段外遇。她们通过赠送纪念品或颁发奖金来为自己喜爱的选手鼓劲，在有条件的时候还亲自组织这样的比赛。1331年，承载着英格兰国王爱德华三世的妻子菲莉帕王后（Philippa）的看台倒塌。她和陪同她的贵妇人们落在了坐在下层的

　　　　　　　战争的文化

骑士们头上。到处还有模仿的"比武会",贵妇们躲在被绅士们包围的"爱的城堡"中,所有人都用蛋糕作为武器。

但是这些都还没说到问题的核心。比武大会不仅仅是一种包含有打斗,时而还包含有流血的暴力游戏。它们的确是这样,但它们也是——而且随着时间推移,越来越是——骑士阶层聚会的节日。比武大会往往是为庆祝某些统治者的生日、婚礼或各种周年纪念日而组织的。骑士阶层在比武大会上展示他们的武艺,实践他们独特的习俗,举行他们独特的仪式,庆祝他们的胜利,哀叹他们的失败。简而言之,比武大会是粗泛地被称为骑士的整个贵族文化的核心,在很多方面都与宗教节日从过去到现在在宗教中发挥的作用相同。难怪教会要视其为竞争对手,始终反对它们,并试图禁止它们。但无济于事,1471 年,甚至有一场比武大会就是在圣彼得广场上举行的。

久而久之,比武大会作为文化活动的吸引力似乎在增长,而其为战争提供正经的训练的价值却在降低。具有讽刺意味的是,原因之一是它们变得太危险了。如一份因参加比武大会而死亡的贵族名单所表明的,13 世纪的比武大会的确已变得非常残暴。从 1300 年起,规则开始大量增加。为保证冠军无论在军事意义上还是社会意义上(高贵的贵族当然不能和平民交手,无论后者武艺多么高强)都名副其实,精心地制定了措施。竞技场中增设了围栏,将参战者连人带马分隔开来,使他们再也不可能相互冲撞了。专门的"娱乐性武器"(armes de plaisance)也现身了,规则有时候还会规定可以穿什么样的盔甲,各种武器可以击打多少下,等等。为了选出胜者,还制定了详尽的计点制,就像今天的拳击比赛一样。

为了增添娱乐气氛,自 1400 年左右起,参加者开始扮演角色。他们精心地化装,口中念着精心设计的自夸的台词。他们扼守关隘和桥梁,屠杀恶龙,拯救泪水涟涟的被掳女子,诸如此类,使得比武大会变成了照剧本进行的表演。如在罗马,换言之,单纯打斗已被认为远远不够了。人们按照精心编撰的故事穿上盛装,为其赋予了一种虚构历史、虚拟道德的意味。然而,即使在这一时期,激烈的打斗仍然经常是参加者的选项之一——实际上,在比武大会的众多比赛项目中,至少有一部分始终与战争非常近似，可以作为严肃的战争训练手段。1559 年，法国国王亨利二世（Henry Ⅱ）的意外死亡，深刻地证明了这样的比赛仍然是多么危险。

综上所述，一个有趣的问题是火器的作用。无疑，比武大会中从来不准使用火器。许多骑士都认为火器是最不具备骑士精神的武器，会对在战争中使用火器的人施以残酷的惩罚。直到 1520 年左右，那些有钱的骑士还会通过定制和穿戴更结实、更重、更精致的盔甲来抵挡火器。这反过来又要求他们骑更高大的马，用更长更重的矛等等，这样循环往复地加强自我保护，最终使骑士们变成了人形的坦克。尽管起初很多骑士都买得起必要的装备，但到了 16 世纪初时，就只有一小部分显贵才能负担得起了。与此同时，士兵们对火器的反应是完全丢掉了无用的盔甲。于是已经成为马上比武的比武大会，便和真正的战争完全分道扬镳了。在这样的情况下，到了 17 世纪头几十年，马上比武彻底消失，也就不足为奇了。

然而火器并没有终结人们对粗野的团队游戏和军事体育的兴趣，直到今天这样的游戏和运动仍在进行，并吸引着成千上万的观众。火器在这方面切实的影响是使得有双方参加的战争游戏变得太过危险，因此，最好的办法就是使用空弹匣，使枪支只能发出响声却不能造成伤亡。也许正是这一情况，促进了另一项模仿战争的游戏——棋类——的流行。当然，并非所有棋类游戏都是模仿战争的，其中相当一部分，例如蛇梯棋，就与上述意义上的战略毫不相干。甚至的确是模仿战争的棋类，也与军事体育和团体运动不同，它们完全排除了危险、流血、暴力和体力活动，因而也不要求克服这些方面的困难所需的战斗精神和决心。

棋类游戏也有其优点。其中之一是成本低：既不需要复杂的装备，也不占用很大的空间，通常组织和参加棋类比赛都不用花很多钱。更重要的是，它们作为双方进行的角逐，捕捉到了战争的智力方面的特点。做到了这点，或试图做到这点的棋类游戏，可以追溯到古埃及。这样的棋有很多种不同类型，迄今最广为人知的是国际象棋。国际象棋在公元 600 年左右起源于印度。从那里传到波斯，并确定了一些迄今仍在使用的术语，然后传到中东，最后于公元1000年左右传到了欧洲。根据传说，国际象棋是为了教学和娱乐的目的有意模仿战争的。它是通过在棋盘上摆上王、后、车、马、象、卒，让它们相互厮杀而做到这一点的。

部分上是为了增加国际象棋在训练、计划和模仿方面的价值，部分上也是为了纯粹的娱乐，至少早自17世纪下半叶起，就开始有人不断地试图对国际象棋进行各种各样的改造，使之更像战争。在有些游戏中，双方的棋子以及棋盘的格数都增加了。例如，据说路易十四年轻时曾有一套玩具兵棋，包括5000枚棋子，全部都是银制的。估计可以在宫殿的地板上玩。后来他把它们全都熔化了，以为其真正的战争筹措经费。不那么显贵的凡人则用锡兵玩。18世纪的工厂已经开始大量生产锡兵了。此外，还有像参谋军官兼军事作家布尔塞这样的人，用标有各种记号的木头块和硬纸板来玩。

继而，游戏规则也被修改，以便使棋子的移动和作用更像真正的部队和兵种；这当中也许考虑到了后勤因素，也许没有考虑到。其中一种修改办法是，棋盘上不仅有黑白格子，还有绿色、红色及其他颜色的格子，使之有可能代表不同的地形，让代表不同兵种的棋子以不同方式移动和发生作用。另一种办法是以地图代替棋盘，用一副两脚规来测量距离。还有一些棋用不完全的信息取代了完全的信息。有些棋，棋子的特性只有其主人能看到，而对手是看不到的，就像牌戏（然而牌戏不像战争）和一种相对鲜为人知的叫做"stratego"（脑力挑战）的游戏。有些棋用隔板将玩家分隔开，并设一位裁判来决定哪些信息可以传递给另一方，哪些信息不能。还有一些棋使用骰子，既有简单的骰子，也有多达18面的骰子，使之增加了其他棋不具备的机会的因素。

这类棋中最著名的是由两位冯·赖斯维茨男爵（Baron von Reiss-witz）——一对父子——于19世纪20年代设计的。经过一番努力后，他们成功地将这副棋送给了时任普鲁士军队总参谋长的弗雷德里希·冯·莫夫林将军（Friedrich von Mueffling）。据说莫夫林大叫道："这不是游戏，这是战争训练！"继而，他下令将这种棋投入生产并配发给所有部队。这些棋及盛棋的盒子，至今在德国的军事博物馆仍能看到。19 世纪中期时，从赖斯维茨父子发明的棋发展而来的"Kriegspiele"（意为"战争游戏"），已在普鲁士军队中充当训练和做计划的工具。

1866～1871 年间，普鲁士大胜奥地利和法国之后，战争游戏也传入了其他国家军队中。有些游戏是战术性的，由微型的士兵模型在沙盘上进行，其优点是可以立体化地仿造出地形，而不是仅仅看二维的地图。还有一些游戏是作战性的或者说战略性的，由军官们坐在办公室内的桌旁操作。他们使用实战中使用的大比例尺军用地图，写下命令，或者自 20 世纪初起，通过电话传达命令，调动假想中相互对抗的军队。尤其是美国海军，19 世纪 90 年代在战争学院装备了整个一座会堂，模仿各种各样可能发生的战争。还有德国军队，重大军事行动发起之前总是要进行兵棋推演。在他们看来，战争游戏的作用是非常关键的。

正如所有与战争有关的事物通常的那样，很难划清严肃的活动和纯粹的娱乐之间的界限。例如，1900 年左右在德国，"Kriegspiele"以需要在纸上解决的战术问题的形式，发表在报纸上，如纵横字谜一般，成为极受欢迎的消遣。德国人并非唯一这样娱乐的民族。赫伯特·乔治·韦尔斯（Hebert George Wells）①有一部相对不为人知的力作，叫做《小型战争：为从 12 岁到 150 岁的男孩和喜欢游戏和书的聪明女孩准备的游戏》（*Little Wars: A Game for Boys from Twelve Years to One Hundred and Fifty and for that More Intelligent Sort of Girl Who Likes Games and Books*）。书中，他推荐在大房子的地板上玩一种士兵游戏，作为一种既轻松又富挑战性的智力训练。虽然大多数其他游戏设计师都使用骰子和统计表来计算伤亡数字，韦尔斯却在游戏中加入了能发射弹簧驱动的微型弹丸的大炮。他是一位通俗作家，整本书使用的语言都非常俚俗。与之相反的是，与韦尔斯接近于同时代的弗雷德

---

① 1866～1946，英国作家，主要作品有科幻小说《时间机器》、《星际战争》等。——译注

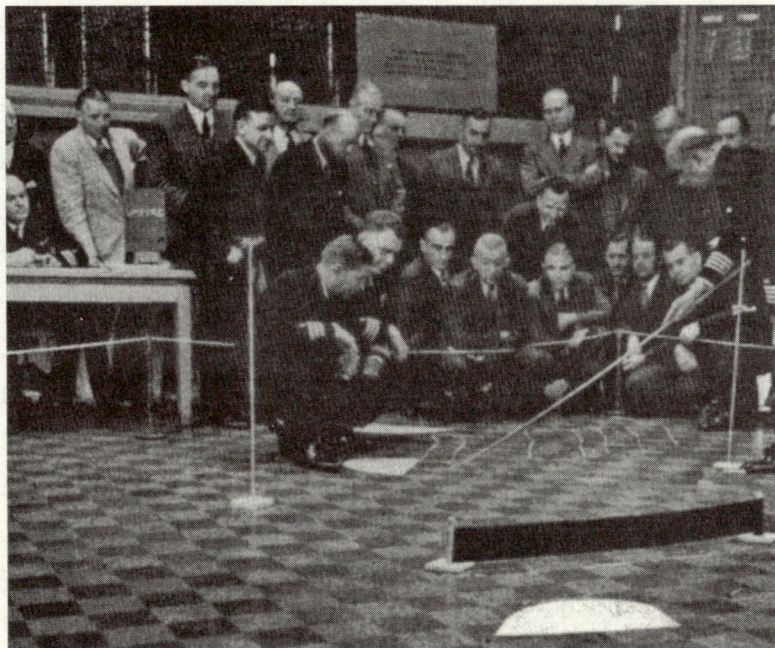

为战争做准备，美国海军战争学院的专业人士进行的战争游戏。

里克·简（Frederick Jane），却是一位不折不扣的严肃的防务专家，这是那套由他开创，迄今仍以他命名的系列出版物所证明了的。他也设计了一套战争游戏，却没有丝毫轻浮琐屑的成分，因为他的意图是为海军军官训练使用。

在严肃的训练和表演之间划清界限甚至更难，无论过去还是现在，战争都是难以整体模仿的极其复杂的活动。战争并非单一模式，而是有无数种不同的模式。有些游戏试图模仿过去的战争，无论是为严肃的研究（尽管历史学家们素以保守而著称，对战争游戏几乎从来不屑一顾）还是为纯粹的娱乐。有些游戏，特别是那些由世界各地的军事培训机构或军事计划组织进行的游戏，是在现有技术的基础上模拟可能发生的战争，而另一些游戏则完全是想象的，其中甚至有妖精、小鬼、恶龙等角色。有些游戏是针对战略，甚至是大战略的，这意味着它们试图纳入政治，而战争只不过是（或被认为是）政治的工具。另一些游戏专注于操作层面或战术层面。一些游戏有无数极其详细的规则，需要玩家下工夫研读。另一些被称为自由游戏，试图通过假定一些可能与不可能的情况，并设一位裁判，而使游戏简化。这样的游戏也许能节约很多时间，但付出的代价必然是要增添一些通常都很随意、武断的要素，由于现实生活中是没有裁判的，这样的游戏也总是完全不切实际的。

许多游戏是一对一地进行的，但也有一些可供多名玩家相互斗智，或者双方各组成一个团队，有指挥员和明确的分工。大多数游戏都是逼真的，为偶然性留下了充足的空间（然而，这也意味着技巧的作用降低了），但有些也不是这样。正如能反映出一块土地的方方面面的地图就等同于该土地本身一样，能包含战争的方方面面的游戏也很难与战争本身区别开来。即使这样的游戏真能研制出来，那也肯定复杂得根本没法玩——就目前的情况看，市面上一些较大型的战略游戏，真正令人称奇的是居然真有人肯不厌其烦地去学习那数以百计的游戏规则。其结果便是，即使是花费了巨大成本、为最严肃的目的研制的最精密最逼真的游戏，仍包含有极大的虚假成分。就此而言，它们仍然只是游戏。

任何游戏，无论复杂还是简单；任何体育运动，无论多么野蛮；任何主将之间进行的不带武器的战斗；甚至打猎，都无法囊括战争所有方面的特点，更不用说还要在足够安全、足够简单、足够有趣的情况下进行了。正如欧里庇得斯、柏拉图等人的批评所表明的，旨在为战争做准备的体育运动和游戏，其局限性人们一向是了然的。尽管有些指挥官是象棋高手，但下象棋本身并不足以为战争做准备。至于说本章提及的其他锻炼项目，下面这个事实就足以说明问题了——在1995 年俄罗斯做的一项民意调查中，没有一个人认为他或她本人锻炼身体能够对国防事业有什么贡献。数千年的历史证明，寻找游戏和体育不能构成充分的战争准备的原因很容易。但数千年的历史也证明，设计一个替代物来替代战争却并不容易。因此，游戏和体育仍然为全世界无数的培训机构所使用。德怀特·艾森豪威尔（Dwight Eisen-hower）也许是在军校玩橄榄球时伤了膝盖的最著名的学员，但他绝不会是唯一如此的学员。

　　说到战争游戏今天仍然深受欢迎，也有一件事情很说明问题：在我三十多年的大学教师生涯中，只有一次看到我的学生们毫不夸张地因为激动而跳上了桌子，那就是在一个战争游戏的研究班上。那个班上除一名女学员外，都是男学员。到课程结束时，那位唯一的女士做出了她的贡献，烘烤了一个包括所有棋子的象棋型的蛋糕。即使最粗略地审视一下战争游戏，都能看出：为战争进行的严肃的准备和单纯的娱乐、训练和消遣、虚拟和现实，在今天和在以往任何时代一样，都是密切交织的。只要情况依然如此，战争文化就仍会存在并兴旺发达。

第二篇　战争当中的文化

理论上讲，战争只不过是为达到目的而使用的一种手段，是一种旨在服务于某个集团的利益的不说废话的行动。这个集团会使用一切能够动用的手段来杀死、击伤反对者或使之丧失战斗力。但在实际上，任何论断都不能超越事实。首先，战争绝非只存在赤裸裸的暴力的简单行动，而是充满了各种礼仪。其次，战争不仅充满了各种礼仪，还有强大的（你也许会说致命的）吸引力，以致战斗可以导致各种兴奋剂所能引发的那种狂喜。再次，战争不仅拥有能导致狂喜的强大吸引力，还拥有众多决定了可以做什么不可以做什么的规则。在本篇中，我将依次探讨所有这些话题，并将以关于战争结束方式的一章，来结束我的论述。

第五章
拉开战幕

人类作为创造文化的动物，有很多礼仪 —— 正如，有些人会说的，许多其他动物也有。礼仪小到最普通的家庭用餐、欢迎和告别，大到"先进"国家在圣诞节、巴士底狱日、国庆日等节日举行的盛大典礼。诸如洗礼、起名等，是我们来到这个世界时最先迎接我们的仪式。而除非是身处最不同寻常、最紧张艰苦、最具敌意的逆境下，当我们离开这个世界时，也会有表示告别的仪式。

人类举行仪式的场合林林总总，不可胜数。这里我们只关注两种仪式：表达恐惧的仪式和展示力量的仪式。两种仪式都是为了给自己壮胆，也都是装腔作势。前者将恐惧表现出来，是为了使之升华，尤其是在还要祈求和呼唤更强大的力量护佑时 —— 通常这种仪式中都伴有这样的内容。后者包括各种炫耀力量的举动，既要让自己热血沸腾，也要让旁观者受到感染。战争为举办这两种仪式提供了充足的理由。一方面，战争是一切人类活动中最为危险的，人们通常都是胆战心惊地投入战争的。正因为如此，展示力量就格外重要。恰如塔西佗所说的，最先被打败的总是眼睛。人们在为战争和战役进行各种各样的实际准备之外，还总是围绕着这些准备举行 —— 实际上是使自己沉浸于 —— 各种各样的仪式，从祈祷到阅兵，到升旗仪式，到奚落和挑衅敌人，就不足为奇了。

首先，我们看看从和平到战争的转变。的确，在许多部落社会，两者的界限不像更发达的社会中那样鲜明。然而，对于任何冒险进入敌人地盘，使自己成为被捕捉的猎物的人来说，这样的转变是始终存在的。和平，无论是就时间而言还是就某些特定地区总体存在的状况而言，相对是安全的。相反，战争却是极其危险的，以致一些部落社会中，所有成年男性中的20%～60%（以及所有成年女性中的13%～32%）都是因战争而死亡的。

战争与和平还有一点本质的不同，将在本书后面部分详细探讨，那就是尽管和平时期杀死别人是被禁止的，在战争时期却是允许的，而且实际上是需要的。就此而言，这种转变不仅是一个具有最大的实际意义的问题，而且标志着废止，甚至是颠倒了一个禁忌——一个使文明生活能够存在的首要的禁忌。考虑到这一点是多么重要，当你得知从古到今，几乎所有的社会都会通过举行某种仪式来标志这一转变，也就不会奇怪了。

很多这样的仪式是双边的，意味着交战双方要有某种互动。原则上，经常也在实际中，这样的互动是不合于大多数分析家所使用的战略构架的。毕竟，战争经常要依赖于出其不意。另一方面，如不能出敌不意，取胜就要困难得多，有时甚至就是不可能的。与敌人交流，则至少某些出奇的要素就不可避免地要丧失了。

这种互动有无数种形式，这里只能探讨一小部分。例如，在古希腊，宣战是要举行很多仪式的。因为没有常驻使领馆，所以要互派使者，提出要求，祈求神灵，废除现有条约，等等。无疑所有自尊的城邦做梦也不会去想不经过这些仪式就开战，这就使得我们能够质疑修昔底德（Thucydides）①对伯罗奔尼撒战争爆发的借口（afourme）和真实原因（aitia）的辨别是否真的像他试图阐释的那样清晰。没有人会认为罗马人愚蠢或无知到不知该怎样宣战的地步，但他们也采用双边的礼仪来实现从和平到战争的转变，不过以不同的方式。罗马有一个祭司院，叫做"fetiales"，大致可译为"看管禽类的人"，因为他们的主要工作是照看一群鸟，从鸟的身上能看出事情的征兆。当这些祭司们认为邻国有严重冒犯罗马的行为，有必要一战时，就会从他们当中

---

① 约公元前460～约前400，古希腊历史学家。曾任雅典将军，著有《伯罗奔尼撒战争史》。——译注

派出四人去敌国递交一份申诉表。申诉表必须在 30 天内得到答复。否则，在有证人见证的情况下，祭司院的一名成员将一柄长矛掷入敌国领土，便是正式宣战了。

西班牙征服者在后来成为拉丁美洲的土地上遵循的也是大类相同的礼仪。首先他们会设一名神职人员，派他去宣读一份声明，要求土著人归顺并皈依天主教。一旦印第安人拒绝，他们就要开战。19 世纪末英国派往非洲的代表也举行仪式。他们会给当地统治者送上一份空白的劝降表要其签署。如果他们不肯顺从，穿红军装的英国兵就会接踵而来，让他们看看谁更有力量。所有这些都不是说上述大陆上所谓的原始民族在通知敌人即将开战或已经开战时，就没有自己的礼仪——情况远非如此。例如，巴塔哥尼亚人和阿劳干人通常会画一幅有一个长着长长的红牙的男人和一束兽皮的图画，将其高高挂起，使敌人可以看到，还要在图画周围的地上插上矛、箭和棍棒。其他地方的部落也有自己的办法。

最有趣的礼仪之一是现代宣战礼仪。现行的形式（或者说，至少在 1945 年前普通通用的形式）大约可追溯至中世纪。那时候传教士拥有豁免权，通常被用作交战双方的信使。到了文艺复兴时期，这一角色才开始由常驻使节担任。"文明"的宣战礼仪大致如下：准备开战的一方的外交部长或外交大臣，召见另一方的大使，交给他一份写明宣战决定及理由的文件。大使通情达理或怒气冲冲地接受（或者，在有些情况下，毅然决然地拒绝接受）之后，将得到一张通行证，准许他带着使馆全体人员离开该国。有时候，准许被宣战国留下一名骨干人员，或委托第三国大使照顾其利益。与此同时，在敌国的首都，也要举行同样的仪式。不过这次大概会是宣战方的大使采取主动。在获得对方外交部长接见后，他将递交宣战声明，要求得到通行证，然后离开。

尽管这些礼仪中有一些显得非常古怪，但它们形成了特定时间和地点的战争文化中极其重要的一部分。随着文化改变，礼仪也会改变。你也许会说，许多礼仪，也许是其中大部分，都不过是在装模作样，通常这样的指责都没错。征服者们完全知道印第安人是不可能明白他们想要什么的，他们反正是要打的。在罗马，真正决定是和还是战的，并不是那 14 到 20 名照看禽类的祭司，而是元老院和（负责通过必要法律的）公民大会，那些祭司们所做的任何事情都纯粹是走走形式。为了做到出敌不意，许多现代国家都是在发起攻击之后才正式宣战的，有些甚至索性不宣而战。然而这些都绝不表示宣战礼仪被认为无足轻重。1941 年 6 月 22 日，阿道夫·希特勒发动了有史以来最大规模的突然袭击。甚至在枪炮都已开火后，他还是命令他的外交部长约阿希姆·冯·里宾特洛甫（Joachim von Ribbentrop）和驻莫斯科大使弗雷德里希·冯·德·舒伦堡（Friedrich von der Schulenberg），按照既定的礼仪宣了战。希特勒是有史以来武力最强也最肆无忌惮的独裁者之一，那一刻他肯定有许多其他事情需要考虑。然而他仍然这样做了，自然有他的理由。

一般来说，遵循适当的礼仪之所以重要，原因之一恰恰就是：这是文化的一部分。这意味着如果一方不按规矩办事，这一事实本身就会使其陷入不利境地。然而，就开战之前的交流、标志着从和平转入战争的仪式，以及宣战而言，原因可能还更具体。在战争中，许多人都命悬一线，部分人会命丧黄泉。这个赌注实在可怕，无疑是人世间最高的赌注了。因此，要让参战者感到，并向全世界宣告他们的事业是正义的。再没有比这更重要的事情了。任何挑起战端的人，如果做不到师出有名，就必然是战犯或纯粹是傻瓜。这也解释了为什么当一国不宣而战时，他们几乎总是要失败，最终只能为此解释原因——或者道歉。相反，只有当一场战争完全是防御性时，这样的宣战礼仪才会是多余的。

从和平转入战争完成之后，就可以开始为战役做准备了，于是我们又一次看到，这通常也包含着某种双向的交流、炫耀或者礼仪。其中一些最为有趣的礼仪是新几内亚的马林人（Maring）奉行的。像许多其他部落社会一样，马林人明白在不同的情况下，为达到不同的目的，针对不同的敌人，应进行不同的战争。礼仪之一是要事先就交战的时间和地点（也包括使用的武器）达成协议。澳大利亚的土著部落、北美洲的纳齐兹人，以及今天尼日利亚境内的许多部落，也都有类似的风俗。其结果便是把为战斗所做的准备，甚至战斗本身，都转化为非常接近于仪式，如果你愿意，也可以说转化为比武。然而对于所有深入关注过这一话题的人来说，这都不足为奇。

这样做有很充分的理由。现代国家是由边界分开的，这些穿越各种地形的假想的线，不会遗漏一寸土地。部落社会却不是这样，他们没有地图，和平与战争之间也没有清晰的时间划分，为了保证安全，通常要设一些宽达数英里的缓冲带。这反过来意味着，如果要发起战斗（不是袭击），必须事先商定地点和时间。"原始"部落也并非唯一这样做的人。希罗多德（Herodotus）[①]在其《历史》（*Histories*）中讲述道，波斯军队的指挥官玛多尼斯（Mardonius）曾向他的主公——大流士（Darius）的儿子、"伟大的国王"薛西斯（Xerxes）——解释过希腊人的开战方式。他说，希腊人实在是"愚蠢"，不尝试任何战略和计谋，他们的办法就是在某块平地上相会，然后相互对峙、厮杀，很可能是事先商定了时间和地点，甚至是战术。

单就这件事情，我们只能推测希腊的交战双方一定事先交流过信息。到了中世纪早期，情况就完全不同了。一位专门记述查理曼大帝（Charlemagne）[②]的继承人之间的争斗的编年史作者尼塔尔（Nithard），描述过许多指挥官举行密会，试图商定交战时间和地点的情况。大量其他编年史作者，如约尔达内斯（Jordanes）、图尔的圣格列高利（Saint Gregory of Tours）、迪特马尔（Dietmar）等等，也都写过这样的事情。从他们的叙述中判断，大约850年至1100年间，几乎所有重大战役在发生之前，双方指挥官都曾先派出特使举行了会谈。

19世纪的学者对于这一情况非常看重。查尔斯·奥曼（Charles Oman）曾写道：

> 战略是根本不存在的。再也没有比下面这个事实更能表明军事艺术的原始状态的了：将军们盛装出场，接受在指定的时间和

[①]　公元前5世纪希腊历史学家，被称为"历史之父"，所著《历史》（即《希腊波斯战争史》）系西方第一部历史著作。——译注

[②]　742～814，768～814为法兰克国王，800～814为西罗马帝国皇帝。——译注

地点交锋的挑战……甚至当两军真正对垒后，有时仍需要超出指挥官本身所拥有的能力，才能开战。①

20世纪的学者，尤其是1945年后的学者，则有不同看法。他们认为上述指挥官们都是马基雅弗利的信徒。那种战前的交流对于即将发生的战役既无必要也无真正的意义。它们只不过是遮掩各种真正的战略企图的像薄木板一样的虚饰。虽然记载下这些史实的身为修士的编年史作者们看不透这些企图，但目光敏锐的指挥官们本人，却能够看透。隐藏的目的无非是一方希望在军力未达到平衡时即开战，并推进到更为有利的位置，等等。

虽然两种观点都不无道理，但都不够全面。一方面，中世纪的一些战役是意外地发生的（的确，这种情况今天也仍存在），说明当时人们的战略知识和地理知识，以及指挥和管理的艺术，都远非完善。另一方面，很显然，1066年入侵英格兰的人，以及从斯坦福德桥一路驱驰赶往黑斯廷斯抵御这次入侵的人，的确没必要举行密会——当然不是定期举行了——以探明敌人的位置以投入战斗了。那些就交战的时间、地点及接战方式交换意见的指挥官们，也许的确心中怀有各种实际的盘算，但这并不能解释这种情况主要局限于中世纪早期的原因。6世纪拜占庭《战略》（*Strategicon*）一书只字未提这种事先安排好的交战，难道该书的作者们，及1300年左右英格兰的爱德华一世，都不及他们之间那些时代的指挥官们有心机，或者地理知识更高明吗？难道假设是围绕着战争的文化观念在上述几个世纪决定着这样的交流该不该在什么时间和什么地点举行，不是更稳妥吗？

人们为了给战斗这一可怕的考验做准备，举行的另一种仪式是勇士挑战。我们在很多文明中都听说过这种挑战，如古代以色列、印度的雅利安人及早期的罗马。《荷马史诗》中也有记载。诗中，几乎所有一流的勇士在遇到一位他认为配得上自己的对手时，都会停下手里

---

① C. Oman, *The Art of War in the Middle Ages*, *A. D. 378 – 1515*, Ithaca, NY, Cornell University Press, 1963 [1885], pp. 61 – 63.

　　　　　　　　　　　　　　战争的文化

正在做的事情，无论是杀人还是被杀，先发表一番演说——而实际上，这正是人们对勇士所期待的。所有挑战词都是用惊人相似的语句作公式化表述。下面是埃尔弗里克（Aelfric）的儿子埃尔弗瓦恩（Aelfwine）在为马勒唐战役做准备时发表的挑战词：

> 我要向所有人宣布一下我的身世，我生于麦西亚的一个望族。我爷爷叫埃尔赫尔姆（Ealhelm），是一位英明的郡长，乐于为世界奉献。既然我的主公不说话，我就来说，滕氏的人完全没有理由在我的人面前指责我打算放弃战斗，坐视我的家园在这次战役后缩小。①

再看看另一个例子，据说是 1156 年一名日本武士讲的话：

> 按一般的说法，我算不上一个大人物，但我是井贺省人，是秋江（Aki）老爷的部下，今年 28 岁。我叫山田公三郎伊行（Yamada Kosaburo Koreyuki），是山田能昌司之佑（Yamada no Shoji Yukisue）的孙子。我爷爷在贵族中很有名，他在跟随备前（Tsushima）老爷攻打对岛嘉仁老爷时冲在最前面。我爷爷还俘获过无数占山为王、拦路抢劫的歹人。我本人也经历过很多次战役，并为自己赢得了声誉。②

从《荷马史诗》算起，上述三个例子时间跨度有两千多年。尽管这三种文化很难说相互之间有什么影响，然而内容却大同小异。

假设这是一个文化问题，那么这样的文化在什么情况下可以产生并发展呢？首先，必须是两军对垒且相互一览无余时。换言之，挑战是在战役开始前进行的，在袭击和伏击中不会进行；不打仗的社会也不会进行。其次，两军必须接近到可以听到对方说话的地步，这就意味着是火器的普遍使用最终结束了这种挑战。第三，也是最重要的，

① *The Battle of Maledon*, E. V. Gordon, ed., London, Methuen, 1937, 11. 216–223.
② Quoted in S. Trumbull, *Samurai Warfare*, London, Arms and Armor, 1996, p. 25.

勇士之间的挑战如果要发生，则战争必须是个人之间的单打独斗。那时候的战争，不仅仅是集团、民族、国家或军队之间相互对抗的问题，也是个人之间的较量，是那些身居高位的人以及想要在自己人和敌人眼里都出类拔萃的人之间的争斗。所有这些便解释了为什么总体而言，挑战是部落社会和封建社会军事文化的一部分，却不存在于诸如希腊化时代的希腊或文艺复兴后的欧洲这样的社会。如果只看中世纪的欧洲，就会发现个人之间的挑战实在是多如牛毛，你简直不知从何处说起。

按照普罗科皮乌斯（Procopius）①的记述，法恩扎战役（542 年）和布斯塔加洛鲁姆战役（552 年），都是以东哥特人和拜占庭人精心挑选的勇士之间的单打独斗拉开战幕的。帕维亚战役（889 年）则是由伦巴第勇士和拜占庭勇士的较量开启的。里希特尔（Richter）在其《法国史》（*Histoire de France*）一书中，亨利·亨廷顿（Henry Huntingtom）在其《英国史》（*History of England*）一书中，马姆斯伯里的威廉（William of Malmesbury）在其《诺韦拉史》（*Historia Novella*）一书中，茹安维尔（Joinville）在其《圣路易的一生》（*Life of Saint Louis*）一书中，也都讲述了类似的故事。较晚些时候，傅华萨（Froissart）的《编年史》（*Chronicles*）中这样的记载俯拾即是。萨拉丁（Saladin）②的儿子、穆斯林作家博哈·埃德丁（Boha Ed Din）也曾提到过这种挑战，可以说是提供了一个独立的证据。这也证实了这样的事情并不局限于一种单独的军事文化，只要有接触存在，就会传播。

甚至国王和大领主们也经常相互挑战，要单独较量，虽然极少有真正打成的。"征服者"威廉曾向哈罗德挑战，但被拒绝了。"狮心"理查也曾向腓力·奥古斯都（Philip Augustus）挑战，两人相互提出了各种建议，但最终什么结果也没商量出来。爱德华三世和瓦卢瓦公爵腓力（Philip de Valois）曾反复相互挑战，为争夺法国王位来一场单打独斗。1402 年，法国国王查理六世（Charles Ⅵ）的弟弟奥尔良公爵

---

① 500?～562?，拜占庭历史学家。——译注
② 1137～1193，埃及和叙利亚苏丹，阿尤布王朝创建者，抗击了第三次十字军东征。——译注

路易（Louis d'Orélans），也曾挑衅英格兰国王亨利四世（Henry Ⅳ）前来会他，宣称他将以这种方式重振骑士之荣耀；亨利当然拒绝了他。勃艮第公爵"好心者"腓力（Philip the Good）好像对这样的打斗非常有瘾，曾依次向许多王公挑战。甚至迟至 1525 年，查理五世皇帝还曾向法王弗朗西斯一世挑战。通常，我们从史书上读到的是：上述这些统治者都想应战，甚至开始为此做准备，只是最终都在他们的谋士劝谏下放弃了。

许多当今的历史学家对于这类挑战的评价都很刻薄。假如这些决斗真的打成了，就像部落社会和《伊利亚特》中通常的那样，这些统治者们就都是"幼稚的表现癖"、"完全缺乏军事纪律"和"愚蠢"的产物；而如果没打成，那么无疑他们就从过去人类更为"诚实率真"而不够"讲求实际"的时代设定的高标准的骑士精神上"堕落"了。然而，这些都是废话。无论挑战是否真的打成了，它们都像双方的宣战一样，自有其用处。人们利用挑战，或者说至少试图利用挑战，是为了发动或推迟战役，证明自己事业的正义性和敌人事业的非正义性，在道德上占据制高点，赢得心理上的优势。通常很难划分实际的考虑与"幼稚的表现癖"——也就是战争文化的标志——的界限。更何况最有效的炫耀恰恰通常是那些看上去似乎根本没考虑任何实际意义的。相反，炫耀一旦被揭穿，无疑就会丧失一切感染人和说服人的力量。

即使双向的宣战和挑战实施了，鉴于投入战争和战役的影响举足轻重，很少有不事先举行某种仪式的。我将以从最简单的社会到较复杂的社会的顺序来举例说明这一点，虽然前者掌握的技术手段的确原始，但并不意味着其文化和仪式也很原始。在肯尼亚山区的梅鲁人中，参战之前首要的事情是去咨询适当的祭司（或者，严格地说，一个行仪者，因为个人的神是不为人知的）。要派一个代表团去见他；要宰一头羊做祭献，羊的血要盛在一个容器里，从中看预兆。同一位祭司，或者也许是另一位祭司，还担当着"祛灾者"的角色，要清除勇士们身上一切有可能妨碍胜利的污秽。为乞求神灵的保佑，要准备一种特殊的粉吹向空中，同时还要诵念魔咒。最后，但绝非不重要的，要告诉部落首领哪些东西（如蟒蛇或土狼）会给他们带来厄运，应尽可能避开，或者为避免遭遇它们，应取消出征。

类似的仪式还可以在全世界数以百计的不同民族中发现——当然包括那些旧约圣经中描写过的民族。而且，熟悉古代历史的读者会很容易地看出它们与希腊人和罗马人举行的仪式之间的相似性。在古希腊，每次战前都要到德尔斐或其他相对不那么著名的神庙去咨询神谕。那些误解了神谕或不听从神谕的人下场如何，或者说被认为会有什么下场，只需看看吕底亚国王克罗伊斯（Croesus of Lydia）的遭遇即可，他就是这样丢掉他的王国的。希腊人也会用动物献祭，并研究它们的内脏以获取预兆。任何指挥官，如果没有召来适当的人选主持仪式，或者不听从他们的劝告，一旦走了霉运，就会被指斥为完全不负责任。

按照晚年在斯巴达度过的色诺芬的说法，所有希腊人中，再没有比斯巴达人更认真地对待仪式的了。色诺芬称斯巴达人为"战争的巧匠"，而他们在这方面留给他的印象也许比其他方面都深。斯巴达人无疑是通过预兆来做出各种各样的军事和政治决策的，或至少是通过预兆来证明其正确性，这些决策中就包括何时派兵在马拉松战役中增援雅典（结果他们到得太晚了，没能投入战斗），以及只派300人镇守温泉关，以致他们全部战死。另一方面，斯巴达人对其宗教的重视，有许多事情可以证明，其中包括这样一个事实，在第二次希波战争前夕，他们感到有必要正式弥补他们在第一次希波战争前夕斩杀大流士派来陈述其要求的使者这一过错。有一位斯巴达将领极其虔诚，为了确认神是支持他的，而他从事的事业有吉兆，他竟然占卜了不下四次。而色诺芬本人有一次则至少占卜了九次。

而罗马人更是以他们军事上的勇猛和对各种预兆的虔信而著称。此处我要引用马基雅弗利的一段话来描述他们的行为（而马基雅弗利的资料又来源于李维的著作），原因是在整个人类历史中，马基雅弗利是最不可能具有"幼稚的表现癖"，更不用说"愚蠢"的人了。

> 罗马人害怕违背誓言甚于害怕违犯法律，因为他们更敬重神

的力量而不是人的力量。

关注罗马史的人能够看出，宗教在管理军队方面有多重要……因为，只要有宗教，就很容易教导人们使用武力，但如果只有武力而没有宗教，则很难教导人们。

占卜不仅是古代异教徒的宗教中很大一部分基础……而且也对罗马共和国的福利做出了贡献。因为罗马人重视占卜甚于其他任何制度……他们运用占卜于……开启战争，引导军队投入战斗……除非他们能让部队确信神已经许诺了他们胜利，否则他们绝不会出师远征。

然而，当理智告诉他们某件事该怎样做时，即使得到的是凶兆，他们也仍会那样做。不过，他们通过语言和行动歪曲事实的本领极其娴熟，以致他们会显得根本没做任何有损于宗教的事情。①

从最后两句看，马基雅弗利心里非常清楚：他所钦佩的罗马人不过是在操纵宗教以假造出想要的结果。在战前，可以借此提高士气并不失颜面地避免某些不愿采取的行动时，他们是这样；在战后，可以借此归罪于某些人或某些行动，并含蓄地开脱其余人时，他们也是这样。而且，他还说过，宗教"除非与真正的德行相伴，否则毫无用处"。所有这些都是不言而喻的，自那以后，数以百计——如果不是数以千计的话——庆幸自己聪明地窥破了罗马指挥官和占卜官的"伎俩"的评论家们，反复引用过马基雅弗利的这句话。然而，马基雅弗利——更不用说他的众多信徒们——没有说出口的是，这种操纵占卜的行为之所以能得手，绝不仅仅是因为主事者太狡猾。更重要的原因是人们，尤其是面临着命运攸关的重大决策的人们，需要以典礼和仪式的形式给自己打气。一方愿意被欺骗，一方想要欺骗，于是他们就联手创造出了战争文化。

让我们把视野再扩大一些，纳入印度、中国和日本等文明。我们

_____

① N. Machiavelli, *The Discourses*, B. Crick, ed., London, Penguin, 1998, pp. 139, 148–149, 494–495.

会发现不同社会为预测未来——尤其是与战争相关的未来，这绝对是少不了的——所采用的办法，几乎是无穷无尽的。有的抛掷蓍草棍，为之归类排序；有的在专门设计的木盘上抛掷特殊的硬币；有的观察茶叶；有的把贝壳贴近耳畔，试图诠释自认为听到的声音。有的社会夜观天象，特别是陨星和流星等异常天象，以寻找征兆。有的社会则研究激流造成的旋涡、狂风之中的残云，以及禽兽的活动。人们还制作出各种各样的护身符、辟邪物，以及诸如此类的玩意儿，附加上各种咒语，带在身上出战。

人们的梦，尤其是统治者、指挥官和有神圣之名的人的梦，也会得到研究。在这方面，只需举一下君士坦丁大帝的例子就足矣，他曾梦见天上浮着一座十字架，上面写着"in hoc signo vinces"（意为"凭此标志，汝必征服"）。所有这些仪式，都满足了面临绝境仍不死心、不得不孤注一掷的人们深邃的心理需求。这些梦肯定会被非常当真，否则不会千秋万代地流传至今。然而，矛盾的是，这些梦虽然很被当真，却仍不能排除它们是出于马基雅弗利提到的原因，为了权势人物的利益，而被权势人物杜撰或篡改出来的。

一神论者也借助宗教来做出与战争和战役相关的决策。《摩西五经》中提到的"urim vetumim"，是一种由高级祭司借助附在他的胸牌上的各种宝石进行的占卜仪式。先知们挺身而出，声称自己是以唯一的神的名义发言，或者推荐或者反对某个军事行动。为了给神的意志提供证据，有时需要利用一些奇事。在以色列人和亚玛力人作战时，摩西举手，则以色列人得胜，摩西垂手，则亚玛力人得胜。在后来，基甸为了确认上帝说话是算数的，要求上帝使放在禾场上过夜的一团羊毛浸满了露水，而周围的地却是干的。然而，这还不够。接下去，他又要求出现更大的奇迹，提出周围的地上都是露水，羊毛却是干的，结果愿望又得到了满足。

如果要举《圣经》之外这方面的例子，请关注欧洲中世纪。在1138 年的圣旗之战中，瑟斯坦大主教（Archbishop Thucydides）下令收集英格兰北部大部分重要修道院的圣旗，包括达勒姆的圣卡思伯特（Saint Cuthbert）、里彭的圣威尔弗里德（Saint Wilfrid）、贝弗利的圣约翰（Saint John）的旗帜，将它们升起在战船的旗杆上，旗杆的顶部则固定着一个盛有圣体①的容器，这场战役就是因此得名的。那时候及此后的几个世纪，每个意大利城邦都有自己的被称为"carrocio"的战车。和平时期，战车被供奉起来，两旁各立一支长明蜡烛。战争时期，它们也要拉上战场，承载宗教标志和圣人像。这样的标志既代表集结地点，也用作精神动力的源泉。最著名的军旗是法国军旗。起初是两面旗帜，在 12 世纪下半叶合为一面。大多数时间，都被保存在巴黎北部圣但尼的修道院中，到了战时，则在弥撒、展示圣物、赐福祈祷等各种各样的仪式上被请出。英格兰的亨利三世（Henry Ⅲ）也仿效法国。他将皇家旗帜——上有长着天蓝色眼睛和喷火舌头的龙的红旗——保存在西敏寺，在 1257 年与威尔士人、1264 年与西蒙·德·蒙福特作战时打了出来。

确保得到神助的最有力的办法是将圣物带到战场上。按照波捷公爵威廉（William de Potiers）的说法，在黑斯廷斯战役中，威廉公爵脖子上佩戴着圣物——当初哈罗德就是在这个圣物之前起誓效忠于他的。法国的卡佩王朝，在危险来临时，会将圣但尼（Saint Denis）的遗骨供奉在圣坛上，举行弥撒和祈祷仪式以祈求胜利。还有更具体的，圣莫里斯（Saint Maurice）的长矛上据说嵌有一颗来自耶稣被钉死的真十字架上的钉子，奥托一世（Otto Ⅰ）就是挥舞着这根长矛，在莱希大胜马扎尔人的。第一次十字军东征时，在安条克发现了一根威力更强大的长矛，上面嵌有曾刺穿基督肋部的钉子，据说成为鼓舞基督徒军队士气的关键。相反，1187 年海廷之战中，真十字架被萨拉丁夺取，对士气的打击，则堪比 3000 年前约柜落入非利士人之手。

忽略一个人的罪过，在日常生活中是容易的。但当面对死神时，就完全不同了。实际上，这是在对一个人究竟是大英雄还是大笨蛋做最终裁定——如果可能的话。大多数人都既不是大英雄也不是大笨蛋，通常在准备接受神明的裁判时，都会感到有必要为自己涤罪。他们也许会照命令这样做，就像扫罗国王（Saul）的部下们那样，也许

---

① 天主教在弥撒中经过"祝圣"的面饼。——译注

完全是出于自发。他们很可能会禁食（或者戒绝某些食物）、戒酒和戒欲。他们也可能参加一些为洁净他们的身体和灵魂而举行的特殊仪式，如守夜。这样做了之后，他们会穿上一种特殊颜色的衣服，以表明已经与这个世界告了别。无论是万物有灵论者、异教徒、神道教徒、一神教徒、犹太教徒、基督教徒还是穆斯林，都会如此。《圣经》里描述过的这种情况，在大多数现代军队里依然存在，估计在石器时代也是一样。

另外一种几乎肯定在战前举行的仪式，是为提高士气和增强团队精神——这是通常赖以取胜的两大极其重要的因素——而设计的。如果条件允许，首先部队要全副武装地整队集合，举行阅兵式。大约到19世纪中期前，大部分战役中，士兵们几乎都是肩并肩地排成队列作战的。排成那样的队列本身，与准备阅兵式是一样的。从实际意义上讲，检阅部队将使指挥官能最后看一眼是否一切准备就绪。也许更重要的是，在队列中看到战友，会增强人的信心。在某些情况下，阅兵式上还将宣读参战部队的名单。

其次，指挥官要展示自身。他们在做这件事情时，风格迥为不同。尽管有例外，但在法国大革命前，大部分指挥官都要穿戴得尽可能光彩照人。其目的已经解释过，是为了表示他们自己对取胜的信心。许多人通过昂贵奢侈、装饰华丽的盔甲、军服和武器来展现这种需求。自那以后，事情开始出现变化。一小部分指挥官开始在适当的情况下穿相对简朴的军服，其中之一便是拿破仑。他这样做，是为了与敌方阵营中那些披金戴银的皇家将军们区别开来。一个半世纪后，自称与人民打成一片的希特勒，也是这样做的。战争爆发后，他就发誓决不脱下他那身战地灰的军服，除非取得"最后的胜利"。然而，这都不过是精心设计的作秀。无论拿破仑还是希特勒，都没有彻底地摒弃精美的衣着，而是将这种装饰转移到了他们的贴身随扈身上。他们的随从们都仍然穿着饰有金穗的华丽军服。而他们通过打扮得趋近于平民，反倒使自己越发地显得突出了。

现代的人们在讨论指挥官在战场上该做什么时，总是强调指挥、控制、下命令等（有时候，仿佛是嫌问题还不够复杂似的，讨论中还掺进了电脑、探测设备和情报等）。无疑，所有这些都非常重要，但也许都不及另外一些经常被忽略的事情更重要。在 1796 年的洛迪战役中，当时还是一名将军的拿破仑，抓过一面旗子，冒着对岸奥地利军队射向他的子弹，身先士卒地冲过桥去。在 1866 年的克尼格雷茨战役中，眼看着普鲁士军队就要溃败时，俾斯麦递给了站在不远处的毛奇一包烟，毛奇仔细地从中挑出了最好的一支——那位铁血宰相事后写道，这一无声的举动使他确信了战局正在起死回生。1944 年 7 月，在圣奥梅尔，巴顿亲自指挥突破诺曼底后的美军交通，极大地鼓舞了他的部下，为美军的胜利做出的贡献不亚于任何其他指挥官。1973 年 10 月在苏伊士运河的激战中，阿里尔·沙龙（Ariel Sharon）①的桌上始终摆放着一瓶鲜花。

说到军服，19 世纪 60 年代现代火器的出现，对指挥官的影响不亚于士兵。太引人注目则易受攻击，这迫使他们不得不丢掉自己华丽的行头。民主思想的流行是又一个因素。士兵们越来越不愿意听命于社会地位高于自己的人，而愿意跟随名义上与自己平等的人，这意味着衣着上的炫耀必须结束，或至少要采取不同的形式。我们开始看到以衣着简朴，甚至马虎而著称的指挥官，如尤利西斯·S.格兰特（Ulysses S. Grant）②。随着时间的推移，这种简朴化的趋势越来越普及，到了 1945 年后，穿作训服几乎成了必需。这当然不意味着指挥官们突然间丢弃了他们历史久远的与部下有所区别的愿望和需要。19 世纪中期后，随着新闻媒体要报道战场上的指挥官，记者（以及公众）的需求也必须考虑。

通常，其结果便是尝试将简朴与某些独一无二的特色结合起来。这方面一个极好的例子便是道格拉斯·麦克阿瑟（Douglas MacArthur）。为了适应南太平洋的气候，他去掉了条令规定必须打的领带，总是敞着

---

① 1928 ～ ，2001～2006 年任以色列总理，此前在以色列国防军服役三十余年，参加过四次中东战争和入侵黎巴嫩的战争，被以色列认为是建国以来战功最大的将军。——译注
② 1822～1885，美国陆军上将。内战后期任联邦军总司令，1869～1877 年任美国总统。——译注

领口出现在公众面前。与此同时，他又用他那著名的烟斗做道具，使得所有士兵和新闻记者都不可能把他和他周围的军官们混淆起来。伯恩哈德·蒙哥马利（Bernhard Montgomery）的帽子上有两颗帽徽，而不像别人那样只有一颗，也达到了同样的效果。摩西·达扬（Moshe Dayan）①也是如此。1966 年访问西贡后，达扬带回了一顶南越的军帽，以色列再没有人有这样的帽子了。自 1967 年担任国防部长后，他在检查边防工事、视察部队（甚至包括在 1973 年"十月战争"期间）等活动中，都戴着这顶帽子。在战争中，沙龙通过包扎了头上一个有些人说根本不存在的伤口，也获得了一个独特的形象。

还有一些指挥官则我行我素，依然尽其所能地穿着华丽。美国内战时期南部邦联的骑兵司令 J. E. B. 斯图尔特（J. E. B. Stuart）素以奢靡放荡而著称，他身披一件镶着红边、饰有黄带的灰斗篷，头戴一顶一侧翘起并饰有孔雀羽毛的帽子，翻领上还绣着一朵花。这些还不能令他满足，他还经常擦着科隆香水。乔治·巴顿利用了美军中一条鲜为人知的条令——将官可以自己设计军服，率先穿上了后来被人们称为"艾森豪威尔装"的上衣。他在军服上装饰了镀金的纽扣，还戴着闪闪发光的钢盔衬帽，佩有一把著名的象牙柄手枪。后者纯粹是为了炫耀，因为他防身用的是另一只手枪，装满了子弹，放在衬衣内。像他的许多同僚一样，所有这些装饰都是有意为之的。在他戎马生涯的早年，他曾写道："军官必须通过示范和厉声来显示自己的威风。他们在勇气、风度和衣着上都必须出类拔萃。"后来，他曾对一名部下说："作为军官，你永远在接受检阅。"无论是在战时，还是在平时，这句话都不错。

无论指挥官穿什么，他们出现在部下面前的方式，对于部队的战斗准备都非常关键，过去如此，现在依然如此。如果条件允许，通常都会举行一场正式的阅兵。指挥官也许会故意拖延一段时间才出现，目的是增强紧张气氛。他们会流露着自信，从队列前走过，深深地凝

---

① 1915～1981，以色列将军。第三次和第四次中东战争中任以军总指挥。1967～1974 年任国防部长；1977～1979 年任外交部长。——译注

望部下们的眼睛，同他们握手，问上一两个问题，尽其所能地激励他们的决心和勇气。只要有可能，他们定会发表一番讲演。当然，具体的内容会因环境和指挥官或其助手的口才而异。然而，理论上讲，你只需读过一篇这样的长篇大论——都是与战场上的部署紧密相关的——就等于读过全部。斯巴达国王阿希达穆斯（Archidamus）的下面这篇讲话，是在全体官兵面前发表的。他告诉他们"那一天"终于到来了，拒绝出战将是怎样的耻辱，号召他们拿出勇气，提醒他们想想自己的家人，回顾一下辉煌的过去，可谓此类演讲的范本：

> 公民同胞们，需要我们证明自己是勇敢的人，以坚定的目光直面这个世界的那一天，终于来到了。我们从父辈手中接过的是一块完整的国土，现在该我们把它完整无缺地交给后人了。过去，我们是全希腊人中最光彩夺目的一支，现在，难道我们要在我们的妻子儿女，在我们的长辈和外国友人面前，羞愧地低下头吗？①

自那以后，唯一发生的变化是，随着军队的规模越来越大，指挥官们已不可能像阿希达穆斯那样依次从麾下所有团的队列前走过，面对面地向他们慷慨陈词了。取而代之的是，他们的号召更可能以命令的形式随时发出，或者通过广播发出，近年来，则更多的是通过电视发出。在阿希达穆斯发表那篇演说八百多年后，另一位司令官——德怀特·艾森豪威尔——是这样号召部下的：

> 盟军远征军陆海空三军的战士们！你们就要发起一次伟大的十字军行动，奔向我们为之奋战多年的目标了。全世界的目光都在注视着你们。所有热爱自由的人们的希望和祈求都寄托在你们身上。在英勇的盟国和其他战线的战友们配合下，你们将摧毁德国的战争机器，粉碎纳粹强加在欧洲被压迫人民头上的暴政，为我们的自由世界带来安宁。

---

① Speech delivered at Malea, quoted in Xenophon, *Hellenica*, 7. 33 – 34.

你们的任务将非常艰巨。你们的敌人训练有素，装备精良，并且身经百战。他们会凶狠地顽抗。

但现在是1944年！与纳粹肆虐的1940~1941年已不可同日而语了。盟国已经在广大的战场上，在面对面的较量中，给了德军以沉重的打击。我们的空袭已经极大地削弱了他们在空中和地面作战的能力。我们的国内战线使我们在武器弹药方面具备了压倒性的优势。我们还有经受了训练的强大后备力量可供调遣。潮流已经逆转了！全世界自由的人们正向着胜利并肩前进！

我对你们的勇气、忠诚和战斗技能充满信心。我们必将大获全胜！

祝你们好运！愿万能的上帝赐福于我们这个崇高而伟大的事业！[①]

这样的战前动员做过之后，为了加强集体团结，使战士们热血沸腾，达到常言所说的"忘我"境界，很可能还要举行一个最后的仪式。也许会跳一场战阵舞，战士们在舞蹈中挥动武器，高呼蔑视敌人的口号。乐队会开始演奏——如斯巴达、罗马、苏丹的德尔维希[②]，及第一次世界大战前的许多现代军队。会高唱赞歌——如大多数古希腊军队。会有一个极其洪亮的嗓音领头高呼战斗口号——英国人会喊"为了圣乔治"，法国人会喊"皇帝万岁"，"二战"中的美国伞兵则喊"杰罗尼莫"（Geronimo）[③]——随后千万人会声嘶力竭地齐声应和。这又一次证明，战争是体育的继续，丝毫不亚于是政治的继续。

最近六十多年来，以往被视为"文明"标志的正式宣战，几乎成了濒危物种。原因之一是现代武器，尤其是导弹和飞机，能够在超短时间内覆盖超远距离。这使得突然袭击，尤其是在敌对之初即发动战略性突袭，都变得意义更加重大，某种程度上也比以往更容易实现，

---

① Dwight D. Eisenhower, Speech available at www. kan sasheritage. org/abilene/ikespeech. html.
② 1880~1885年追随苏丹马赫迪反抗英埃统治的上埃及和苏丹的部落成员。——译注
③ 1829~1909，美国印第安人阿帕契族首领，曾领导族人，为保卫家园抗击白人军队达25年之久，后被美军诱降，受骗服苦役。——译注

于是极大地增强了先攻击后宣战的诱惑。假如日本在偷袭珍珠港前事先宣战，那他们的那次行动肯定会失败。即便像事实那样，他们偷袭得手了，其第二波攻击比之第一波攻击，仍然是遭遇的抵抗更强，蒙受的损失更大。

也许更重要的是，1945 年后，世界上大多数战争，都不是在国家与国家之间进行的，而是在国家与其他集团 —— 如叛乱分子、游击队、恐怖分子或争取自由的斗士 —— 之间进行的。在所有这些存在于这个星球上并相互厮杀的不可胜数的组织中，只有二百个左右被称为国家，有发动战争的主权。可以理解的是，这二百来个国家所担心的，是假如向不配与自己平起平坐的异类正式宣了战，就等于承认了后者也有权利这样做，甚至还将自己置于须承担国际法规定的全部义务的境地。因此，它们宁愿用其他程序和其他词语来包装自己的行动，如"紧急状态"、"骚乱"、"平定"等等。然而尽管担当大任的政客们和法学家们也许能够举重若轻，须投入战斗的士兵心理上却不会有所变化。对他们来说，标志着走向死亡并为战斗赋予了意义的仪式，其作用仍然像以往一样重大。

政治学、国际关系学和战略学等领域的大多数现代学者，对于本章所讨论的这些仪式都不大看重，或者斥之为"原始"，或者根本不屑一提。一些历史学家甚至更糟，将这种态度带到了对过去社会的研究之上，将各种作为战争序曲的行为都解释为不过是花招骗术。其中的一位，一直追溯到古希腊，对我们说"宣战不应欺骗，这是为了让公众知情。在战争状态被宣布，或被正式中止的那一刻，客观地说，任何情况都没有发生变化。战争也许在宣战之前就已经实际展开了，也许在宣战后几个月才真正开打……宣战这一举动主要是一种法律上、礼仪上和思想意识上的声明"。这话适用于战争，但同样也在很大程度上适用于政治、宗教，甚至精神生活。这恰恰是宣战，以及无数其他拉开战幕的行动，无论是单边的还是双边的，过去一向重要，现在依然重要，只要人类不变，将来仍将重要的原因。

第六章
战斗之乐

　　无论何时何地，大多数人都憎恶战争，因为战争会招致艰难困苦，引发暴力、破坏和流血，带来悲伤和别离。无论何时何地，这种憎恶通常又不妨碍人们——甚至是同一些人——喜爱战争。他们热切地期盼战争、展现战争，在战争结束后又骄傲而满足地回顾战争。

　　咱们从头说起，至少有一位评论家曾提出，荷马虽然表面上在称颂战争，实际上却"毁灭"和"颠覆"了战争的价值。的确，他经常说战争是"可怕的"、"令人厌恶的"。尤其是24卷《伊利亚特》中的最后一卷，完全沉浸在悲伤和同情中。因此，看到其中有这样描写狂怒中的阿伽门农国王——一个脾气暴躁但并不嗜血的人——的段落，就越发值得深思了：

　　　　言罢，他一把揪出帕桑德罗斯，把他扔下马车，一枪捅进他的胸膛，将他仰面打翻在泥地上。

　　　　希波洛科斯跳下马车，试图逃跑，被阿特柔斯之子杀死，挥剑截断双臂，砍去头颅，像一根旋转的木头，倒在战场上。他丢下死者，扑向敌方溃散的军伍，人群最密集的去处，其他胫甲坚固的阿开亚人亦跟随左右，一同杀去。

　　　　一时间，步战者杀死面对强大的攻势，撒腿逃跑的步战者，赶车的杀死赶车的，隆隆作响的马蹄在平原上刨起一柱柱泥尘，纷纷扬扬地翻腾在驭者的脚板下。

　　　　他们用青铜杀人，而强有力的阿伽门农总是冲锋在前，大声催励着阿耳吉维人。

像一团荡扫一切的烈火，卷入一片昌茂的森林，挟着风势，到处伸出腾腾的火苗，焚烧着丛丛灌木，把它们连根端起一样，面对阿特柔斯之子阿伽门农的奔杀，逃跑中的特洛伊人一个接一个地倒下，一群群颈脖粗壮的驭马拖着空车，颠簸在战场的车道，思盼着高傲的驭者，而他们却已躺倒在地，成为兀鹫，而不是他们的妻子，喜爱的对象。

但是，宙斯已把赫克托耳拉出纷飞的兵械和泥尘，拉出人死人亡的地方，避离了血泊和混乱，而阿特柔斯之子却步步追逼，催督达奈人向前。

特洛伊人全线崩溃，撤过老伊洛斯的坟茔，逃过平野的中部和无花果树一线，试图退回城堡。阿特柔斯之子紧追不舍，声嘶力竭地喊叫，克敌制胜的手上涂溅着泥血的斑迹。

然而，当特洛伊人退至斯卡亚门和橡树一带，他们收住脚步，等候落后的伙伴。

尽管如此，平原中部仍有大群的逃兵，宛如在一个漆黑的夜晚，被一头兽狮惊散的牛群，狮子惊散了整个群队，但突至的死亡只是降扑一头牛身——猛兽先用利齿咬断喉管，然后大口吞咽血液，生食牛肚里的内脏。

就像这样，阿特柔斯之子、强有力的阿伽门农奋勇追击，一个接一个地杀死掉在最后的兵勇，把他们赶得遑遑奔逃。①

两千年后，让·德比埃伊（Jean de Bueil）是这样论述这个问题的：

打仗是件快乐的事情：你可以从战争中听到和看到很多感人的事情，学到很多宝贵的经验。在战争中，你会格外珍爱你的战友。你心里会这样想：我能容忍残酷的暴君抢掠本来就一无所有的人吗？当你认识到你的事业是正义的时，你会情不自禁地热血

---

① *Iliad*, 11. 143 – 178.

沸腾、热泪盈眶。当你看到奋不顾身地完成了上帝的使命的战友时，一种忠诚而亲切的感情会涌上你的心头。你会下定决心与他同生共死，赴汤蹈火，而决不抛弃他。从这样的决心中，会产生一种没有经历过战争的人根本无法真正理解的快乐。你认为做到了这一点的人还会怕死吗？绝对不会了。因为他如此强大，如此快乐，他已经达到了忘我的境界。千真万确地，他已经无所畏惧了。我相信这样度过戎马生涯的人，是世界上最幸福的人，是上帝真正的仆人。①

1992 年时，我曾在一堂课上问在座的美国海军陆战队军官们，他们有多少人参加过海湾战争，有多少人将会"永远地"错过这场战争。问完第一个问题后，有大约两百只手举了起来。而问完第二个问题后，没有一只手举起来。

罗伯特·E. 李（Robert E. Lee）②曾说："战争如此可怕，真是件好事，否则我们就要深深地爱上它了。"温斯顿·丘吉尔曾说，战争对他来说"有着可怕的魅力"。阿道夫·希特勒曾说："我狂热地想当兵。"乔治·巴顿曾说："我多么热爱战争啊！"摩西·达扬曾说："我不知道还有什么比战争更激动人心的了。"阿里尔·沙龙曾在向一群学生讲述 1973 年的"十月战争"时说："我们享受了巨大的快乐，难道不是吗？"他们的话，以及无数其他人的话，都证明了战争有可能，并且经常也是，多么地富有乐趣。有些类似的话，出自于一些最令人意想不到的人之口。比如威尔弗雷德·欧文（Wilfred Owen），这位第一次世界大战时期的英国军官，以写下了一些强烈反战的诗歌——如《甜美而光荣》（*Dulce et Decorum Est*）——而为人所知。然而同样是这位欧文先生，在另一个场合，也写下了这样的诗句："慢慢地（爬出战壕）迈步向前，公开地展现我们自己，令人格外地兴奋。"盖·沙耶尔（Guy Sajer）也是如此，这位德军士兵的回忆录激起的人们对战

---

① J. de Bueil, *Le Jouvencel*, Paris, Laurens, 1887, 2. 20–21.

② 1807~1870，美国内战时期南军统帅，曾以出色的战略战术多次击败北军，最终失败投降，战后致力于教育。——译注

争的反感，鲜有作品能及。然而他也曾谈到过恐惧之后"令人陶醉的兴奋"，说这种兴奋能"使无论哪一方的最天真无邪的青年，犯下令人难以置信的暴行"。

迈克尔·赫尔（Michael Herr）是一位越战时期的战地记者，曾写过一本严厉谴责那场战争的书。然而，他也承认与越共作战和杀死他们，使他产生了一种"当你非常非常年轻，第一次脱下一个女孩的衣服时的感觉"。诸如"极大的满足"、"兴奋极了"、"干得真漂亮"（这三句都是在形容用刺刀刺杀别人之举），以及"我一生中最快乐的一刻"这样的说法也层出不穷。甚至有些活着就是为了服务于上帝的基督教牧师，口中也能说出这样的话来。简而言之，相对于每一个曾经说过憎恨战争的人来说，都会有另一个人感到战争有极大的"乐趣"，因而全心全意地"热爱"战争。至少会有一段时间"热爱"——只要事情没糟到一切都短缺，痛苦和不安达到和平时期无法想象的地步，部队已经崩溃，失败就在眼前，而他们又无力救助自己最亲近的人时。

更加引人注目的是，一个人有时候会将对战争的憎恨和热爱同时混杂在一起，证明两者就像一枚硬币的两面一样不可分割。如果需要证据的话，我曾经与一位退役的以色列空军上校、飞行中队长交谈过。在已经快被人们遗忘的1969～1970年的"消耗战争"中，他曾驾驶"幻影"战斗机和埃及人在苏伊士运河上空战斗过。作为他抱怨以色列政府和总参谋部发动这场战争的结果，这个话题是偶然说起的。我评论说："像往常一样，付出代价的是战场上的士兵，对你们来说，就是飞行员。"他却回答说："我告诉你。只有极少数人付出了代价。我们都从战斗中得到了享受。我们喜欢战斗，飞行员们都渴望战斗，只是讨厌战争。那时候我们年轻气盛，就像小孩子们用木头枪玩打仗一样。"

究竟是什么使得战斗成为如此巨大的乐事呢？部分上，答案还得到生理学领域去找。暴力活动和近在咫尺的危险相结合，会导致人脑中和身体中的多巴胺和肾上腺素激增。这是人类与其他动物共同存在的现象。然而，我们此处感兴趣的是这个问题的心理方面。

在我们已经探讨过的战争游戏的基础上，请首先关注这一点：当人们全神贯注地投入战争和战斗后，便相当于暂时离开了世俗世界，进入了一个正常的行为准则都不再适用的完全不同的世界。随着紧张程度加剧，人的视野在收缩。过去和现在，"因为"和"为了"，都像蛇蜕皮一样被抛诸脑后。各种关切、担忧、义务、关系和其他人期待我们做的许多事，也都被弃之九霄云外。简而言之，以往最重要的一切都忘却了，以往最压抑人的一切都被解除了。一些澳大利亚老兵说他们一生最快乐的时光是在战壕中度过的，这就是原因，而他们肯定不是仅有的持这种想法的人。

接下去再说说与敌人的抵抗搏斗并征服之的快乐。与众多危险的游戏或体育运动，如登山和激流漂流等不同的是，战争使我们与之较量的是世界上最强大、最聪明、最可怕的对手——另一个人。与他和他所能做到的一切相比，其他任何挑战都不值一提了。而且，在所有人类相互搏斗的战略性游戏中，唯有战争没有任何规则限定敌人可以对我们做什么以及我们可以对敌人做什么。也唯有战争允许，甚至是要求动用人的全部素质，而不只是一部分。平时这些素质就像被锁链拴住的狼狗——让那些锁链见鬼去吧。

当生命危险就在眼前时，人们似乎有双重体验。一方面，他们尽情发挥、毫无羁绊地战斗。另一方面，他们的注意力异乎寻常地高度集中，不相干的一切都被忘却了。其结果便是精神集中与快活自由结合在一起——如恩斯特·容格所说的，如同"人们在翻滚过山车上感受到的那种快乐的陶醉感"。我们大多数人——但男人甚于女人——生活中的大部分时间都在寻求这种自由，但至多只能在极少的时候体验到。这种感觉是自我生成的，外界既无法赋予也无法强加，因此这也许是一个人所能体验到的最彻底的自由了。

如果基于所有这些原因，说与死亡打交道是快乐的源泉，而且实际上还是人类所可能享受到的最大的快乐，那么战斗的另一面，也就是杀人，又该怎么说呢？一些学者认为杀戮并非人的天性。他们说，为了让人能够杀人，首先必须使其自身野蛮化，同时也要使敌人丧失人性。这似乎全然不顾自石器时代以来人类发动的所有战争中我们迄今所知的一切事实了。从我家养的小狗算起，很多动物似乎都很嗜

　　　　　　　　战争的文化

杀，喜欢捕猎，喜欢玩弄猎物（如猫），不把猎物弄死决不放手，而当猎物死后，它们还会拖着猎物的尸体游走，像是在炫耀战利品。许多猎人，也许是大部分，也是如此。由此看来，在人类作为一个物种存在的90%的时间内，都是男人狩猎女人采集，绝非无关重要的。可以说，男人天生就有以捕猎为乐的基因，而女人没有。

杀戮能够，或至少有可能，给人带来快感，原因之一是其中包含了对反抗的征服。将一个活物撕开，在它身上扎出洞来，把它打碎、捣烂，彻底地结果它——对于一名以了解人和社会为己任的学者来说，假如世界上还有比这更能显示力量的事情，我愿不惜一切代价去了解。然而，还有比这更意味深长的呢。正如许多武器都有象征性意义一样，很多人直接可引用的话，都表明对男人来说杀戮堪比性交。毫无疑问，杀戮可以引发性兴奋。任何参加过战争的人都明白，再没有其他活动比之瞄准、击发，将子弹射入任何移动的物体，更能带给男人那种感觉了。

于是人们使用同一些词汇来描述这两种行为，也就不足为奇了。古希腊语、法语、英语及现代希伯来语文学中，都有这样的例证。在这些语言中，一个人都可以"screw"（字面的意思为"旋，拧"）敌人，正如对一个女人那样。而且，许多文明都要求战士在交战期间戒绝性行为，因为后者有可能，甚至有意被用于替代前者。反之亦然。杀了人，或者眼看着战友在自己身旁被杀的勇士，到一个女人的怀抱里去寻求安慰，已成为古往今来无数文学作品和美术作品中的一种固定模式。

而且，每当有一个人杀人时，通常都会有若干人观看，无论是在现实中观看，还是在现代社会通过电视和电影观看。有相当一部分人去看汽车大奖赛，并不刻意隐瞒自己的目的，是专门要看发生事故的。而在很久很久以前，古罗马举行的马拉车赛，也有类似情况。越是血腥，死的人越多，观众的喝彩声就越高，享受到的快感也就越大，无论是在当时，还是在事后向没到现场的人讲述所看到（或自称看到）的情形时。这并不必然是因为他们比普通人更嗜血。更是因为他们像我们所有人一样，在同一时刻既感到好奇又感到害怕：害怕类似的事情会发生在自己身上，又好奇地想知道那会是什么滋味。人们经常能从杀人中得到享受，也许原因之一是它使得杀人的人和看杀人的人都能够直面自己的恐惧。既然我们最终都得面对死亡，那么将死亡施加给别人或者观看将死亡施加给别人的过程，几乎都可以说是一种心理疗法。

伴随着流血的还有破坏。建设是解决和克服困难，但破坏也是。凡是看过儿童玩积木或乐高拼插玩具的人，都知道他们喜欢破坏，比之喜欢搭建，有过之而无不及。如果阻止他们破坏，他们很可能根本不玩了。毫无疑问成人也是如此。当然，情况总是千差万别的，各种各样"理性"的考虑，如基于战略和贪心的考虑，也会决定着战争中破坏什么不破坏什么。然而，至少远至亚历山大大帝及其军队摧毁波斯王宫的年代，战争编年史上总是充满了疯狂的破坏行为，其中许多都像亚历山大此举一样，其原因不过就像是一个喝得烂醉的妓女领着一帮同样烂醉的士兵。

大多数破坏行为，一如生活本身的大部分时间，都是平淡无奇的。然而，偶尔也能有破坏行为变成艺术，令人们虽则不情愿，却也不得不佩服，如果不是佩服其背后的智慧，也会佩服设计该破坏行动的想象力和执行该破坏行动的狂暴性——例如，亚述的辛那赫里布国王（Sennacherib）曾自夸屠杀了巴比伦人，摧毁了巴比伦的建筑，还挖开了巴比伦的土壤，使其被河水冲入海中；罗马人在洗劫迦太基时，在脚下的土壤中播撒了盐，以使其再也生不出果实来；跛脚帖木儿（Timur the Lame）用战败的敌人的头骨建成了许多金字塔。这些暴行发生数百年之后，仍然是令人战栗的故事的题材——实际上，它们之所以得以流传，恰恰是因为它们令人战栗。面对事实，假称大多数人都不喜欢——或至少不能——喜欢破坏，哪怕它们带来了实际上的好处，是没有用的。

当然，杀人和破坏也可能是仇恨和报复的结果。不知什么原因，仇恨在战争中所起的作用极少成为学者研究的课题。然而这一作用仍不可低估，即使战争一开始并无仇恨，随着战事升级——而正如克劳塞维茨所说的，走向极端是战争固有的趋势——仇恨几乎肯定会抬起它丑陋的头。由于战争会卷入极其大量的人，因其而产生并成为其损失之一部分的仇恨，极少是私仇。但另一方面，即使是在最大规模的现代战争中，也仍然有仇恨被视为私仇——如数以千万计的人都将阿道夫·希特勒视为一切罪恶的源泉。尽管如此，一旦仇恨形成，随之而来的疯狂屠杀和破坏，就会导致复仇的欲望。仇恨不仅是最常见的战争起因之一，也是一种最强烈也最不易控制的情绪。当我们复仇时，我们会认为我们的行为正如常言所说的，是"理所当然"的，不仅要补偿我们的损失，还要得到我们先前所没有的。

无论引发杀戮和破坏的确切原因是什么，它们所带来的快感往往会被推进到极致。这就完全能使一个通情达理、行为端正的人暂时丧失判断力，或者使其彻底失去理智，或者，再引用容格一句话，为其在丧失理智方面的飞跃插上翅膀。灵活的身躯，坚定的面孔，嗜血的目光，他不再具备疲乏、怜悯、悔恨等感觉，甚至连伤口都不觉得痛。他兴高采烈，盲目的愤怒转化为狂喜。他完全被一种"魔鬼的轻快"所攫住，有时会抑制不住地放声大笑，并且像醍醐灌顶一样，恍然明白了自己"生命的内在目的和形式"。他比自以为能做到的或有可能做到的更加英勇地战斗。要想更加英勇地战斗，就必须忘掉战争的起因和后果，做到绝对地全神贯注。于是，无论听起来多么不可思议，以参加某种最轻松的游戏的心态投身于战争这一人类最严肃的活动，实际上却对生存和取胜具有至关重要的意义。

所有这些，都概括在古希腊人的"阿瑞斯之舞"和北欧人的"狂暴武士"中。这两个词语都取自超自然的领域。阿瑞斯无疑是奥林匹亚诸神之一，并且与爱神阿佛洛狄忒（Aphrodite）私通，生下了哈耳摩尼亚（Harmonia）和厄洛斯（Eros）。狂暴武士被认为具有某些动物——特别是熊和狼——的精神，他们身披熊和狼的皮，模仿它们的咕噜声和嚎叫声。两个故事都认为离开自然世界升入超自然的世界，一个极其重要的办法就是战斗。在战斗中，你也许会像宗教信徒们在祈祷、歌咏、跳跃、跳舞、昏厥、说别国的话、扭动和抖动身体，甚至鞭打自己时那样，达到忘我的境界。

就圣徒和勇士而言（或者至少就某一类圣徒和勇士而言），有可能，实际上很适合于，提及疯狂。就圣徒和勇士而言，可取之处在于疯狂出自于某种事业，并且以这种事业的名义而实施。我必须赶紧补充一句，事业与利益是不同的。当谈及诸如战争和政治这样重要的事情时，我们将希望通过我们的行动得到的实际好处称为利益。利益是现代——按照波利比奥斯的说法，还不止现代——战略思想的支柱，是披星戴月地赶路时照亮道路的火把。说到文学作品时，人们会很想错误地引用教皇亚历山大诵颂伊萨克·牛顿的诗："战略的世界隐藏在朦胧和黑夜中/上帝说该逐利时就让他去逐利吧，于是一切都明亮起来。"

无疑，利益的确在战争中起着巨大的作用，尤其是在须做出最重大决策的高层。现在像波利比奥斯的时代一样，那些有权力引导其民众进入战争的人，必须遵循他认为是民众的利益。如果没有做到这一点，那么假如他想到了失败，那他就是罪犯，假如他没考虑过失败，那他就是莽汉。然而，同样正确的是，只有在极少数的情况下，下层民众以及大多数——更不用说全部了——士兵的利益，才会得到考虑。夺回海伦（Helen）符合墨涅拉俄斯（Menelaus）和阿伽门农的利益（既是因为她是世界上最美丽的女人，也是为了摧毁对手未来侵袭的能力），却与他们号称统率的数以百万计的士兵中绝大多数人的利益无关。攻打伊拉克也许符合乔治·W.布什总统的某种利益，却不符合绝大多数美国人民——尤其是那些需要放弃舒适的生活，穿越半个地球去征战的所有士兵——的利益。

我们中极少有人会对——譬如说在抢劫中——为自己的利益而死的人怀有什么特殊的敬意，这一事实也说明，一个人离战线和死亡越近，与他相关的利益就越难得到保证。人们也许愿意为上帝、为国王、为国家、为人民、为家庭、为他们所在的集体、为伙伴，或为其他什么的而战。但如果说他们这样做是因为这符合他们的某种长远利益，假如他们离开了这个世界，会惠及其他人——甚至是他们最亲近和最亲爱的人——那就是对事实的歪曲和对人们智力的侮辱。

天经地义的是，一个事业除非比一个人本身更重要，更伟大，更崇高，否则就不值得为其而死。几乎同样天经地义的是，这个事业如果要使人感到值得为其而死，就不能仅仅使人借助智力对其理解和掌

　　　　　　　战争的文化

握。它必须被人理解和掌握，但还必须在一定程度上使人着魔，为其魂牵梦萦、心醉神迷。不仅要进入人脑，更要深入人心。毫无疑问，一种有如此魔力的事业本身就是一种疯狂。然而，尽管如此，勇士（和圣徒）有事业，仍然恰恰是他们与疯子的区别，仍然使他们回到了现实世界，即使他们"疯狂地"使自己的生命离开了这个世界。这甚至也适用于北欧的"狂暴武士"，即使他们在着魔的情况下，犯下了可以说会令大自然本身作呕的恶行。

像通常一样，又是荷马提供了这方面最好的例证。阿喀琉斯在被他的朋友帕特罗克洛斯之死激怒，并与阿伽门农国王和解之后，不再生闷气，重新投入了战斗。他杀死了大量的特洛伊人，其中一些是跪地求饶后仍被杀死，以致河水殷红一片，连河神都发了怒，想要淹死他。他侥幸逃命后，又杀死了赫克托耳，侮辱了他的尸体。这后一种行为是一种罪行，的确不符合他作为文明的希腊人的身份，令众多跟随希腊人而来的人也感到不解。然而，纵观整个这一恐怖的故事，没有一丝一毫的暗示表明这牵涉阿喀琉斯的"利益"。这也是当他忏悔后，他最终得到了宽恕的原因。

至此，我们谈论的都是个人。然而，无论如何，战争是一项集体的事业而非个人的事业。人们都处于压力之下（只要压力不超过极限点）这一事实将促使他们聚合在一起，结束作为分离的原子的生存状态，锻造成一个集体。另一方面，即使以往没有动机，单是创造一个集体，将随意游荡的原子们聚拢起来，就能很快，简直是奇迹般地，制造出一个动机来。动机和外在压力的结合，无疑，在战争中比在寻常的社会生活中更加紧密。两者的结合很容易促使人们达到暂停追求自己利益的地步。他们不再是他们自己了，与此同时他们成了一个更加庞大也更加强大的组织的一部分。感觉到自己成为一个更加庞大也更加强大的组织的一部分，不错，会带来快乐。

现代战略学文献中，有一个常见的术语，叫"力量倍增"。其含义是一些要素——通常指某些探测器、计算机、数据链路或精确制导导弹——能够极大地提高一支一定规模的军队完成任务和击败敌人的能力。在太多的情况下，被忽略或者仅仅被认为是想当然的是，再没有其他任何力量倍增比上述的归属感和凝聚力威力更巨大了。是凝聚力，使得一个小队、一个中队，或者一个军从偶然聚集在一起的乌合之众转化成能够为自己设定目标、通过战斗实现目标，能够克服困难、承受损失的一台机器。是凝聚力，使得一小股哨兵就能看管上千名俘虏。相反，如果没有凝聚力，你根本无法作战。我在另一本书中专门论述过形成凝聚力的组织要素。这里我只想探讨一下这个问题的文化方面。

凝聚力既能产生协调一致地做事情——包括做世界上最艰难的事情，开赴战场投入战斗——的能力，也是这样做的结果。从我们所能追溯到的最远的历史来看，除了教育和训练外，军队始终有一整套的手段来促进凝聚力的形成。有些要借助于眼，有些要借助于耳。还有一些要求步调一致、有节奏地行动。最古老也最广为人知的手段之一就是借助军旗。例如，在古罗马，军旗起初是用作集合地点的标志，也协助指挥军团及其下属部队。这后一项任务极其重要，以致许多位置和队形变换本身都是以旗语命名的，如"signa tollere"（立正）、"signa movere"（解散）、"signa ferre"（前进）、"signa constituere"（立定）、"signa inferre"（进攻）、"signa convertere"（向后转）、"signa refere"（撤退）、"signa ad laevam ferre"（向左转）、"signa obicere"（反击），等等。

罗马的军旗通常被制成动物形状，或者用一根横杆挂上旗帜。在帝国时代，皇帝的像被绘在旗上。军旗平时被供奉在神庙中并严加看守，部队行军时被打出来。当安营扎寨时，军旗被首先隆重地插在地上。很多文学作品和美术作品中都描绘过军旗，由此便可看出其重要性。军旗甚至时而会被用于战术目的。指挥官可以通过将其置于险地，迫使部队前来援救。军旗被敌人夺走，被视为最大的耻辱。奥古斯都（Augustus）①在夺回三十多年前克拉苏（Crassus）②丢在安息帝

---

① 公元前63～公元14，罗马帝国第一代皇帝，恺撒的甥孙、养子、继承人，原名屋大维。——译注

② 公元前115～前53，古罗马军事家、政治家，曾镇压斯巴达克奴隶起义，和庞培、恺撒组成三头政治同盟。在进攻亚洲的安息帝国时阵亡。——译注

战争的文化

国①的军旗后，曾举行了隆重的庆典，甚至还将此事记录在正式的《事迹录》(*Res Gestae Divi*) 中。公元9世纪，瓦鲁斯 (Varus)②的三个军团被日耳曼人歼灭后，奥古斯都仍然不遗余力地寻找他们的军旗。

凝聚力方面另一个极其重要的要素是音乐。从演变的观点来看，音乐的产生，也许最初是为了炫耀并吸引配偶，像鸣禽一样。从很早的时候起，音乐就被有意用于维系人们之间的联系，特别是战争和战斗所要求的极其紧密的团结。世界各地许多部落的战士们，都是听着各种乐器——无论是喇叭、螺号还是象牙制成的号——发出的声音，以及歌声，投入战斗的。在古希腊，我们至少在一幅两个方阵就要相互发起冲锋的画上，看到一个少年笛手似乎要用他的笛声刺破青天。罗马军团配有"tubicen"（喇叭）和"cornicen"（号角），显然是用来提醒部队注意军旗传递的命令的。

历史上许多军队都有意制造一些奇怪的声音——从高喊到凄厉的号声——以恐吓敌人和瓦解敌人的士气。在短兵相接的近战中，这些招数直到今天也不鲜见。有趣的是，这样做不可避免地要劳累肺和消耗氧气，说明从现实考虑，即使不必要地消耗体能，也仍然要施行角色文化。文化的差异也很重要，因为在某些人听来刺耳的噪声到了别人耳朵里却可能成为美妙的音乐。然而，仍然有充分的理由认为在将不同民族区分开的文化差异下面，有着某种共同的心理、甚至是生理基础。世界各国的军乐，都极少使用弦乐器，就可证明这点。无论我们到哪里，看到的军乐团的主要乐器（甚至是唯一的乐器）都是管乐器和打击乐器。中国人发明的鼓，大约是14世纪传入欧洲的。其声音极易催眠，像在葛底斯堡的美国联邦纪念碑上一样，经常被用作军队的象征之一。

自16世纪军队中最早有了团一级的建制后，所有的团都必然要配备一些乐手。到了18世纪，大概是模仿奥斯曼帝国的禁卫军，乐手们开始组成真正的乐队。乐队不仅在行军时演奏——这对于消除疲

---

① 又译帕提亚，亚洲西部本国，在今伊朗东北部。——译注
② ?~公元9，古罗马将军，得奥古斯都宠信。公元9年在镇压日耳曼人反叛时全军覆没，其本人自杀。——译注

劳极为有益——而且在战斗即将开始时甚至战斗进行中也要演奏。除了全军都很流行的乐曲外，每个团还有自己的乐曲，这会进一步增强凝聚力。在英国军队中，直到今天，自上校以上的军官还有自己所谓的个人乐曲。音乐对于激发战斗精神的重要性，由下面这个事实就能证明：1745 年，坎伯兰公爵（William Cumberland）在卡洛登战役中击败苏格兰人后，下令将缴获的苏格兰风笛作为"战争武器"对待，全部予以销毁。

19 世纪，随着军队规模的扩大，乐队人数也不断增长。军乐当然不会合所有人的口味。然而，与军事相关的一切都是低劣的这种观念也还没有形成。即使在英国这个以小店主而著称的国家，军乐队也被认为是振奋人心的，既会受邀到私人社交场合——如社交聚会和婚礼——上助兴，也会出席公众活动，如建筑物、桥梁，甚至教堂的落成典礼。1819 年，在公众被排除在冷溪卫队军乐队星期天于伦敦塔举行的表演后，表示愤怒的信件像洪水一般涌向了《三军联合杂志》的编辑。1914 年时，单是德国陆军就有不少于 560 个军乐队。在两次世界大战中，我们听说英国军队都是听着风笛的声音跃出战壕发起进攻的。1945 年，德军在奥德河畔发起孤注一掷的最后冲锋时，所有的坦克都打开了收音机，使瓦格纳（Richard Wagner）的《瓦尔基里进行曲》(*March of the Valkyries*) 响彻了战场。

无论何时何地，音乐都能令人激动、令人振奋，令人鼓起勇气，甚至令人发狂，忘乎所以。西方人所熟悉的军乐，有意地通过节奏、简单地重复同一个声音、越来越高地演奏同一个曲调以加强紧张气氛，来达到上述目的。无论何时，当军乐队开始演奏时，很少有听众能克制住自己不做出各种不由自主的动作来，例如脚点地、腿抖动、臂挥舞，或者用力地点头。心理学家们会毫不犹豫地解释说人们在这种状态下已经不再是完全理智的人类，而是处于某种更原始的生存状态了，一些自以为是的假内行还会说他们变成了机器。无论如何，即使他们的指责是正确的，音乐仍然是战争文化中不可或缺的一部分。

如果说音乐似乎迎合了人类某种根深蒂固的节奏需求，那么队列

作为战争标志的击鼓少年：1863 年托马斯·纳什所绘的《晨号》。

训练也是如此，甚至程度更深。据传说，阿尔伯特·爱因斯坦（Albert Einstein）曾说上帝给步调一致地前进的人制造了一副头脑，实在是浪费时间，因为他们只需有脊髓就够了。我们明白他是什么意思，但这仍不能改变这一事实：正如天下所有军队都知道的，队列操练是培养凝聚力和团队精神的有力手段。人们往往不大注意，实际上却不言而喻的是，队列操练是多么有趣。下面这首诗是在第一次世界大战打得如火如荼之际问世的。作者西格弗里德·萨松（Siegfried Sassoon）①可不是什么普鲁士军国主义者，而是一位著名的反战诗人，并且因道德的原因而拒服兵役（读者将在第十章中更多地了解他）。然而，他也写下了这样的感受：

> 军营的操场，被雨洗得干干净净。
>
> 闪烁着水汽、寒气和冬天的昏暗。
>
> 年轻的火枪手们，身强力壮，刚毅果敢，

----

① 1886～1967，英国诗人、小说家。——译注

向前，转弯，再向前。
太阳从营门上方露出脸来，
闪烁着温暖而耀眼的光彩，
它也想看看列队的士兵，
那些搏命为生的人们。

长长的队列就地解散，
太阳落山，夜幕降临。
操场四周的窗户发出了亮光。
酣睡吧，强健的火枪手们。
闭上你们勇敢的眼睛，
什么也不看，什么也不想。
再把熄灯号声，从你们无知无觉的耳畔驱散。
那渐渐消逝的音符在说：
"又一个黑夜，又一个白天。"①

一位著名的美国历史学家——W. M. 麦克尼尔（W. M. McNeill）——
在离开军队将近半个世纪之后，也回忆起他是多么喜爱在演兵场上"昂
首阔步"的日子，这绝非无足轻重。他写道："语言是无法描述队列练
习时那种长时间整齐划一地行动所激发的情感的。我所能想起的是一
种弥漫性的心旷神怡的感觉。再确切一点说，是一种个人被放大了的
奇特的感觉，一种生命壮大得超越了其自身的感觉，这都要归功于参
加了那种集体的仪式。"

在当今世界，军队有节奏地行进，无论有无音乐伴奏，基本上都
是不公开的，只能在队列训练和阅兵式上看到。然而在历史上大部分
时间，情况却大不相同。战役本身就形成了最大规模的阅兵。如我们
所看到的，这也是勇士们的身体、盔甲、军服和武器都极尽装饰之能
事的原因之一。所有对阵战（法语中称为 battaille rangée）都是以指挥

---

① S. Sassoon, *Collected Poems*, London, Faber & Faber, 1947, p. 95.

官排兵布阵、调整队形开始的（这也是陆军元帅都有节杖的原因）。通常——尽管并非没有例外——他们在这样做时都能将敌人的阵容一览无余，他们及下属一般用绳子和类似的工具来标记部队的位置。战斗中的阵形如此重要，以致希腊和罗马的许多战史记述阵形的篇幅比实际战斗都多。你只能猜测写下这些战史的历史学家们从解释指挥官们的作为及原因中产生了某种理解的满足。相形之下，战斗本身则是件粗野、混乱、简单的事情，很难用条理分明的方式来描述。

显然，以突袭和埋伏为主要战术的社会不像打正规战的社会那样需要队列训练，这也是很多部落社会不举行队列表演，而以比赛战争舞蹈取而代之的原因。即使较为复杂的社会，情况也大相径庭。队列最适合于重装步兵（后来称为"战列步兵"）的训练和展开。相反，轻装步兵和散兵部队就不大用得上了，他们在战争中扮演的角色更多的是埋伏、袭击和侦察。骑兵比步兵占据的空间更大，机动性也更强，因而较难看到或听到指令。所以骑兵只能划分为较小的单位进行队列训练。然而，甚至在考虑了所有这些因素之后，自希腊的方阵在马拉松战役中击败波斯人的时代起，最为发达，在相当长久的历史上也最具效率的军队，仍然是那些不仅进行队列训练，而且进行大量队列训练的军队。

自古埃及和古巴比伦起，就有士兵列成方阵的模型和浮雕，图像之清晰，你简直能听到他们沉重的步伐。公元前 1 世纪的作家阿斯克勒皮奥多图斯（Asclepiodotus）在其著作中，详细地介绍了希腊和马其顿方阵的复杂演变，虽然在他那个时代，这种战术已经无可救药地过时了。在他的书的末尾，他明确地宣称这些方阵并非只在军营中使用，也是用于战场的。下面是一位现代历史学家对罗马军队开赴战场的方式的描述：

> 由步兵中队组成的军团是为对阵战设计的……当一支罗马军队接近敌人时，军团分成三列平行的纵队前进，青年军（hastati）在左，主力军（principes）居中，后备军（triarii）在右。当需要展开成战斗队形时，三列纵队向右转弯，形成三重阵线。每个步兵中

队都须仔细地找准与友邻及其他阵线相称的位置，以确保军团的前锋能得到适当和统一的支援。甚至当军队扎营在距敌人只有几公里的地方时，仍须排成三列纵队前进到距敌人只有1.5公里甚至更短距离的位置，然后由当时居于全军左翼的部队向右转向，沿着军队预期的前锋线展开，形成三重阵线。即使对经验丰富、训练有素的军队来说，这个过程也很费时间，整个纵队都须停下来，等待每个中队到达指定位置，并从前进队形合拢为战斗队形，然后才能重新前进。一支罗马军队的展开需要好几个小时，并需要军团指挥官不断地督促。①

那时候两军交战的距离很少会超过一百码，因为只有这样弓箭才能派上用场，因此军队像这样展开是比较安全的。

在罗马时代及其后，军队是排成紧密的队形投入战斗的。按照修昔底德的说法，希腊的方阵中士兵相距之近，以致每个人都可以躲在右边同伴的盾牌后，使整个队形向右转。甚至在后来，当士兵之间的距离稍微拉大了一些之后，这样运作的军队仍然面临两大问题。首先，由于前进是呈纵队进行的，而战斗却必须或多或少横向展开，展开的过程一般都既慢又费力。其次，军队一旦展开并面向敌人了，再改变行动方向就越发困难了（有时简直不可能，例如马其顿的方阵），假如处置不当，阵形就会陷入混乱，甚至解体。所有这些都意味着，即使是在战斗中，无论出现任何心理影响，都必须尽可能地保持队形和节奏。

中世纪时期，队列训练被运用到什么程度，非常难说。不仅是因为封建军队一般都缺乏纪律，而且由于最重要的部队是骑兵，也使对队列的依赖打上了问号。文字记载很少提及队列操练，但另一方面，自1350年后，我们的确看到有图画描绘着成群身披甲胄的士兵——想必是不骑马的骑士，因为很少有人能买得起全副的盔甲——以紧密的队形行军或作战。无论如何，14世纪开始崭露头角的瑞士方阵的确

---

① A. Goldsworthy, *Roman Warfare*, London, Cassell, 2000, pp. 49 - 50.

是齐步行进并进行队形转换的。这种技巧，他们只能通过紧密队形训练获得和保持。自 16 世纪初开始主宰欧洲战场的由三千壮汉组成的西班牙步兵方阵（tercio）也是如此。更有甚者，西班牙步兵方阵配备有两种特点及其不同的武器——长矛和火绳枪。这使得保持队形越发重要也越发困难。

到了 16 世纪晚期，这些军队进行的队列训练已经高度发达，以致远到中国都在模仿。然而，将队列训练引进现代欧洲军队的功绩，仍然应归于拿骚亲王莫里斯（Maurice of Nassau）名下。自 1584 年起，他领导了荷兰人反抗西班牙人的起义。莫里斯是个极其博学的人，精通数学，熟读经典，视昔日的罗马人为榜样。首先，他削减了部队单位的规模，创建了营一级建制——相当于罗马的步兵队（cohort）。他用鼓声指挥部队齐步前进、变换队形，其中最重要的向后转行进的鼓点，是直接从古代文献中学来的——他们的鼓声深深地感染了莫里斯的荷兰同胞们，以致他们朗诵歌谣来模仿这些鼓声。为火枪装填弹药和发射火枪或者使用长矛的每一个必要动作，都在训练手册中作了详细的分析讲解，并配有图示，其中一些最著名的图，是莫里斯直接下令名画家雅各布·德盖伊（Jacob de Gheyn）所绘的。方阵的两旁有军官和军士手持短矛，随时纠正偏离了队列的士兵。所有的科目都得到了严格训练，直到士兵们即使打着瞌睡也能做出正确动作。

其结果便是，即使在大炮的咆哮下，在火枪的呼啸下，在云团一般的白烟翻滚下，即使在左右的战友纷纷倒下，伤兵哀号四起的情况下，部队仍能像机械一般精确地前进和齐射。从我们的视角看，比军事效能更重要的，是社会和心理影响。17 世纪的军队，像此前和此后许多其他军队一样，普通士兵通常来自于无业游民——用 200 年后惠灵顿公爵评述自己部队的话来说，就是"为了有酒喝而当兵的社会渣滓"。队列训练，越来越多地与军服结合在一起，在把这些人转化为有凝聚力的集体，并使他们为成为这个集体的一员而感到自豪，起了巨大的作用。当然，所有这些都不仅仅是依靠在演兵场上训练达成的，同真正的敌人真刀真枪地战斗也极大地增强了这一效果。

先是瑞士军队，继而是法国和英国军队，随后是俄国军队，纷纷继承了莫里斯的遗产。尤其是普鲁士人受到普遍的钦佩。他们的队列训练是经"士兵国王"腓特烈·威廉一世之手（和脚，因为他踢下属时从不犹豫）引进的。当时的一位作家走过了一个又一个操场后写道："我从没看到过行进这么整齐的军队，他们简直就像是一根发条驱动的。"[1]随着燧发枪取代了滑膛枪，枪配上了刺刀，长矛被废弃了，军队的阵形也发生了变化，变得更长更窄了。然而，士兵仍然相互贴得很近。1800年时，每个方阵大约是20码见方，今天却是其将近二百倍。尽管对横队的依赖增强了，但其他阵形，如纵队和方阵，也仍然运用。同时还需要练习将不同的阵列展开，改变行进方向，将分开的阵形合并，等等。诸如罗斯巴赫和大洛伊滕等战役（都发生于1757年）的胜利，部分上都是因为普鲁士营一级的部队在战场上行动之精确，无与伦比。他们前进、转向，不到与敌人非常近的距离不发一枪，然后立定，每分钟齐射两到三次。

结果，贯穿整个18世纪，军事学者们不断地争论在哪种情况下哪种阵形最好。甚至到了19世纪头几十年，像安东尼·亨利·德约米尼（Antoine Henri de Jomini）[2]这样有资格被称为现代战略奠基人的理论家，仍在不厌其烦地讨论阵形的各种细节。读过相关的著作，研究过相关的示意图后，你会留下这样的印象：战术和阵形几乎被认为是同一的。大多数讨论都是严肃的，或至少本意是严肃的。然而，偶尔也有一些学者在提出队形变换的新主张时，其设计意图除了有任何其他理由外，也同样因为他们认为这是对智力的挑战，非常有趣。

甚至法国革命和拿破仑时期的战争，情况都依然如故。战役仍然像是阅兵——最壮观最华丽的阅兵。战斗指挥仍然主要是依靠听觉和视觉手段实现的。这意味着音乐，特别是号声和鼓声，还有军旗，仍然像以往一样重要。对于营指挥官来说，随时了解一个连，或营里的其他部队，将占据哪些空间，是绝对必要的。在这样的情况下，士兵

---

[1] K. L. von Poellnitz, *Memoires*, Liège, 1734, vol. 1, p. 21.

[2] 1779~1869，军事理论家。生于瑞士，曾在拿破仑麾下任将军。其思想支配了近百年的军事界，美国内战时军官几乎人手一册他的著作。——译注

像阅兵一样的 1600 年纽波特战役。

们对军旗倾注了深深的感情,就不足为奇了。在每个团,军旗都是由最勇敢顽强、最值得依赖的人执掌的。他们在德语中被称为 Fahnen-junker,在英语中被称为 ensign(掌旗官)。鉴于军旗会吸引敌人的注意力,他们的任务是相当危险的,因此,他们通常会得到特殊的勋章和特殊的报酬。军人会亲吻军旗,为军旗甘冒生命危险,经常还会专门为夺取军旗而搏杀。

无论任何军队,在战场上丢失军旗都被视为奇耻大辱。例如,拿破仑在奥斯特里茨战役后曾向他的军队颁发了一面新的鹰旗。然而,他这样做,完全是在听说了旧的军旗是怎样丢失了之后。经调查表明,掌旗官战死了,但在硝烟和混战中,谁都没有注意到他已经死了。拿破仑于是借这件事情激励部下的士气,要求他们宣誓誓死捍卫鹰旗。十年之后,一支英国部队在滑铁卢战场上丢失了战旗,结果悄悄地制作了一面以避免羞辱。相反的是,夺取敌人的军旗则被视为大功一件,立下此功的士兵必然会得到重奖。

颁授新军旗是个隆重的仪式,而侮辱军旗则会受到严厉的惩罚。正如一位英国军官所说的:"军旗永远会受到最高的礼遇。无论是在语言上还是在行为上，任何士官和士兵如果没有做到这一点，都应当立刻移送军事法庭，予以最严厉的惩罚，以儆效尤。"受到敌人炮火损伤的军旗尤其被认为是勇武的证明，这使得战士们有时会故意将军旗——因而也就将他们自身——置于危险的位置。在开战前的阅兵式上，所有部队都会争相要求排在代表荣誉的位置上，通常是在右边，这是传统上率先发起进攻，因而也是最危险的位置。于是，在其他条件都相同的情况下，一个团的序号越高，就可能离阵列的左端越近。

只是到了 19 世纪 60 年代，这一切才开始消失——但绝非因为指挥官们认为部队的心理突然发生了变化或希望其改变。在赢得了 1866 年的克尼格雷茨战役后不久，毛奇便从中总结出了教训，他写道，太多的指挥官在战斗中失去了对部队的控制，本该想些办法解决这一问题的，却无济于事。一连几千年来，世界上最强大的军队的士兵，在投入战斗时，都是尽其财力，或尽其雇主的财力，对其军服和甲胄大加装饰的。他们组成像阅兵一样的队形，和着某种音乐的节拍，骄傲地高举着战旗，向敌人前进。现在，火药终于让他们吃到了苦头，把他们华丽的行头全都变成了垃圾堆。

以后膛装填弹药的步枪及其后出现的武器为代表的现代技术，改变了对士兵技能的要求，却丝毫没有改变对勇士素质的要求和战争最基本的特点。军事机构在认识到这一点后，并没有一下子废弃军旗、阅兵、音乐和军服上各种华丽的装饰。军旗和阅兵不得不只限于在训练或典礼场合使用（在 1945 年莫斯科举行的苏联红军胜利阅兵式上，缴获的德军战旗也被头朝下地打出，然后成堆地扔在了斯大林脚下）。音乐也是如此，即使有时仍然会通过广播播出，以撩动情绪，激励勇气，甚至是刺激拼命行为。军服依然溢放着以往的大部分光彩，不过变得简单了许多。然而，男人们想在战友中出类拔萃、与众不同的欲望并没有消失。他们仍会以各种方式来表达这种欲望。

在其他方面，如果说有什么改变的话，也很小。军事行动越来越多地由汽车而不是步行来完成，士兵们乘汽车开赴战场，甚至在车上

二营　　　　　　　　　　　　　　　　一营

Ⅱ.4　　Ⅱ.3　　Ⅱ.2　　Ⅱ.1　　Ⅰ.4　　Ⅰ.3　　Ⅰ.2　　Ⅰ.1

Ⅱ.3　　　　Ⅰ.2

Ⅱ.4　　　　Ⅰ.1

Ⅰ.4　　　Ⅰ.3

团从横队迅速变为方阵

二营　　　　　　　　　　　　　　　　一营

Ⅱ.4　　Ⅱ.3　　Ⅱ.2　　Ⅱ.1　　Ⅰ.4　　Ⅰ.3　　Ⅰ.2　　Ⅰ.1

Ⅱ.3　　　　Ⅰ.4

Ⅱ.4　　　　Ⅰ.3

Ⅰ.1　　Ⅰ.2

排成横队的连

排成方阵的连

团从横队缓慢变成方阵

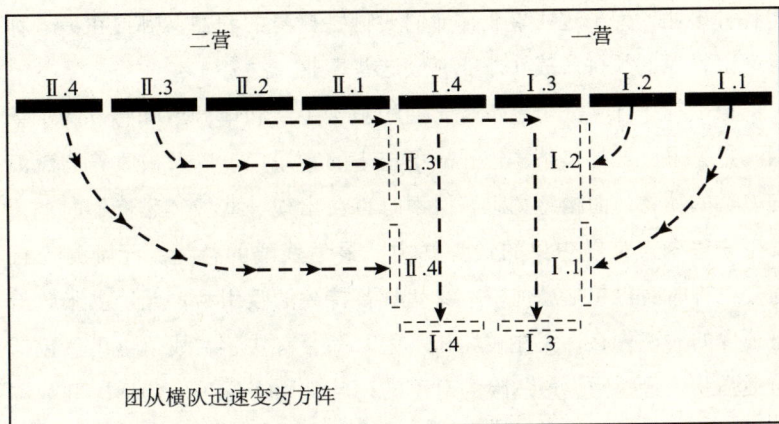

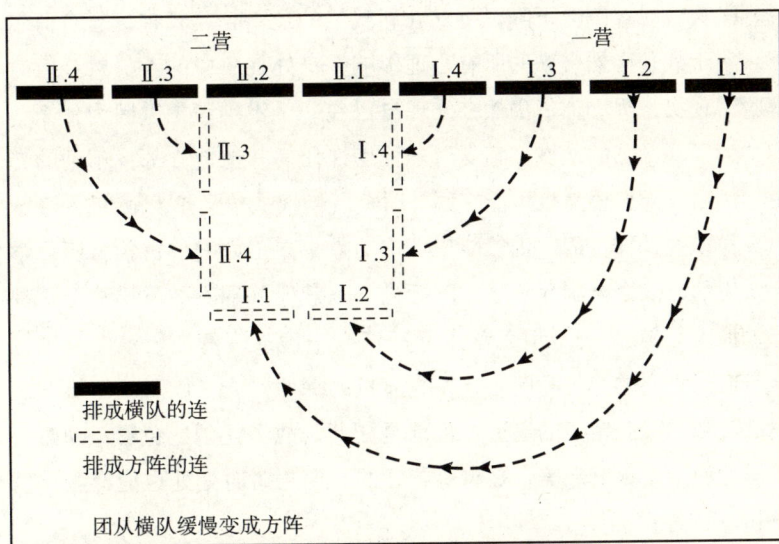

像阅兵一样的战斗：18 世纪一个步兵团的队形变换图。

进行战斗，他们仍然会因自己是一个庞大的、协同良好的武装力量的一员而产生巨大的满足感，即使这个庞大的力量淹没了他们的个人色彩，使他们在其中失去了自我。部分上是因为他们视自己为一支庞大力量的一员，一方面因为他们承受着极度的压力，他们不断地形成具有凝聚力的集体。而一旦他们形成了这样的集体，他们就会不断感受到一种其他地方鲜有的战友之情，并时常为之自豪。他们还会不断承担各种事业，为了这些事业，他们要牺牲自身的利益，哪怕在另一种意义上，他们须拼命战斗才能完成这些事业。

　　像以往一样，战争会带来长期的艰苦生活和单调乏味感，偶尔会因一封家书、一杯热茶、相邻战壕传来的音乐声，以及被收养的流浪狗之类的动物，而稍感宽慰。但不时也会出现一些极其恐怖的时刻，发生一些令人难以想象的最为暴力、最为残酷的行为。无疑暴力行为，也许时而也包括恐怖，本身就具备持久的吸引力；无论主张政治正确性的人说什么，人在破坏和杀戮时都会有快感。战争也仍然包括与最强劲、最聪明、最危险的对手的搏斗。引用尼采一句话，胜利本身仍然是对精神的最佳救治。而且鉴于有说法称人在胜利时睾酮会上升，在失败时睾酮会下降，所以胜利救治的还不止是精神，还有荷尔蒙。鉴于战争必然带来的所有心理影响，身处战争中的人仍然会暂时解脱于现实世界，他们仍然会发现自己在一个不须考虑"因为什么"和"为了什么"的领域，感受到一种也许任何其他地方都找不到的自由。最后，人们仍然极可能在同一时刻既憎恨战争又热爱战斗。

　　像以往一样，战争仍然能产生审美效果。正如一位古希腊历史学家所说的，一个全副武装的方阵行进，一艘船桨翻飞的三层战船，都有"惊人之美"。一个坦克营发起冲锋，一艘战舰劈波斩浪，夜晚枪炮齐射时划出的弹迹和闪光，搜寻敌机的探照灯光，以及战斗机在空中盘旋和激战时留下的尾迹，也都是如此。战争能创造色彩、动感、多样性和全景视野之美，是毋庸置疑的。但它时时处处也能产生比例与和谐之美。

　　从中世纪武士停止厮杀，倚剑观看双方主将决斗，到1991年以色列人蜂拥在房顶上，观看"爱国者"导弹升空拦截伊拉克的"飞毛腿"导弹，这样的战斗总是能令人着迷，令人陶醉，令人忘却自我。为了能看个究竟，人们往往会相互推搡，忘记了危险，与此同时，他们通常又都深知他们目睹的场面是多么非同寻常、多么难得一见。他们争相拍照，想记录下这些瞬间，但只会失望，因为通常的情况几乎总是：照片的效果根本无法反映出他们的所见和感受。许多现代艺术形式也想表现破坏（如破坏主义、粗野主义）、动态（如活动艺术）

和扭曲（如立体主义和超现实主义），但全都与真正的战争相距甚远。在电影《锅盖头》（*Jarhead*）中，当科威特油田的大火将正午的天空染得一片漆黑时，中士看得如醉如痴。眼前的景象深深地震撼了他，他竟情不自禁地喊道："我喜欢这活儿。"

第一次世界大战结束大约十年后，弗洛伊德发表了《文明及其缺憾》（*Civilization and Its Discontents*）一书，旨在诠释战争带来的令人惊骇的死亡和破坏。他在书中提出，试图与其他人一起过文明生活的人，无论是强加给自己还是强加给其他人的头脑和身体的约束，都是与人的本能冲动相悖的，而这种本能冲动恰恰是创造了这些限制的头脑赖以支撑的基础。如果他的说法是正确的，那就不必奇怪人们总想设法挣脱这些约束了，哪怕是通过假想这个世界和他们本人都不再是原来的样子；哪怕只在有限的程度上；哪怕只能享受一小会儿，之后仍让他们恢复理智。

在所有时间和所有地方，人们为达到这一目的使用了大量的手段。包括酒、毒品、游戏、体育、音乐、舞蹈、各种有节奏的动作、丰富多彩的展出、典礼仪式、宗教膜拜、爱情、性、侵犯行为，以及——是的——相当于和包括战争的暴力冲突。通常都是几种手段同时使用。结果，很难说究竟是这些手段带来了狂喜，还是相反，狂喜促使人们使用这些手段。当然，如果是后一种情况，这些手段也就不再是手段了。鉴于就连动物都会体验这些手段中的至少一部分，完全不使用这些手段的就肯定是神了。但是如果做一名神就意味着永远不能逃脱理性和利益的束缚，那谁还愿意做神呢？

第七章

战争规则

　　如果把战争和游戏作对比，我会说战争是没有规则的游戏，但在本章中，我要论述的是，从另一种意义上说，战争是不可能没有规则的。为什么这样说？因为战争是一种有组织的活动，而组织如果没有规则，哪里还谈得上是组织。你还可以更进一步。许多学者认为战争的功能之一，或者说能够发挥的功能之一，是为社会压力提供了一个出口。这些社会压力如果不予以缓解，就会酿成动乱。然而，他们很少提及的是：为了达到把这种压力转移的目的，就必须把它们导引向这个或那个方向，并在其四周围拢上各种各样的规则。

　　无论何时何地何种社会，在一定情况下，出于一定原因，带有一定目标，针对一定的人，都有某些行为被认为是战争的一部分，而其他的不是。前者被认为是必要的，会得到促进、赞扬和奖励，而后者则遭到排斥、非难、谴责，有时甚至还会受到惩罚。的确，大多数战士都只会被告知少量简单的规则，毕竟，并不是所有去教堂的人都要成为神学家。然而，有大量的学术争论存在这一事实——在西方文化中，这种争论可追溯至希腊罗马时代——证明，这些规则绝非很容易阐释清楚和精通掌握的。

　　要想了解这些规则有多复杂，一个很好的办法就是深入一些过去的文明中，研究一下它们发动战争的方式，再收集一些被认为适当或不适当的行为。毕竟，这不过是一些被称为重演历史的人的所为。例如，为了再现第二次世界大战中美国军队的真实形象，他们不断地编出一些长达好几十页，包括好几百条规则的手册。即便如此，仍不可能面面俱到。许多方面都存在争议，又一次证实了任何有组织的活动都不可能在没有一套普遍认同的规则的基础上完成；通常的结果便是不同见解的重演历史者分道扬镳，各唱各调。而要再现一些石器时代社会的战争会有多么难，就简直无法想象了，因为那时候的行为规范，维系人与人之间、群体与群体之间关系的纽带，以及对文化中包含什么不包含什么的观点，与我们今天都大不相同。这也许就是再现年代越久远的事件，就越不大可能真实的原因。

规则的产生方式千差万别。有些是基于多少比较明确的成本/利益考虑，换言之，它们是所谓"最优办法"的反映。通常目的在于避免疏离当地民众。这方面最好的例证是中国内战时期毛泽东禁止抢掠平民，以及美国在"越战"时期向所有士兵颁发"战斗规则"。另有一些规则是文化因素的结果。包括在所有已知的社会，出于通常都不成其为真正理由的理由，而规定的"可做"与"不可做"的事。这些事情也许载于《圣经》，也许像《古兰经》和其他伊斯兰教早期传说一样，是口口相传的。还有一种规则产生于交战双方或成文或不成文，或心照不宣或明确宣示的协定。

在此必须注意一点，战争尽管残酷、可怕，却不必然像"零和游戏"那样，一方的所得只能是另一方的直接损失。相反，正如我们马上会看到的，哪怕交战双方恨不得将对方撕成碎片，他们却可能，并且在实际上经常，会共享某些利益。常识和游戏理论家们的公式都告诉我们，在这样的情况下，那些长期坚持遵守规则（同时也总是提防对手不遵守规则）的人，最终会获得优势。因为他们建立了公平交易的好名声。在寻找盟友、争取互惠，甚至以可接受的条件结束冲突时，这样的名声不会没有用的。相反，总有一些人，将眼前利益置于首位，而不顾神和人制定的规则，结果会陷所有人于危险。当时机来临时，他们就会受到另一方的惩罚，也许也会受到他们本方的惩罚。

至于规则的类别本身，绝非互不相干的，而是相互关联的。虽然文化、习俗等很重要，但很显然，任何产生于其中的标准规范，如果与战争的实际需要明显相悖，都不可能长久存在。产生于双方共同利益的双边规则，如果经常被一方破坏，也不可能存在很久，因为傻瓜无视规则，就也别指望笨蛋会遵守。关于这些问题，还必须考虑人类交流以及通常将词语和概念阐述清楚的能力等方面的困难。基于所有这些原因，决定哪些是符合规则的，哪些是不符合的，本身就已经极其复杂了，更不用说再解释决定的理由了。要么整个法律部门的工作人员都是训练有素的律师呢？在此我所能做的，就是对规则本身、规则是怎样运作的，以及规则在战争文化和战争本身中所起的重要作用，提出一些例证。

对任何社会发动的任何战争来说，首要的问题都必然是回答谁将被作为"敌人"对待。显然，构成这个社会一部分的民众本身不能被视为敌人，否则这个社会很快就会分崩离析。然而，这还只是开始。绝大多数社会都不会在朋友和敌人之间画一条简单的线。相反，敌人会被分为很多种，每种都需要以不同的手段去斗争，以不同的方式去对待。这方面一个很好的例子载于《圣经·申命记》，书中将敌人划分为至少三种类型。首先是遭到上帝特别谴责的以色列人的世仇亚摩力人，对于他们，无论何时何地遇到，都必须"灭绝净尽"。其次是在以色列人之前定居以色列地的人。对于他们，也必须"灭绝净尽"，这倒不是因为有什么深仇大恨，而是因为，用一句现代的话来说，"国家利益至上"。最后是"普通"的敌人。以色列人对他们发动的任何战争，都可视为纯粹是作为手段的，因而对待他们的方式也大为不同。而且就连这种三重分类法，也没有考虑到以色列人自相残杀的内战。这种可能性《申命记》中没有探讨，但至少在此后的《士师记》中的确发生过两回。

部落社会，无论是古代的还是现代的，也都不是唯一这样看问题的社会。古希腊以一条清晰的界限划分了两大敌人：希腊人和野蛮人。至于说这意味着什么，引用亚里士多德一句话就够了："野蛮人天生就是奴隶。"罗马人将敌人分为"inimicus"（个人的敌人）和"hostis"（国家的敌人）。《古兰经》中将战争划分为穆斯林对其他穆斯林发动的战争、对犹太人和基督徒等其他"《圣经》中写到的人"发动的战争、对不信神的人发动的战争、对叛教者发动的战争，以及对土匪强盗发动的战争。对不同的敌人应予不同的对待。例如，不信神的人可以强制为奴，穆斯林却不能。自然，这些差别是从对穆斯林发动战争的基督徒那里反射而来的。因此对撒克逊人的战争，其原则就与对其他基督徒不同，虽然随着十字军东征的持续，双方越来越了解，这种差别渐渐缩小了。

不止一处情况证明，中世纪基督教世界的战争中，也存在这样的差别。法兰西、英格兰、佛兰德斯和日耳曼的士兵，在相互作战时是一种做法；在与诸如爱尔兰人、威尔士人、苏格兰人或东方的斯拉夫人等民族作战时，通常又是完全不同的另一种做法，他们会变得肆无忌惮，成为真正的穷凶极恶之徒。诸如威尔士的杰拉德（Gerald of Wales；1146～1223）等当时的作家，无疑对这种情况了解至深。为解释这些差别，他们引证了各种各样地理、社会、文化和军事方面的原因。这不要紧。此处，我们所要做的，就是证明对于不同的敌人有不同的对待方法，这种情况是的确存在并得到认可的。这就意味着，在对不同的敌人发动战争时，会运用不同的规则。

这些种族和宗教方面的差别并没有随着中世纪的离去而消逝，而是一直持续，甚至直到今天。从瓦斯科·达·伽马（Vasco da Gama）的时代起，欧洲各国通常在相互作战时采取一套规则，在同奥斯曼人作战时采取第二套规则，而在与欧洲及地中海地区之外的民族遭遇时，又会采取第三套规则。这些差别一直持续了好几百年。在第二次世界大战中，德国人在同诸如法国和英国等西方国家交战时，采取一套规则；在同东方的苏联交战时，采取另一套规则；而在镇压被占领国家的"匪徒"时，则采取第三套规则。就后者而言，对西欧和东欧，包括东南欧的"匪徒"，也要区别对待。

还说这个例子，甚至在像纳粹德国这样无视国际法则的国家，从一套规则转向另一套规则，都绝非不言而喻或自然而然的。希特勒为了确保手下的将军们能理解他的要求并贯彻执行，曾专门将他们召集到他在贝希特斯加登山中的秘密住所，开过一次非同寻常的高层会议。在战争到了后来，尽管没有上峰的命令，美国军队也采取了类似的眼光和类似的办法。对于美国大兵们来说，在意大利和法国同德国人作战是一回事，在太平洋战场打日本人则是另一回事。对于后者，两国已经全面开打这一残酷局面之上，又添加了种族主义的成见，最终导致了像一位作家所说的"毫无怜悯的战争"①。

当敌人不是以宗教信仰或种族出身来区分时，则可能是以他们所处的阶级和地位来区分的。尤其是在中世纪，骑士阶级成员之间的战争，与他们同下层阶级之间的战争完全不同。在前者中，对手经常可以得到宽恕——尽管并非总是。但在后者中，即使有过宽恕，也少之又少。这在部分上是谋利的问题，鉴于骑士们通常都有财产，可以向他们索取赎金，而其他人没有财产，根本交不上赎金。部分上这也是超越暂时冲突的阶级团结问题，但还在部分上，这大概也是希望善待对手可以给自己赢得个好名声，将来万一打了败仗，也能给自己留条后路。不过，这也不要紧。关键的问题是，不同的战争的确适用不同的规则，哪怕这些规则极其含糊，哪怕它们从来没有明确写下，哪怕它们有时还会被违犯。

然而，还有一种办法是将对手划分为有权利发动战争者和无权利发动战争者。合法的交战者通常会被视为敌人，非法的交战者则被称为叛乱分子、阴谋家、游击队、恐怖分子、强盗、匪徒或罪犯。哪怕只是为了互惠，对于合法的交战者通常都要给予一定程度的优待。这种情况并不鲜见，如大约1621年之后的尼德兰和17世纪下半叶之后的欧洲其余部分，就有明确的条约规定这样做；既有双边条约，也有多边条约。而另一方面，对非法的交战者显示出怜悯，则会使自身的正统性受到置疑。于是，通常他们都不能指望有什么好下场。相反的是，他们经常会被明确而有意地作杀一儆百用——例如，斯巴达克思的手下，以及一个半世纪后犹太人大起义的存活者，都被钉死在十字架上。

不用说，在有些情况下，将交战者划分为合法和非法，会产生引人注目的后果。以中世纪的日本为例。日本是个岛国，曾一连好几个世纪没有同外敌进行过战争，所有的战争都是内战。然而，有一个很

---

① J. W. Dower, *War Without Mercy: Race and Power in the Pacific War*, New York, Pantheon, 1986.

　　　　　　　　战争的文化

有意思的奇特现象。在日本式的战争中，所有派别都自称是在为天皇而战，要扫除挟持并误导天皇的坏人。儒家统治的中国也经常出现同样的情况。在中日两国，战败者都会被斥为原本就是叛贼，并受到相应的惩罚。其头目会被以各种有趣的方式处死，而追随者则很可能受到赦免并被收编进胜利者的军队，但原则上没有任何事情可以保证他们不被处死。

然而还有一种划分对手的方式，鉴于没有更好的术语来表述，我愿意称之为"积极"的对手和其他对手。前者站在敌人一边，亲身投入战斗，或者会使己方成员付出生命代价，或者至少会不遗余力地为敌方效劳。后者则不是这样，不同社会的情况不同，他们也许会作壁上观，也许会提供医疗和后勤支援——从而形成了社会和经济的部分基础，假如没有这部分基础，任何战争都打不下去——他们还可能只是待在家里等结果。由于不同的社会有不同的军事组织形式，划分阵线的精确方式，以及将不同类别区分开的技术手段，并非一成不变的，而是千差万别的。

部落社会通常将成年男子与妇女儿童区别开来。古代中东社会也是如此。尼尼微王宫的装饰浮雕表现了公元前 705 年亚述人围攻莱基和朱迪亚的场景。在浮雕中，男人们被刺死，妇女和儿童则被带走，显然没有受到伤害。尽管有例外，但总体上希腊人，特别是希腊化时代的希腊人，以及罗马人，也遵从同样的区分。中世纪的法学家们曾试图将战斗人员和无辜百姓区别开，后者中不仅包括妇女儿童，也包括我们今天称之为非战斗人员的人。欧洲自 17 世纪下半叶后，基本的区分就是穿国王外套（军服的俗称）的人和不穿国王外套的人，也就是授权战斗者和非授权战斗者。前者在战斗中不受保护，然而一旦因这样或那样的原因丧失了战斗力，则会受到保护；后者却没有这个待遇。在反思了 1870～1871 年普法战争中出现的法国"自由射手"游击队的问题后，国际社会于 20 世纪初签署了条约，规定甚至非正式战斗人员也可以受到一定形式的优待，只要他们佩戴着可区别的标志或穿着可区别的服装，"公开"拿着武器，并明确地听命于某一系统的指挥。

不管采取哪种分类法，规则的目标经常是防止仇恨升级。占上风的一方很可能希望息事宁人，以便劝说对手松懈斗志，平息怒火，考虑投降。而对于即将战败的一方，遵守规则也许是免遭报复，甚至求得活命的唯一途径。还有一种经常出现的情况是，双方都不能获取决定性的胜利。甚至还会出现一种他们都不希望出现的局面——例如，须着眼于维持力量平衡，在不久的将来化敌为友。1815年，正是这种考虑使得维也纳会议没有剥夺法国在1792年前征服的领土，也没有肢解法国。1866年，也是出于同样的考虑，俾斯麦与奥地利讲了和，而根本没打算吞并后者。除此之外，双方还可能基于共同的利益，保护基础设施，以确保一旦战事平息，一种或多或少文明的生活能够立刻恢复。

　　无论何时何地，最有可能导致仇恨升级的行为恐怕都是背信弃义和无故伤害。关于前者，我们在探讨宣战时已经论及了一些。并非所有社会都有宣战的习俗，但即使那些有此习俗的社会，有时为了获取出其不意之类的利益，也会违背之。然而，可以肯定的是，有足够多的社会的确是宣战的（也指望对手会先宣后战），并且经常会促使不带偏见的观察家认为这样做一定有什么实在的利益。无疑，不宣而战者会被认为该受谴责和惩罚。当然，战争史上充满了突袭、伏击之类的战斗，然而无论何时何地，在未遭到挑衅的情况下向完全无准备的敌人发动攻击，恐怕都不会被认为是光彩之举。

　　除了宣战之外，在战争过程中也会出现背信弃义的情况。常见的例子有：暗杀敌方首领（一种名为"定点清除"的行动，在今天像在以往一样，历来富有争议）、破坏休战协定、穿假军服或佩戴其他判别标志（后一种行为在现代国际法中被明确禁止）、在被俘获释后又重新投入战斗，等等。在中世纪的欧洲和日本，开战之前都会宣示军事法则，以明确地起到警示作用。穆罕默德的直接继承人阿布·贝克尔（Abu Bakr）制定的规则，也是如此。他们这样做，不仅是因为背信弃义不"好"，更是因为这与武士的最高品质和荣誉是不相容的——当形势不利时，正是这种品质和荣誉，会促使骑士、武士、部落勇士及其他各种战士继续忠诚于主子，鞠躬尽瘁，死而后已。这并不排斥计谋的使用。弗龙蒂努斯（Frontinus）①的《谋略》（*Strategemata*）不是中世纪最流行的军事教材之一吗？《孙子兵法》不是公开宣称"兵者，诡道也"吗？区别在于，用计是准许的，甚至是预料中的，但违背自己自愿做出的承诺却不行。

为具体说明背信意味着什么，请看下面两个事例。1173 年，法兰西国王路易七世（Louis Ⅶ）围攻诺曼底边境城镇韦尔讷伊，眼看就要得手时，为了省下最后一击，他与该城居民达成了休战协议，如果三天之内援军不到，他们就须投降。也许他是以为他的对手——英格兰国王亨利一世——不可能在这么短的时间内来救援该城。然而当诺曼底人出现之后，他却没有信守自己的诺言，而是放火烧了该城并夺路而逃（结果遭到了亨利一世的追击）。过了几年后，路易七世又围攻鲁昂。这回进展不顺利，他先是提出休战一天以纪念圣劳伦斯节——继而，他说在他的谋士们施压之下——也有人说是他自己反悔了——总之他又违背了诺言。当时的人都认为他行为卑鄙，齐声谴责他，并说一旦有机会，一定要狠狠教训他。那时和现在一样，背信都被认为是最恶劣的行为，犯下这种罪行的敌人，或者被指控犯下这种罪行的敌人，都有可能会被立刻处死。

无故伤害通常是针对无抵抗能力者，也就是各种各样的非积极战斗人员——无论怎样定义——以及停止抵抗的人，包括伤员和战俘。伤员用不着多费口舌，在历史上大多数时间他们都被认为不是一个单独的群体。自然，在战斗中受伤的人可能会像其他战士一样要求宽恕。然而，只是到了最近三个世纪左右，也只是在西方，人们才开始将他们视为一个单独的群体，认为他们有与战俘类似的权利。先是医院变成了庇护所。继而诸如红十字会人员等中立方代表被准许接触伤员。最终签订了国际公约，禁止捕杀医务人员并给予敌方伤员与在自己部队相当的医疗救治。这种观念从西方又传到了世界很多地方。今天，侵犯伤兵的权利，更不用说屠杀他们，会被认为是严重的犯罪，

---

① 约 35～约 103，古罗马国务活动家和军事理论家，曾将大量富有教益的作战实例加以系统归纳整理，借以阐释军事谋略。——译注

也是一种会招致报复并导致仇恨升级的行为。

有些社会，在进行某些类型的战争时，是根本不抓俘虏的。他们或者会将不参加战斗和退出战斗的人全部赦免，或者会走向另一个极端，只要可能就把他们全部杀死。然而，总体而言，这都是极个别的情况。抓俘虏的原因之一是他们通常都有价值，无论是作为劳力（男女皆可），还是作为性伙伴和做饭人员（女性），再或作为未来的人力资源（儿童）。而且，俘虏还可用来增强自我满足感和用于典礼，这个话题将在下一章中展开。无论怎样，就什么样的战争中该抓俘虏，该抓什么样的俘虏，以及抓了俘虏后该怎样处置，每个社会都有自己的规则。

欧洲国家在过去几百年间，基本上是认为只有敌对的武装力量成员（如果是游击战和恐怖袭击，还包括其支持者）可以抓为俘虏。并且认为敌方也应这样做。任何穿军装的人，无论其实际的职能是什么，都被视为敌人，都可以俘获。对于后方部队成员，与前方作战人员一视同仁。但在历史上大部分时间，情况并不是这样。通常不仅是勇士和士兵，连作为非战斗人员的男人、女人和儿童——实际上是敌方社会的全体成员——都是可供捕捉的猎物。例如肯尼亚的梅鲁人，生活是围绕牛群进行的。由于战争在抢牛方面所起的作用极其重大，战士如果想投降，就会喊："把牛拿去吧。"随之他把所有武器都握在两手中，使武器头朝上，推向他的对手。胜利者接过武器后，会把自己的斗篷披在俘虏身上，这就是占有的象征。由于目的主要是要俘虏的家庭交赎金，而且将来风水逆转也不是不可能，所以极少会虐待俘虏。

然而，这还只是开始。不仅是男人，未受割礼的女孩和虽已被"割"但仍待嫁的姑娘也可以俘获（搜集到这一资料的学者似乎忘了问问已婚妇女的命运）。不过，她们也很少受到虐待。按照风俗，她们不能被抓捕她们的人纳为妻妾，而是像男人一样，被拿去换牛。还有一个办法是抓捕者把女孩收为干女儿，最终还得把她嫁给别的男人或嫁到别的氏族，还是要为他和他的家族换回牛。

将女人和儿童变成奴隶是一回事，以同样的方式对待成年男子，则是另一回事。大多数部落社会（以及后来的封建社会）都没有为此目的而专设组织，结果便是成年男俘虏或者会被杀，或者会被用来索取赎金。古代中东、希腊和罗马不是这样。首先，政府都更加强势，组织也更严密。但这绝不意味着男俘虏总能得到饶恕——埃及人、亚述人和罗马人的纪念碑上经常以令人毛骨悚然的画面描绘了他们的下场。然而，这的确意味着大量成年男子被变成了永久性的奴隶，他们的劳力既被个人也被整个社会最大限度地榨干。其次，这些民族的军队往往比其他军队庞大得多，行动却不见得更迅速，也许更难获得出敌不意的战果。因而他们在开赴战场时，很可能所到之处都已空空如也。人们通常都会望风而逃，或躲进壁垒森严的城池中。只举一例即可，如伯罗奔尼撒战争中斯巴达人入侵阿提卡时的情况。

除非事先谈妥了投降条件，否则一旦城池失陷，就会遭到洗劫。洗劫可能是自发的，是士兵报复和掠夺的贪心所致，但经常也是胜方的指挥官有意下令的，目的是报复——围城一般都要付出沉重的代价——获利和恐吓未来的敌人。出于后一种原因的洗劫，会有非常精心的组织。正因为有组织，所以也会像打仗一样遵守规则。按照罗马人的规则，男人、女人和儿童都是可以合法捕取的猎物，要根据《万民法》(*jus gentium* 或 *jus belli*) 的规定予以处置。男人可能被杀——也许是在用刑逼迫他们说出财产的藏匿处后——也可能被变成奴隶。妇女和儿童也会被变成奴隶，前者往往首先会遭到强奸（不过，姿色特别出众的女子，或者是贵族妇女，也许会被饶过，或者献给指挥官，或者用以索取高额赎金）。城市本身或者会被彻底摧毁，如公元前146年的迦太基；或者会得到重建，并迁来新的人口，如公元137年的耶路撒冷。随着罗马军队从胜利走向胜利，有大量的奴隶贩子备好了锁链随军而行。他们向军队购买俘虏，拉到市场上去卖。曾经遭此厄运的城市数不胜数，除了上述两座外，还包括特洛伊、巴比伦、叙拉古和罗马本身（栽在了汪达尔人手中）。

在现代欧洲，最后一次真正的屠城于1635年发生于马格德堡（虽然1811年的巴雷达斯也差不多）。两起事件的指挥官——蒂利（Johan Tserclaes Tilly）和惠灵顿——都把责任推给了失去控制的部队。即便如此，两次洗劫与罗马时代也不可同日而语了。的确，两座城市都有大量的男人、女人和儿童被杀。的确，很多女人遭到了强奸，城市本身也被洗劫一空。然而，两座城市无疑都没有遭到系统性的破坏，更不用说掠走其人口迁来新人口了。从最初的肆虐中存活下来的儿童、妇女，甚至成年男人，并没有被掳走或沦为奴隶，而是听任其恢复了正常的生活。也许最重要的是，尽管色诺芬说过"失败者的生命和财产全都属于胜利者"，到了这时，洗劫城市已被视为极度的"无法无天"了。这便是声称士兵们是自发行动的指挥官们不厌其烦地道歉的原因。

相形之下，在经过了现代史上最血腥的战争后被攻克的柏林，都没有遭到洗劫。当然，发生了大量的抢劫和强奸事件，然而都不是有组织地进行的。苏军最高统帅部从来没有发布过命令，甚至没有允许过其部队不分青红皂白地杀戮和破坏。结果，反常的是，这时的德国男人，大多不是太老就是太小，却也不比德国妇女更加害怕。然而，这一情况以及许多类似的故事，都不意味着人类最终变成了比以前友好、仁慈的动物。至多，你也许可以说违反了规则的人可能会受到谴责，有时甚至会受到惩罚。然而，以前的情况也一向如此。敌方的平民不再像敌方的士兵那样被掳为俘虏，真正的原因是，自大约1700年起，使用火器的军队变得更加强大了，平民根本无法抵抗他们。只要他们不抵抗，征服者大体上会认为，把他们作为自己也可依赖的基础设施，会更有用。不过，这种情况也不是永久不变的。自1945年后，诸如恐怖袭击和游击战等新的战争形式蓬勃发展，几乎已成为唯一存在的战争形式。恐怖袭击和游击战越是重要，就越难区分战斗人员和非战斗人员。

在以自由企业为基础的现代经济中，奴隶制逐渐被认为缺乏效率。这也许就是虽然还用俘虏劳动，却再也不把他们转化为奴隶的原因。在这种情况下，第二次世界大战当中和之后，只有像纳粹德国和苏联这样的专制社会，仍然有意抓捕大量敌方士兵和平民，让他们在被奴役的情况下做苦工，也许并非偶然。另一个因素是人类从一夫多妻制转向了一夫一妻制（历史上，大多数社会都实行过一夫多妻制）。伴随着现代避孕技术的发展，这促成了一个弥足珍贵的观念：

　　　　　　　　　　　　　　战争的文化

名义上讲，丈夫对妻子不忠，是与妻子对丈夫不忠同样恶劣的。唉，对许多男人来说，抓一个敌方女子带回家，和她睡觉，让她给自己生孩子，这样的好日子一去不复返了。但这并不意味着强奸对现代士兵的诱惑会不及以往。

如前面已经指出过的，战争规则的目的之一可能是要保护经济的基础设施。在这方面梅鲁人又提供了一个怎样做的好例子，或者至少是老年人在讲述久已遗失的传统时所说的该怎样做的例子。一方面，战争的首要目的是夺取牲口。另一方面，参加战斗被认为不仅是一件严肃的生意，也是年轻勇士发泄能量、赢得荣誉的游戏。因此就要制定一些规矩，既要让勇士玩游戏，又不能对其余社会造成过分损害。在路过敌方的香蕉园时，袭击者可以拿走需要的一切，却不许砍树或对树木造成其他伤害。对于谷子地、番薯地和竹芋地也是如此。袭击者可以拿走在敌人棚屋中发现的一切，却不准破坏棚屋本身。武器被认为是合法的战利品，农具却不是。勇士们还被禁止干扰商路，无论是当地的商路还是梅鲁人与外界做生意的商路。在和平时期，这样的道路会被郑重地标示，并希望在战时仍能保持畅通。

与梅鲁人的规矩大同小异的规则，我们在无数社会都能看到。希腊人禁止在水井里下毒，也不准砍伐橄榄树，因为橄榄树生长缓慢是众所周知的。现代社会将军人和平民、军用和民用正式地区分开来。对军用设施的攻击、轰炸、破坏和摧毁是正当的，对民用设施则不行。1864～1865 年，威廉·特库赛·谢尔曼（William Tecumseh Sherman）[1]在佐治亚州引发众怒，恰恰是因为他没有遵守这些规则，而是有意违犯之。你也许会想到，如何定义通常都是问题。"民用"与"军用"的界限到底该怎么划？在工厂里制造军火的工人算不算合法的攻击目标？通常越是复杂的社会，这样的问题就越难回答，因为很多设备、交通和运输干道，以及工厂都是军民两用的。然而，大多数人都认为的确有一些这样的规则存在，并应当遵守。相反，那些不认同这些规则，不分青红皂白地攻击民用目标的人，通常都被视为恐怖分子。

---

① 1820～1891，美国南北战争时期联邦军（北军）将领。——译注

因此有必要说一说与圣所和神圣建筑有关的规则。按照最近几个世纪流行的战争法则，这样的地方要受到特别的关照和保护。这并不是因为它们被认为很重要；从某种意义上来说，反而越是重要就越应该摧毁。在世俗社会，军队攻击或轰炸敌人时一般会放过教堂之类的建筑，真正的原因恰恰是我们中大部分人都已不再认为神的干预——用马基雅弗利的话来说——是"有效的"。另一个原因也许是想避免过分激怒敌方的民众。例如，摩西·达扬在1967年攻占耶路撒冷时，曾专门下令以色列军队保护好圣殿山上的清真寺。即便如此，法则也宣称，圣所和其余民用设施一样，只能在"军事需要"的允许范围内予以保护。这就开了一个不仅是汽车，就连坦克都能通过的口子。

　　不用说，在这方面该怎么做，过去的社会也有各自的规则。咱们从头说起，部落社会大多密切认同于自己的神。实际上，信哪个神不信哪个神恰恰是将一个部落与其他部落区别开来的标志。部落的生命力也是神授予的。因此，当一个部落与其他部落交战时，不仅要将敌方的神庙、圣器等列为攻击目标，而且通常还会视为最重要的目标。《摩西五经》中就有很好的例证，上帝曾明令以色列人不仅要消灭敌人，还要"拆毁他们的祭坛，打碎他们的柱像，砍下他们的木偶，用火焚烧他们雕刻的偶像"（《申命记》7：5）。还有《圣经》中关于约柜的故事。约柜平时供奉在神庙中，有一次被抬到了战场上，作为神圣的集结点。结果却被非利士人抢去。先知以利听到这个消息，惊骇至极，"就从他的位上往后跌倒，在门旁折断颈项而死"（《撒母耳记上》4：18）。

　　一些读者也许会说，部落社会都太小了，说明不了什么问题。他们也许忽略了，历史上一些强大的帝国——如古代中东和阿拉伯的许多帝国、阿兹特克和印加的帝国——其实都不过是名声较大的部落社会。在这些社会里，君主的权力在名义上是神授予的。于是，反抗君主就等于反抗赐给了人们生命和境遇、地位的神。难怪当这些帝国相互交战时，或者当其他民族想要推翻这些帝国时，宗教目标不仅绝不会受到某种规则的保护，而且往往是首要的攻击目标。

　　你也许不时会发现一些真正宽宏的征服者。也许最著名的是罗马人。当然，罗马人绝对不厌恶抢劫神庙。然而，通常情况下他们会把被征服民族的神纳入自己的万神殿。究竟该如何处置某座神庙，是由军事和经济目的，而非宗教狂热决定的。除了罗马外，大多数时候战争规则只能在两种情况下保护宗教地。一是交战双方或多方信奉同一种宗教。如在古希腊和宗教改革前的欧洲。虽然这两个社会都有违犯规则的事例，但每当有外敌入侵时，人们都会把家当收拾起来藏进神庙或教堂。这办法有时候很管用，有时候也不管用。在欧洲，这种情况一直持续到宗教改革和反改革战争时期——在这场战争中，教堂反而成了最好的攻击目标。继而，在1648年《威斯特伐利亚和约》签署，宗教狂热冷却后，保护教堂的战争规则又重新获得了人们的尊重。

如前面已经提到过的，宗教财产可能免于洗劫的另一种情况，是在人们已经不再信神时。因此，只要"军事需要"允许，他们乐于像对待其他对他们来说不那么神圣的东西一样对待宗教财产。然而，还应注意的一点是，即使是一些自诩"先进"和"文明"的民族，也只是在对他们没有负面影响的情况下，才愿意遵守与宗教目标相关的规则。例如，1900年，英国人曾在"黄金海岸"（今天的加纳）无情地搜寻过反叛的阿散蒂部落（Ashanti）的"金凳"，最终抢夺到手并坐在了上面。

无论就其本身而言，还是就其作为所有其他规则不可或缺的基础而言，最重要的规则也许就是与交战双方的通信相关的规则了。我们已经看到人们怎样通过宣战这种方式，通知敌人一种状态——即和平——已经结束，取而代之的是适用于不同规则的另一种状态。当然，并非所有要发动战争的组织都像这样宣战。有些人完全省略了这一步骤，有些人的宣战则纯粹是马后炮。然而，仍然没有切实的证据表明对宣战这一方式的使用在下降。相当于每一个为出敌不意，在敌方飞机起飞前就摧毁其空军而破坏了规则的现代国家，你都会发现有一个恐怖组织为寻求支持者并获取某种正当性，在爆炸和杀人之前会发布某种"声明"或"宣战"。在1998年和2000年，世界上最著名的恐怖组织"基地"组织，就曾这样做过。在这件事情上，正如像许多类似的事情上，真正的问题并非这种事先警告没有用，而是没人肯听乌萨马·

本·拉登（Osama bin Laden）说什么。

一旦敌对状态开始，通常至少会有一方认为保持某种通信渠道的开通是非常重要的。原因之一是这会便利士兵个人或整个部队投降；尽管部队战斗到最后一个人的情况的确存在，但绝不会像你想象的那么多。另一个原因是要安排休战和停火，开启和谈等等。休战尤其重要。如果没有休战，开战就好比在一条根本无处停车的马路上行驶，这便是自《伊利亚特》开始，战争史上就充满了休战记录的原因。休战最重要的原因是可以安排谈判、交换战俘等等事宜。然而，休战也可以用于进行一种赌博——一个要塞在被重兵围攻的情况下，可以承诺如果在若干天内没有援兵解围，则须投降。甚至还有一些情况，休战的达成只是为了让双方都喘上一口气，如在越南战争中，就反复出现过这种情况。当以色列军队和真主党民兵在黎巴嫩南部交战时，双方也为观看电视转播的世界杯足球赛而安排过停火。

由于大多数发动战争的社会都要抓俘虏，至少在某些类型的战争和在某些情况下要抓俘虏，就很有必要设一些大家多少都认可的使投降成为可能的办法。也许最常见的投降表示都是视觉信号，如放下武器，举起双手，跪在或趴在地上，或者像罗马人那样，将盾牌举过头顶。这些动作还要伴随着一些适当的套话或表示求饶的声音。不仅是人类，许多动物也能发出这种信号，辨认这种信号，并对这种信号作出回应。例如，通过转动尾巴、打滚等发出信号。许多雌性的哺乳动物则是伏在地上，露出臀部，使雄性可以骑上去，来表示投降。由于人类表示投降的信号经过了长期的发展和演变，直到大多数发达国家最近的战争中仍在沿用，就不足为奇了。

如果不是单个士兵，而是一群士兵或整个一支部队要投降，或者要求就投降进行谈判，就需要其他办法了。办法之一是派出一些专门的特使，特使的人身是不受侵犯的，因而可以充作中间人。在古希腊和中世纪的欧洲，这都是传令官的任务。欧洲还有一种人属于一个超国家的组织，那就是教会。加之整个欧洲大陆都信奉同一种宗教，这就使得神职人员有可能被强加上中间调解人的任务；更何况教会人士还禁止接触武器和杀人。其他社会根据各自情况的不同，也有各自的派出使者的办法，或者采用其他办法来使自己的意愿为对方所知。一个最出众的例子来自新几内亚。在那里媾和被认为是女人的工作，因为女人既不参加战争，也被认为不可能参加战争。于是，所有跨过"战线"的代表团中必然包括女人。

还说欧洲，这样的办法直到15、16世纪才开始废弃。先是意大利城邦，继而是其他统治者，开始互派驻彼此宫廷的长期代表，就用不着教会和其他中间人提供此类服务了。与此同时，有纪律的准常备型军队的出现，也便利了使军队之间能够直接联络的规则的形成。为了确保特使的身份和意图不被误解，他们通常要打休战旗。白旗最早被提及是在中国的东汉时期（公元25～220年）。在欧洲中世纪时期，特使们有时须在盔甲外套上白色外衣，至于是怎样演变成今天的办法的，就不清楚了。

尽管表示个人希望投降的信号与人性的产生一样久远，甚至更为久远，但在历史上的大部分时期，人们并无义务关注这些信号；换言之，是否饶恕投降者，完全是由接收到信号的勇士个人决定的。甚至迟至17世纪上半叶，当雨果·格劳秀斯（Hugo Grotius）①探讨这个问题时，仍然不能引用任何形式的国际法。他也只能呼吁人们发发慈悲。但特使的待遇就不同了。无论他们是些什么人，都很难想得出在什么时代和什么地方他们得不到说话的权利，或者至少是安全地离开的权利。不遵守这一规则，历来被认为是最严重的"战争罪行"。在我们前面引用过的描述阿伽门农享受战斗之快乐的一段文字中，这位国王没有接受帕桑德罗斯（Pisander）和希波洛科斯（Hippolochus）的哀求，无情地杀死了他们，绝非因为他残忍，恰恰是因为他们的父亲安提马科斯（Antimachus）曾建议不仅要拒绝阿开亚使者提出的放回海伦的要求，还要处死使者。

相反的是，自格劳秀斯试图扭转局面以来，现代国际法已经建立了起来。以适当形式投降的个人已经获得了保证其生命安全并在战俘

---

① 1583～1645，荷兰政治家、法学家、神学家，世界近代国际法学的奠基人。——译注

营中得到体面对待的权利。然而却还没有法律规定交战双方有义务接待对方的使者，更不用说必须听他们发言了。有时候，当这样的代表团战战兢兢地穿越无人地带时，会遇到一波子弹从他们头顶上飞过。假如他们不接受这一暗示而后退，那么下一波子弹就可能直接射向他们了。

不仅是大多数社会对于想投降的人如何发出信号都有规则，这一观念本身就意味着，胜利者如何处置失败者，也有一定的行为规范。我们还是举《伊利亚特》中的例子吧。尽管荷马笔下的战争无疑都很野蛮，但阿伽门农、奥德修斯及其他主人公，似乎都认可一个城市投降的标准模式。在这一模式下，失败者及其部下的生命和财产安全将得到保证，只要承诺不隐藏任何财物，并任由胜利者带走其一半财产。在被围困期间，赫克托耳也曾考虑过在这样的条件下媾和的可能性，只是最终打消了这一念头。

这样的规则几乎无一例外地适用于随后的文明中。特别是围城战的历史上，充满了城堡守军在当时战争文化认可的条件下投降的事例。这样的场合经常伴随着盛大的仪式。只需看一看迭戈·贝拉斯克斯（Diego Velázquez）①著名的画作《布雷达守军投降》（*The Surrender of Breda*）即可。通常，胜利者都要组成一个仪仗队，失败者在鼓乐齐鸣、旗帜飘扬的情况下出城。失败方的军官一般都被准许保留随身武器。布雷达守军的投降仪式绝非历史记录中绝无仅有的，如果要举其他例证，只需想一想 1982 年亚西尔·阿拉法特率领巴勒斯坦解放组织战士离开贝鲁特时的情景。

实际上，人类是无法逃脱他们自己创造的文化的，规则即使在名义上被否定了，通常在实际上仍然存在。例证之一出自第二次世界大战。在德国人看来，盟军要求无条件投降，是史无前例的，许多人都担心自己会被枪毙。而在美国人看来，这不过是援格兰特在其所有胜仗后之例，尤其是 1865 年阿波马托克斯法院之例②。虽说是"无条件

---

① 1599～1660，西班牙画家，西班牙国王腓力四世的宫廷画师。——译注
② 阿波马托克斯法院在美国弗吉尼亚州，1865 年 4 月 9 日，美国北部联邦军总司令尤利西斯·格兰特和南部邦联军总司令罗伯特·李在此签署了南军投降文件，从而结束了美国内战。——译注

投降",但毫无疑问,南方邦联军无人被枪毙,他们的房子和财产也没有被没收,他们的妻子儿女也没有被卖为奴隶。相反,北方联邦军从军需中为他们提供了食物(他们的确是饿极了),他们立刻被准许回家,甚至还可以带上他们的马。所有这些都不能否认与投降相关的惯例,像其他所有规则一样,有可能被违犯。但那就要回到我们已经探讨过的背信的问题上了。

直到21世纪初,战争仍然是一切人类活动中最可怕的一种活动,是一种除非双方都极力保持克制,否则就很可能升级到完全失控的活动。同样,直到21世纪初,战争不仅像以往一样仍然是有规则约束的,而且假如没有规则来定义战争的目的是什么,不是什么,战争就无法发生。有些规则是清晰明确的,有些则是心照不宣的。规则绝非绝世而独立的,而是与创造规则的社会文化密切相关的,这就是不同社会的规则大不相同的原因。社会变化了,规则也会变化。因此,恐怕从来没有过一个发动战争的社会没有创造并应用这类规则的。我们都太习惯于自己的规则,有时候会认为它们太简单,简直是不言而喻的。然而,情况并非如此。否则在19世纪末极力想赶上西方的日本政府,也不会频频派出代表团到西方研究战争规则,并大力介绍如何实施这些规则了。

甚至最"文明"的社会也经常违犯战争规则,这是不可否认的。某些社会在某些时间和地点发动战争时比其他社会较少忌惮,也是确实的——这同一个社会在不同的时间与不同的对手交战时,行为上既可能有较多的忌惮,也可能肆无忌惮。然而,并不能证明存在着这样一种历史趋势。一位学者,在谈及1789年以后,特别是1914年以后的战争时,声称群众性军队的出现终结了18世纪"有限制"的内阁战争。第二位学者,在谈及日本时,声称16世纪的武士不及他们中世纪的前辈更具骑士精神。第三位学者,在谈及欧洲时,声称中世纪晚期的战争,不及12世纪更富骑士精神。而第四位学者,在纵观了整个历史后,声称中世纪全盛期的勇士,不及更早的日耳曼人富于骑士精神。甚至还有人对我们说,希腊古典时期的战争还不及更早的战争忌惮多。如果接受这一逻辑,那么不可避免的结论就将是:人类文明的巅峰是在我们的祖先还在穴居时。

　　然而，像另一位学者所说的，战争的规则只不过是"暴行的礼仪"，只不过是为犯罪寻找借口，在犯罪之后证明其正当性的智力活动，也是不正确的。当然，可以这样说——那么所有其他类型的规则，就其本身而言，也都是如此。然而，数千年来，战争规则拯救了数以百万计的人的生命，阻止了对无数经济财富和各种各样文化瑰宝的毁灭。如果没有这些规则，战争造成的破坏、流血和伤亡，肯定比已有的要巨大得多。只需举一个例子，假如在第二次世界大战中，西方盟军也像德国人对待苏联战俘那样对待德国战俘，会出现什么情况？那么到1945年时，德国人的数量肯定要比实际少上好几百万。

　　反之，如果想知道没有规则，甚至没有任何通信之可能的战争会是什么样，也许最好的办法就是看看赫伯特·乔治·韦尔斯（Herbert George Wells）1898年发表的《星际战争》（*The War of the Worlds*）了。在这部科幻小说中，火星人为灭绝人类而入侵地球。他们虽然头脑高度发达，却没有我们所理解的身体，因此，正如韦尔斯所明示的，他们不懂得人类的任何感情，也许他们自己根本就没有感情。他们使用热射线和毒气（后来被蒸汽喷射机所驱散）开始系统性地清除地球上的居民，对待人类就像"人是可以用烟从黄蜂巢里熏出来的"一样。无疑与此相比，我们所知道的战争，甚至是最残酷最暴烈的战争，如罗马人对迦太基人的战争，以及1941～1945年东方战线和太平洋战场上的战争，都足以令人欣慰了。

第八章

结束战争

要结束战争，至少有四件事必须做，虽然倒不一定按照下面的次序。第一，必须处理伤亡者，不仅是友方的伤亡者，也包括敌方的伤亡者，尤其是在领土被占领的情况下，不过这方面并没有正式的协定。第二，必须分配战利品，无论是战俘、土地、各种财宝，还是别的什么。第三，必须庆祝胜利，如以相反的顺序重演标志着由和平转入战争的仪式，等等。第四，在大多数情况下——除非敌人差不多被灭绝了——还必须同对手达成某种协议，以正式结束敌对状态。所有这些措施，可以相继采取，也可以多管齐下，可以与敌人合作进行，也可以不合作。也许最引人注目的事情是，对于这些措施，克劳塞维茨的所有著作中甚至只字未提。并且像通常一样，凡克劳塞维茨没有论及的，他的信徒们也都没有置喙。

从实际上说，根据战争规模和血腥程度的不同，料理战死者的后事可能是大问题，也可能是小问题。但是，从文化上讲，其重要性无论怎么估量，都不会过分。部分上，这是因为人类本身就不是置死者于不顾的动物，必然要寻找死者、料理后事；套用亚里士多德的一句话，离开这个世界进入另一个世界是一种社会活动。部分上，这也是因为：假如不能给牺牲者以人们所期待的承认和尊重，今后就不能指望再有人卖命了，除非是傻瓜。因此，不给战死者以荣耀的社会迄今尚未诞生。即使以前诞生过，也绝对不可能长命。

无论何时何地，一旦战事出现了暂时的间歇或最终结束，胜利之师首先要做的事情之一，就是料理本方死者的后事。在这件事情上，社会关注起着极其重要的作用。越是等级森严的社会，上层人物和下层人物所受的待遇差别就越大。一个人可能备极哀荣地走向他的安息之地，与此同时，成千上万的人则可能不大隆重地被处理掉。这方面一个很好的例子出自《伊利亚特》。帕特洛克洛斯就是一个极端。他死后，为争夺他的尸体又进行了一番激烈的厮杀，直到又搭上了好几条性命后，他的尸体才被夺回，并带到了阿喀琉斯身旁。阿喀琉斯花了很长时间痛悼自己的朋友，然后才去操办葬礼。尸体被清洗后，又尽可能地做了整容。一个巨大的火葬柴堆堆了起来，死者的尸体及其装备被放了上去。为了安慰帕特洛克洛斯的亡灵，阿喀琉斯还亲自抓了 12 名特洛伊青壮并屠杀了他们。尸体被火化后，还举行了一系列体育竞赛，并为胜者设立了奖品。

这当然是极其罕见的事例。即使是相对平等的社会，如北欧海盗，也只是将他们最重要的首领的遗体安放在长船中一起焚烧，否则他们的木头很快就会用完。更不用说在高度不平等的社会，如中世纪的欧洲，只有领主和骑士的尸体会被送到教堂，正式埋葬，并专门为纪念他们举行弥撒，还要在他们的墓上立像。普通士兵很可能会被集体火化，不举行任何仪式，如希腊人在特洛伊城下所做的那样。如果幸运的话，他们会得到一个简单的葬礼，有教士简短而匆忙地为他们祈福和祷告。偶尔也会试图保存尸体。曾有一个故事说，拿破仑军队的一名上校的尸体曾被腌泡后放进一个桶里，若干年后桶被打开了，竟发现他又长了将近一英尺长的头发和几英寸长的指甲。

在很多发动战争的组织都很小，很多军队一俟战争结束即予解散，大多数民众都既不能读也不会写的时代，甚至连人们是否会专门记下战死者的姓名并通知其最近的亲属，都不清楚。大多数战争都是在离家很近的地方打的，战役的规模也不大，因此也许这些事情都是由幸存者来做的。早至中世纪的欧洲城邦，以及 17 世纪后更大的政体，开始建立照顾死亡士兵家属的机制，这意味着有了有序地辨认尸体和通知家属的程序。但那时也有很多军队，例如沙俄军队，直到 19 世纪的最后几十年，也从来不肯费心去做通知家属这样的事情。这既是因为他们的运输和通信手段不足以达到这一目的，也反映了普通士兵的地位多么的无足轻重。

可以想象，民主社会的军队做法大为不同。这方面尤其令人感兴趣的是古希腊城邦，因为按照希腊的宗教，没有享受适当葬礼的人是无法进入冥间的，只能长久地徘徊于冥府的边缘。为了挽救己方的士兵于这种悲惨的命运，战败一方会派出使者前往无疑占据着战场的胜方，乞求休战并准许寻回本方死者的尸体。习俗和互惠的愿望会促使胜方同意这一要求（不过斯巴达人有一次收集了敌方的尸体以勒索赎金）。随着时间推移，派出这样的使者就成了正式承认战败的表示。

我们对雅典的了解比对任何其他城邦都要多得多。在雅典，战死者的遗体会被集中在一起火化。只有一次例外，就是在马拉松战役后，尸体被就地掩埋了。修昔底德是我们在这个问题上的权威，他说这样做是对战士们在那一仗中表现出的勇气予以的特殊嘉奖。正常的做法是将骨灰带回城，分给各部落——斯巴达的士兵还专门为此目的戴上了身份识别牌——然后骨灰会安放在公共的帐篷中，供亲朋好友祭奠。三天之后，死者的骨灰盒，再加上一个代表无名战士的空骨灰盒，在由男女家属和职业送葬人组成的队列护送下前往公墓。在致过一篇适当的悼词后，修昔底德冷冰冰地告诉我们，出席葬礼的人就回家了。

部分上可能是由于一连好几个世纪都是共和国，部分上因为其军队长年征战，部分上也因为其军队越来越趋向于职业军队，罗马在这个问题上处理得似乎比现代社会之前的所有其他国家都要好。像希腊人一样，罗马人也认为死者如不能得到适当的安葬，就会被排斥在冥府之外。在《埃涅阿斯纪》(Aeneid)①中，狄多皇后（Queen Dido）的确说过，这是降临在士兵头上的最悲惨的厄运。罗马人对于这一责任极其看重，还有一事可以证明，塔西佗曾写道，当杰马尼库斯（Ger-manicus）②的部队遇到公元 9 年与日耳曼人交战时全军覆没的三个军

① 罗马诗人维吉尔创作的史诗，共 12 卷，1 万余行，叙述英雄埃涅阿斯在特洛伊城被希腊军队攻陷后离开故土，历尽艰辛，到达意大利建立新的邦国的故事。——译注
② 公元前 15～公元 19，罗马将领，公元 14～16 年曾连续发动对日耳曼人的进攻。——译注

团士兵的尸体时，立刻停止前进，着手为他们举行了适当的葬礼。

很多社会还不满足于此，为他们的英雄身后的生活精心编撰了各种神话。北美平原的印第安勇士——也就是大多数成年男子——据说死后会前往永久的狩猎地。战死的北欧海盗会经过奥丁神的侍女瓦尔基里（Valkyries）的挑选，被领进瓦尔哈拉（Valhalla）殿堂。这座殿堂本身就是战争文化的展示：墙壁由长矛构成，屋顶由盾牌建成，长凳上覆盖着护胸甲。在战场上倒下的英雄们聚会在这里，每天成千上万地出动，为神与巨人间最终的善恶大决战进行操练，每晚回到殿堂，大啖烤野猪肉，畅饮醉人的蜜酒。

为信仰而战死的穆斯林被称为"沙希德"（shahid），意即"烈士"或"殉教者"。他们据说将前往一个居住在沙漠中的人们会向往的天国——那里有潺潺的流水，有碧绿的草原，而且——考虑到实行一夫多妻制的游牧民族一定缺少女人——那里还有很多黑眼睛的美丽姑娘。还有一些传说许诺：沙希德会在穆罕默德和易卜拉辛的桌旁有一个座位，甚至还能亲眼看到安拉。不管故事都有哪些具体情节，无疑在战场上殉教很早就是伊斯兰战争文化的一部分。正如许多西方人最近才从痛苦中得知的，这种战争文化在激励穆斯林为信仰而战而死方面发挥的作用，是相当巨大的。

虽然希腊人通常会准许战败者收集己方死者的尸体并予以掩埋，大多数社会却没那么文明。最好的情况下，会把敌人的尸体草草地收集一下，扔进一个坑里，也许还会覆盖上石灰以防疫病爆发。最坏的情况下，会弃尸于野，先由人类中的"食腐动物"劫掠一番——在前工业化社会，士兵穿着和携带的一切几乎都是值钱的——然后再由禽类和兽类洗劫一番。北欧海盗给予敌方死者这般待遇，是不言而喻的，以致在传说故事中，这几乎成了战败的同义词。尸体还可能被大卸八块。有时这是个人泄私愤的所为，就像阿喀琉斯把赫克托耳剥光了衣服的尸体绑在战车上，拖着他围着特洛伊的城墙跑。不过，也许更多的情况下，泄愤的牺牲品多少是随意挑选的。古埃及的泥版向我们展示了被砍下的头颅，还有生殖器被割下后塞进了其主人的口中，诸如此类。这样的行为甚至在今天也并不罕见，只不过今天这种行为不会受到官方的纵容了，也不会骄傲地对外炫耀了，大多数情况下它们都必须予以遮掩。

1905 年，瑞典维斯比城附近的考古发掘，使得几座万人坑重见了天日——1361 年发生的一场战役，死者的尸体被抛进了这些坑中。同样，当沃尔特·司各特爵士（Walter Scott）[①]于滑铁卢战役后不久造访该战场时，发现空气中弥漫着成千上万被草草埋葬的人和马的尸体的腐臭味。然而，这一情况很快发生了变化。令我们想起了古希腊的是，民主化进程的大大加快使得原本为少数杰出英雄设计的礼仪得以推而广之并删繁就简，可以说最终惠及了所有战死的士兵。在法国大革命期间，收集阵亡者遗体予以适当埋葬的议案曾多次被提出。在那个时代，不可能专门为他们建一座公墓。因此士兵只能埋进普通的公墓，在那里，他们的骨灰与大人物的骨灰混杂在了一起：于是这些"勇敢的人们"（拿破仑对他们的称呼）便得以进了先贤祠。然而，只有极少数士兵能够享此哀荣。虽然法国大军仔细地将战死者予以登记，却没有改变，也许是无法改变将大多数尸体就地处置的惯例。

除了民主外，另一项促成了变化的因素是机械化的运输手段——先是铁路继而是汽车——的普及。有史以来第一次，将阵亡士兵的遗体运送到相关部门选定的地方，有了实际可行的办法。19 世纪时，运输手段和民主都最先进的国家是美国。这也许就是 1862 年美国建成了世界上第一座专用的军事墓地（居然是以国会法令的形式达成的）的原因。欧洲国家直到很晚才跟进，部分上是因其更为明显的阶级特性，部分上也是因为很多国家都是在遥远的殖民地打仗，将士兵的遗体运回家，成本实在高得无法承受。即使在开始仿效美国后，很多欧洲国家仍然没有建设专门的军事墓地，而是在已有的公墓中单为士兵辟出一块地，聊以自慰。例如德国柏林郊外巨大的施坦斯多夫公墓。

到第一次世界大战结束时，所有大国都已成立了专门料理为国捐躯者后事的机构。和从前一样的是，仍然要为非凡的英雄举行隆重的

---

① 1771～1832，英国苏格兰小说家、诗人，历史小说首创者。主要作品有长诗《玛密恩》、《湖上夫人》和小说《威弗利》、《艾凡赫》等。——译注

葬礼。新出现的情况是，普通士兵的遗体可能在这样的仪式上集体下葬，也可能单为他们举行一个模仿性的仪式。仿照古希腊的做法，对于那些无法辨认甚至无法找到遗体的战士，也会以长明火、无名烈士墓等形式予以特殊的纪念。从前尸体上的财物被洗劫一空是理所当然的。现在，至少在理论上，那些财物被认为应当归还最近的亲属。然而，即使在铁路和轮船时代，大多数情况下阵亡士兵的遗骸也不会运回家，而是在他们倒下的地方就近掩埋。当德国人从他们占领过的众多国家撤退时，留下了无数的军人墓地。英国人和美国人的军人墓地也是遍及全世界。

大多数国家还把给自己士兵的待遇延伸到了敌方死者的身上。尽管不大可能为他们举办什么盛大仪式，但 1929 年的《日内瓦公约》还是要求给敌方死者的尸体以礼遇，也就是说，不得毁容，不得肢解，不得按有违他们宗教的方法处置。公约还要求尽可能地鉴定他们的身份。必须在他们的墓地设立可供日后查考的标志，必须将他们的名字和私人物品移交给红十字会的代表。后者会把它们送交敌方政府，再通知家属。这样做不仅是出于慈善，也是希望得到互惠。由于必须将本国百姓的敏感挂在心上，任何国家都不敢冒因率先破坏公约而受谴责的风险。这也许就是这些规矩多少能长期得到维护的原因。这也许也是不大恪守规矩的国家，如"二战"中和"二战"后的苏联，多年以后，甚至几十年以后，总会有所悔悟，决定做出补偿的原因。

一方面要料理死者的后事，另一方面也可能会把他们的尸体或尸体的一部分派上用场。很多时代、很多地方的勇士都曾收集敌人的首级、头皮、耳朵、鼻子或四肢。有时候，这样做的目的仅仅是证明敌人真的死了。大约于公元前 1200 年在位的扫罗王，要求大卫带回杀死的非利士人的阳皮。在 1603 年前的日本，希望得到主人奖赏的武士必须向主人献上敌人的首级。尽管官方不敢支持，但这样的行为即使在今天也并没有销声匿迹。由于都是暗中进行的，也无法执行纪律。反叛组织尤其会要求其成员带回他们杀死的人的身体器官。这些组织这样做，具有双重目的。首先，像从前一样，敌人尸体的一部分可以作为成员完成了任务的证明。其次，成员犯下这样的恶行后，就会斩断与其余社会的联系，更加死心塌地地依附于组织。

虽然为这些目的收集的敌人四肢或其他身体器官事后有可能被埋葬，但在许多社会，敌人的身体器官在经过适当处理后，也可能被作为战利品、装饰品，或纯粹出于威吓未来敌人的目的，被胜利者本人带在身上或用于公开展示。于是我们便听说了，有头盖骨被用作酒具和镇纸的，有骨头被用来装饰各种器具和家具的。许多这样做过的人，都认为事情一向如此，按理说也应当如此，这是不言而喻的。即使今天，这样的行为虽然官方不会赞成，但实际上远未绝迹。士兵们不时会把敌人的尸体当成战利品，或者收集尸体上的器官，或者把尸体支撑起来，给他们的头上戴上钢盔，给他们的嘴里塞进烟卷。

我们在探讨战俘问题时就看到了，不仅是尸体的一部分，甚至完整的活人都可以被当作战利品。的确，当今社会不再准许俘虏非战斗人员，也不承认某些个人有将其他人变成奴隶的权利。然而，却的确存在这样的情况：有人发动战争的目的之一，就是为自己的私利而榨取整个一个民族的劳力。有些殖民主义者，如著名的比利时人，直言不讳地承认自己把刚果土著人赶进了丛林，逼迫他们采集橡胶，如果他们采回的橡胶不够多，就砍去他们的胳膊。还有些殖民者采用的办

安葬战死者：位于意大利卡西诺山的波兰军团士兵墓地的大门。

法没这么引人注目，但目的是相同的。说到亚洲和非洲的"文明"国家做的这种事，他们不仅认为这种行为是可以容许的，甚至是值得期望的，是"教化使命"的一部分。后来希特勒也曾想这样对待东欧被占领国家，但没能真正实施。只是他的战败，以及随后殖民地人民的反抗，才最终终结了掠取这种特殊形式的战利品的行为。

在不同的社会，把人当作战利品会引发各种组织、社会、政治，甚至伦理方面的问题。然而对于实物则从来不必这般多虑，因为实物既不用喂养，也不用看守，更不用监禁。所以无论追溯多么久远的历史，都会看到打了胜仗的勇士首先要做的事情之一就是侵占实物。无论是世界各地的部落社会，无论是中国、古代中东、古希腊罗马，还是中世纪时期，失败者的财产会被没收，都是天经地义的，即便有人提出过质疑，也无足轻重。修昔底德像通常一样，又为我们提供了这方面很好的例证。在公元前 430 ~ 前 429 年冬季，波蒂德亚人（Potidean）在抵御了雅典人的围攻两年半后，最终投降。全体居民被准许离开，但必须留下财产。他们只准带走一定数量的钱作为盘缠——他们大概得去其他城邦投亲靠友——此外，每个男人和每两个女人可以带走一件斗篷。

虽然战利品的物质价值有可能非常高，但这还不是其唯一的价值。继承、购买和租赁财物是一回事，在战争中通过武力从敌人那里夺取——与抢劫之类有鲜明的区别——则是另一回事。从战场上夺取通常被认为更加光荣，原因是这为马基雅弗利所说的"威力"（virtu）提供了切实的证据。大约公元前 700 年在世的克里特诗人希布里亚斯（Hybrias）曾抒发了这种人皆有之的情感：

> 这些就是我的财物：
> 利剑、长矛和护胸的盾牌。
> 我用它们犁地，
> 用它们播种，
> 用它们收割。
> 我用它们榨取甜美的葡萄汁，

战争的文化

畅饮血红的葡萄酒。

那些成群结队站在四周的奴隶，

都将归我所有。

但是他，

那个不肯上战场，

不肯举起矛，

不肯挥舞剑，

也不肯站在护胸的盾牌后的人，

必须跪倒在我的面前，

恭顺地吻我的脚，

高声向我致敬，

欢呼我这伟大的主人。①

　　乍一看，这首诗是在赤裸裸地承认：战争就是为了掠夺财物，别无其他。然而，再读一遍，并且依我看，仔细地读一遍，就能体会到这实际上是在表述（男子汉的）骄傲。战争不仅仅是用来夺取领土和财产的；更确切地说，这位诗人为他的财产和管辖权感到骄傲，是因为它们是通过战争得来的。也并非只有希腊文学中表达了这样的骄傲。实际上，说某件东西是"靠长矛"得来的，往往被认为是最大的赞扬。

　　从那时起，唯一实质性的变化就是大约在 1700 年开始出现的将公共财产和私人财产区别开。这是一种正在形成的三位一体的分工的反映：政府指导战争，军队打仗卖命，平民出钱并承担战争损失。这意味着公共财产可以合法地夺取，私人财产却不能。公共财产一旦夺取，会骄傲地予以展示，而抢夺来的私人财产则会隐藏起来，偷偷地拿出去卖。这些当然是理想的状况，并不能说明太多问题。被称为"军事需要"的漏洞既可用于人，也同样可用于物。实际上，两者的差别通常并不像法学家们要求的和国际法规定的那么大。

---

① D. Burges, ed., *The Greek Anthology*, London, Bell, 1876.

我们在此必须探讨的最后一种形式的战利品是不动产——土地及其中包含的自然资源。大多数部落社会都不当真认为土地归他们"所有"。甚至相反，是他们归土地所有，因为土地中包含有那么多的神圣之物，给部落的生活带来了意义。而且，部落之间还保持着宽阔的无人地带。因此，虽然他们的确也为某些特殊资源，如水源等，相互争斗，但他们的目的绝非我们所谓的"征服"。当然，在更发达、结构更复杂、等级更多的社会，如酋长国、帝国（无论是中央集权的还是封建的）、城邦和国家等，情况就不是这样了。即使追溯到我们所能看到的最早的文字记载，这样的组织，无论大小强弱，始终都明白拥有土地的重要性。由于他们也都有专门负责管理和开发土地的机构，他们发动战争的目的，经常都纯粹是为了获取更多的土地或保卫已有的土地。古埃及人在拉美西斯二世（Ramses Ⅱ）带领下入侵巴勒斯坦，是如此。三千年后，德国人在希特勒领导下入侵苏联，也是如此。

　　在这方面，1945 年出现了一个高耸于战争文化之上的重大变化，不过其起源也许还可以上溯到几十年前。第二次世界大战，尤其是德国、意大利和日本为自己攫取"生存空间"的企图，使得在 1914 年之前还几乎被视为天经地义的可以通过战争夺取土地的观念，变得名声扫地了。1946 年签署的《联合国宪章》，明确禁止"侵略"战争和为兼并领土而使用武力。在此后的几十年间，逐渐地形成了一种新观念，任何战争都不能出现征服领土的结果，或者在任何领土被归还于合法的主人之前结束。

　　这的确是一种革命性的观念。伍德罗·威尔逊（Woodrow Wilson）也许能够理解，但路易十四、拿破仑，甚至威廉二世（Wilhelm Ⅱ）或克列孟梭（Georges Clemenceau），恐怕就都不能理解了。也许按理说，这种观念是成不了气候的，因为它与人类数千年来大多数社会的目标和实践都是格格不入的。然而相反的是，在极其短暂的时间里，它就被普遍接受了。回顾历史，自 1945 年至今，几乎没有一个国家成功地通过战争改变了国界，更不用说还促使国际社会认可了这种改变。相反，至少从官方上讲，所有的战争全都突然变成了防御性的，尽管这当然不意味着在各种措辞的掩饰下，战争采取的形式及包含的各种行为与以往有什么显著的不同。

与什么被认为是战利品这一问题密切相关的问题是战利品归谁。咱们再从最简单的部落社会说起，答案是每个勇士都可以尽可能多地抢夺战利品并据为己有，这种制度有时被称为"看谁打的棒数多"。管理更为严格的社会，设计有自己的制度。通常勇士们个人无论是在准许还是不准许的情况下没有占有并隐藏的动产，或至少是一部分动产，都要收集、储存并看管起来。继而胜利者要论功行赏。首先，诸神要以祭品、供奉等形式分享一份。其次，总司令本人可能要留下相当大一部分——通常是总量的五分之一到三分之一——首先是部下们会献上一些精致的礼品，如贵重的铠甲、骏马、珍禽异兽，以及美女。继而要赏赐他的高级军官，余下的物品再分配给其余部下。此外，在战斗中表现出色者还会获得特别的奖赏，通常从总司令自己那份中出。

不动产的命运则不同。无论是什么样的不动产——无论是土地，是诸如森林、河流、矿产等自然资源，还是各种建筑物——都被认为属于胜方的总司令（或者总司令效忠的统治者）。几乎唯一的例外出现在古希腊城邦和罗马共和国。这两者的统治权和所有权是分离的。因而征服的土地不是归统治者，而是被转化为公共领地（拉丁语为 ager publicus）。或者掌握在政府手中，或者分配给罗马称之为"coloni"、希腊称之为"kleruchoi"的个人。与之相反的是，酋长、贵族、国王、皇帝及类似的统治者，则首先把征服的不动产据为己有，然后可能赏赐给属下，也可能不赏赐。

从大约 1700 年起，越来越多地出现了将统治者与国家分离的趋势，这两者不再是一体的了。结果，从战争中夺取的动产很少再归统治者了，而是由"法人"接管，用托马斯·霍布斯（Thomas Hobbes）[①]的话说，他"扛"在了自己肩上。随后的社会发展更加剧了这种分离，直到后来统治者本人接受任何一部分战利品，都会被视为叛国，最不济也是贪污。这种将统治者与统治者居于其上却又为之服务的行政机

----

① 1588～1679，英国哲学家。——译注

构严格区分的观念，又从欧洲传播到了其他大陆。当然，通常这种区分都更多的是在理论上而非实际上。然而，即使是1991年侵占了科威特的萨达姆·侯赛因，也不敢仿效两千多年前奥古斯都侵占埃及，逼迫女王克娄巴特拉（Cleopatra）及其丈夫自杀，把埃及据为私产那样的榜样。目前，情况就是如此，至于这种情况能维持多久，就由大家各自去猜了。

人类作为创造文化的动物，并非只靠面包活着的。诸如什么可以成为战利品，谁有资格以所有者或使用者的身份接受战利品等，都是很重要的问题，但从战争状态转回和平状态的仪式也同样重要。胜利者需要举行仪式来庆祝胜利，并在仪式后将一切事务调整回"正常"状态。失败者假如仍然以一种组织的形式存活了下来，为了第二种原因，也需要举行仪式。所有这些，就是战争结束后立刻举行仪式，其重要性不亚于开战之时的原因。

庆祝胜利的一个极其重要的方式是象征性地辟出一块战场，建立一座胜利纪念碑。英语中"trophy"（胜利纪念碑）一词本身就来源于希腊语"trope"。它的意思是用盾牌开路的时刻已经结束，敌人已经让路，并开始溃逃。胜利纪念碑的建立就是标志这一时刻。最早的纪念碑一定是由树构成的，树枝要用来挂缴获来的敌人的盔甲和衣服。一连几个世纪，它们都是由易腐朽的物质，如木头建成的，这就使得后世的学者试图以理性的方式解释说，希腊人不愿彼此间的敌对状态持续太久。第一座永久性的青铜胜利纪念碑，据说是公元前362年曼提尼亚战役后由底比斯人建立的。其他希腊人对他们先是斥责继而仿效。维吉尔（Virgil）①的作品中有一段对这样的胜利纪念碑的最详细的描述：

> 在第一缕曙光照耀下，胜利者首先向诸神起了誓。
> 然后他在一座土墩上，立起了一根枝叶都被砍去的巨大橡树，
> 在上面挂满了闪闪发光的武器，

---

① 公元前70～前19，古罗马诗人，代表作为史诗《埃涅阿斯纪》。——译注

都是从敌酋梅曾蒂乌斯（Mezentius）那里夺来的战利品。

哦，这真是战争中的奇观，

他把血淋淋的冠饰，

还有那人折断了的标枪，

牢牢地系在树上。

树上还挂起了一件被刀砍破、被枪刺穿共十二处的铠甲，

他把一个青铜盾牌绑在了它的左手上，

又在上面挂了一把有着象牙柄的剑。①

　　仿佛是为了证明一切都没有改变似的，参观过葛底斯堡战场的人都会注意到一座标志着"反叛的高潮"的石碑——恰好立在1863年7月3日发起"皮克特冲锋"（Pickett's charge）的部队受阻，在犹豫了片刻之后开始后退的地方。即使我们只把视野限定于西方国家，在曼提尼亚战役之前和葛底斯堡战役之后，为庆祝胜利而建立过纪念碑的民族都数不胜数，有罗马人、北欧海盗、意大利人、西班牙人、法国人、英国人和德国人……

　　与建立胜利纪念碑密切相关的有各种各样的典礼仪式。不同时间不同地方的不同社会在这方面千差万别，是毋庸置疑的。不可能指望像美国这样3亿人口、大多为基督徒的国家，会与一个大约只有5000人口、最重要的神是一位勇士本人的部落，举办同样的仪式。然而，仍然可以看出，大多数社会的仪式中都有三个基本的组成部分：与庆祝胜利本身有关的要素；表示满足、得意的要素；净化勇士或士兵的心灵——使他们从任何事情都可以做的状态转回到很多事情都不能做的状态——的要素。

　　首先从"纯粹"的胜利庆典说起。几乎可以肯定的是这样的庆典中会有庄严的阅兵式、共同祈祷、向众神献祭、奏乐、敲响教堂的钟声，等等。还可能包括的仪式有：向胜利的统帅欢呼，嘉奖表现出色的士兵，以及发表赞扬生者的勇气和死者的光荣的讲话。自公元前

---

① *Aeneid*，11.4－11.

429 年修昔底德发表在伯利克里的葬礼上的讲演以来，此后的这类致辞都没能有所超越。也许还会委托诗人、雕刻家、画家等创作以赞美和纪念这一场面。典礼很可能要将三个要素结合起来：表达胜利结束战争的喜悦；感谢众神保佑了胜利（如基督教赞美诗《感恩赞》所唱的）；为避免众神在下次战争中抛弃自己而表达谦恭（如另一首基督教赞美诗所唱的："荣耀不要归于我们"）。

在今天的发达社会，对敌人的失败表露出得意，通常会被认为没有风度。当然，这并不是说这样的事情不会发生。不过，在正式和公开场合，通常只能限于多少端庄得体的形式。这包括一些象征性的动作，如扯下敌人的旗帜（可能还要践踏之和焚烧之），升起自己的旗帜。这也意味着要展示缴获的武器，如欧洲的君主们一连好几个世纪所做的，以及以色列人和阿拉伯人从 1948 年第一次阿以战争到 1982 年以色列入侵黎巴嫩期间经常相互进行的。但没有经历过所谓的文明教化的以前的社会，却不这样看问题。它们不仅丝毫不克制，甚至认为自鸣得意就是鼓劲。实际上，炫耀得意之情多少被认为是必需的，并被作为胜利之后战争文化不可或缺的组成部分。

北美、非洲和波利尼西亚的许多部落社会，专门抓俘虏以供自我满足。导致女俘受到性侵犯的，不仅仅是性欲，还有侮辱的欲望。这种动机也不仅仅限于"原始"的人们。除了《伊利亚特》中曾有这样的描写外，据说这种行为在南斯拉夫内战中也曾盛极一时。男俘虏也会遭受性侮辱。例如，公元前 5 世纪的一只希腊花瓶上便绘有一个估计是战败被俘的野蛮人裸露着臀部，一个希腊男子握着自己的阴茎正准备插入他体内。伊拉克阿布格莱布监狱（Abu Ghraib Prison）的美军看守并没有真正强奸伊拉克男战俘，但的确有性虐待行为。在这件事情上，更糟糕的是居然牵涉一些女人。

虽然这样的事情的确发生过，但整体而言，男战俘更有可能受到嘲弄，受到身体和精神上的羞辱，被绑在柱子上，遭受各种难以言喻的刑罚。通常俘虏越是强壮越是有名，折磨他的人就越能感到满足。有些社会专门抓俘虏作为献给神的祭品。这方面最著名（但绝非唯一）的例子是墨西哥的阿兹特克人。即使没有遭受上述的折磨，俘虏所能指望的最好的待遇可能也就是游街，让民众观看他们并施加给他们各种各样的侮辱。

再看看最极端的例子，有些社会——以太平洋岛屿、新西兰、非洲、加勒比地区、巴西，也许还有北美洲，最为著名——会将俘虏杀死后，烹煮吃肉。总体而言，尽管一些人类学家始终否认，但这种吃人肉的现象的确存在，证据确凿。虽然其动机并不总是很清楚，但很多这样的情况肯定与缺乏蛋白质无关。相反，这反映了一种获取战败者的才能的愿望，与此同时施加最大的羞辱——切切实实地被大卸八块、吞噬咀嚼，被吸收进别人的体内，再作为粪便排泄出来。敌人酋长的肉有时被视为特殊的美味，更是证明了这一点。不时有这样的事情是明明白白地做出的，因为胜利者要向其未来的佳肴描绘他们的下场。

庆祝胜利和自鸣得意是一回事，净化自己的心灵则是另一回事。许多社会设计的战后仪式中，让勇士回归这类项目是必须进行的，如抛弃血污的衣服和装备，洗浴，独处，在一定时间内禁欲，祈祷，等等。许多这样的项目都与打猎后举行的仪式类似。例如，梅鲁人在战后要杀一只公羊，把羊的油脂涂在长矛上。在这样一个牲畜被视为最珍贵财产的社会，还必须尽这样的义务，很可能是要对之前做出开战决定起抑制作用。从社会学的观点看，这方面的仪式是要将人的行为调整回正常的和平状态。从心理学，也许还有生物学的观点看，这也许还要被理解为停止肾上腺素的流动，使人平静下来，在参加了最激动人心的人类活动后"重新发现自我"。达到这一目的并不总是很容易的，也许需要相当长的时间。

大体上，敌对状态持续的时间越长，伤亡人数越多，战争的形式越恐怖，从战争向和平过渡就越困难，于是这样的仪式也就越重要。在这方面，还应当补充一点，无论文学作品怎样说，实际上没有任何证据表明现代的战争比以往的战争更令人难以承受。换言之，没有理由认为耳闻目睹自己的亲戚被活剥头皮，就比在大炮的狂轰滥炸下躲在战壕里瑟瑟发抖的滋味更好受。对于创伤后应激障碍之类的病症高发，我们能得出现代的人比其前辈软弱、毅力不强的结论吗？有些人的确这样认为。然而，真实的原因恐怕并非如此。被认为更文明、更理性、更世俗的社会不再为战士们举办某种战后仪式了，更不用说要求他们在回家恢复日常生活之前这样做了。相对于这些仪式，精神病学家和心理学家设计出的疗法，至多不过是蹩脚的替代品而已。

庆祝胜利的仪式中最为著名的，也是结合了许多上述要素的，是罗马的凯旋式。凯旋式最初是宗教仪式，由元老院授权杀敌五千以上的指挥官举行。班师的军队要先行净化（lustratio）并感谢诸神赐予胜利。然后才能跨过神圣的界线进入罗马城辖区，或称"pomerium"。从公元前2世纪开始，游行队伍要沿着固定线路行进。从战神广场出发，这是战前征募和训练士兵的地方。从凯旋门入城，经过各种地标性建筑，前往卡皮托尔山。走在队伍最前面的是元老院议员——大概包括所有还不算年迈体衰或不很厌恶此举的议员——以及政府代表。随后是或步行或骑马的胜利之师。他们带回了战利品——包括最著名的，提图斯凯旋门上所绘的从耶路撒冷圣殿里抢来的财宝——和绘有战斗场面的泥版，当然，还有披枷戴锁的战俘。

在接近队伍末尾处，胜利之师的统帅会现身。他乘坐四匹马拉的战车，周围簇拥着骑着马的参谋人员。起初他似乎还会把脸涂成红色，以表示与也具有战神身份的朱庇特有关联。后来他要披一件紫色斗篷，戴一顶月桂花冠，手持象牙权杖，还有一名奴隶在他头顶上高举着一顶从朱庇特神庙请来的金冠。所有这些场面，加上观众的欢呼声，会使头脑最冷静的人变得忘乎所以。为避免这一危险，那奴隶还要在胜利者的耳畔轻声念叨"记住你是个凡人"。其余的部队通常唱着嘲弄敌人、打趣战友的粗俗歌曲，跟在后面。最终的目的地是朱庇特神庙。敌方首领将在那里被隆重处决。司令官再把胜利的标志交与神庙保存，然后队伍就解散了。

至此，我们说的都是胜利者。那么失败者的情况又怎样呢？总体而言，很少有文字记载。原因之一正如常言所说的：历史是胜利者书写的。这话反过来说，是因为客观条件使胜利者有可能书写历史。另一个原因是，很少有人，也许几乎没人，喜欢分享失败者的痛苦和悲伤。而且，还有很多时候根本没有失败者。正如伏尔泰说过的一句俏皮话：也许双方都在各自的军营里赞美各自的神呢。例如，1973年阿以战争的情况便是如此。在战争结束后一连几个月，埃及总统安瓦尔·萨达特（Anwar Sadat）、叙利亚总统哈菲兹·阿萨德（Hafez Assad）和当时的以色列将军阿里尔·沙龙，全都在就为什么说他们的国家取得了胜利，从"事实"中可以得出什么结论，炮制着匪夷所思的解释。

还有一种情况是敌人几乎被彻底消灭了——包括被杀死、俘虏、变成奴隶、放逐和"种族清洗"。他们也许再也不能举办任何仪式了，就像特洛伊、迦太基和数不清的其他古代城市那样。但更经常的情况是，他们中至少一部分人活了下来。不仅活着，而且避免了被俘的命运，他们继续生活在自己的国家，基本上居住在以前的地方，并保留着某种形式的政治组织，即使这种组织像1940年的法国和1945年的德国那样，是由胜利者为传达自己的命令而创建的。

在这样的情况下，可想而知，失败者也会举办或屈从于各种各样的仪式。至少，他们得料理本方死者的后事。有大量的文章赞扬过古希腊人，他们认为掩埋本方死者尸体是失败者的权利，胜利者也不会否认。其他民族在这方面并不总是很文明。有时候失败者根本得不到处置尸体的准许，因为胜利者要拿死者泄愤，或者利用这一机会提出各种勒索条件。例如，深知以色列人在这方面敏感性的黎巴嫩真主党恐怖分子，便时常就归还死亡已久、已严重腐烂的以军士兵尸体或尸体的一部分进行谈判，把这种谈判变成了可憎的例行公事。

甚至在胜利者清除了所有死者的尸体，没有留下任何可供失败者掩埋的这种不大可能发生的情况下，后者仍可能希望建一座阵亡将士纪念碑。如以色列和埃及达成的和平协定，便允许埃及人这样做。同样，如果胜利者准许，失败者也没有任何理由不举行各种仪式，尽管无可庆祝和炫耀，至少也要悼念死者，也许还要为未来吸取些教训。无论是出于自己的宗教需求，还是作为最终促成复仇的起始步骤，他们也希望借这些仪式洗清自己的罪孽，无论是实际的罪孽还是想象的罪孽。

即使无视本方的人员、物质和精神损失，失败者也仍然有很多仪式需要举办，而不致无所事事。其中一项他们很可能要举行——而胜利者当然不会举行——的有趣的仪式，便是确定罪魁。在古希腊，被认为指挥失当或有负众望的将领，都会受到调查，并在公民大会上受到审判。一旦被认定有罪，他们会被判处没收财产、流放或死刑等处罚。被迫以这种方式离开祖国的人中，就有历史学家修昔底德。

从修昔底德的时代直到今天，这方面基本上没发生什么变化。1967 年，埃及总统贾迈勒·阿卜杜勒·纳赛尔（Gamal Abdel Nasser）在同以色列进行的战争中遭到了惨败。于是他安排了一场对他先前的副手哈基姆·阿马尔（Hakim Amar）陆军元帅的审判，后者被认定有罪并被判处死刑，后来他在监狱中自杀了。六年后轮到了以色列，在 1973 年的"十月战争"中被打了个措手不及之后，他们也成立了一个调查委员会，对国防部长摩西·达扬、总参谋长大卫·埃拉扎尔（David Elazar）等人展开调查。理论上讲，这类审判说是要"查清真相"，教育人们避免未来再犯类似错误，但实际上经常沦为失败者向本方的倒霉蛋发泄怒气，试图挽回些颜面的仪式。

最后，假定失败者既没有被彻底消灭，也没有完全"屈服"（如国际法对昔日败军被迫从轭门①下穿过的称呼），也有必要通过达成某种和约来结束战争。这样的条约有许多不同形式。有些是成文的，有些是不成文的。有些内容极其详细，篇幅可长达数百页，有些则不需要，因为事情多少都是按惯例办的。有些条约被认为是永久性的，有些则被认为只管用一段时间。有些条约标志着战争最终结束，有些则只表示停火、休战。这里最令我们感兴趣的不是条约的内容，而是它们的缔结方式。

至少，结束战争要求一方——也许是双方——发出表示和谈愿望的信号，而另一方明白对方的意图并同意谈判。通常这是这一进程中最微妙的部分，是最容易出现阴谋或误解，从而重新激发仇恨的阶段。例如，在公元前 198 年的锡诺斯克法莱战役中，马其顿士兵试图通过向上举起长矛来表示投降，可罗马人继续屠杀他们，直到有人解释了这一动作的含义。当联络建立起来后，或者要委托一位中立的斡

---

① 古代高举轭架或三根长矛形成拱状，令败军从其下通过，以示屈服。——译注

旋者，或者双方互派使团，使团同时也担当着人质的角色。在谈判持续期间，也许会出现某种形式的休战，暂时中止敌对行动。在此，有必要补充一点，许多部落社会根本没有和平这一概念，谈判所能达到的最多只有休战。

会谈举行的地点是由媾和双方的相对实力决定的。古希腊城邦通常是互派使者到对方的公民大会（ecclesiae）上去讲演。然而，最终的宣誓仪式——那时候没有签字仪式——则在中立地区的某座神庙里举行。1809 年在提尔西特，俄国沙皇亚历山大一世和拿破仑约定在标志着他们各自帝国界线的涅曼河中央的一只木筏上会谈。按照礼仪，两位君主应当同时离岸并同时登上木筏。然而，拿破仑的桨手们在白兰地酒劲的鼓舞下，划得快了一些，使他先于谈判对手到达，并因为在装饰华丽的亭子里迎接亚历山大一世而获得了些许的心理优势。136 年后，崔可夫元帅（Vassily Chuikov）在柏林就用不着那么讲究了。德国人用他们的大喇叭请求派人去谈判，他从参谋人员中挑选了一位，派往德军阵线。当这位少校及时地带着一个德国代表团回来时，苏联人径直要求他们或他们的上级，在已经准备好的文件上签字。

谈判一旦开始，双方都会尽力给对方留下本方实力强大、决心坚定、头脑冷静、宽宏大度的印象，但也要表示出有制约因素使他们无法让步。起初他们会表现得小心翼翼，甚至犹犹豫豫。随后，当现代政治学家们所谓的"建立信任的措施"起作用后，会谈气氛就会松弛下来。像战争本身一样，谈判中也会运用放试探气球、侦察与反侦察、前进、后退、伏击、引而不发和突然袭击等等手段。今天，很多谈判都有可能在联合国的协助下进行，这既可能解决很多问题，也会引发很多新问题。

阴谋可能会导致谈判破裂，战事重起。但另一方面，会谈越是有进展，双方的领导人就越有可能亲自出马。他们也许是要亲力亲为，以免出现不利于己方的结果；也许是要把功劳揽到自己名下。通常这一阶段比战争进行中更需要场面隆重。双方很可能身着华丽的服装，使用装饰精美的器具，骑着健壮的骏马（今天则是乘豪华轿车，有警笛开道，摩托车护卫）。双方领导人还都会带上大量仪表堂堂的随从，这般"争妍斗艳"，既是为了摆阔，也是为了展现善意。

谈判最终成功的一刻，也很可能是庄严肃穆的一刻。双方可能庄重地将武器挂在树上，或予以折断，或埋入地下。无论是策划的还是自发的，都要做出一些宽宏大度的举动。为制造轻松的气氛，也许要像北美印第安苏族人那样同吸和平烟①。也许要共享一顿节日般的盛宴，相互敬酒，为和平干杯。也许要像前古典时期的希腊人那样，各自取出一些自己的血，混在一起，共同饮下。也许还会互换或共享女人。前者是永久性的，许多部落社会都曾以和亲的方式缔结新的家族联盟，以永固和平；后者是暂时性的，是娱乐的一部分，维也纳和会就曾广招各方妓女。

最后一个步骤通常是庄重地起誓，并乞求神降罪于破坏协定的一方——在阿里斯托芬的喜剧《利西翠妲》（*Lysistrata*）的最后一幕中，雅典和斯巴达的代表在象征和平女神伊雷妮（Irene）的一名年轻女子的裸体上，绘下了两国的界线。双方要在条约上签字盖章，并互换文本。在签约仪式上双方要握手，签字用的笔也会变成珍贵的纪念品。也许还会表演一场为媾和而进行的搏斗——像澳大利亚北方的雍古族人（Yolngu）那样——或者铸造纪念勋章。通常这一进程都要细致排演，如克林顿总统为避免巴勒斯坦解放组织主席亚西尔·阿拉法特按照阿拉伯人的礼节吻他的面颊，就预先演练过动作。今天，所有这一切都要在电视镜头前进行，实际上任何没有被拍摄下的事情都不作数。然而，这并不是说事情的本质发生了变化，或者将要发生变化，或者可能发生变化。

---

① 北美印第安人在媾和时用一个烟斗轮流吸烟，表示和平、友善。——译注

第三篇   纪念战争的文化

毫无疑问,战争是最为可怕的人类活动。它不仅折磨那些亲身参加战斗的人,也经常折磨那些经历过战争时期的人。因此,逻辑上讲,你会认为经受过战争苦难的人会竭力排斥战争,回避战争,尽可能地忘却战争——也许没有经历过战争苦难的人更会如此。实际上,的

从战争转入和平,和从和平转入战争一样,通常都要
举行盛大的仪式。 图为 1945 年日本投降仪式。

确时而有这样的情况。例如，第二次世界大战结束后的德国几乎完全被摧毁了。更糟糕的是，数以百万计一直认为自己为元首、为祖国奉献了一切的人，突然发现自己实际上比一个为了罪恶的目的效忠了一个罪恶的政府的罪犯好不了多少。难怪诸如"宁死不当兵"、"永不再战"之类的口号广受欢迎，甚至成为很多人的信条。在日本也出现了类似的情况，这个有着漫长而强盛的军事传统的国家，其国民在战后一直坚决抵制任何使国防预算超出 GDP 的 1% 的企图。在这些国家和许多其他国家，"好战分子"成了最糟糕的人物，人们或斥责之，或劝诫之，或避之唯恐不及——假如需要，还会对其诉诸暴力。

然而，总体而言，像这样的战后影响是极不寻常的。通常无论是战胜还是战败，正式还是非正式，公开还是私下，人们在回顾战争时，都更有可能将其视为决定他们个人和集体人生的重大事件。毕竟，他们本人的命运，以及他们所在的社会的命运，都寄托于战争之上。而且，他们必须考虑未来。历史上堆满了不愿自卫或无力自卫的人的尸体。难怪群众、团体和国家都会研究战争，尽各自所能地以各种艺术手段来纪念战争，经常还会斥巨资修建战争纪念碑。自有历史记载以来，人类社会始终如此。除非人类的本性发生剧变，未来很可能仍将如此。

第九章

战争和历史

　　人类最早的历史——此处说的是试图以散文这种文体，以多少是写实的方式记录过去的事情——是什么时候写就的，已不得而知。然而，我们确知的是：从人类最早的历史文献写就之时起，战争就始终在其中占据着巨大的篇幅，通常也处于中心地位。当之无愧地被尊为“历史之父”的希罗多德，为他的后辈定下了基调。他说，他的目的就是调查和记录希腊人和波斯人在他们之间的战争中做下的大事，使后人不会忘记。尽管这不是撰写军事历史的唯一理由，但至今仍像以往一样，是重要的理由。

　　继承了希罗多德衣钵的古代历史学家，最重要的有修昔底德、色诺芬、波利比奥斯、塞勒斯特（Sallust）①、恺撒、李维、约瑟夫斯（Jose-phus）②、阿里安（Arrian）③、阿庇安（Appian）④和普卢塔克。他们几乎全都拥有某种军旅经历。有几位曾经在战场上指挥过军队，通常都很成功。其中的一位，被认为也许是史上最伟大的统帅；他在战场和政坛都堪称大师，简洁、清晰的文风也无人能及。然而，甚至包括塞勒斯特在内，他们都不是今人所理解的军事历史学家，即或者为某些组织或者独立地将大部分人生用于调查、记录和研究过去的战争。然而，所

---

① 公元前86~前34，古罗马历史学家、政治家。——译注
② 37?~100?，犹太史学家，耶路撒冷反罗马人起义的军事指挥官，后投降。著有《犹太战争史》、《古犹太史》等。——译注
③ 约86~146以后，希腊裔的古罗马历史学家、哲学家和军事将领。——译注
④ 约95~约165，古罗马历史学家，著有《罗马史》。——译注

有上述历史学家在他们的各种作品中，都把军事置于中心地位——军队对他们所感兴趣的统治者、民族和国家的兴衰起着巨大的作用，使得他们有理由这样做，实际上也要求他们必须这样做。

这当然不意味着他们全都是以统一的模式来研究历史，特别是包含有武装冲突的历史的。修昔底德曾说过，他所要做的，就是撰写在他之前发生的所有最大、最重要的战争的历史。他非常出色地完成了这一使命。他的作品更为严谨，不像希罗多德那样有神话气。他的研究非常深入、全面。不仅涉及战争的所有层面——从持盾的方式到重大战略计划——也阐述了参加战争的社会和民族的思想、感情和信仰。无论古代还是现代，后世的学者中，在这方面都无法与之比肩。

相反的是，色诺芬是那种司令官兼历史学家，如若活在今天，他会在退休以后撰写回忆录，并在严肃的报纸发表严肃的文章。波利比奥斯写军事史，是作为一项宏大工程的一部分的，旨在描述和领会他眼中的那个时代最大的政治伟业：罗马崛起，统治地中海。他积极地参与政治和军事事务，也深谙此道，然而，他既缺乏修昔底德的修辞技巧，也没有历史学家刻画人物性格的能力，未能剖析主宰着他笔下主人公行动的情感。李维在其全盛时期也许可以说具备那种能力，但他的爱国热情时而干扰了他的客观性，以致你会觉得读到的不像历史著作，倒像是神话。我还可以继续评述每位历史学家的研究方法、资料来源、长处和短处，但我要说明的是，假如没有战争和军事，他们中很多人根本没得可写。

虽然中世纪的人也没有军事史，但他们也对记载过去战争的文献极感兴趣。他们所写的很多历史著作，都没有表现出对发现和记录什么时间、什么地点、因为什么原因而对什么人发生了什么事的密切关注，因此把这些作品当作文学作品来讨论也许更好。然而，也有重要的例外。那个时代几乎就其本身而言，所有重要人物都或者是战士或者是教士，这便是艾因哈特在为查理曼大帝立的传和茹安维尔在为路易九世（Louis IX）立的传中，用很大篇幅讲述传主的军事功绩的原因。另外一些作者是编年史家。他们的任务是记录每年发生的最重要的事件，无论多少。这自然会使他们特别关注对自己生活的社会产生

　　　　　　　　　　　战争的文化

了重大影响的任何非同寻常的事件。而在这些非同寻常的事件中，战争占据了中心地位。

尤其是在中世纪早期，几乎所有编年史家都是神职人员，因而被禁止参加战争。考虑到他们的地位，他们倾向于认为几乎所有的事情都有上帝插手。在他们看来，战争会在某年发生，与诸如施洗约翰（John the Baptist）会在哪年神奇复出，是同样的事情。他们太过经常地以神的干预来解释战争的胜败。另一方面，对于诸如战役计划、战术、后勤和技术装备等军事问题，他们的关注度却远远不够。这是因为他们理解力有限，还是因为他们想当然，很难说。然而我们所看到的，与其说是军事史，毋宁说是可供撰写军事史的原始资料，只可惜由于这些编年史家通常都是他们所描绘的事件的唯一资料来源，重修这段时期的军事史也是不可能的。

后来，事情发生了变化。编年史家们越来越多地出自骑士阶层。这使得他们对战争产生了浓厚的兴趣，有助于他们努力理解战争并向后代解释到底发生了什么事。这方面一个很好的范例是傅华萨（Jean Froissart；约1333～约1400）。他显然对法国和英国的宫廷都了如指掌。他在14世纪的最后几十年写作，主要记述百年战争中期的事件。他的著作从很多方面看都更像传奇故事而非历史，里面充满了挑战的发出和答复、战斗场面，以及双方贵族男子的英勇行为。所有这些，都是从一个钦佩他们并认为后世子孙应当记住他们的人的角度来描述的。

在世界的其他地方，许多前现代文明也有自己撰写历史的传统。最令人感兴趣者之一是中国。中国社会没有能够对人类事务发号施令、进行干预或奖惩的人格神。因此，中国人将历史视为一切知识的最重要来源。加之占统治地位的孔子思想的影响，中国人尊崇年老资深者，有一种根深蒂固的倾向，就是认为过去的时代更好、更贤明，比当今更值得仿效。其结果便是撰写历史，尤其是撰写军事史的传统，都是试图以过去的思想方法来理解现代。

在中国，统治阶级始终是由学者型官员构成的。学者们明确地鄙视战争，以致在写到战争时大多很笼统。更详细地研究战争的任务落在了军人头上。然而在中国的等级制度中，后者的地位是低于学者的。无论两种写作者以哪种方式来研究问题，他们都以历史作为出发点。某某人仿效古代名将，结果打了胜仗。某某人不听古圣先贤的忠告，结果罪有应得，打了败仗。例如，16 世纪下半叶，当明朝的将领们对北方的蒙古族作战不利时，他们的本能反应是求助于他们战车时代的祖先的思想。所有这些都使得历史学家，特别是研究与战争有关的历史的历史学家的任务，异常重要也异常危险。从权势者的观点来看，讹传了历史或从历史中得出了错误结论的历史学者，理当丢官，甚至丧命。

再回到欧洲，希望将自己的事迹载入史册并有条件这样做的骑士们，有时会委托像威廉·马歇尔（William Marshal；1144～1219）、马雷夏尔·布西科（Maréchal Boucicault；1366～1421）这样的专家为自己立传。可以想象，这样产生的作品，通常虽然可谓优秀的文学读物，但却是糟糕的历史文献，因为写作动机和行为都被扭曲了，要从最有利于传主的角度来展示他们。随着中世纪自大约 1420 年起开始消亡，情况发生了变化。国际雇佣军作为一个新阶级而产生，其中包括大量受过良好教育的人，既有高级军官也有不很高级的官兵，但都有能力自己撰写回忆录。其结果是出现了大量，用今天的观点看，往往是各种奇闻轶事、多少可信的冒险经历、贵族行为和道德说教的大杂烩的文学作品。从中也能发现大量有用的战略、战术和技术方面的珍贵资料，但通常都不很有条理，所占篇幅也大大低于人们的期望。

随着我们对这些文章的译解，又出现了一种解释。我们发现其写作目的并非系统或全面地记述事件，哪怕是作者亲身经历的事件，而是记录引人注目、非同寻常、在后人眼里能为作者增色的事件。如傅华萨的作品，某种意义上更像冒险故事而非军事历史，或者也许应当说历史变成了杰出人物事迹的背景，而不是像后来那样情况颠倒过来。诸如奥利维耶·德·拉·马尔什（Olivier de la Marche；法国，1426～1502）、约尔格·冯·埃因根（Jörg von Ehingen；德国，1428～1502）、迭戈·加西亚·德·帕雷西（Diego García de Pareses；西班牙，1461～1530）和乔治·盖斯科因（George Gascoigne；英格兰，1501～

1577）等人的作品，目的也都是给没有亲身经历过战争的读者上关于勇气和荣耀的课。

　　这个闸门一旦打开，司令官们和各级官兵们的回忆录很快便汇成了巨大的洪流。单是英国内战就产生了两打这样的回忆录。它们如此受欢迎，以致某些书都是由毫无军事经验，纯粹是为市场牟利的人写就的。这股洪流以不可遏制之势一直持续到今天。其中最佳范例有尤利西斯·S.格兰特（Ulysses S. Grant）的回忆录以及丘吉尔关于"一战"[曾有其同时代人这样评论这本书："温斯顿写了一本关于他自己的书，叫做《世界危机》（The World Crisis）。"]和"二战"历史的鸿篇巨制，都是真正的艺术之作。书中通过精心筹划，帮助读者理解事件，提出分析，保留悬念，从而为读者提供了全景式的视野、多种不同层次的丰富的细节、可观的情感深度，最重要的是，以作者本人的观点，对究竟发生了什么情况、为什么会发生，作了清晰的阐述。它们也是文体上的杰作，有意或无意地运用了各种可能的文学手法，以增强其文采。就这点而论，它们极具可读性。然而，不幸的是，更多这样的作品是由根本没有经过正经的历史或文学训练的人写就的，无论他们贵为司令官抑或仅仅是普通一兵。他们唯一的写作目的是，如果他们胜利了，就吹嘘自己；如果他们失败了，就责难敌人——而这些敌人经常就是他们先前的上司。

　　司令官们编撰自己回忆录的方法也有不同。在1600年到1900年这300年间，那些对自己的文学才能信心不足的司令官们，往往会把自己写下的材料交给子孙钻研和发表。而今天，在优厚的合同和丰腴的定金刺激下，他们更可能雇用研究助手和/或捉刀手，如诺尔曼·施瓦茨科普夫（Norman Schwarzkopf）①将军就是这样做的。很多司令官无论是否发表自己的回忆录，都会变成一些传记的传主，无论这些传记的写作是否经过他们同意——腓特烈大帝（Frederick the Great）的所有将军和拿破仑的所有元帅实际上在不同的时期都被立了传。鉴

---

① 1934～　　，美国陆军上将，曾任中央司令部司令，海湾战争时任多国部队总司令。——译注

于公众中识文断字的人越来越多，自 1600 年后的每次战争都能催生一大批这样的作品。许多在初版时相当受欢迎，只是不久后便又挤满了旧书店的书架，伯恩哈德·蒙哥马利元帅和德怀特·艾森豪威尔将军的著作都是如此。

除了回忆录和传记外，文艺复兴又引发了军事历史的一次新的增值，司令官们又有事可做了。不过，这是一种全新的不同形式的军事历史，对神的干预和个人的英勇行为——无论多么具有骑士精神——都不大感兴趣，更多地关注的是有目的、有组织的人类活动所产生的影响。例如马基雅弗利的著作。身为政治家、外交家、国防部官员、思想家、历史学家和剧作家的马基雅弗利，主要兴趣在政治而非军事。然而，他在组织他的家乡佛罗伦萨的防务方面的确发挥了重要作用，他对战争和军队的熟悉几乎不亚于许多古希腊罗马的作家们。像中国人一样，他认为过去是当今的典范和灵感来源。与中国人不同的是，他并不先入为主地认为一切都是古时候的好。相反，他只钦佩一个特定的时间和地点——罗马共和国，对于从那之后到他所生活的时代之间所发生的一切，几乎全都视而不见。对他的著作的最强烈的批评，也许恰恰是它们不肯承认变化。如果有什么事是贤明的罗马人做过的并且成功了，我们这些平庸的后辈岂能质疑？

你也许可称为现代军事历史——因为没有更好的称呼了——的那种学说，产生于 18 世纪上半叶。那时现代军事的所有必不可少的支柱都已形成，如战争发生于（或至少应当发生于）被称为国家的实体之间的思想；内战和外战不同，在一切可能的情况下都应当由不同的组织发起的思想；国家、军队和平民应是三位一体但又有明确分工的思想。像伏尔泰等平民作家就是在这一框架内写作的。他们遵循启蒙运动的最大传统，猛烈抨击战争，抨击其残酷性、野蛮性、非理性，以及他们所认为的干扰文明有序发展的倾向。

作为那个时代的潮流，许多启蒙思想家都不认为君主们发动战争另有其根本原因，而认为战争就是他们的游戏——是他们和他们周围的贵族以军队和百姓为代价而自娱自乐的方式。这种尤以法国重农主义者的鼓吹而著称的观点。在亚当·斯密（Adam Smith）的著作中也能看到。这种观点从逻辑上促成了伊曼努尔·康德（Immanuel Kant）于 1795 年发表的《永久和平论》（*Perpetual Peace*），并在这篇论文中达到了顶点。康德认为这样的和平是触手可及的，只要所有现在的国家都从君主制转为共和制。其他学者，包括伏尔泰本人，都不那么乐观。虽然他们基本上都不是军事专家，但他们都认识到了战争在人类事务中所起的重大作用，并尽其所能地为读者提供了战争记载。

启蒙运动的另一项贡献甚至更为重要。到了 17 世纪下半叶，非职业的战士、封建制和雇佣军大多已成为过去。法国、英国、奥地利、西班牙及其他欧洲国家都在忙于建设能够成批培养军官的军校。虽然军官生涯依旧危险，但军官们越来越多地不直接参加战斗了，而是承担计划、训练、指挥和领导等责任，那种就连总司令都得持剑仗矛，时而也要砍砍杀杀的时代，已经一去不复返了。那些在军校任教的教员，本身也是校级军衔的职业军官，他们被选中任教，大概是因为他们的知识和说教能力。随着时间推移，军官职业化自下而上的普及，导致 1763 年左右出现了最早的参谋学院。所有这些都催生了对军事文献前所未有的需求。这些军事文献实际上大多是历史文献，旨在探明究竟发生了什么情况并从中得出实用的结论，直到 1800 年后不久，士兵出身的拿破仑直率地宣称，要想成为一名伟大的指挥官，唯一的途径就是对过去的大战役研究、再研究。

许多学者，如让—夏尔·德福拉尔（Jean-Charles de Folard）和查理·吉夏尔蒂（Charles Guischardt），继承了马基雅弗利的衣钵。他们像他一样，以古代希腊罗马时期的战争作为自己的研究对象，试图将总结出的经验教训应用于自己的时代。另外一些学者关注于现代战争。他们所谓的现代，大致是从 15 世纪最后十年开始，现在已成为越来越多的文献的研究课题。虽然这两个时期都被认为对今天意义重大，如今被称为中世纪的那个时代，却普遍被认为是黑暗的封建时代。于是便被认为没有多少值得借鉴的，所能看到的不过是小股通常都鲁莽无知的骑士没完没了地相互追杀，同时屠杀挡住了他们去路的城市民兵或应征打仗的农民（或在极其偶然的情况下被这些人屠杀）。克劳塞维茨和约米尼都持这种观点，因而他们的著作中全都忽略了中世纪。

直到 1929 年，英国学者巴兹尔·利德尔·哈特（Basil Liddell Hart）首次发表他的《战略论》（*Strategy*）——此书经多次修改后，成为他的名作——的那一年，这种观点仍在持续。实际上，时至今日在一些著作中也还能看出这样的痕迹。

虽然撰写和阅读军事历史的专业人士也许会钦佩昔日的统帅，特别是，但绝非仅仅是，古代的统帅，但他们早已摈弃了上帝是人类事务的重要干预者的观念。他们也不关心勇士个人的英雄行为，除非是偶尔为吸引读者兴趣而作为润饰。相反，他们最为关心的是地理和自然环境、将帅的计划、军队的调动，以及最终以一方胜利另一方失败而告结束的军队阵形的变化和交锋情况。你也许想象得到，主要是专业人士写给其他专业人士看的文献——其中的一些实际上是通过订阅而销售的，如克劳塞维茨的《战争论》（*On War*）——许多都是以高度技术性的方式写就的。结果，现代读者往往会认为这样的作品枯燥无味，难以卒读。

另一种表达同一思想的方式是说历史和文学最终分道扬镳了。以往许多作者，也许是大部分作者，写作目的既是为了教育人也是为了鼓舞人。以致后者而非前者成了主要目的，他们经常为了追求文学效果而牺牲历史的准确性，并且关注英雄个人和英雄壮举到了有损整体画面的程度。与之相反的是，自 18 世纪后写就的许多军事历史著作，目的主要是提供教育。它们越是成系统，就越倾向于将鼓舞人心的任务交付战争文化的其他组成部分，如通俗历史、小说、诗歌和各种艺术形式。以致仅仅是在需要强调司令官"举足轻重"的重要性——因为司令官的意志是军队的发动机，或者需要增强文章的生动性以吸引读者时，个人和壮举才被提及。如果违犯了这条规则，作品就有被归为通俗读物或少儿读物的危险，至少得不到严肃的专业人士的注意——而专业人员的任务就是思考战争，计划战争，准备战争，进行战争，然后再重复这一循环，直到他们战死或开始领养老金。由此产生的态度同样也是持续长久，从很多事例来看，一直延续到了今天。

美国革命战争、法国革命战争、拿破仑战争，以及反抗拿破仑的解放战争，都产生了即使短暂却影响深远的军队民主化。曾经一度，每个人和他的战友，都有了成为英雄，或至少是表现为英雄的机会。英雄们希望自己为这项或那项伟大事业所立下的功勋能够载入史册。其结果便是将帅日记、回忆录和自传这种存在已久、多少还算真实、多少还算可靠的文体中，又汇入了大量由不大著名的人物们写作和发表的类似作品。所有这些，又伴随着浩繁的通俗军事史作品，部分上由于识字能力的普及，部分上由于这是一个民族主义高涨的时代，全都指向了极其广大的读者。

然而，这只是事情的一部分，也许并不是持续最久的部分。在某些人看来，那位法国皇帝是一位革命家和英雄，是有史以来最伟大的统帅。在另一些人看来，他却是食人生番、邪恶的天才，他动摇了欧洲的根基，甚至差点儿毁灭了欧洲。无论如何，正如就连克劳塞维茨（他憎恨波拿巴，他一向这样称呼他）都承认的，从拿破仑的战争中可以学到很多东西，如：它们与先前的战争的不同之处，军队的组织、战略、战术和后勤，拿破仑的正确之处和错误之处。同样也要研究最终打败了拿破仑的那些军队的这些方面。鉴于随之而来的和平时期格外漫长，这些问题不断地吸引着人们，无论是专业人士还是业余人士，至少是一直持续到 19 世纪中叶。甚至那时的法国人，为了弄明白毛奇究竟是怎样战胜他们的，仍然要到拿破仑那里去寻找灵感。像戴维·钱德勒（David Chandler）的《拿破仑的战役》（*The Campaigns of Napoleon*；1966 年）和约翰·埃尔廷（John Elting）的《王座四周的剑》（*Swords Around a Throne*；1997 年）这样的书大受欢迎，都说明了人们对这些战争的兴趣并没有减退。

从希罗多德的时代到伏尔泰的时代，无论你多么有学问，无论你多么有天赋，撰写历史，包括军事史，大都是业余的事情。几乎无人接受过任何历史训练。自色诺芬起，许多人都将他们在这一领域的著作与诸如哲学、戏剧等其他学问结合了起来。相当多的人甚至以诗歌的形式来装扮他们笔下的历史。与之相反的是，到了 19 世纪上半叶，我们今天所理解的学术性历史诞生了。新的学术型历史学家在大学里做研究，使用的是他们自己发明的学术方法。

这些人在撰写古代军事史，甚至中世纪军事史时，基本上都没有什么顾忌。于是，他们关于这些时期的著作中都充满了对战争发动、战役指挥和战斗过程的评述，随着时间的推移，还变得越来越科学、越来越准确。然而，这些学术型作者们一触及现代军事史，往往就变得缩手缩脚起来。毕竟，这是一个许多国家的政府都竭尽所能地将中产阶级排斥在战争之外的时期。很多学者也因为缺乏实战经验，认为自己没有资格评述战略问题，满足于把这些事情留给"专业人士"去做。只有少数人有勇气直面专业人士，如卡尔·马克思的朋友弗里德里希·恩格斯。当然，恩格斯并非学者，也是业余人士，用他自己的话来说，他认真地研究这门学问，是为了尽自己所能地掌握它。

的确，这个规则有一些例外。最著名的例子是汉斯·德尔布吕克（Hans Delbrück；1848 ~ 1929）。在柏林教书的德尔布吕克曾经冒失地提出：专业人士们误解了普鲁士传奇统帅腓特烈大帝的战略。更有甚者，他通过论述腓特烈大帝的战略是基于消耗战而非歼灭战，对不可一世的德军参谋总长拟定的未来对法国作战的计划（后来被称为"施里芬计划"）提出了质疑。毫不奇怪，他受到了总参谋部军官们的猛烈攻击。他们直截了当地对他说，平民对军事事务一窍不通，也不可能懂。他的一些外国同行，如专写英国海军的朱利安·科比特（Julian Corbett），也遭受了同样的待遇。尽管这有可能是偶然情况，但直到1969年我从耶路撒冷的希伯来大学毕业的那年，全部课程中没有一门是关于战争史的。时至今日，美国数以千计的大学中，开设军事历史课程的仍是屈指可数。

军事专业人员和学者的渐趋分裂，使得军事经验对于研究战争及战争史是否必不可少这个问题，越来越成为一个大问题。我们知道，古代希腊罗马的著名历史学家，大多都有第一手战争经验。作为公民，他们都曾在行伍中作战。其中很多人还曾担任过高级的指挥职务。在这方面，他们相对于现代的学术型历史学家们有一大显著优势。虽然许多大学都聘请退役将军讲授战争史，却鲜有国防部长聘请教授来领兵打仗。古希腊罗马军事史学家们非凡的素质强烈地反映出，集司令官与作者为一身，是多么有利。

然而，即使不理会客观性和洞察力这样的问题，还有另一方面的问题。这里我不列举极负盛名的军事史学家，如虽然从没打过仗却登上了这一领域顶峰的约翰·基根爵士等。我要转述马丁·吉尔伯特教授（Martin Gilbert）的一个故事。他本人也是著名军事史学家，写有大量关于阿以战争和第一次世界大战的专著。在一个会议上，曾在福克兰群岛战役中担任指挥的约翰·"桑迪"·伍德沃德（John "Sandy" Woodward）海军上将说，任何没有参加过战争的人都不可能真正理解战争。吉尔伯特的回答是："如果这样的话，请给我解释解释吧。"

公众对军事史的兴趣从来没有衰退过。正如德国教授海因里希·冯·特赖奇克（Heinrich von Treitschke；1834~1896）曾经宣称的："和平时期就是历史书中的空白页。"不仅是欧洲，世界各地爆发的所有战争——毕竟，19世纪，尤其是其下半叶，是殖民主义的高峰期——都会催生多如牛毛的由参战者、新闻记者和偶然的目击者写成的多少真实的记载。偶然的目击者中有些是知名的作家。其中一个很好的例证是特奥多尔·冯塔内（Theodor Fontane；1819~1898）。冯塔内是普鲁士人，是一名成功的游记作家，后来又将其天才发挥到创作小说上，同样非常成功。然而曾经一度，他脱离了日常的工作，撰写了一部极具可读性的1866年普奥战争历史。他的目标读者不是专业人士，而是对军事感兴趣、受过良好教育、富有爱国精神的老百姓。

这些作品中，有些比较可靠，有些则不是。大部分作品大概都是在鼓吹过去的战争，特别是作者本国打赢的战争，或者有时是在据说条件极其不利的情况下打输的战争。尤其是美国内战中战败的南方人，写了大量这样的作品。在南方作者们看来——许多人时至今日仍这样认为——这场战争是不讲理的北方人在最不讲理的总统亚伯拉罕·林肯带领下强加给他们国家的。应变能力极强的南方人，迅速动员起自己的力量。尽管敌人数量占优，生产能力也更强，但南方人在战斗中表现出色，顶住了敌人许多次进攻，也给予了敌人许多次重创，然而最终由于众寡实在悬殊，敌人物质优势巨大，才使胜利的天平逆转。这类作品以及许多其他作品，经常以清晰的细节描述残暴恶毒的敌人强加给己方的痛苦。然而，在19世纪下半叶，聚焦于战争的恐怖和悲惨的作品，仍然十分稀少。相反，由于许多作者都受到流行的民族主义和社会达尔文主义的影响，往往倾向于将战争视为人类生活中必要的，甚至是积极的一部分。

在这个时期登台亮相的一个军事史新品种，是由各种参谋机构专门设立的部门专门任命的人员（无论是军人还是平民）撰写的官方的军事史。自古以来，本身不是统治者的军事统帅，经常会应他们的政治主子的要求，提交关于他们的军事行动的战后报告。至少从亚历山大大帝起，许多本身就是统治者的军事统帅，都要委任专门的官员负责搜集资料，记述战争。有理由认为某些自古希腊罗马时期流传下来的作品的作者，如约瑟夫斯和阿里安，都读过这样的官方记载。1779年，奥地利的约瑟夫二世皇帝（Joseph Ⅱ）又开辟了一片新天地，命令他的战争委员会（Hofskriegsrat）编撰自 1740 年以来帝国经历的所有战争的文献记录。由统治者或政府策动编写的历史，无论最初是怎样写的，通常都会经过重编，供宣传用，以歌颂胜利者，诋毁失败者，自得于胜利，隐瞒失败或为失败找借口，等等。在拿破仑统治时期，官方的军事记载被歪曲到这样的地步："像公告一样撒谎"这句话竟然成了一个俗语。

然而，这与配备有专家级人员，担负创作官方版战争史的专门机构还是不同。这样的机构是直到 19 世纪上半叶，才由普鲁士军队总参谋部建立了第一个。其目的是以战争史作为工具来教导职业军官。如实践所证明的，除其他方面外，将这个机构分为两部分，一部分负责搜集资料，一部分负责写作，在某种程度上是一种尝试，要表明当自行运转时，他们在研究历史，掌握历史，利用历史所提供的"教训"方面，做得丝毫不差，甚至更好。其他国家的军队也都相继如法炮制。自 19 世纪 90 年代起，军事史研究出现了专门化趋向，像军队的其他部门一样，坚持要拥有自己合格的人员，独立运行。他们的研究成果，不仅像最初计划的那样用于专业教育，也用于"启蒙"公众（以产生军队认为值得期望的影响），还用作他们相互争夺地盘时的数据库。

与非官方的同行相比，官方的军事史学家既有有利之处也有不利之处。无可争议的最大的有利之处是他们有雄厚的财力。以位于波茨坦的德国联邦国防军军事科学院为例，在每年 700 万欧元的年度预算支持下，该院的历史学家们有钱做很多其他人做不到的事情，比如聘用行政助理、到战场作实地考察、采访当事人等等。最后但绝非最不重要的是，他们还有保证基金，能够出版一些别人根本无法出版或根本销售不动的著作。

也许更重要的是接触文献的便利。传统上这意味着接触到各类文字档案，最近又加上了录音带和浩如烟海的图片资料。有时，这些资料还清楚地作了分类。例如，现在已经知道，参与编撰美国官方的第二次世界大战史的一部分学者——全都是很好的历史学家——在负责截获和破译日本无线电报的秘密组织 MAGIC 的存在被披露之前很多年，就已经知晓这个组织了。在任何领域的研究中，能够成为第一个通常也是唯一一个细读原始资料的人，都是一项巨大的优势。在战争这个通常都被秘密笼罩的领域，这个优势更是非同寻常。

另一方面，为权力机关工作，撰写官方历史的学者也难免承受一些困难。即使是在民主国家，知道自己的利益所在，也许也会迫使他们接受某些观点而拒绝其他观点。正如他们中有些人坦白的，最最起码，以特别爱争辩（在很多情况下，这往往也意味着最为渊博，最富创造性）而著称的学者，首先不大可能被选中承担这项工作。在不那么民主的国家，监管要严格得多，学者们很容易沦为政府的喉舌。他们需要听命，按照吩咐去写，而不能丝毫顾及历史真实性，有时甚至不能顾及最终完成的著作能否讲得通。更糟糕的是，政策随时会变化。当这种情况发生时，站错了立场的历史学家如果不能及时改弦更张，还会受到惩罚。

然而，这些还不是官方历史学家们面临的全部问题。在阐述本国武装力量的战争史时，他们不可避免地必须尽可能做到全面和平衡。如果没有做到这一点，他们肯定会招致各种各样的指责。为了突出事件的整体进程而不是某些勇士的功绩，他们往往也要克制自己的个人感情。有时，这会走到极端。当读者们浏览着俯拾即是的众多岗位和机关接收到这样那样的指示或发布这样那样的命令时，应当原谅他们会忽略这些机关和岗位的占有者也是有血有肉的人，并且他们也不断在更迭。

几乎永恒不变的是，最终的结果都是一整套大部头的书。为了达到盛气凌人的权威性效果，这些书几乎从不试图激发读者的想象力，让读者心潮澎湃、热血沸腾。下面这段文字，摘自巴伐利亚官方历史中对 1915 年 5 月发生于佛兰德斯的弗罗梅勒战役的描述，无论好坏，这都可谓这种风格的典范：

> 为了兑现英军最高司令弗伦奇将军向法军所做的承诺，5 月 9 日，英国第 4 军部队向该村西北部发动了进攻。攻击的矛头指向了巴伐利亚预备役第 6 师的中央——第 16 预备役步兵团的阵地。早晨 7 点，两颗巨大的地雷爆炸，活埋了战壕中的六组守军士兵，使得敌军突破了第 16 预备役步兵团的阵地并深入纵深约 200 米。由于剩余守军的顽强抵抗，敌人潮水般的涌入被阻止……友邻第 21 预备役步兵团和第 17 预备役步兵团的协助，及炮兵准确的火力，使得英军无法增援其部队。经过激烈的战斗，前沿战壕于白天被夺回。深入我军阵地的敌军被切断了退路，最终被全部消灭或俘获。英军进一步发动攻势的希望破灭了。[1]

官方的战争史至多是建立了一种全面、详尽和客观的标准，但很少有人能从头读到尾——例如，美国军队在第二次世界大战中的官方历史至少有 97 卷（其中 7 卷关于海军，15 卷关于空军，75 卷关于陆军），根本不可能会有人去通读。因此它们也许大多被用作参考书，当然，希望自己显得比实际上更有学问的部长们、将军们及其他达官贵人们，也可以在照相时用作背景。

官方的军事史与学术界撰写的历史有一点共同之处，就是都要追求"科学"地位。人文研究是一门科学，或至少可以是一门科学，是 19 世纪由德国人最先提出的。"Wissenschaft"（德语，意为科学）这个词，无论是过去还是现在，所涵盖的都不仅仅是自然科学，而是包

---

① Bayerischen Kriegsarchiv, eds., *Die Bayern im Grossen Kriege 1914 – 1918；Auf Grund der Kriegsakten Dargestllt*, Munich, Bayerischen Kriegsarchiv, 1922, pp. 221 – 223.

括从医药到音乐的所有领域的研究。为了赢得"科学"的称号，一部历史著作，包括军事史，至少必须满足四项基本条件。首先，虽然可以承认人们有信仰上帝或其他超自然的力量的权利，但认为这样的因素可以实际影响事态的发展的观点，是必须禁止的。换言之，人类历史必须以人类的活动来解释，像马基雅弗利那样；或者遵从黑格尔，以"客观运作"，即不受个人意志影响的全能的政治、经济、社会、文化、宗教、技术，当然，还有军事等因素来解释。其次，这种历史著作必须在区别真实和虚构的意义上做到"客观"，并尽可能地坚持"实际发生的情况"[这是奥托·冯·兰克（Otto von Ranke）[①]的名言]。再次，对于史料必须考辨，对于引证必须详细注明出处，以供读者核查。最后但绝非最不重要的，持论必须公允，不偏不倚，"sine studio et ira"（不卑不亢）——如塔西佗所说的。

要想满足这些要求，非常不易。更重要的是，试图这样做就很容易使书冗长、沉闷、枯燥、费解。有时候，学术界的历史学家为了寻求"科学"地位，似乎有意把他们的著作写成这样。因此毫不奇怪的是，在这些无论是军队还是学术界创作的"科学"的军事史之外，出版界还会源源不断地推出大量通俗的战争和战事记载。此类读物中较突出的是多少比较真实的日记。还有官方和非官方的信件集（实际上是选集）、个人回忆录、传记和报纸杂志的文章。充斥着武器、装备、军服和大小战役记载的图文书，可以迎合各个年龄、各个阶层、各种教育程度的男人的口味——女人很少读军事史。这些作品通常都很不客观，在写作时有意地极尽渲染之能事，往往不符合严格的学术标准。有些作品甚至以神的干预来解释友军如何驰援施救，凶恶的敌人如何遭到重创，如1914年蒙斯之战中天使现身的故事。然而，缺乏"科学性"并没有阻止人们购买和阅读这样的书。

如果问人们为什么经常读军事史，为什么如此感兴趣，不同背景的人会有不同的回答。绝大多数人也许会说他们觉得讲述过去战争的书很有趣，甚至很迷人，能从中读到很多"棒极了的故事"。这些书

---

① 1795~1886，德国历史学家，客观主义史学创始人。——译注

使他们憎恨和鄙视坏人，认同英雄，与一种比自身生活更崇高更伟大的事业产生共鸣，不必牺牲舒适的生活，不必冒生死和伤残的危险，就能体验许多冒险经历，体会到从危险直至胜利的全部感受——尤其是，如果故事是以个人亲历的口吻讲述的（严肃的史书通常都做不到这一点，更不用说官方的军事史了），或者再掺杂进爱情和性的情节（直到今天在这类历史书中仍不多见），那就更好了。另外一些人会说，战争是人类历史中必不可少的一部分，因而像其他必不可少的部分一样，值得仔细研究。还有极少数的一些人，读军事史的目的是了解战争，从过去的战争中汲取经验，发现所谓的战争的原则，为未来的战争做准备。对于这其中一些有哲学头脑或者野心勃勃的人来说，还能提出一些新奇的战争"系统"或"理论"。

毫无疑问，所有这些理由本身都是很好的理由，直到今天，仍像至少自希罗多德决定记录下他的主人公的事迹时一样重要。然而，虽然这些理由都是真实的理由，但恐怕都不是唯一真实的理由，更不可能是全部真实的理由。在"严肃"的人们中，很少有人会像利德尔·哈特那样坦诚地承认，被这一领域所吸引，至少是最初被这一领域所吸引的真正原因，是战争和游戏的相似性。换言之，这种迷人性与我们的心灵和荷尔蒙的关联，丝毫不亚于与我们的头脑和理智的关联。然而，除非充分理解这一真实的理由，否则我们对战争的理解，更不用说我们计划战争、发动战争、应对战争并从战争中获利的能力，都将永远是不够的。

第十章

战争和文学

虽然曾有一两位历史学家获得过诺贝尔文学奖——包括第一位诺贝尔文学奖得主、古罗马研究专家特奥多尔·莫姆森（Theodor Mommsen）①——然而，无论文学描述的事实多么准确，而历史的行文又多么优美，今天我们却倾向于在两者之间画一条清晰的界线。过去的很多时候，情况都不是这样，特别是当大多数人都目不识丁时，人们所知道的以往的事情，都是口口相传的，文学和历史经常被认为是一回事。那些时候，历史、小说、戏剧、诗歌，尤其是史诗，还有神话，都被归为一类。通常是一个人既写历史，也写小说、戏剧。但此处我不打算讨论这些不同文体间的差别，只想说一句，虚构事实而不是弄清事实真相的历史作品，根本不能算是历史。如果说历史著作似乎经常痴迷于战争，其他文学形式也是如此。用现代人中为数不多的既熟悉战争又精通文学的人物之一欧内斯特·海明威（Ernest Hemingway）的话来说，战争是"不可替代的"。

虽然"战争文学"这个词是 20 世纪 20 年代才出现的，但以战争为主题，或者充满战争的文学作品，至少是像历史本身一样古老。甚至一个短短的清单就可以列出很多人类的头脑所创作的最伟大的文学作品。一个很好的起点是写于公元前 2000 年的巴比伦的《吉伽美士史诗》（*Epic of Gilgamesh*）。那位史诗因之得名的英雄，似乎是一名历史上真实存在的国王，大约生活在史诗创作的七个世纪之前，史诗便是

① 1817～1903，德国历史学家、古典学家，曾获 1902 年诺贝尔文学奖。——译注

叙述他的战争和历险故事的。这份英雄文学清单接下去是《伊利亚特》，还有《奥德赛》（Odyssey）的部分章节，然后是维吉尔的《埃涅阿斯纪》。所有这四篇，以及其他文明中产生的类似史诗，有一个共同之处，就是它们都是文学作品，而非我们所理解的意义上的历史作品。在这些作品中，创造艺术美感的愿望至少是与对历史事实的关切同样重要的。所有这四部史诗中都还包含我们认为很重要的神话要素。

这些文学作品中的一些，极大地夸张了主人公的威力和事迹，如《吉伽美士史诗》。另外一些描写了人类和超自然的人物之间自由的交流，甚至是性交（希腊罗马史诗以及《吉伽美士史诗》），或者向读者介绍了各种杜撰出来的妖怪，如独眼巨人库克罗普斯、女妖斯库拉、女妖卡律布狄斯和半人半鸟的女海妖塞壬（《奥德赛》）。在很多方面都借鉴了荷马史诗的维吉尔，在这方面是个例外。写下这些史诗的作者们，很显然汲取了大量此前口口相传的资料。他们自己如何看待自己的作品，我们知之不多，甚至根本不知。但我们的确知道的是，在那些听过或读过这些史诗的人看来，这些作品都不是虚构的，描述的都是历史上真实发生过的事情。

认清这一事实对于理解后面的内容非常关键。当这些人编撰各自不同的历史著作时，诸如希罗多德和修昔底德等人并没有有意打算创造出一种新的文学体裁来。相反，尽管他们用的是散文体而不是诗体，但在很多方面他们都认为自己是在追循着荷马的足迹，他们对希波战争和伯罗奔尼撒战争的写法多少与荷马对七八个世纪前发生在特洛伊的那场战争的写法是一致的。当然，两个人的确都采取了对资料进行考辨的办法，试图剔除不可靠的资料并解决资料中的矛盾之处。然而，明确地追求历史真实——最最重要的，是要求严格地将事实和虚构区别开来——是直到公元前 2 世纪上半叶波利比奥斯时期，才开始出现的。当然，这并不是说，所有描写战争或其他历史事件的经典文学作品，自此以后就都采取了严格的历史学的方法。

有一位现代历史学家，在提及古希腊时说，那里的战争在文学作品中比在现实生活中还要盛行——有鉴于希腊是由数百个争执不休的城邦组成的，现实中的战争据说已经不少了。希腊戏剧家和诗人都经常以战争为主题，创作出丝毫不亚于今天的杰作。有些人，如提尔泰奥斯（Tyrtaeus）①和阿尔基洛科斯（Archilochus）②，号召他们的同胞拿起武器，到战场上建功立业；有些人，如埃斯库罗斯（Aeschylus）③，曾欢庆战争的胜利；有些人，如欧里庇得斯，描写过战争的痛苦；还有些人，如色诺芬（除他的历史著作外），对战争进行过哲学思考，甚至描述过完全虚构的战争，在教学中用以举例说明。关于色诺芬，我们已经介绍过，他在定居斯巴达过退休生活之前，是一位非常成功的军事将领。关于其他人，我们知道他们，或他们的近亲，曾参加过战争，有些人还曾在执行任务时受伤或殉职。

《旧约圣经》部分上是神话，部分上是法律，部分上是智慧书，部分上是诗歌，部分上是历史，里面也充满了战争，尤其是《摩西五经》、《约书亚书》、《士师记》、《撒母耳记上》、《撒母耳记下》、《列王记上》、《列王记下》、《历代志上》、《历代志下》。战争，特别是摩西对亚摩利人的战争、约书亚对迦南人的战争，以及扫罗王和大卫王对各自敌人的战争，都是以色列民族形成过程中不可缺少的一部分。对巴比伦人的战争，也导致了公元前 587 年耶路撒冷及所罗门国王（Solomon）的神殿的陷落。很显然，《圣经》中对这些战争及其他战争的描述，包含有许多历史的成分，而且总体而言，的确是时间越晚，记载就越真实。但是，很显然《旧约》中也包含有许多现代人大多会认为不是历史的资料。例如，有一场战争的胜败取决于摩西的手是举起还是落下，而在另一场战争中，耶和华在约书亚的请求下，命令太阳和月亮静止不动，从而保证了以色列人占据上风。然而，即使是不那么稀奇的记述，其真实目的也不是要满足所有人的历史好奇心，更不用说教人们战略、战术、技术和类似的军事科目了。确切地说，这些故事要说明的是，当以色列人遵守上帝的命令时，就能打胜仗，反之则会打败仗。

虽然到了古希腊罗马时期，历史终于不再和文学混淆了，但到了

① 公元前 7 世纪的希腊哀歌体诗人，其诗以征战为题材。——译注
② 公元前 8 世纪到前 7 世纪的希腊诗人，首创抑扬格。——译注
③ 公元前 525?～前 456，古希腊悲剧作家，相传写有八十多个剧本。——译注

中世纪，两者的距离又缩小了。除了编年史外，古代世界所理解的那种世俗历史又不存在了。甚至编年史有时候也不仅仅是要记载人类历史，更多地是想表明上帝之手在起作用。在文学作品方面，中世纪的《裴欧沃夫》（*Beowulf*）、《罗兰之歌》（*Chanson de Roland*）、《马尔登之战》（*The Battle of Maldon*）、《尼伯龙根之歌》（*Nibelungenlied*）及它们之后的《武功之歌》中的很多篇目，都不亚于《吉伽美士史诗》和古典史诗。不过，像先前的文学作品一样，这些文学作品不能简单地视为是描写历史人物的功绩和恶行的历史事实，即使它们的作者相信它们是历史事实，即使它们中的许多的确包含有一些真实的精髓，使得学者们仍在努力研究其确切性质和重要性。显然，这些作品的创作目的中，探求历史真实的成分也不高。有些作品的主要意图是歌颂委托创作者或者这些故事的传人的祖先，从而提高他们在同时代的人们眼中的地位。许多其他作品则肯定是利用战争和战役主题来进行教育、鼓舞，以及——是的——娱乐。

在荷马时代和中世纪，产生这些文学作品的社会都是原始封建社会或封建社会。换言之，就政治权力的分配而言，它们是相当分散的，并且几乎完全是由一个将其价值观强加于社会其他阶级的武士阶级统治的。西方绝非产生这种社会的唯一地区，因此，如果发现在世界其他地方有多少类似的社会，产生了多少类似的文学作品，也不足为奇。尤其是日本室町时代——大约从1336年到1603年——产生的文学作品中，包括大量类似的历史、半历史和伪历史的作品。

像中世纪的欧洲一样，这些作家都是为此目的而雇用或供养的专家。他们的任务就是记录和讲述武士的战争、事迹、胜利、失败、荣誉和忠诚（或背叛）。在这样的情况下，真相就无法与虚构分离了，因为首先这的确是不可能的。其次，假如所记载的武士的确存在，那么他是否当真立下了归于他名下的战功或具有归于他名下的动机，也是不重要的。像《荷马史诗》和《武功之歌》一样，这些文学作品毋宁说是提供了一面真实反映了由武士、它们的主人和他们的扈从所构成的社会的镜子，揭示了这个社会的喜好、憎恶、价值观，以及该社会如何认识自己和教育其成员的方式。

战争的文化

我们已经提到过，文艺复兴时期的将军和士兵写作了大量军事历史作品，而且他们的作品远远谈不上科学。与此同时，文艺复兴时期也有一些作家，尤其是意大利作家，试图模仿古希腊罗马的文学作品，从而复兴了史诗这一伟大传统。他们不可避免地将大量注意力倾注在战争上，因为战争是可供他们将悬念、色彩、感情深度和宏大场面结合起来的为数不多的领域之一。上述这些特性既是他们渴望的，通常也是利润丰厚的，这也许便是诸如阿里奥斯托（Ariosto）[①]等许多作家选择写武装冲突，而不是去赞美养牲口、补衣服之类的原因。在读他的《疯狂的奥兰多》（*Orlando Furioso*；1516~1532）时，你很难说清究竟是爱情为战争提供了背景，还是战争为爱情提供了背景。似乎两者同等重要，它们巧妙地相互映衬，也相互增色。

像古典史诗一样，这些读物中的很多，尤其是提到各种古希腊罗马的神和可怕的（但有时也会是娇美可爱的）女战士的那些，都纯粹是想象之作。当然，不同之处在于这些作品都完全是凭空杜撰的，并没有深植于神话和传说中的根源。的确，作者们都竭尽全力地为他们要讲的故事——通常都很平庸——多少设置一些历史背景。例如，阿里奥斯托让他的主人公生活在查理大帝的时代。然而，无论是这些作者还是他们的读者，都不相信所讲的故事真的发生过或者有可能发生。在这方面，它们都有些像 J. R. R. 托尔金（J. R. R. Tolkien）[②]笔下的故事。当然，后者中也有关于战争和战役的故事。然而，尽管读者也许深爱这些故事，却几乎没有人相信故事中的人物真的存在过，更不用说如果去参观中土世界，就能在那里找到霍比特人、精灵、魔鬼等等，并追寻他们的冒险历程了。所有这些都说明到了文艺复兴时期，文学和历史的差别已经牢固确立了，或者，如果从波利比奥斯说起，就是又恢复了。

其他文艺复兴时期的作家也时常涉笔战争。最著名的无疑是威廉·莎士比亚。从《科利奥兰纳斯》（*Coriolanus*）到《裘力斯·恺撒》

---

① 1474~1533，意大利诗人，代表作为长篇传奇叙事诗《疯狂的奥兰多》。——译注
② 1892~1973，英国语言学家、作家，因创作奇幻小说《魔戒》三部曲而闻名。——译注

（*Julius Caesar*）、《理查二世》（*Richard* Ⅱ）、《理查三世》（*Richard* Ⅲ），还有数位亨利国王，直到《哈姆雷特》（*Hamlet*），莎士比亚的许多戏剧，或是以战争为主题，或是以战争为背景。莎士比亚当然不是历史学家，更不是现代那种"科学"的历史学家。他的历史剧甚至在写作时，也没有声称要绝对忠实地体现历史真实。他所做的就是将他那个时代普遍可以看到的各种文献，改编为他所描写的事件和情节的主线。他经常会提炼、增加甚至杜撰人物、细节和对话，为他的剧情服务。

莎士比亚的生活和创作是在英格兰与西班牙交战的时代，空气中总是弥漫着对外敌入侵的恐惧。从我们所知的关于他的为数不多的信息来看，他比同时代的一些剧作家，如克里斯托弗·马洛（Christopher Marlowe）和乔治·查普曼（George Chapman）等人的军事经历还要少。然而，研究——他经常使用技术术语，证明他对军事有研究——和想象力的独特结合，仍然使他能把戏写得栩栩如生。即使是写遥远年代遥远国度的战争，也仍然能给人以真实的感觉。他对战争和战斗本身的描写一般都很简短。仅仅因为舞台上难以表现有很多人的场面，大多数战争场面都得靠暗示而不是表演。例如，在整个《亨利五世》一剧中，阿金库尔战役①只在第四幕有两个场景，而且就连这两个场景都只是由极少数的人表演的。

无论如何，令莎士比亚感兴趣的不是战略、战术或技术，而是计划战争、指挥战争、上阵厮杀、庆祝战争、享受战争和忍受战争痛苦的人。他在把这些人物表现给我们时，也把"我们是要去夺一小块徒有虚名毫无实利的土地"这样的思想和亨利五世在战前发表的关于荣誉的长篇大论——也许是同类文字中写得最好的——呈现给了我们。难道所有这些意味着我们可以把莎士比亚斥为"好战分子"吗？当然不是。所有这些意味着，像他之前和他之后无数的人一样，他把战争视为最宏大的戏剧。这样的戏剧不仅能将人类品质淋漓尽致地展现出

---

① 1415 年，英王亨利五世在法国北部阿金库尔村重创兵力数倍于己的法军的战役。——译注

来，使剧作家本人的才华得到最大限度的发挥，也能深深地吸引观众。

17、18世纪，以战争为主题，或至少是以战争为背景的多少是虚构的文学作品，源源不断地创作出来。其中最有趣的作品之一，是汉斯·雅各布·赫里斯托夫·冯·格里美尔斯豪森（Hans Jacob Christof von Grimmelshausen）的《痴儿西木传》（*Simplicissimus*；1667年）。生于1622年的格里美尔斯豪森，年方17岁就参加了瑞士军队。他因此有了亲身的战争经历，尽管他服役的大部分时间都是作为文书而非普通士兵。他的作品是讽刺性的，关注的不是战争中的英雄行为，而是战争引发的痛苦和荒谬。小说以痴儿西木的口吻讲述，一次又一次不厌其烦地强调他所讲的故事是"真实的"。这并不意味着这些故事当真发生过或者格里美尔斯豪森以为它们发生过，甚至都不意味着他希望他的读者相信它们发生过或可能发生过。在这方面，约瑟夫·海勒（Joseph Heller）发表于1961年的关于"二战"的小说《第二十二条军规》（*Catch 22*）与之非常相似。两者还有一个共同之处，尽管几乎所有的细节都纯粹是想象而来的，但总体的效果却极其逼真，虽然海勒曾对已故历史学家斯蒂芬·安布罗斯（Stephen Ambrose）说他的书纯粹是虚构的，实际上，他所描述的时间和地点的美国驻军所做的一切，都是伟大和了不起的。

在众多涉及战争的文学品种之上，19世纪又增添了历史小说。越来越多的人都认为，这是一个在探索人性的起源、成长和发展方面，历史（自达尔文起还有生物学）开始取代宗教的时代。如前几章所阐释过的，学术型历史也是在这个时代产生，并独立于宗教和小说之外，试图尽可能"真实"地再现过去的。然而，小说家仍然很少是学者，学者也很少写小说。小说家，或至少是其中较优秀者，所做的事情实际上是研究学术型历史学家的研究成果，用于将他们的各种人物、环境和情节，设计在战争占极突出地位的多少比较遥远的过去。

战争历史小说的代表人物中，有一些19世纪最伟大的作家，如沃尔特·司各特、列夫·托尔斯泰、爱弥尔·左拉（Emile Zola）和斯蒂芬·克莱恩（Stephen Crane）。他们与《武功之歌》的作者不同，与阿里奥斯托也不同，竭尽所能地使他们的人物和故事情节所处的历史背景尽可能地逼真，为此他们的作品中排除了神的干预和各种魔法巫术。而且，为了分别再现 12 世纪的战争、拿破仑入侵俄国的战争、1870~1871 年普法战争和美国内战，他们还经常进行相当可观的历史研究。托尔斯泰在《战争与和平》（*War and Peace*）中描绘了奥斯特里茨战役，左拉在《崩溃》（*Debacle*）中描绘了色当战役，毫无疑问这些战役都真实发生过。同样毫无疑问的是两位作家都深刻地研究过上述战役，以致许多细节、人物都是完全真实的。例如，托尔斯泰对俄军统帅米哈伊尔·库图佐夫（Mikhail Kutusov）及其他历史人物的描写都非常符合历史真实。托尔斯泰是一位只喜欢俄国人个性的俄国民族主义者，这的确不错，但与我们讨论的问题毫不相干。通常，故事的真正主人公都不是真实存在过的，作者也没有要求读者相信他们存在过。艾凡赫、他的父亲塞德里克、疯子乌尔里克和美丽的丽贝卡，也都不是历史人物，而且他们的创作者司各特从来也没有说过他们是。

也可以说，小说家们实际上是虚构了本可能存在的人物和本可能发生的事件，将它们精确地嵌入了历史背景中，就像将宝石嵌入指环中一样。这与文艺复兴时期的作家们不同，后者是不在乎这种精确性的。同样，随着许多国家缓慢地走向民主，有史以来第一次，普通士兵的生活也得到了极大的关注，而先前的作家对此是普遍忽略的。鉴于创作历史小说要求作家既要有历史学家的知识和见解，又要有小说家铺设悬念构思情节的才能、生动的文笔和感情深度，所以绝非易事。受欢迎的小说——有很多甚至时至今日仍在流行——既是作者精湛的技巧，也是其唤起人们同情心的能力的充分证明。这样的作品之一，斯蒂芬·克莱恩的《红色的英勇标志》（*The Red Badge of Courage*；1895 年），一直被参加过战争的人们视为也许是了解战争是什么样的最好的作品。使得这一成就更显得了不起的是，克莱恩从未当过兵，也没打过仗。这又一次提出了这个问题：亲身经历对于理解和描写战争，到底有多重要？

到了 19 世纪晚期，所有这些不同的文学品种中又有一个新成员开始叩关。就是像《圣经》中的世界末日善恶大决战那样的预见性故事，一般不仅完全是想象的，也缺乏细节。此前大多数军事小说讲述的都是以往的战争，从此也开始越来越多地开拓"未来"这块领域了。这种今天被称为科幻小说的新品种，诞生的原因之一也许是突飞猛进的技术进步。它是工业革命催生的，在人们的关注下日新月异地发展，使得"未来"成了人们非常好奇的话题——正是这种好奇心使得儒勒·凡尔纳（Jules Verne）①的小说应运而生。还有一个原因，可以说人们已普遍感觉到，当时世界强权间的紧张对峙迟早会导致兵戎相见，于是作家们既是在迎合这种恐惧心理，也是在刺激这种心理。

我们来看一看乔治·汤姆金斯·切斯尼（George Tomkyns Chesney）发表于1871年的小说《杜金之战：一名志愿兵的回忆录》（*The Battle of Dorking：The Reminiscences of a Volunteer*）。切斯尼出生于1830年，后来参加了英国军队，到本书出版时已升至中校。他最终当上了将军，退役后又成为牛津选区的保守党议员。本书设定的年代是1920年，一位老人向他的孙子讲述了英国如何疏于国防，以致遭到了德国人的突然袭击。德国军队在击败了法国后，成功地秘密集结，渡过了海峡，在萨塞克斯郡登陆。在萨里山进行的遭遇战中，他们致命性地大败英军，使得英国人15年后都没能恢复元气。

《杜金之战》作为畅销书，获得了巨大成功，在大西洋两岸的英语世界、法语世界和德语世界，都引发了无数的跟风之作。自该书问世直到第一次世界大战打响，几乎年年都有关于未来战争的小说付印。它们先是在杂志上连载，然后很多得以结集出版。它们的作者经常借此向人们灌输某种政治观念，如应当加强军备（或者裁军）、富豪统治的罪恶、民主或社会主义的危害，等等。于是假想的战争故事，像真实的战争历史一样，可以迎合各种观念和口味。只要故事精彩，故事中谁赢谁输，人们通常倒不在乎了。

大多数作家都仿效切斯尼，把他们的战争设在不久的将来，但也有一些人，如美国作家塞缪尔·W.奥德尔（Samuel W. Odell）在《最

---

① 1828～1905，法国作家，被誉为"现代科学幻想小说之父"。代表作有《格兰特船长的儿女》、《海底两万里》、《神秘岛》、《八十天环游地球》等。——译注

后的战争》（*The Last War*；1898 年）中，把故事设在了长达 700 年之后。大多数想象的战争都发生在当时世界政治、经济和科技的大发电站——欧洲，反映的是当时法国、德国、英国（三国都产生了大量描写它们各自的军队相互厮杀的故事）和俄国之间的明争暗斗。也有一些描述的是"文明"的欧洲人和/或美国人同"未开化"但人口增长迅猛的非洲人和中国人之间的战争，结果基本上是后者彻底失败甚至被灭绝。相当多的小说都利用这一机会描绘各种各样假想的武器，从细菌武器（可见当时还不认为其使用是不文明的）直到核武器。1895年，英国小说家罗伯特·克罗米（Robert Cromie）在《世界末日的大爆炸》（*The Crack of Doom*）中，首先提出了"一丁点儿物质中"也许能包含足以"覆盖将近两英里，达到上万吨炸药"的当量。当时就有很多人认为，如此可怕的威力，甚至有可能彻底结束战争，正如我们今天所知的。这类小说只关注政治、战争和技术，作为艺术作品，无论是在思想性、人物刻画，还是在感情深度等方面，都鲜有能与最好的历史小说相比拟的。然而，作为精彩的历险故事，它们长盛不衰；如欲了解当时的人们怎样看待战争，它们则不可不读。

　　除史诗和《武功之歌》外，我们迄今所关注的主要是散文体的战争文学作品。然而，从远古至今，战争还催生了数量多得令人无法想象的诗歌。无论是高雅的、粗俗的，还是雅俗共赏的，大多数诗歌也许都能归为三大类。第一类是号召战争，鼓励人们参战的。用桂冠诗人威廉·欧内斯特·亨利（William Ernest Henley）①的话来说，其任务就是"表现……为了某种事业、某种理想，甚至是某种感情——生之美丽和快乐，死之美丽和幸福，战斗和冒险之光荣，奉献和牺牲之崇高"。②虽然这类战争诗歌至少可以追溯至公元前 6 世纪的古希腊时代，但从未像 19 世纪当与民族主义结合之后那样流行过。1862 年朱莉娅·沃德·豪（Julia Ward Howe）③创作并发表了《共和国战歌》（*The Battle Hymn of the Republic*），使之达到了顶峰：

---

① 1849~1903，英国诗人、文学评论家。——译注
② W. E. Henley. ed. , *Lyra Heroica*, London, MacMillan, 1936 [1892] p. vii.
③ 1819~1910，美国女作家，女权与废奴主义者。——译注

我的眼睛已看到主降临的荣光，
他正要踏平存有愤怒葡萄的地方，
他可怕的快剑已发出致命的闪光：
他的真理在前进。

光荣！光荣！哈利路亚！……

我已在上百个环形军营的篝火里看见主；
他披着夜间的露水为他建了一座神坛，
我能凭昏暗摇曳的灯光读出他公正的判决：
他的胜利在前进。

我已在一排排磨光的利剑里读到一篇炽热的福音书；
"因为你在对付轻侮我的人，所以我要为你祝福；
让人间的英雄用他的脚跟踩死毒蛇，
因为上帝在前进。"

他已吹响那决不召唤退却的号角；
他把人心摆在他的法庭面前审查：
哦，我的灵魂快点回应主的号召！
我的脚要欢快奔跑！
我们的上帝在前进。

基督生在大海彼岸美丽的百合花中，
他怀里的荣光使你我成为神圣；
正如他为使人类神圣而死，让我们为使人类自由而献身，
这时上帝在前进。①

---

① Lyrics available at www. law. ou. edu/ushistory/bathymn. shtml.

第二类诗歌是庆祝胜利，对敌人的失败表达幸灾乐祸之情的。这样的诗歌之一，是《圣经》中的先知底波拉（Deborah）所作的，值得全文引用：

因为以色列中有军长率领，
百姓也甘心牺牲自己，
你们应当颂赞耶和华。

君王啊，要听。
王子啊，要侧耳而听。
我要向耶和华歌唱，
我要歌颂耶和华以色列的上帝。

耶和华啊，你从西珥出来，
由以东地行走。
那时地震天漏，
云也落雨。
山见耶和华的面就震动，
西奈山见耶和华——以色列上帝的面也是如此。

在亚拿之子珊迦的时候，
又在雅亿的日子，
大道无人行走，
都是绕道而行。
以色列中的官长停职，
直到我底波拉兴起，
等我兴起作以色列的母。
以色列人选择新神，
争战的事就临到城门。
那时，以色列四万人中

战争的文化

岂能见藤牌枪矛呢？
我心倾向以色列的首领，
他们在民中甘心牺牲自己。
你们应当颂赞耶和华。

骑白驴的，坐绣花毯子的，行路的，
你们都当传扬。
在远离弓箭响声打水之处，
人必述说耶和华公义的作为，
就是他治理以色列公义的作为。
那时耶和华的民下到城门。

底波拉啊，兴起！兴起！
你当兴起，兴起，唱歌。
亚比挪庵的儿子巴拉啊，你当奋兴，
掳掠你的敌人。
那时有余剩的贵胄和百姓一同下来。
耶和华降临，为我攻击勇士。
有根本在亚玛力人的地，
从以法莲下来的。
便雅悯在民中跟随你。
有掌权的从玛吉下来。
有持杖检点民数的从西布伦下来。
以萨迦的首领与底波拉同来。
以萨迦怎样，巴拉也怎样。
众人都跟随巴拉冲下平原。
在吕便的溪水旁有心中定大志的。
你为何坐在羊圈内
听群中吹笛的声音呢？
在吕便的溪水旁有心中设大谋的。

基列人安居在约旦河外。
但人为何等在船上。
亚设人在海口静坐,
在港口安居。
西布伦人是拼命敢死的。
拿弗他利人在田野的高处也是如此。

君王都来争战。
那时迦南诸王在米吉多水旁的他纳争战,
却未得掳掠银钱。
星宿从天上争战,
从其轨道攻击西西拉。
基顺古河把敌人冲没。
我的灵啊,应当努力前行。

那时壮马驰驱,
踢跳,奔腾。

耶和华的使者说,
应当咒诅米罗斯,
大大咒诅其中的居民。
因为他们不来帮助耶和华,
不来帮助耶和华攻击勇士。

愿基尼人希百的妻雅亿比众妇人多得福气,
比住帐篷的妇人更蒙福祉。
西西拉求水,
雅亿给他奶子,
用宝贵的盘子给他奶油。
雅亿左手拿着帐篷的橛子,

右手拿着匠人的锤子，

击打西西拉，

打伤他的头，

把他的鬓角打破穿通。

西西拉在她脚前曲身仆倒，

在她脚前曲身倒卧。

在哪里曲身，就在哪里死亡。

西西拉的母亲从窗户里往外观看，

从窗棂中呼叫说，

他的战车为何耽延不来呢？

他的车轮为何行得慢呢？

聪明的宫女安慰她，

她也自言自语地说，

他们莫非得财而分。

每人得了一两个女子。

西西拉得了彩衣为掳物，

得绣花的彩衣为掠物。

这彩衣两面绣花，

乃是披在被掳之人颈项上的。

耶和华啊，

愿你的仇敌都这样灭亡。

愿爱你的人如日头出现，光辉烈烈！

这样，国中太平四十年。①

　　这首诗，像其他类似文学作品一样，对胜利者如潮的赞颂，在失
败者的惨相映衬下，越发显得响亮。

———————————

① 《圣经旧约·士师记》5：2－31。

还有一类诗歌是哀叹战争所造成的损失、痛苦、磨难和悲伤的。历史上恐怕没有任何时间和地方不曾产生过这类主题的诗歌。它们描写死人、被肢解的尸体、被强奸的妇女、饥饿的孩子，繁荣的村镇化为废墟，整片的地区被夷为平地，通常都违背了人类一切行为准则，通常又根本没有任何目的。正如你也许想到了的，当时历史上规模最大、破坏性也最大的战争——第一次世界大战——是这类诗歌尤其层出不穷的源泉。西格弗里德·萨松——我们在第六章曾引用过他的关于军营操场的诗——的一首诗，是这类诗中非常出色之作：

致战争贩子们

（1917 年春）

我从地狱回来，
有些讨厌的论调要贩卖。
是死亡的秘密和深渊的恐怖，
如鲠在喉不吐不快。

年轻的脸上满是血污，
殷红的鲜血浸透了泥土。
你们该听听这样的事情，
痛苦的人们在遭受屠戮。
激战的兵士从他们身旁冲过，
伤痛难忍他们哀号痛哭。
兀自在地上爬来爬去，
断肢残臂歪歪扭扭。

你们说我们的战争绚丽辉煌，
我们的胜利神圣荣光。
每个人骄傲的眼睛，
都闪烁着死神的光芒。

> 但我头上的伤口正在作痛，
>
> 我心里的伤口也如同刀割。
>
> 我亲眼看着他们死去，
>
> 这样的话我怎能不说！①

这首诗无疑是尖锐的。但在我们从其中推出错误的结论之前，还是让我们审视一下这位著名反战诗人的一生吧。萨松生于 1886 年，是一个极其富裕的家庭的子弟。他过着特权阶级的生活，像其他银行里有的是钱却没有什么正经事可做的年轻人一样，他开始写诗，却也没有明确的想法将来一定要做一名诗人。相反的是，在第一次世界大战还没有正式开打之时，他就作为第一批的志愿者参了军。正如他后来写道的，这免除了他的"一切个人责任感"。

萨松被授予了中尉军衔，很快就变成了杀人不眨眼的战士，因作战勇猛而被战友奉上了"疯子杰克"的绰号。他在初尝了壕堑的滋味后这样写道：

> 我从来没想到内心能像这样安宁。如果不是为了妈妈和朋友，我真想快点死去。我想尝一尝真正恐怖的滋味，然后得到——安宁。我不想回到过去那种整天像在牢笼里一样的空虚生活。我向往自由，而不是舒适……最近 14 个月的生活让我睁开了双眼。自战争开始以来，我过得很好很充实，我做出了自己的奉献，现在我愿意付出上帝要求我付出的代价。②

直到 1916 年 7 月初，萨松在描述他在索姆河战役最初几天——要记住这是英国军队遭受到有史以来最惨重的失败的时刻——的经历时，仍然说他享受着"巨大的乐趣"。只是因病在医院里休养了一段时间后，他的思想才开始转变。

---

① S. Sassoon, War Poems, London, Faber & Faber, 1983, p. 77.

② J. M. Wilson, Siegfried Sassoon：The Making of a War Poet, London, Duckworth, 1998, pp. 179 – 180.

用他自己的话说，触发转变的倒不是他在壕堑中的体验，而是"伦敦俱乐部里丰盛的午宴"，以及待在后方寻欢作乐的那些"无赖"和"妓女"们使他产生的厌恶感。他们使他向往前线的"自由"和"伟大"。没能得到一枚他认为自己本应得到的勋章，给了萨松进一步的打击，他由此开始了多年的大量反战诗歌的创作。然而，直到1918年下半年，他仍然认为战争是"对人们在和平时期所做的很多漫无目的的事情的弥补"。在说完了关于战争的不得不说的话后，他的创作激情便枯竭了。直到又过了30年，在得到了宗教感悟后，他才又找到了新的创作主题。因此，像许多其他作家一样，他的诗歌并不能证明战争对他没有魅力。实际上，情况恰恰相反。

如我们已经提到的，萨松并非绝无仅有。像威尔弗雷德·欧文（他死后作品就是由萨松编辑出版的）这样的诗人，和像埃里希·马里亚·雷马克（Erich Maria Remarque）、路德维希·雷恩（Ludwig Renn）这样的散文家，甚至在以他们所能想得到的最严厉的措辞斥责战争之残酷的同时，也写了一篇又一篇表达他们对战争的迷恋之情的文字。但他们的影响，像许多其他自称"迷惘的一代"的作家一样，都不应夸大。雷马克和雷恩的小说都很畅销，也当之无愧。然而，欧文的小说在商业上却很失败。萨松的作品起初销路也不好。虽然其审美价值为人们所欣赏，甚至钦佩，但大多数人都将其贬低为一名看了过多对他无益的坏事，从而有些偏激的年轻人情有可原的情感发泄。只是到了20世纪30年代早期他和欧文才开始有了真正的影响。有人会说，这时阿道夫·希特勒已在威胁着发动一场更加残暴的战争了。因此这两个人，就他们鼓励绥靖政策而言，对他们的国家所造成的害处要大于益处。

在整个20世纪20年代和30年代，每有一本表现最近战争中的眼泪、磨难、痛苦、死亡和悲伤的书出版，就同样会有一本欢呼和赞颂战争的书出版。这些书中，最广为人知的要数恩斯特·容格的《钢铁的风暴》（*Im Stahlgewitter*）。容格可不是个坐在扶手椅里空想的战士，他参加的战斗不比任何其他士兵少。他负过不下七次伤，甚至还获得过蓝十字勋章。然而他却从未产生雷马克那种无所不在的战争愚

　　　　　　　　　战争的文化

蠢无用的观点，或者雷恩那种战争极其恐怖并永久抹煞个性的感受。在他看来，恰恰相反的是，战争将他从成长时期所承受的资产阶级文明的重负下解放了出来。这种文明对他的压迫之重，竟使他在少年时期离家出走，参加了法国外籍军团。尽管在《钢铁的风暴》中所描述的事实会令一些人感到不快，但从审美的角度讲，该书堪与 1919～1939 年出版的任何书相媲美。容格的思想到后来也没有发生变化。他坚称自己描写的是战争本来的面目，而非它可以是或应当是的模样，因而又写了好几本再现壕堑世界的书。这些书无疑是离奇的，描写了怪异、危险和死亡等现象，但也反映了生活中积极的脉动。早在 1931 年，他就开始预期又将发生一场世界大战，他以此为主题又创作了一系列小说，其中以《在大理石的悬崖上》（*Auf die Marmorklippen*；1939 年）为巅峰。他最终名声大噪，以致收到了出任第三帝国作家协会主席的邀请，但他拒绝了。

出于不易解释的原因，那些年出版反战小说、戏剧、诗歌最多的国家，居然是法国。的确，法国的损失比德国和英国都大。而且，该国某些被德国人占领过的地方，破坏之严重竟致过了几十年才恢复元气。然而，无论是人力损失还是物质损失，法国都不及俄国。后者经历了两次战争，而不是一次。更何况，与俄国不同的是，法国是作为战胜国从硝烟中走出的。它的殖民地完好无损，实际上，还因为增加了一个重要的新成员——叙利亚——而扩大了。它在欧洲的地位，比至少自 1870 年以来的任何时候都强。法国的作家们无疑像海明威一样痴迷于描写战争，考虑到他们国家的遭遇，也许再没有人比他们更有理由这样了。然而，与海明威不同的是，他们大部分人几乎竭尽所能地谴责战争、痛悼死者、鼓励年轻人走和平之路，执拗地抱持着战争不再发生的幻想。这种半官方的政策甚至还有个名称，叫"道义裁军"。

最早也最著名的法国反战小说，是亨利·巴比塞（Henri Barbusse）①的《炮火》（*Le Feu*），出版于"一战"尚未结束时，就法国兵们蒙受的无意义的痛苦描绘了一幅悲惨的画面。在他的后继者中，最

_____

① 1873～1935，法国作家、社会活动家、新闻工作者。——译注

成功的也许是那些像萨松在他的某些诗作中那样使用了黑色幽默手法的人。一个很好的例子是皮埃尔·德里欧·拉罗舍尔（Pierre Drieu La Rochelle）①的《沙勒罗瓦的喜剧》（*La Comédie de Charleroi*；1934年）：一位母亲利用她儿子的战死试图提高自己在生活圈子中的威望。这类作品中除少数外，大多都沦为伤感垃圾，很快就被人们遗忘了。时而也有一些反战作家，如让·季洛杜（Jean Giraudoux），悲伤地承认比之于战争，和平实在是个苍白无趣、枯燥乏味的创作主题。

1938年时，33岁的让—保罗·萨特（Jean-Paul Sartre）以一个明白地表露了他的情绪的标题《恶心》（*Nausea*），描述了当时法国社会琐碎且无聊的自私自利。他其实用不着担心。战争，以及1940年"奇特的失败"——说奇特是因为历史上还从来没有一个大国这么容易地就被征服了——很快就来临了。在不可避免地经历了最初的困惑和与敌人合作的尝试后，德国人的占领很快就给像埃尔莎·特里奥（Elsa Triole）、路易·阿拉贡（Louis Aragon）、莫里斯·梅洛—蓬蒂（Maurice Merleau-Ponty），当然还有萨特本人这样的作家，提供了写作的主题，也许还有生活的目的，甚至还有读者——地下报纸的发行量从1940年6月的零份先是扩大到几万份，四年后达到了几百万份。也许几乎再没有其他时候，会有这么多人同时在阅读关于战争的文字，并且单是通过阅读，就感到自己英勇地加入了一项伟大而崇高的解放事业。

在法国之外，情况则复杂得多。在墨索里尼统治下的意大利和希特勒统治下的德国，不歌颂战争之光荣的作家，如果幸运的话，作品会被禁止出版，如果不幸的话，还会被投进集中营。与之相反的是，这两个国家的作家，如能满足当权者的期望，激起民众的好战情绪，则可享受到实实在在的荣华富贵。其结果便是也产生了浩大的垃圾之作，虽然形式上与众多法国作家创作的有所不同。纳粹德国的战争文学，没有伤感情绪，而是震耳欲聋，充满了"神圣"的风暴、"茁壮成长"的少年、高唱国歌赴汤蹈火的"自我牺牲"的同志；他们虽然

---

① 1893～1945，法国小说家、散文作家。支持法西斯主义，在维希政府时期成为通敌者，战争快结束时自杀。——译注

死了，却永垂不朽。

这个时期的德国文学作品不是深入地刻画男女主人公细腻而复杂的情感，而是粗线条、片面，甚至完全不符合实际。然而，这仍然没有妨碍诸如卡尔·布勒格尔（Karl Broeger）、恩斯特·约翰森（Ernst Johannsen）、维尔纳·博伊梅尔堡（Werner Beumelburg）和弗里茨·冯·温鲁（Fritz von Unruh）等作家的作品广受欢迎。据说当时相对于每一本描写和平的书，就有二十本描写战争的书。温鲁的一些作品——如1928年的《牺牲的方式》（*Way of Sacrifice*）——甚至被译成了英文。但这些作品极少存活到1945年以后。部分是因为质量的确不佳，部分上也是因为遭到了系统性的痛斥和抵制。

在斯大林时期的苏联，情况还要更复杂一些。与意大利法西斯主义和德国纳粹主义不同的是，斯大林主义原则上一向是"爱好和平"的。不过，文艺工作者们有越来越大的"责任"，让人们认识到最终促成共产党人夺取政权的历史悠久的斗争传统，并且没有明说的是，所有其他战争也都可以解释为被压迫阶级为反抗压迫阶级而发动的。结果，这种"责任"在苏联比在其他极权国家都还要大，文学作品通常描写的不是有血有肉的男男女女，而是由历史和生产关系等看不见的线操纵的木偶。无论何时何地，他们都是挥着红旗冲向敌人，喊着共产主义的口号倒下。1945年后，类似的手法又被用来描写1941～1945年的"伟大卫国战争"。在斯大林手中，甚至通常为正面含义的"现实主义"一词，也被玷污了，成了"真实"的反义词。由于审查机关无所不用其极，这些作品根本没能像当权者所期望的那样为人们注入战斗精神。在两次世界大战之间的大部分时间，苏联军队的士气实际上都非常低落，并且在1939～1940年时跌至最低点。最后，竟是德国人的入侵才使这个国家摆脱了冷漠。

在法国和极权国家之间的是美国和英国。不错，这两个国家都产生了大量的反战文学作品。美国与雷马克、雷恩、欧文、萨松相类似的作家有约翰·多斯·帕索斯（John Dos Passos）、爱德华·埃斯特林·卡明斯（Edward Estlin Cummings）和埃兹拉·庞德（Ezra Pound）。帕索斯和卡明斯都曾志愿参加过"一战"，在被其野蛮所震撼后，转而描写战争将人性转化为兽性的效果。庞德虽然从来没接近过战场（"一战"期间他住在伦敦），却总能找到更有效地斥责战争的词汇，尽管他后来变成了法西斯主义者，但这一事实却是不能抹煞的。曾经一度，甚至在1914年之前具有进攻性传统的科幻小说，似乎也逆转了方向。以前在这类小说中，美国科学家们送到他们聪明而善良的领袖手中的强大武器，历来能给同样聪明而善良的盎格鲁—撒克逊文明带来胜利，最终战争结束，天下一统。现在，更可能出现的情况是，大西洋彼岸或太平洋彼岸某些极其恶毒的坏人，会率先掌握新武器，使得故事向另一个方向发展。结果，许多作家不再描写未来战争的光荣和胜利，而开始思考阻止战争发生的必要性。

然而这仍然只是事情的一个方面。像弗雷德里克·W. 齐夫（Frederic W. Ziv）的《勇敢的缪斯》（*The Valiant Muse*；1936年）这样的书证明，甚至在英国，甚至在绥靖主义甚嚣尘上之时，很多出版物仍然坚定不移地保持着由来已久的高尚和爱国的声调。书出了一本又一本，公众似乎更愿意选择爱国主义而不是颓废幻灭。时而有诗选编辑者将欧文和萨松的诗排除在外，因为他们对战争"消极的痛苦"着墨太多，而对很多人出生入死地投入战争所感受到的快乐下笔不足。乔治·奥威尔（George Orwell）①曾抱怨过：青少年文学作家似乎尤其什么也不学，什么也不在乎。他们不停地粗制滥造一些陈旧的战争故事。几乎所有故事的背景都设在1910年左右的美好旧日，几乎所有故事都是英雄主义腔调，几乎所有故事的结尾都是公共学校教育出来的朝气蓬勃、英勇无畏、光明正大的英国青年战胜了形形色色邪恶的敌人。

再回到美国，描述战争恐怖并主张设法阻止战火重燃的小说，只是在20世纪30年代早期到中期短暂地风靡了一阵子。紧接着，风向就变了。许多美国作家又恢复了他们热情奔放（也有人说是咄咄逼人）的本来面目。在30年代末期，德国和日本的威胁越显得大，作家们把谨慎小心丢到九霄云外的倾向也就越强烈。到了1940年，欧洲的

---

① 1903～1950，原名埃里克·阿瑟·布莱尔，英国小说家、散文家、评论家，著有《动物庄园》、《一九八四》等。——译注

许多人已经尝到了炸弹的滋味，剩下的人都战战兢兢地等着炸弹飞来，美国的科幻小说家们则又一次掀起了打造威力比历史上任何时候都强大的假想武器的高潮，并准备将这些假想武器付诸实用。

最后，有一个国家在这一时期的确经历了战争，因而也许是比"西方国家"和极权国家都更富有价值的研究之地，那就是西班牙。西班牙内战从一开始，就被认为不仅仅是西班牙的内部事务，而是世界上两种对立的观念的碰撞。于是，交战双方都有外国人参战，甚至远隔重洋的人们都满怀深情地关注着战事。这场战争催生了大量的文学作品，包括像伊利亚·爱伦堡（Ilya Ehrenburg）[1]、安东尼·德·圣埃克絮佩里（Antoine de Saint Exupéry）[2]、安德烈·马尔罗（Andre Malraux）[3]和阿瑟·凯斯特勒（Arthur Koestler）[4]这样的名作家的作品。许多其他作家——如做过纳粹报纸《人民观察家》（*Völkischer Beobachter*）记者的罗兰·施特龙克（Roland Strunk）——的作品，后来都被遗忘了，但当时他们也的确没少涂鸦。他们中有些人的写作意图无非是赞扬自己据说亲眼所见的英雄行为和自我牺牲行为——不用说，自然是发生在本方战线的这类行为。另外一些人，特别是那些直到佛朗哥撒手人寰、民主制度恢复后作品才出版的人，则更多关注的是战争的恐怖。

这场战争产生的最有名的书，也许要数乔治·奥威尔的《向加泰罗尼亚致敬》（*Homage to Catalonia*）和欧内斯特·海明威的《丧钟为谁而鸣》（*For Whom the Bell Tolls*）了。海明威是个厌恶政治、特立独行的人，曾亲身经历过 1917~1918 年的战争。他风风火火地赶到西班牙来报道这场战争，希望能借此为自己最伟大的小说找到素材。奥威尔则是个政治上极端左翼的社会主义者，此前从未直接见识过战争，

---

[1] 1891~1967，苏联作家、社会活动家，著有《巴黎的陷落》、《暴风雨》、《解冻》等。——译注

[2] 1900~1944，法国作家、飞行员，著有《南方信使》、《夜航》、《小王子》等，在一次北非侦察飞行中被击落身亡。——译注

[3] 1901~1976，法国作家、社会活动家，参加过国际反法西斯斗争和法国抵抗运动，曾任法国情报部长、文化部长，著有《征服者》、《人类的命运》、《希望》等。——译注

[4] 1905~1983，匈牙利裔英国小说家、新闻记者，著有《中午的黑暗》等。——译注

到西班牙既是为了参战，也是为了"尽我所能诚实地"报道这场战争。海明威和（曾一度在缅甸当过警察的）奥威尔显然都担当了从未受过军事训练的共和国部队的武器讲解员。他们都没有称颂战争，也都深知战争的悲惨、肮脏和残暴。除此之外，奥威尔对共产主义者背弃了像他这样的人为之奋斗和牺牲的民主价值很有怨言；最终，他对他们做法的反对差点儿要了他的命。相反的是，海明威似乎对死亡非常着迷，以致他本人最终于1961年自杀身死。然而，如果说他们的书只是关注这些方面，也是不正确的。奥威尔谈及了战壕里的耗子，但也写了将一群志愿者培养成一个有凝聚力的集体给他带来了多么大的享受，以及他和部下们在战争间歇裸泳的乐趣。对海明威来说，战争、同志之情、爱国之心和对女人的爱，历来是密不可分的。如果不是这样，两人都创造不出各自作品所展现的艺术。

无论什么时代什么地方，战争都成为一个极佳的文学主题。有些作家惧怕战争，有些则热切地期盼战争。有些作家憎恶战争，有些则因之而欢呼雀跃。无疑，战争的恐怖使许多人经历过一次幡然醒悟，在他们的心灵中留下了终生的伤痕，并使他们认为战争是全然无益的。然而，并非所有人都如此，甚至绝大多数人都不如此。相当多的人都将战争视为自己一生中伟大的，甚至也许是最伟大的经历，是他们从来不倦于以所能想出的各种方式来描述和回味的经历。而且，在很多情况下，即使是对憎恨战争叫得最响亮的作家，也难以抵御描写战争的诱惑；换言之，无论是恐怖还是无益，都不能使人们丧失对战争的兴趣。在描写战争的最伟大的文学作品，包括《伊利亚特》和《战争与和平》中，战争所激起的各种不同情感，同时交织在不同人当中，经常也在不同时期混杂在同一个人身上。在此还必须指出讲故事的人和他笔下的人物之间经常会显现出分歧。于是，经常难以分清到底哪种声音代表了作者本人的想法。

一方面，一个人的生活经历无疑会对他写什么和不写什么产生巨大的影响。但另一方面，也许最令人惊奇的是，一个作家有无战争经历，和他有无能力让读者了解战争，实际上并无任何直接联系——历史学家经常也是如此。毫无疑问，托尔斯泰、欧文、萨松、容格、雷马克、雷恩、卡明斯、多斯·帕索斯、奥威尔和海明威亲身经历过战争，对他们无论是选择主题还是写作，都的确有帮助。但莎士比亚、克莱恩和庞德没有经历过战争，也并没有妨碍他们描写战争，更不意味着他们的作品在任何方面比别人差。正如我们已经提到过的，克莱恩完全凭想象杜撰的战斗过程，恐怕无论在他之前还是在他之后，都没人能写得出来。庞德在《休·赛尔温·毛伯利》（*Hugh Selwyn Mauberley*）一诗中，发出的无疑是史上最强有力的反战宣言之一，人们"两眼沉陷，在地狱里走"，结果"他们大群大群地死去/他们中最优秀的人/为了那老掉牙的婊子/为了那千疮百孔的文明"。在很多不同的方面，生活和文学之间的关系都极不简单。

第十一章

战争和美术

虽然人类的写作只是几千年前才开始的（这在《伊利亚特》中不止一处提到过），造型艺术的历史却要古老得多。迄今所知的最早的绘画，可追溯至旧石器时代。它们创作于两万到三万年前，是在库尼亚克（Cougnac）、加比卢（Gabillou）、拉斯科（Lascaux）、勒普拉卡德（Le Placard）、佩什梅尔（Pech Merle）和苏斯—格朗—拉克（Sous-Grand-Lac）的山洞里发现的，全都在今天的法国境内。过去，就这些绘画是否表现的是人们在打仗，曾有很大争议，现在居压倒多数的观点认为表现的不是战争。然而，对于大约公元前18000年到公元前12000年的更近的石器时代的绘画，就没有这样的疑问了。这些绘画的一部分发现于伊比利亚半岛，另一部分发现于今天土耳其境内的恰塔尔于育克（Çatal Hüyük）。绘画表现的是武装的人们排成纵队前进，然后展开成横队，用弓箭相互对射，其中有一幅，则是相互掷石头。

古代穴居的人们为什么打仗，又为什么要通过绘画来纪念他们的战争，我们不得而知。试图用这样的绘画来再现他们的生活，就好比在环球剧院①被烧毁后，用几个世纪前烧得焦煳的舞台器具推测《哈姆雷特》的剧情一样。至于在今天的南非创作了大量洞穴画的人，我们只能假定他们多少像被欧洲人"发现"之前的桑族人（San）一样。通过这些极其稀少的资料，我们所能推测的是，我们的远祖描绘

---

① 伦敦专门上演莎士比亚戏剧的剧院。1599年由莎士比亚的表演公司建立。1613年毁于火灾。1614年于原址重建，1642年完工。今天重建的"莎士比亚环球剧院"于1997年开业，距原址大约230米。——译注

战争，就像他们描绘生活中其他重要的事情一样，如狩猎、宗教膜拜、出生仪式、性生活、死亡，等等。另一种可能性是，他们希望借此达到某种神奇的宗教目的，如加害于敌人、抚慰妖怪、安抚自己或死者的灵魂，等等。

在这方面，必须指出的一点是，"军事"与"非军事"艺术之间的区别，是在很近的时候才出现的。至多可以上溯几个世纪，并且一切都与现代士兵形成了一个穿军服的独立团体有关。在更早的时候，在世俗社会尚未出现之前，几乎所有的艺术——实际上，几乎所有的文化——都是属于宗教或军事的。有时候这两者是紧密结合的，如战士会装扮成神或战神的模样。圣殿骑士、条顿骑士、圣约翰骑士，以及某些穆斯林军事组织中，都有这样的事例。更不用说自宙斯以降，许多神本身就是以勇士的面目出现的，其特征就是以某些强大的手段痛击敌人。大部分时间，战争和文化都是以这样或那样的形式紧密结合、相得益彰的——这正是本书一直在阐释的目标之一。

我们所谓的"平民文化"或"世俗文化"，只出现在相对很少的不完全由军人或教士或两者共同主宰的社会。这样的社会之一是中国。那里有组织的宗教势力极弱。并不存在一个负责为统治者监督社会的教士阶级，由官员发展的学者文化则极端重要。其他这样的社会还有希腊和罗马。两者凭借在很多方面的发明创造，被通称为文明社会。但是即使在这些社会，军事文化也远没有被供奉在某个特殊的神龛里，而是被视为整个文化不可分割的一部分。并且也绝对没有像西方通常自第一次世界大战后那样遭到鄙视。

像历史学家和作家一样，美术家为战争所吸引，有各种各样的原因。其中之一可能是战争在他们所属的民族和社会的历史上所起的作用。毕竟，如果一个城市遭到洗劫，美术家的作坊会遭到抢掠，他的妻子和女儿可能会遭到强奸，他本人则可能像所有其他人一样被杀。然而，这只是原因之一，也许不是最重要的原因。通常，战争能够满足美术家对炫耀、辉煌和壮观场面的嗜好——使他们得以刻画排列整齐的人、装饰华丽昂首阔步的马、精致的盔甲、闪亮的兵器、绚丽的军服、迎风招展的旗帜等等。像古希腊这种迷恋于人体之美的社会所产生的美术家，也可以借助战争和战斗的场面来展示人体的各种动态及其自豪的神态。最后，与作家相同的是，战争会产生各种各样极端的感情，从对死亡的恐惧到对战斗的陶醉，从胜利者的骄傲到失败者的沮丧，美术家会竭尽全力地去捕捉。

古希腊，尤其是雅典出品的一些花瓶，普遍被认为载有一些有史以来最出色的造型艺术图案。会令反战主义者们悲叹的是，这样的花瓶上出现勇士或战士战斗的画面，与出现神话场景（很多神话本身就是以战争为主题的）或和平的日常生活场景的几率是一样高的。据我们所知，大量这样的花瓶都产自极小的私人作坊，通常由一名师傅和他的男性家庭成员组成，也许还会有几名奴隶。因此这些创作无疑是没有任何政治压力的。最可能的情况是，美术家在做出往陶器上绘制什么图画的决定时，是希望满足市场需求的。在希腊（以及伊特鲁里亚）城堡，几乎所有的战士都是公民，几乎所有的公民也都是战士，因此人们普遍都对战争非常熟悉，美术家们在创作时，一定也得益于这一点。这是战争和艺术不仅没有分道扬镳，而是紧密结合的更大的原因。

虽然从古代社会流传至今的大幅画作数量极少，但我们的确知道其中的一些是以战争为主题的。有一个据说叫作欧弗拉诺（Euphran-or）的人，画下了公元前 362 年底比斯人在曼丁尼亚战胜斯巴达人的情景。这次失败使得斯巴达人再也没能恢复元气。据古罗马作家老普林尼（Pliny the Elder）[①]记载，有一位公元前 4 世纪晚期的画家、古希腊埃雷特里亚人菲罗玄（Philoxenus），创作了一幅伊苏斯之战的全景画，这是公元前 333 年亚历山大击败大流士的战役。自公元前 3 世纪中期起，每一位获胜的罗马统帅在凯旋后，都会委托画家画一幅表现他的胜仗的画作。这些画随后会保存在神庙里或其他公共场所。虽然这些画几乎全都失落了，但有一幅可能是根据菲罗玄所绘的伊苏斯战役图制作的镶嵌画，却在庞贝发现了，现在可以在国立那不勒斯博物馆中看到。希腊和罗马的许多其他镶嵌画也表现了战斗场面，即使从

---

① 23~79，共写作品 7 部，现仅存百科全书式著作《博物志》。——译注

所付出的巨大辛劳来看（描绘亚历山大的镶嵌画所用的石头估计就有400万颗），它们也更好像关注的是个人之间的格斗而非战役全貌。

画作中存在的情况，在浮雕和雕塑中同样存在。希腊的石棺，还有后来罗马的石棺，其侧面都经常充满了鲜明的战斗场面。大量各种尺寸和形态的雕像都表现了战士在战斗中、用胳膊支撑着休息，或者，像帕加马发展起来的《垂死的高卢人》（*Dying Gaul*）那种风格，表现战士受重伤后的垂死挣扎。有时美术家会在作品中添加一些神话标志，使我们可以确认战斗者的身份，但在绝大多数情况下这不可能。无论是石棺还是花瓶，战斗场面中经常还会夹杂着各种各样的其他场景，如日常生活、狩猎和宗教仪式。甚至通常都能确知姓名的特洛伊战争英雄，被刻画的形象也不必然是在战斗中。我们也能看到他们从事各种各样的其他活动，如：珀琉斯（Peleus）娶西蒂斯（Thetis），阿喀琉斯在吕科墨得斯（Lycomedes）的女儿们当中，布里塞伊斯（Briseis）被从阿喀琉斯身边夺走，阿喀琉斯和埃阿斯玩耍，等等。美术家们根本没想到要去创造一种单独的"军事文化"，这也许是又一个证据。更确切的情况是，他们想刻画生活的全部，而战争正是其中重要的一部分。

古代花瓶绘画、浮雕和雕塑的另一个特点是，自赫拉克勒斯以降，许多战斗者，尤其是但绝非仅仅是神话人物，都被刻画为裸体或半裸体的形象。实际上，大多数希腊战士和所有罗马战士在战斗中都是穿戴金属盔甲的。即使是他们中最穷的人，也会以皮革覆身，当然，被他们视为野蛮人的对手也会如此。因此你只能猜测，美术家们这样创作，一定是另有隐含的目的，如表现人体的动态以及他们本人捕捉这种动态的能力。当刻画女战士，如亚马孙战士时，这一动机就更明显了。一些擅长于表现战争场景的文艺复兴时期美术家，如安东尼奥·波莱沃洛（Antonio Pollaiolo）和多梅尼科·康帕尼奥拉（Domenico Campagnola），同样迷恋于动态的人体并创作了大量这样的形象，即使这些形象与他们在现实世界的所见所闻根本不相符。将战士们刻画为裸体，还有一个原因，也许是要展现他们有多么勇敢。

从那时到现在，想要找到一个不认为战争有魅力，或者其成员不会竭尽技术手段及其才华之所能来刻画战争的社会，将非常困难，也许根本不可能。古代两河流域和埃及、中国、日本、印度、拜占庭、阿兹特克以及印加，都有各自以各种尺寸和形态的绘画、浮雕和雕塑等形式出现的军事艺术。其中一些作品的用途还不仅仅是艺术品，而是用于纪念战争、威慑敌人，或在某些场合用于巫术或宗教目的。至于其质量，只需想一想中国秦陵的兵马俑和波斯波利斯出土的古代波斯战士雕塑。其艺术价值堪与任何时代任何地方创作的任何其他艺术品相媲美。等到对宗教的流行诠释使得造型艺术的形成成为可能时，这同样的情况便在伊斯兰国家也出现了，如在伊朗和土耳其的某些时期。毕竟，穆罕默德作为军事统帅的重要性是仅次于其先知地位的。他直接或非直接地参与的战役，大概不下 37 场。这一事实在《古兰经》的某些经文和一些艺术作品中都有反映。

很多这样的作品都非常直观，我们可以很清楚地确认看到的是一名战士。也有一些画作和雕塑本身为它们表现的是什么提供了线索，还有一些作品上有文字说明，承载了美术家的创作意图等信息。然而，也有很多情况下，我们看到的作品并不那么明白直观。拉斯科山洞里发现的绘画，表现的是不是人们在打仗？发现于尼尼微王宫，现存于大英博物馆的浮雕上，亚述官员们戴的像表一样的奇怪物件到底是什么？同一幅浮雕中那种带有轮子的奇巧装置果真是在不停地击打公羊吗？如果是这样，为什么它们还有锋利的尖头，而且这些尖头指向的是被围城池城墙的顶端，而不像人们所应期望的那样指向底端？早期希腊美术作品中表现的那种有点像小提琴或大提琴一样腰部变窄的奇怪的盾，是否真的存在过？这些问题及类似的问题催生了浩如烟海的学术论文，旨在弄清创作了这些美术作品的艺术家们是否熟悉战争，他们的创作意图或主题是什么，他们的作品对于我们探索当时社会的现实究竟有多么可靠，诸如此类。依照我与众不同的观点，这些其实都无关紧要。

中世纪欧洲的美术家，也对战争兴趣盎然，经常描绘战争。就他们而言，某些兴趣是宗教性的。毕竟，基督教预言世界的末日将有一场"哈米吉多顿"（Armagedden；意为"善恶大决战"）。这个主题长

战争的文化

久以来就像磁石一样吸引着美术家们。基督教中有很多英雄人物，如圣马丁（Saint Martin）、圣乔治（Saint George）、圣女贞德（Saint Joan of Arc）。希腊东正教中的几位圣季米特里奥斯（Saint Demetrios）也是因军事战绩而闻名。因此，甚至在教堂中你都能经常看到表现战争和战事的画面。正如十字军东征和宗教战争的历史所证明的，基督教绝非像其今天的一些忠实信徒所宣称的那样始终具有和平思想。还有一些美术家是为骑士阶级效劳的。骑士们对与战争有关的美术作品的需求可谓欲壑难填。有些人设计并制作挂毯（不过只有一幅留存到了今天，就是《巴约挂毯》，其他的都是据说存在过），还有一些人则为教会文书或世俗读物画插图。

有一个很明显的特点是，中世纪的人，包括美术家，并不将历史视为一个线性变化的过程。结果，在重现很久以前的战争场面时，他们经常会犯时代错误。例如，将马其顿士兵和罗马士兵刻画得像是马背上的骑士，或者给他们添加一些古人根本不知道的武器和战术。他们对当代战争和战士的表现要符合实际得多，不过也夹杂着一些不准确之处。就风格而言，他们差别很大，既有残酷的现实主义的——如表现砍下的头颅、斩断的四肢和喷涌的血——也有理想主义的、象征主义的和寓言手法。像其他文明一样，他们的作品成了非常重要的历史资料，为后人回答了诸如平握长矛的技术是何时开始应用的之类的问题。也像其他文明一样，它们有时候产生的问题比回答的问题还要多。

文艺复兴逐渐被认为是一个艺术活动大爆炸的时代，不可能不在我们感兴趣的这个领域留下痕迹。自保罗·乌切洛（Paolo Ucello）、乔治·瓦萨里（Giorgio Vasari）、列奥纳多·达·芬奇、阿尔布雷希特·丢勒、阿尔贝特·阿尔特多费（Albert Altdorfer）、乌尔斯·格拉夫（Urs Graf）、达尼埃尔·霍普费尔（Daniel Hopfer）、尼古拉斯·曼努埃尔（Niklaus Manuel）和汉斯·泽巴尔德·贝哈姆（Hans Sebald Beham）以降，许多著名的文艺复兴时期美术家都乐此不疲地描绘冲突、战斗、被围困的要塞和士兵等等。他们刻画的士兵几乎在从事一切能想象得到的活动：应征、离家、在军营中、行军、抢掠、作战、回家、豪饮，还有受伤和死亡。有些形象多少是写实的，可以用作历史资料。有些是寓言式的，有些则最好是看成夸张的漫画。

依照一些 17 世纪美术批评家的观点，战争绘画不仅是艺术，而且是最高级的艺术。一方面，把数量极多的人和细节融为一体，所需的专业知识和艺术能力，是受到赞赏的。另一方面，军队的阵容将非理性和混乱的状态变得秩序井然，很符合巴洛克风格对几何图形的偏爱。当时很多画作描绘的多少是属于当代的战争，如勒班陀战役（1571年）和西班牙无敌舰队的战败（1588 年）。也有一些画作是以历史为主题的，如卢卡·焦尔达诺（Luca Giordano）的《君士坦丁之战》(*The Battle of Constantine*) —— 但这并不意味着文艺复兴时期的美术家所犯的时代错误肯定比中世纪的前辈少。有些画作也很不真实，其作为历史资料的可靠性引发了争议。不过，从我们的观点看，这又是无所谓的。

部分上依据购买画作的人，部分上依据画家的才华，到 17 世纪时，大多数这样的作品可以归为三大类。第一类也许数量最多，但在艺术上最不感人，是专门为将帅和军官们作战指挥制作的。为达到这一目的，画中有相当多的技术和战术细节。其中还有标示着不同城池的防御工事、通向这些城池的道路等等的精致的雕刻。许多这样的画在今天仍很流行，可以很容易地买到复制品。

第二类，是为了美化所描绘的冲突、战斗和围困的画作。在这些画作中，胜利一方的统帅不可避免地居于中心地位 —— 即使，有时候的确是这样，他根本没出现在战场上或者直到最后一刻才赶来揽功。他几乎总是被刻画为骑在马上，观察地形，用剑或权杖指点着发号施令，或者骑马奔驰在部队的最前头，有时候被衣着华丽的随扈簇拥着，有时候独自一人。

到了 18、19 世纪，情况发生了变化。尽管大多数国家仍然保持着君主制政体，但总体而言，统治者变得不那么重要了，他们统治的国家和他们统率的军队更是如此。正如腓特烈大帝曾简明地表述的：“我是这个国家的第一公仆。”这种思维方式也许可以解释：虽然没人想到去画瑞典的古斯塔夫斯国王断命吕森，却有一些美术家在表现胜利的统帅这一古老的主题时开始有所变化，描绘了他们在部队即将获胜时自己却阵亡的情景。这样被刻画的指挥官有詹姆斯·乌尔夫将军（James Wolfe）[①]、约瑟夫·沃伦将军（Joseph Warren）[②]、理查德·蒙哥马利将军（Richard Montgomery）[③]、休·默瑟将军（Hugh Mercer）[④]和霍雷肖·纳尔逊海军上将。

第三类，是专注于艺术效果的装饰性作品，如炮火、硝烟和亮闪闪的刺刀，等等。这一类画家中一个很好的例子是法国的雅克·库尔图瓦（Jacques Courtois）。题目如《蒙焦维诺之战》（*The Battle of Mongiovino*）、《约书亚阻日》（*Joshua Stopping the Sun*）之类的画作，使得他不仅能够得到订单，还能自由地驾驭他所迷恋的光、影和动态——这种爱好当然不是他独有的，当时自伦勃朗（Rembrandt）起的很多画家也都有。

无论是哪一大类的作品，也都千差万别，并且能满足各个阶级的需求。最大最精致的作品，可用来装饰宫殿和城堡的墙壁。最小的作品，通常是由不知名的画家创作的廉价木刻，在无数关于当代和历史事务的图书和小册子中充当插图。

还有第四种，无法归入上述各类，是表现战争之恐怖的美术作品。这样的画面在荷兰反抗西班牙的 80 年（1568～1648 年）斗争中尤其多见。但在宗教战争（1555～1648 年）期间的德国和"三十年战争"（1618～1648 年）期间的法国，也创作了不少。有些这样的画作采用了寓言手法，如模仿鲁本斯（Peter Paul Rubens）[⑤]的一位不知名的画家所绘的《战争的后果》（*The Consequences of War*；约 1638 年），表现的是战神马尔斯从爱神维纳斯的怀抱中挣脱出来，要去行杀戮之事。想找到描绘士兵被杀死、被砍断四肢，甚至被狗吃掉的画作，都无疑是可能的。然而，主要关注点——更不用说唯一关注点——在这

---

① 1727～1759，英国将领，指挥英军大败法军，攻克魁北克，自己却负重伤死去。——译注
② 1741～1775，美国独立战争时期将领，本为医生，在邦克山战役中阵亡。——译注
③ 1738～1775，美国独立战争时期将领，攻占蒙特利尔，在进攻魁北克时阵亡。——译注
④ 1726～1777，美国独立战争时期将领，本为医生，在普林斯顿战役中阵亡。——译注
⑤ 1577～1640，佛兰德斯画家，巴洛克艺术的代表人物。——译注

一主题的画作，仍然属于极少数。

有些画家，如老勃鲁盖尔（Pieter de Brueghel）①，表现出一种有趣的倾向，就是把这样的画面置于过去而非现在的环境中。他们分明画的是 16 世纪的士兵（从他们的装备上很容易辨识）在一派当代景象的荷兰农村蹂躏百姓，却会给画作起名为《残杀无辜者》（*The Murder of the Innocents*）。他们为什么要这样做，我们不得而知。勃鲁盖尔时代的人掌握有充足的信息，完全知道罗马士兵会是什么模样。也许他们担心的是，把这样恐怖的景象置于当代的背景下，会影响他们的画的出售机会。

自贝拉斯克斯起，很多画家也许都把创作战争题材的作品作为正常工作的一部分，以满足其恩主的趣味。然而，有些画家则是专门画战争题材。到 17 世纪末时，战争绘画已被视为一个独立的门派。因此夏尔·勒布朗（Charles le Brun）② 既为路易十四设计了凡尔赛宫的"战争厅"（Gelerie des Batailles），也创作了其中的一部分画。他还曾一度受托为法国的军舰做装饰。但给他提出的条件是，他在获得报酬后，将不得再踏入船厂一步。范德维尔德父子则专门为海军作画，在很多海战中，他们都乘小船亲临战场，记录下他们的印象。

至少从查理五世皇帝的时代起，一些统治者和军事统帅就开始出钱请美术家一起上战场，画下草图，以便在日后绘成油画或制成挂毯，就像维也纳的霍夫堡宫和布莱尼姆宫中的那些装饰画。在路易十四的陆军大臣卢瓦（François-Michel de Tellier Louvois）的推动下，法国陆军专门设立了一个技师军团，其任务之一就是以画草图的形式记录战役、战斗和围城情况。他们圆满地完成了任务，但没有产生杰出的作品。

像历史学家和文学作家一样，一个人是否亲身参加战斗，与他有没有能力把所看到的情景艺术地表现出来，没有直接的联系。也许最富战争经验的画师，就是像卢瓦手下的技师们那样，随统帅和大军一

① 即彼得·勃鲁盖尔，1525？~1569，佛兰德斯画家，以擅画农村生活而著称。——译注
② 1619~1690，法国画家、设计师，路易十四的首席画师，法国皇家绘画雕塑学院创始人。——译注

起奔赴前线的人了，但这并不意味着他们的作品能够享有盛誉。许多其他美术家也可能见识过战争，例如当他们本人居住的城市遭到围攻时，即使他们并未积极参战。然而，情况逐渐发生了变化。随着现代领土国家自大约 1660 年起得到巩固以来，许多画家亲眼目睹战争的机会，也许就比一两个世纪前要少多了。

有一位 17 世纪中期的画家尼古拉·普桑（Nicolas Poussin），曾经写道他在亲身经历了一场战争后，就不再愿意画战争景象了。然而，这绝非美术家们正常或经常的反应。他的大多数同事都很乐意接受这样的委托，而他也不必劳神离开画室了。他们可以在别人提供的草图基础上创作，通过研究军服和武器，采访相关人员等，来完备他们的知识。像这样创作的美术家有菲利普—雅克·德卢泰尔堡 [Philippe-Jacques de Loutherbourg；1765 年绘有《战斗景象》（*Battle Scene.*）] 和约翰·辛格尔顿·科普利 [John Singleton Copley；1783 年绘有《皮尔逊少校之死》（*The Death of Major Pierson*）]，最著名的无疑当数雅克·路易·大卫（Jacques-Louis David）① [1800 年绘有《拿破仑越过阿尔卑斯山》（*Napoleon Crossing the Alps*）]。而这些人全都没闻过硝烟味。

像前两个世纪的情况一样，描绘战争的荣耀的画家要远多于关注其骇人一面的画家。即使在后者中，有些人也许是想就此发出警告，也有些人则是想迎合人们更为淫秽的天性。当然，画家的意图与观众对其作品的反应是没有必然联系的。对这个问题的一个很好的说明是弗朗西斯科·戈雅（Francisco Goya）②的《战争的灾难》（*Los Desastres de la Guerra*），这组系列版画也许是同类作品中最为著名的了。戈雅在反抗拿破仑的起义爆发时居住在西班牙，这点是没有争议的。这场起义制造了无数他所描绘的那种可怕的场面，也是没有争议的。然而，他是否亲眼目睹过那些场面，仍不得而知。虽然他的确访问过战斗发生的地方，但从未听说他参加过哪怕是一场极小的战斗。像《战争的灾难》中的第五幅版画，表现的是一位身后有婴儿的妇女，用矛

① 1748～1852，法国古典主义画家，曾任拿破仑宫廷首席画师，代表作有《荷拉斯兄弟之誓》、《马拉之死》等。——译注
② 1746～1828，西班牙画家。作品对欧洲 19 世纪绘画有很大影响。——译注

刺向法国士兵，这在现实中是不大可能出现的。

　　同样，我们也不知道戈雅创作这组版画的动机是什么。当时，他已经六十多岁了。他曾经是西班牙的宫廷画师，创作了许多表现王室人物、骄傲的贵族和嬉戏的贵妇的优秀油画作品。然而，在某个时期，对于我们今天所谓"制度"的公正性的怀疑，似乎悄悄地潜入了他的头脑中。自 1800 年起，他逐渐陷入了一个绝望的泥潭。虽然部分上是受到他当时认识到的社会和政治条件的驱使，但不断加深的耳聋和频繁的耳鸣也不会让他有好情绪。其结果便是一系列作品，有些创作于《战争的灾难》之前，有些在其后，叫做《狂想曲》（Caprichos）。这组画中的许多几乎与《战争的灾难》同样黑暗和恐怖，但它们与战争没有多大关系，或者也可以说根本没有关系。有些描绘的是真实的事件，也有一些，虽然他起的名字非常尖锐，但几乎可以肯定完全是出自他的想象。《战争的灾难》本身，也是在 1863 年——戈雅去世十年后——才得以发表的。自那以后，很多批评家都将其解释为反战的警告。即使假设这的确是他的本意——而这是根本得不到证明的——也不意味着他的画不能满足某些人以残忍为乐的好奇心。

　　正如 19 世纪诞生了历史小说，那个时代对历史绘画也非常重视，其中当然包括关于战争和战斗的绘画。瓦萨里的绘画使佛罗伦萨的领主宫大大地增辉添彩，但除了极少数这样的地方外，以往大多数此类画作大概都散入了有权有势，或至少比较富裕的人家。现在，它们则越来越多地在公共博物馆和公开展览中展出了。许多大博物馆都建立了起来，尤以 19 世纪上半叶为多。这反过来推动了一种不断增长的利用博物馆来影响公众舆论——也就是随着一个又一个的国家从职业军队转为征兵制，那些需要炮灰的人的舆论——的趋势，这种趋势又促成了更多的博物馆的建立。从马伦戈战役（1800 年）的时代起，没有一场战争，也没有一场战役，会不产生一幅庆祝和赞颂其胜利的全景画，以教育那些留在家里的人们的。

　　像小说家们一样，一些画家显然勤奋地研究过历史上的军服、武器、阵形、地形学等等。同样像小说家们一样，他们也极少把战争表现得像实际上那样。这倒不是因为画家缺乏技术手段，实际情况恰恰相反。确切地说，这是因为在画布这一方寸之地展现军队庞大阵容的雄风，实非易事。通常这样做需要使用改变构图和透视法等很多不同的手段，以使描绘的对象在画布上显得"真实"。这方面一个很好的例子是安托万·让·格罗（Antoine-Jean Gros）①绘于 1808 年的杰作《艾劳之战》（*La Bataille d'Eylau*）。想捕捉到一长列战斗中的军人共同前进的画面，困难更多。一位 18 世纪晚期的批评家甚至宣称，从技术角度讲，这是难度最大的。

有些画画幅极其巨大，不仅面对着观众，实际上是围绕着观众。创作这样的画要花很多年时间，要求搭起特殊的架子，还要动用几十甚至几百人手。有些人要协助大师做研究、进行测量、填充细节等；有些人要亲手画或当模特。如果画家得不到军队和政府积极的配合，这样的画根本无法完成。有些这样的作品，如奥地利因斯布鲁克描绘安德烈亚斯·霍费尔（Andreas Hofer）②1809 年反抗拿破仑的起义的"环形全景画"，至今依然存在并向公众展出。像其他同类作品一样，安东·冯·维尔纳（Anton von Werner）③创作的 7000 平方英尺的描绘色当战役的全景画，也要利用各种光和透视的技巧，给观众以身临其境的感觉。毫无疑问，这样的全景画大受欢迎，原因之一是其中相当大一部分都是以战争和战斗为主题的。反过来说，如果说今天它们变成了稀罕物，绝不是因为这样的主题过时了，而是因为电影能够更加有效地满足人们这方面的兴趣。

在整个 19 世纪，再没有哪位大师在战争绘画方面比一位英国女画家——伊丽莎白·汤普森（Elizabeth Thompson）——更受欢迎了。汤普森 1846 年出生于瑞士洛桑，像所有维多利亚时代富裕的中产阶级家庭女孩子一样，接受过绘画教育。显然她的灵感来自于一次法国之行，她在那里看到了大量关于普法战争的画作。此后不久，她就开

---

① 1771～1835，法国画家，曾随拿破仑征战，以创作颂扬拿破仑晚期军事生涯的历史油画著称。——译注
② 1767～1810，蒂罗尔民族英雄，为蒂罗尔回归奥地利而率领民众起义，后被拿破仑俘虏并处决。——译注
③ 1843～1915，普鲁士画家。曾任柏林画院院长和国家美术馆馆长。——译注

始不断地推出大幅的军事题材绘画。只需听听它们的名称，便可知其内容：《点名》（*Roll Call*；系列组画中的第一幅）、《滑铁卢的拂晓》（*The Dawn of Waterloo*）、《永远的苏格兰》（*Scotland Forever*）、《镇定的鼓声和笛声》（*Steady the Drum and Fifes*），诸如此类。其中最著名的要数《巴拉克拉瓦》（*Balaclava*），表现的是英国轻骑兵旅在1856年克里米亚战争中英勇但却绝对愚蠢的冲锋。这幅画于1876年首次在伦敦展出时，引起了巨大轰动。随后，它在全国巡回展出，吸引了成千上万的观众。

汤普森随后的经历为我们提供了一个有趣的例证，使我们看到无论一位艺术家怎样做，不断变化的公众态度都会对其命运产生深刻的影响。《点名》被执意要收藏它的维多利亚女王（Victoria）购买。女王一高兴，还赐了汤普森一个头衔，使她可以按照丈夫的姓，自称为巴特勒夫人。更重要的是，汤普森还迫使19世纪最著名的艺术评论家约翰·罗斯金（John Ruskin）①收回了自己关于女人不会画画的论断。但随之汤普森的命运就开始走下坡路。与《战争的灾难》之类相比，汤普森的作品一向算是相当文雅了。不错，她的画中的确有衣衫褴褛的士兵，有冻僵的士兵，有受伤的士兵，甚至有死亡的士兵，但她绝对没有展示战争真正的恐怖。无论是因为她不想展示还是因为她忽略了——作为一名维多利亚时代的贵妇人，她根本无从想象那些情景：那些残肢断臂、胀大的尸体、仇恨、残忍，更不用说恶臭了。最终，无论伤亡多么大，她的画作效果总是爱国主义的，甚至是英雄主义的。然而，相对于公众的口味，显然是不够的。随着19世纪即将结束，公众的沙文主义情绪正越来越高涨，因而也就越来越不愿意买她的画了。

后来，到了20世纪，公众的口味又变了。汤普森的作品虽然仍受到冷落，这回却是出于截然相反的原因：虽然她的作品的核心是爱国主义和英雄主义，但对战争的残酷性表现得却不够清晰。19世纪许多专画历史战争的画家，也有与她相同的遭遇。阿道夫·冯·门策尔

---

① 1819~1900，英国艺术评论家、社会改革家。推崇哥特复兴式建筑和中世纪艺术，捍卫拉斐尔前派的艺术主张，反对经济放任主义。——译注

（Adolph von Menzel）和威廉·坎普豪森（Wilhelm Camphausen）都是他们那个时代最著名的画家。门策尔画了许多表现腓特烈大帝在"七年战争"中的作品。腓特烈正是通过"七年战争"，使得普鲁士完全凭借着自身的力量，克服了一切障碍，成为一个强国。坎普豪森也画过腓特烈大帝在战争中，但他还画了大量表现其他战争的画作，从克伦威尔的战争到 1864～1866 年普鲁士对丹麦和奥地利的战争。门策尔和坎普豪森都曾大受欢迎、大获成功，心存感激的君主和军事统帅们（也曾接受过他们画肖像）赐给了他们成堆的荣耀，他们的作品也广受推崇。不用说，两人都被封为教授，门策尔还被授予了一枚普鲁士高级勋章。然而今天，任何博物馆假如胆敢展出他们的作品，都会被斥为军国主义，甚至更糟。显然，如果不是反战的艺术，就会被认为根本不是艺术。

不过，1900～1914 年时，对于大多数人来说，厌恶战争都还是未来的事情。像恩斯特·容格一样——实际上，是像当时欧洲各国无数普通百姓一样——许多画家都热切地盼望着战争。德国表现派画家，如路德维希·迈德纳（Ludwig Meidner），试图用名为《预示着灾难的风景》（*An Apocalyptic Landscape*）和《一个狙击手战壕的景象》（*Vision of a Marksmen's Trench*）等等的画，来表现战争将会是什么样。在国界的另一边，法国立体派画家，如罗歇·德拉·弗雷奈（Roger de La Fresnaye）和雅克·维庸（Jacques Villon）等，也是如此。有些人甚至还没等战争爆发就宣了战。最著名的是意大利未来派画家菲利波·马里内蒂（Filippo Marinetti）。然而，绝非只有他一个。在英国，有人写道："男子气加攻击性，就等于对暴力的崇拜。这是大多数激进的先锋派艺术家，包括［温德姆·］刘易斯（Wyndham Lewis）和［查尔斯·］内文森（Charles Nevinson）等在内的纯正标记。"还有一些画家，如戴维·邦贝格（David Bomberg），则视战争为一个机会。

当战争真的爆发后，画家们的反应像其他人一样千差万别。有些人，如马克斯·恩斯特（Max Ernst）①（整个战争期间都想方设法地

---

① 1891～1976，德裔法国画家和雕刻家，超现实主义真实派创始人。——译注

留在了后方）和恩斯特·路德维希·基尔希纳（Ernst Ludwig Kirch-ner）①（还没有上前线便精神崩溃了），被吓坏了。有些人不厌其烦地赞叹战争带来的"壮丽的色彩"（奥斯卡·施莱默，Oskar Schlemmer ②）和"令人无法抗拒的美景"（保罗·克勒，Paul Klee③）。英国画家约翰·纳什（John Nash）④对他的妻子说他在战壕里感到快乐之极，他在那里发现了对生活的热情和对美的新的鉴赏力。他的同胞安德鲁·罗思坦（Andrew Rothstein）说战争有一种"乌青色的美"，更有甚者，他还说假如有人问他，是否需要花那么大代价来看一场战争，他"简直不知道该怎么回答了"。有一位非常有名的画家费朗·莱热（Fernand Leger）⑤曾经写道："75 毫米口径的枪在阳光下喷出的火舌令我心醉神迷……75 毫米口径的枪在充足的阳光下开火给我的造型艺术所带来的感悟，超过世界上所有的博物馆。"像在《金属元件》（*Eléments Méchaniques*；1920 年）等作品中所表现的，捕捉作为现代性精髓的光洁的金属元件的动感，是莱热的主要艺术创新之一。很显然，75 毫米口径重机枪对于满足这一目的，至少是不亚于今天的任何其他机械。

让美术家们在战争期间做自己认为适当的事是一回事，约束他们为各自的祖国效劳则是另一回事。以德国为首，1914～1918 年的大多数交战国，都建立了官方的战争画家团体。参加这些团体的有些画家是因为年龄太大，不再适合征召入伍，有些人则是作为现役军人送到前线，让他们看看是否愿意加入。大多数人都很高兴受到邀请——美国画家哈维·邓恩（Harvey Dunn）的妻子曾回忆说，当她的丈夫被问及需要准备多长时间可以开赴法国时，他当即喊道："两个小时!"有些人即使作为现役士兵，仍然利用一切机会创作他们的作品。至少有一位在整个战争期间坐着劳斯莱斯轿车跑遍了法国。军队会提供他们

---

① 1880～1938，德国表现派画家，桥社人创建人和领导人之一。纳粹当政时期其作品为当局所禁，自杀身亡。——译注
② 1888～1943，德国画家、雕刻家和设计家。——译注
③ 1879～1940，瑞士表现派画家。1933 年被纳粹逐出德国。——译注
④ 1893～1977，英国画家、雕刻家。——译注
⑤ 1881～1955，法国画家，作品多以抽象几何形体和广告式色块来表现城市生活和工业题材。——译注

所需要的一切——纸张、行政支持，有些情况下还会提供交通工具。根据他们受雇条件的不同，他们有可能，或者不可能，得到一纸委任状、一份薪水、一笔购买材料的经费，以及购买他们作品的保证。但总体而言，他们都不是贪婪之徒。许多人的所得比和平时期卖画要少得多。

作为回报，官方的画家们奔赴前线记录战争，创作能够激励交战国平民加倍努力，也许还能博取中立国旁观者更多同情的作品。不过画家们与当局时而会有一些摩擦。或者是因为当局坚持要求画家们逐月汇报其产出，如美国官方曾经所做的；或者是因为当局判定这幅或那幅作品太过恐怖，不适合于官方的展览，还要阻止其私自展出。然而，总体而言，必须承认各种各样的官方画家团体都是成功的，这可以由下列事实证明，当20世纪30年代后期，第二次世界大战一步步临近时，很多国家政府甚至不等枪声打响，就开始向画家寻求帮助，为让人民做好战争准备而出力。

两次世界大战共产生了数以万计质量千差万别的画作（在美国，单是1917～1918年，就有58个团体创作了1438件作品）。这些画作覆盖了所有可以想象的主题，正如其名称所显示的，从《跃出战壕》（*Going over the Top*）到《战俘归来》（*Soldiers Returning from Captivity*），从《不列颠之战》（*Battle of Britain*）——也许是这类作品中最著名的了——到《绿色的海滩：诺曼底》（*Green Beach, Normandy*）。这时军队的规模已达数百万人，战线的长度动辄上千英里。因此，已很少有画家再试图像他们的众多前辈那样记录重大历史事件的全貌了。取而代之的是，他们努力捕捉战斗的特性，表现没有在任何地方发生，却可能在任何地方看到的普遍的场景。恰恰是因为很少有画家在和平时期专门画战争，他们的作品在很多方面都是他们所创作的时间和地点的典型表现。有些画是用铅笔或炭笔所绘的简单的素描，有些则是色彩绚丽的巨幅油画。有些极富艺术造诣，有些则价值不高。就风格而言，既有现实主义的，也有表现主义的、立体主义的，或者根本未经过正规绘画训练的。鉴于没有严格的界限将受委派的"官方战争画家"与其他画家区别开，这些现象都不足为奇。

然而，如果大量出版的这类画集可以作为某种参照的话，有两种现象非常突出。首先，正是在这一时期形成的最抽象、最不写实的风格，在这类作品中却几乎完全看不到。更加奇怪的是，这一现象在"二战"产生的画作中甚至比"一战"产生的画作还突出。套用克列孟梭的一句话来说，似乎那些描绘 1939～1945 年战争的人，感到战争是一件太过正经的事，难以用来做实验。其次，虽然这些画作经常以人处在各种不舒适状态下——如混乱、受伤、被俘，甚至死亡——的形式，表现了大量的悲情，但只有极少数作品试图反映战争真实的恐怖。

　　那些的确想反映战争之恐怖的作品，也不必然呈现出反战精神。像均绘于 1918 年的内文森的《我们在建设一个新世界》（*We Are Making a New World*）和查尔斯·西姆斯（Charles Sims）的《牺牲》（*Sacrifice*），其创作目的更确切地说，是指出通过战斗和忍受痛苦，可以得到救赎和复兴。部分上，选择这样的主题也许是自我审查的结果，美术家像所有其他人一样爱国。然而，还必须记住，那些负责挑选画家和布置任务的官员，头脑中是不会有那一小撮热衷于谈论艺术以相互炫耀自己有多聪明的孤芳自赏的先锋派人物的。相反，他们关注的是人数更多、其成员更关心战争，并且他们认为无论多么高雅都在向一个明确的方向发展的艺术流派。

　　两次世界大战之间的时期，世界在很大程度上分化为"民主国家"和"极权国家"。这种分化对于文学的影响，我们在上一章已经简要地讨论过了。当然，对于造型艺术，也绝不可能没有影响。同许多其他事情一样，纳粹德国在这方面也是一个有趣的例证。自希特勒起，纳粹都是彻头彻尾的好战分子，视战争如同童子军游戏。更糟糕的是，元首本人还自认为也是一名画家和艺术的扶持者。因此他不仅对德国的政治、经济和社会体系进行了改革，还有意地对艺术生活也进行了改造。魏玛共和国完蛋了，为艺术而艺术过时了，艺术应当为生活服务了，尤其是要为纳粹生活极其重要的一部分——战争——而服务。不愿意或不能够理解这个政权需要什么样的美术家，早晚有一天会收到一封内含 Malverbot（禁止作画的命令）的盖世太保的信，就像"堕落"的包豪斯画家弗里茨·温特（Fritz Winter）①那样。与之相反的是，能够取悦于当局的画家，则可能被希特勒亲手免除服兵役的义务。

画家们为服从这种不正常的制度，坚决地对一切现代的和抽象的艺术闭上了眼。令人啼笑皆非的是，结果产生了一种与战线另一端纳粹的死敌苏联所创造的社会主义现实主义没有太大不同的画风。以一个名为"战争和艺术"（War and Art）的展览为例。这个展览于1942年在维也纳举行，正是最终导致了纳粹战败的一系列重大战役即将开始时。参观者在开始参观前，要列队瞻仰元首的胸像和两座代表战争的寓言人物的雕像——这两座雕像都没有保存下来，也没有关于其细节的记载。展出的也有几件历史作品和外国作品，大概是想证明纳粹不是世界上最早的和唯一的军国主义者。

展览的核心是纳粹新近开辟的所有战线上产生的二百多幅当代绘画和素描。作品的题目诸如《火焰喷射器》（Flamethrower）、《德国驱逐舰在战斗中》（German Destroyers in Battle）、《坦克在非洲》（Tanks in Africa）、《比雷埃夫斯港的战俘》（Prisoners in the Harbor of Piraeus）——不用说，当然是盟军战俘。还有几乎所有画家都会承认不那么令人愉快的——《告别》（Leavetaking）。德军第17集团军副司令的少校参谋瓦尔特·特勒格（Walther Tröge）为展览撰写了介绍文字。在谈及"艺术寻求真理"的结果时，他引用了纳粹非常青睐的一名作家鲁道夫·宾丁（Rudolf Binding）的话，告诉我们说"真正的艺术总是在表现伟大、英雄的行为"——你只能想象，例如题为《帕基纳②的德国英雄墓》（German Heroes' Cemetery in Parkina）这样的作品。

虽然德国和其他极权国家的美术家被迫创作，或心甘情愿地创作歌颂战争的现实主义作品，也有一些美术家创作能够激起人们对战争的厌恶和震惊的远非现实主义的作品。回顾一下，这其中最著名的也

---

① 1905～1976，德国画家。画作被纳粹禁止展出，本人被征召入伍并送往东方战线，被苏联红军俘虏后一直被押到1949年才释放。后积极参加先锋派运动，被认为是德国战后最著名的美术家之一。——译注
② 苏德战场卡累利阿前线的一座村庄。——原注

许要数奥托·迪克斯（Otto Dix）①和巴勃罗·毕加索了。像萨松一样（也像一位全然不为人知的年轻画家——阿道夫·希特勒——一样），迪克斯曾热切地盼望战争，当战争来临时自愿入伍。同样像萨松（也像希特勒）一样，他英勇战斗，多次负伤，获得过勋章。他最初的战时作品是一些蜡笔画，题如《跃出战壕》（*Going Over the Top*）、《垂死的勇士》（*Dying Warrior*）、《肉搏战》（*Hand to Hand Fighting*）和《直接命中》（*Direct Hit*）等。在他的传记中，这些作品通常都被忽略不提了，然而其中的一些也许会令特勒格满意。究竟是什么导致了他后来的思想转变，不完全清楚，但也许与他的国家战败有关。像戈雅一样，他突然产生了一种描绘与他的战时经历没有多大关系的谋杀、强奸和肢解等画面的冲动，创作了诸如《战壕》（*The Trench*；1923年）、《战争三联画》（*War Triptych*；1932年）和《佛兰德斯》（*Flanders*；1934～1936年）等令人极度惊骇、极度厌恶的作品。同样像戈雅一样，决心专画这样的情景，绝对反映了他本人阴郁的心境。

毕加索的经历，尤其是其名画《格尔尼卡》（*Guernica*），更为有趣。他是西班牙人，却因为一场他不比大多数平民了解得多，却绝对比许多在"一战"、俄国内战和西班牙的战争中当过兵的同辈画家知道得少的战争，而自愿流亡巴黎。1937年，他56岁，正为给一个关于20世纪科技进步的展览作画，忧郁而徒劳地寻找着灵感。像大多数人一样，他从报纸上详细地了解了纳粹为支持佛朗哥而对格尔尼卡小镇的轰炸。这使他幡然醒悟。随即进入了一种疯狂的创作状态，结果绘出了一幅任何人在任何时刻从任何角度都不可能看到的画面。实际上，他也许是试图提醒人们，格尔尼卡不是随便一座小镇，而是西班牙的城镇，画中甚至还加入了取自斗牛的元素。然而，毕加索的确成功地捕捉到了惊慌、恐怖、无助，以及也许最重要的，战争强加于人和牲畜的也许是空前绝后的盲目的困惑。他笔下肢体残缺的人物身陷狂轰滥炸，感到周围的世界全都化为了碎片，惊惶地尖叫着乱冲乱撞，无处藏身，不知所措。

---

① 1819～1969，德国表现派画家，新客观主义派成员。——译注

像汤普森一样，迪克斯和毕加索都为艺术观念——此处所讨论的则是以战争为主题的艺术观念——对不断变化的公众态度的依赖与对其自身质量的依赖是一样大的，提供了实例（今天当然也还是如此）。甚至在纳粹当权之前，迪克斯的作品就已经受到了抨击。较早时候，对他群起而攻之的人中，有一位德国科隆市年轻的市长。1925年，他迫使该市博物馆清除了迪克斯的画。顺便说一句，他的名字是康拉德·阿登纳（Konrad Adenauer）①。至于毕加索，虽然《格尔尼卡》在法国、英国和美国受到了称赞，却遭到了纳粹德国的痛恨，被斥为疯子的作品。苏联批评家也不喜欢《格尔尼卡》，即使这两个极权国家彼此势不两立，即使在西班牙内战期间，他们就已经通过代理人在交手。

1945年后，牌又重新洗过。在苏联，社会主义现实主义继续一统天下，直到这个"帝国"于1989～1991年解体。与此同时，在西方，许多人这时已将毕加索的《格尔尼卡》视为"20世纪主要的艺术作品"了。迪克斯在勉强逃过了纳粹的重罚之后，得以恢复了名誉。与之相反的是，在前轴心国——在较小程度上，还包括这些国家外——任何胆敢以现实主义手法，更不用说浪漫主义手法，来表现战争的人，都有遭到几乎比迪克斯及1945年之前和他一起"堕落"的人还要糟糕的待遇的危险。

在德国、意大利和日本，成千上万"军国主义"的作品被从博物馆和建筑物的墙上取下。然而，当局却不知道该拿它们怎么办。一方面，考虑到新引进的民主思想的需求，这些画作已不再适于展出；出于同样的原因，也不适于像其他画作那样拍卖。另一方面，它们又是无可否认的艺术，只不过是用德国人的话来说，是目前被认为"可鄙"（verachtet）的艺术。经过妥协，它们被安全地储藏到了人们看不到的地方。正常情况下，只有经过挑选的人才能看到，只有为了"科学"研究的目的才能看——可想而知，这当然不包括赞扬它们的任何

---

① 1876～1967，德国基督教民主联盟创建人，1949～1963年为德意志联邦共和国首任总理。——译注

艺术价值了。

仿佛是为 20 世纪战争美术的全部主题做总结，1994 年在联合国教科文组织的资助下举行了一个纪念第一次世界大战爆发 80 周年的国际展览。从展览目录中，我们得知有两类美术家。一类是"基本上走老路的较老的美术家"，采用的是"从上个世纪流传下来的绘画现实主义的手法"。他们仔细地观察双翼飞机、大炮和士兵，并以同样一丝不苟的手法把他们所看到的景象再现出来。从技艺上讲，他们的很多作品都非常高超。然而，80 年后，它们仍然被认为：如果说有什么令人感兴趣之处的话，也就是"文献价值"了。与之形成鲜明对比的，是"19 世纪最后 25 年培养出来的较年轻的美术家"，包括印象派，以及稍后的后印象派、表现派、立体派、未来派和旋涡派。对于他们，展览向观众们解释道："英雄主义的现实主义和爱国主义的象征手法已经过时了。""为一劳永逸地摒弃先前主宰战争绘画的规则"，他们发明了一整套全新的技法，以描绘"战争野蛮的破坏性"。

唉，正如我们所看到的，现实远比像这样简单地划分老美术家和年轻美术家、"现代的"反战美术作品和"传统的"主战美术作品要复杂。美术和战争的关系几乎可以追溯到美术本身产生的时候。几千年来，两者经历了无数变化，许多都很耐人寻味，但大多数时候两者都相得益彰。也许是由于出钱买画的人往往也是下令开枪的人，美术经常被用来为战争服务。但也有战争被用来为美术服务的情况，不仅是库尔图瓦，还有丢勒，都这样做过。至少就某些作品而言，戈雅也是如此。从希腊巴特农神庙雕带上的战斗场面，到毕加索的版画《帕耳修斯与菲纽斯为争夺安德洛墨达而搏斗》（*Combat pour Andromede Entre Persée et Phinée*），许多美术家都总是能感受到战争的魅力，这当然也是战争题材的美术作品始终能跻身于最伟大的作品之列的原因之一。就连威尔弗雷德·欧文都曾短暂地转变过思路，承认与战争相比，所有其他题材都"索然无味"。

正如伊丽莎白·汤普森的事例所证明的，以战争为题材的创作通常都能同时激起公众和专业评论家的热情，哪怕从艺术上讲并不是最伟大的作品。许多曾经享有盛誉的作品都无声无息地湮灭了。但这绝非总是简单的缺乏艺术性的结果，许多时代相同、风格类似、技巧相当的作品时至今日仍备受推崇，就足以证明这点。还有一些作品遭遇完全相反。它们在创作的时代遭到谩骂，甚至是抵制，直到后来才闻名遐迩。纵观所有这些现象，要想像联合国教科文组织的展览目录编者似乎想做的那样，宣称结论已定，称颂战争的美术作品已经彻底地为人们遗忘了，可就太需要勇气了——因为，正如《时代》杂志在1945年所悲叹的，美国公众的艺术口味，实在是与元首本人非常相似的。

今天，在世界上大多数地方，各种各样散发着"好战"气息的美术作品，在像五角大楼这样的各类军事机构（在那里它们很难被视为艺术作品），或者在博物馆的阁楼和地窖里，都能看到。就像巴巴罗萨（Barbarossa）皇帝在自己长眠的山下一样，它们也在各自躺倒的地方死而不僵——只待时机一到，像历史上经常发生的情况那样，公众的态度再一次转变，它们就又要卷土重来了。

第十二章
战争纪念碑

　　战争纪念碑从最早出现的时候起，也许就能大致分为三类。第一类是纪念胜利的，无论是真正的胜利、夸张的胜利，还是像有些时候那样属于完全是想象的胜利；其目的也许是歌颂胜利者，也许是警告未来的敌人：如果打错算盘，会有什么下场。第二类，是纪念倒下的英雄的。第三类，是对战争发出警示的。从年代上讲，第一类纪念碑的出现似乎比另两类早得多，至少在 1918 年以前，数量也多得多。其次是纪念死者的碑，警示战争的碑是直到 1918 年后才出现，至今也只是少数国家才有。

　　虽然游牧民族可以，也的确，把战利品或猎获物保存下来作为纪念品，但各种大小的永久性纪念碑，却是在定居社会才出现的，而且大多数情况下，是在有相当数量的专业工匠的城市才会树立的。这也许就是迄今所知最早的专门纪念战争的纪念碑出现在埃及的缘故。以石板碑为例，最早的这种碑可追溯至前王朝时期。许多其他被确定为较晚时期的碑，所发现的城市在碑树立的时代，都是作为都城或者王权中心的。

　　最初的石板碑既有实用目的也有纪念目的。其坚硬的石头表面可用来将各种物质，如化妆品，研磨成粉，而背面则刻上图像。后来两面都刻上了图像，可用于典礼仪式，于是具有了作为碑的价值。也许最著名的这种碑就是纳美尔石板（Narmer palette）了。该石板大约制作于公元前 3200 年，其现代的名字来自于刻在碑顶端的一位叫做纳美尔（Narmer）的国王的名字。历史上，他是第一王朝的第一位国王，首次将上下埃及统一在了一个单一政府下——这可是件非常了不起的功绩，其影响一直持续到了今天。

作为纪念碑，纳美尔石板实在是小了些，从顶部到底部总共不过25英寸。其正面表现的是：国王站在一个跪倒在地的敌人面前，一手抓着敌人的头发，一手举着权杖正准备狠狠地打下去。更下方还有两个赤裸的敌人，大概已经死了。反面刻的是国王戴着下埃及的红冠（他原来的根据地在上埃及，其标志是白冠）。他的身材很高大，前后簇拥着许多打着旌旗的士兵，正在游行。画面的下方还有两排被斩首的敌人，他们的头被摆在两腿之间。还有一个敌人正在遭到公牛的践踏（公牛是埃及王权的象征之一）。除了这块石板外，还发现了几十块其他石板。虽然不全是记录战争和胜利的，但许多是。不过它们起初摆放在哪里，做什么用途，都不得而知。

最早出现在埃及的另一种胜利纪念碑是方尖碑。最早的方尖碑大概就是为代表神的力量而树立起来的石头。到了这一步，离用它们来宣示国王的武力并记录他的胜利，就近在咫尺了。在埃及更是如此，因为像许多此后的王国一样，埃及的法老是享有神的地位的，并且有专有的神的标志，如太阳、公牛等等。希罗多德将方尖碑的发明归功于塞索斯特里一世法老（Sesostris I；公元前1971~前1926），说他在他作战过的许多战场上都树立了方尖碑，并刻上了他的名字和他胜利的性质。这些方尖碑中的一座留存到了今天，并移回到了它最初树立的地方——今天开罗附近的赫利奥波利斯。然而，希罗多德的这个记载却不一定可靠，因为他还说塞索斯特里征服了一些遥远的地区，如色雷斯等，而这些地方无论是他还是其他埃及统治者，都从未到达过。

塞索斯特里之后的几位法老——包括一位女法老哈特舍普苏特（Hatshepsut）——也都树立了方尖碑。其中一小部分没有铭文，但大多数都刻有法老的名字、他是哪位神的后代或者他被确认为哪位神，以及他所宣称的胜仗。有些法老或者是为省钱，或者出于诸如改朝换代等各种政治原因，抹去了对前任一些法老的记载。他们将前任法老的名字涂掉，代之以自己的名字，其余的图像或文字则往往是原封不动的。迄今所知最矮的埃及方尖碑只有7英尺高；最高的一座，最近

4 个世纪以来一直耸立在梵蒂冈的广场上，高 84 英尺。这些纪念碑的确令后代着迷，可由如下事实证明：留存至今的 26 座方尖碑中，只有 8 座还留在埃及，不过也不一定是在它们最初的位置上了。

这些现存的方尖碑中的一部分，是被罗马人和拜占庭人抢走，重新树立在凯撒里亚（今天的以色列）、罗马或君士坦丁堡的。拿别人的财产来炫耀自己的力量，一向是纪念战争的一种方式。在方尖碑不再流行后，过了很长一段时间，因其简单的几何形状，它们又在 16 世纪卷土重来。它们中的一座，最早是被卡利古拉皇帝（Caligula）带到了罗马，当时又在梵蒂冈重新树立了起来。到了 18 世纪末，当英国和法国远征军开始用它们装饰伦敦和巴黎后，它们越发流行起来。单说专门为纪念胜利而不是其他目的所立的方尖碑，从这一时期起就有美国的邦克山战役纪念碑（立于 1825~1826 年）和莫斯科的胜利纪念碑。后者直到 1993 年才完工，至少高 141.8 米（432 英尺），象征着"伟大卫国战争"持续了（俄国人计算的）1418 天。

第三种形状的胜利纪念碑是圆柱形的。乍一看很像是方尖碑，实际上用不着弗洛伊德心理学，就能看出它们有什么共同特点。不过，在另一个层面上，这种相似性却是个误导。仔细考证一番，就能发现圆柱形的碑与方尖碑完全是由不同的传统发展而来的。也就是说，这种纪念柱是从古希腊时代起亲戚朋友为士兵个人树立的墓碑。第一座胜利纪念柱，也是最著名的之一，是由罗马皇帝图拉真（Trajan；公元 98~117 年在位）树立的，高 100 英尺，矗立在以这位皇帝命名的古罗马广场上，旨在纪念他对达契亚人的两场战争。这两次胜仗使得今天属于罗马尼亚的土地当时被并入了罗马帝国。这座纪念柱在很多方面都具有令人惊叹的独创性，在其底部辟出一个小室安放这位皇帝的骨灰，在其顶部树立了他的镀金雕像，这一史无前例的创意更是如此，更不用说柱内还隐藏着螺旋形楼梯，可供参观者拾级而上了。

图拉真柱成了他那个世系的第三位继承人马可·奥勒留皇帝（Marcus Aurelius；公元 161~180 年在位）密切模仿的榜样。也许有些奇怪的是，此后过了 1500 多年，才又有圆柱形碑出现。1722 年，一根纪念英国马尔巴罗公爵（Duke of Marlborough）①的圆柱在其宅邸——牛津附近的布伦海姆宫立起。与此前的两根纪念柱相同的是，这根纪念柱顶端也树立了胜利者的雕像，笔直地站立着，傲视四方。与前两根柱子不同的是，这根柱子的柱身有凹槽，但没有刻上马尔巴罗公爵指挥的战役的画面。自那以后，模仿使得这样的纪念柱变得越来越多。其中最著名的要数拿破仑为纪念其奥斯特里茨战役的胜利而建的（1806～1810年），为与图拉真柱相媲美而专门做了设计。此后还有伦敦特拉法尔加广场上的纳尔逊柱（1840～1843年）、利物浦的惠灵顿柱（1874～1875年），以及德国人于1864～1873年间为提醒世人他们战胜了丹麦人、奥地利人和法国人而建的胜利纪念柱（Siegessäule）。

这最后一根纪念柱与其他纪念柱不同的是顶部没有胜利者的雕像，此前还没有过这样的纪念柱。其原因也许是情况有变。虽然普鲁士国王威廉一世（William Ⅰ）的确亲自出现在克尼格雷茨和色当战场，但他只是名义上的军事统帅；然而，让实际上的指挥者赫尔穆特·毛奇凌驾于其君主之上，也不合适。最后通过在柱顶刻了一个象征性的形象——一个手持花环和权杖的带翼的胜利女神——解决了这个问题。这个胜利女神形象来源于希腊神话，此后又被复制了无数遍。

足以证明战争文化通常有多么长命的是，大致在1900年之前建成的这些纪念柱及其他纪念柱，彼此相似的不仅是总体外观，还有若干其他方面。许多纪念柱都使用了从敌人那里——或者据说从敌人那里——夺来的战利品。拿破仑柱是由奥地利人和俄国人的大炮上的铜铸就的。其他纪念碑，如图拉真柱、纳尔逊柱、惠灵顿柱和柏林胜利纪念柱，或者刻画了夺来的战利品，或者实际应用了其中一些物件做装饰。所有这些纪念柱都通过铭文、雕刻画、镶嵌画等等，对它们要纪念的事件做了说明。所有这些纪念柱都立于开阔空间的中央，而这些开阔空间，往往是为立纪念柱而专门开辟的，为的是让人们能从四面八方瞻仰到纪念柱。

---

① 此处指第一任马尔巴罗公爵约翰·丘吉尔，1650～1722，英国将军和政治家，英国著名首相温斯顿·丘吉尔的先祖。——译注

虽然一些军事统帅的雕像被立在了柱顶，它们可以在那里俯瞰世界，但大多数军事统帅都没那么幸运，不得不在纪念柱的底层或基座上将就。为打了胜仗的军事统帅树立的最早的不靠任何支撑物而独立的雕像，大概是古希腊时期出现的，用于在公共场所展出，无论是在神庙的院子里还是俗世的院子里。它们和它们的基座被称为"propy-laea"（字面意思为"神殿入口"），几百年间一定树立了不少。在罗马，类似的雕像是公元前3世纪开始建立的，它们被称为"fornice"（字面意思为"穹窿"）。虽然军事统帅的雕像基本上都没能留存至今，但我们今天却还能看到很多皇帝的雕像。这些雕像很多都是军人装束，很多都是最高统治者或军事统帅的姿态。大多数雕像所刻的皇帝都是靠自己的双脚站立的，如著名的奥古斯都立像，但也有一些刻的是骑在马上的。这样的雕像中非常著名的有：曾立于罗马广场上的奥古斯都骑马像；一座从未完工的图密善（Domitian）巨像；还有一座更大的图拉真像，据说有40英尺高。但这几座雕像都没能保存下来，今天唯一还存在的类似雕像是罗马卡皮托林山上的马可·奥勒留像。你也许不喜欢这座像所表现的"好战"思想——毕竟，完全可以刻一座表现这位皇帝写那本同样让他很出名的书《沉思录》（*The Med-itations*）的像嘛。但是，无可怀疑的是这座雕像仍是一件壮丽的艺术作品，堪与此前或此后的任何艺术品媲美。

　　虽然中世纪时期制造了无数骑士雕像，但极少有不是独立的像或不是用于纪念某次胜仗的。它们绝大多数立于墓地，或相应地立于教堂中的墓地，基本上都是以军人装束来象征其地位的。很多骑士都是与妻子合葬的，而他们的妻子无疑与丈夫指挥或打胜过的战争没有多大关系。像在很多其他事情上一样，又是文艺复兴时期的人拾起了罗马人的遗留。15世纪下半叶，又有一些胜利统帅的骑马雕像立起于公共广场。至少有一座始终未能完工，是由列奥纳多·达·芬奇为纪念弗兰切斯孔·斯福尔扎（Francesco Sforza；1401~1466）而设计的。还有两座，分别是代表埃拉斯莫·达·纳尔尼（Erasmo da Narni；1370~1443）和巴尔托洛梅奥·科莱奥尼（Bartolomeo Colleoni；1400~1475）的，都落成了。这最后一座据说刻得尤其精致，也许是表现一位傲慢的胜利统帅的最佳形象了。

现代社会的初期，胜利统帅的骑马雕像令数代欧洲君主都心驰神往，他们全都保留了为自己立像的权利。城市无论大小，至少都会立上一座，这种风气一直延续到 20 世纪初。有些像立在城市广场的中央，有些则装饰着通衢大道。雕像塑在比最高的观众还要高的基座上，故意让人们仰视。所有雕像都比本人高大许多，所雕的君主都身着军装。通常还会高举一根权杖，为他的军队指引方向，尽管被刻像的人越来越不可能亲临战场实际指挥了。

从大约 1800 年起，立骑马像的传统输入到美国，用在了指挥合众国军队的将军们身上。于是乔治·华盛顿、安德鲁·杰克逊（Andrew Jackson）①和约翰·潘兴（John Pershing）②全都以石头或铜的形式获得了不朽。然而，数量最多的雕像还是纪念内战的，可见这场战争在美国历史上有多么重要。得以立像的最重要的司令官们有乔治·麦克莱伦（George McClellan）、约瑟夫·胡克（Joseph Hooker）、菲利普·谢里登（Philip Sheridan）、威廉·特库赛·谢尔曼（William Tecumseh Sherman），当然，少不了尤利西斯·格兰特。他的巨像立于美国国会大厦前，和华盛顿纪念碑、林肯纪念碑等一起，成为华盛顿最吸引游人的景点之一。

你也许会以为，所有这些雕像都会密切模仿欧洲的式样。然而，美国是个独特的国家，立像的动议往往不是出自官方，而是由普通百姓组成的团体提出并筹款完成的。因此，你看到的不全是胜利统帅的雕像，也可能看到虽然效力的一方失败了，但被认为作战出色的指挥官的雕像。包括著名的南方邦联军将领，如纳撒内尔·格林（Nathanael Greene）、内森·贝德福德·福里斯特（Nathan Bedford Forrest）等，尤其是罗伯特·李。就尺寸而言，弗吉尼亚州里士满纪念碑大道两旁的雕像，比首都的任何一座都高大。

在此必须讨论的最后一种胜利纪念碑形式是凯旋门。我们知道，

① 1767～1845，美国第二次反英战争时的将军，1829～1837 年任美国总统。——译注
② 1860～1948，美国陆军五星上将。第一次世界大战时指挥在欧洲的美国远征军，战后任陆军参谋长。——译注

所有时代所有地方，都有通过某种仪式来标志战争结束的惯例，阅兵是其中的重要组成部分。建立凯旋门就是为阅兵设置适当的背景。凯旋门起初可能是临时性建筑，但从公元前 2 世纪起，开始成为永久性建筑。随着时间推移，罗马城中充满了凯旋门。到了帝国时期，凯旋门已经丧失了让胜利之师通过的最初功能，城里的所有部分都无一例外地建起了凯旋门。留存至今的最著名的凯旋门当数提图斯凯旋门、塞维鲁凯旋门和君士坦丁凯旋门。不过我们也知道一些未能留存下来的凯旋门。其中一座是为纪念奥古斯都在达尔马提亚、埃及和亚克兴的胜利而兴建的。按照其最后的模样，显然顶部雕有一辆四匹马拉的战车。所有各省也都有凯旋门，单是非洲发现的就有上百座。

在欧洲，兴建凯旋门之风于文艺复兴时期重现，然后就一直延续到了今天。曾经为凯旋门画过设计图的众多美术家中，就有米开朗基罗和达·芬奇，不过他们的设计图都没能化为现实。有些纪念性建筑，如蒙彼利埃的佩鲁门、巴黎圣但尼门附近的拱门，可以追溯至 17 世纪下半叶，但大多数凯旋门都建于 1700～1900 年之间。莫斯科的红门（建于 1735 年，1935 年被斯大林下令拆毁）属于最早建造的凯旋门之列。其他每年都能吸引数以百万计游客的凯旋门还有：马德里的阿尔卡拉门（建于 1768 年）和 "Arco de la Victoria"（意为 "胜利拱门"；建于 1956 年）；柏林的勃兰登堡门（建于 1788～1793 年）；巴黎的凯旋门（建于 1806～1811 年）；伦敦的大理石拱门（建于 1828 年，上面覆盖有从罗马的君士坦丁门上抢来的大理石）；还有俄国为纪念战胜拿破仑而建的莫斯科库图佐夫斯基大道上的拱门（建于 1827～1834 年）。美国纽约州、罗得岛州纽波特，印度孟买，朝鲜平壤，冈比亚班珠尔，也都有凯旋门，即使纪念的是大多数人都想忘却的战争，即使有时候很难说庆祝的是否算得上胜利。

有些纪念碑只是用统帅的雕像或一些象征物——如带翼的胜利女神、战车、星星或国徽——来达到目的。然而，大多数纪念碑上都要通过绘画或浮雕来表现要庆祝的胜仗。最早的这样的碑之一，有埃纳·图姆柱，也叫 "鹰柱"。大约公元前 2450 年立于美索不达米亚，现藏于卢浮宫。虽然只有一些残片保留下来，但足以再现其主题。似乎石

　　　　　　　　　　战争的文化

头的一面是叙述性文字，另一面是图像，但提到的是同一件事。

柱子长长的铭文解释了发生的事情。拉伽什和乌玛两个城邦在边界纷争后发生了战争，前者击败了后者，在新划定的边界上立了这根石柱。写有叙述性文字的这一侧还刻有几幅不同的画。其中一幅表现的是，拉伽什国王埃纳图姆站在战车上，引导着手持盾牌、列成方阵的士兵行进。其他几幅表现的是他在向神献祭。另有一幅，人们头上顶着篮子，正在堆积一座土墩。还有几幅是成堆的尸体（无疑是被杀死的敌人的），鹰正在啄食它们。柱的反面刻着一幅埃纳图姆巨大的坐像，他手里拿着一张网，里面装满的不是鱼，而是人。现代的考古学家解释说，他将网撒向了乌玛人，捕获了他们，又轻松地打发掉他们。

胜利纪念碑上通常都有并排的画，来展示战争的宏伟壮丽。画在或刻在底座或碑身上的画面，表现的是统治者、军事统帅和士兵们在军营中的生活。他们准备开赴前线，收拾装备，也许还要向神献祭或聆听神的训示。接下去，你会看到他们行军或渡河。或者像某些亚述浮雕上那样，游泳过河；或者像图拉真柱上那样，在河上架桥。他们开辟道路，修筑工事。他们展开队形，投入战斗，包围敌人城堡，从打开的缺口处蜂拥而入，攻克城池。通常他们还会接受战败的敌人的投降，而这种情况下敌人一般都在跪地求饶。最后，他们会折磨和处

纪念胜利：柏林的宫殿桥。

决战俘——不少画面上都是以极骇人的方式，如刺穿——他们还会收拾和肢解敌人尸体、分配战利品等等。所有这些都很符合它们炫耀武力、震慑未来之敌的功能。

除了古希腊城邦有少许例外——那里多少存在着民主政治，对于普通士兵，比别的国家相对更为尊重一些——几乎所有这类纪念碑关注的都是统帅。是统帅们摆着英雄的姿态，接受最大一份荣耀。与他们相比，其他任何人任何事都要相形见绌。直到 19 世纪这种习俗才开始改变。有两种情况的发展促进了这一转变。首先，几乎所有欧洲国家都出现了不断增长的民主运动，同时又推行起普遍征兵制。战争从国王的游戏变成了全国的事业，于是，纪念战争的方式也不能不受影响。其次，从拿破仑到毛奇的变化很好地说明了：英雄统帅的形象已经从在马背上发号施令变成了向在桌旁忙碌的参谋军官做指示。总之，几乎是有史以来第一次，越来越多的普通士兵而非统帅的形象，在纪念碑上占据了中心位置，而上述变化便是原因。

在西方，较晚树立的统帅巨像之一是德国人在第一次世界大战后期为陆军元帅保罗·冯·兴登堡 (Paul von Hindenburg)①立的木像。木像不仅是供人们景仰的，观众们通常还会向木像的腿上钉钉子。虽然我们不知道这种奇怪礼仪的确切含义是什么，但这似乎也表明了，即使在专制的第二帝国，观念也在发生变化；以往任何类似的举动都会被视为大逆不道的。大约 1950 年后，依然为他们战无不胜的统治者和统帅塑造巨像的，只剩下诸如苏联和朝鲜等一面坚称正在实行"民主"，一面却仍然专制的国家。其他各国，这样的雕像所占的地方都要小得多。像德怀特·艾森豪威尔、伯恩哈德·蒙哥马利这样的人，及其他许多人的纪念像，虽然大多出于优秀美术家之手，却都不张扬。而且几乎所有的美术家都把他们的主人公塑造得多少缺乏个性。不再有华丽的军服、武器、权杖和引人注目的英雄姿态。相反，他们都被表现得像普通人一样，虽然能够显现出他们的勇敢和坚毅——这

---

① 1847～1934，德国陆军元帅，第一次世界大战时期任德军参谋总长，魏玛共和国时期曾任总统。——译注

正是他们的本来面目，他们都已丧失了以往的独立性，而成为领薪水的国家公务员，只不过他们的专业恰好是在军事组织而已。

随着统帅的地位降低，普通士兵的地位升高。法国、英国、苏联和美国树立的无数纪念碑，都表现了克里米亚战争、美国内战、第一次世界大战、第二次世界大战，尤其是俄国内战中士兵出征的场面。就连法西斯时期的意大利，除了必须摆放"领袖"胸像外，对埃塞俄比亚战争的胜利，也要通过意大利普通士兵的雕像——其实看上去很令人沮丧——予以纪念。许多人的雕像都是多少以现实主义的手法塑造的，而不再像以前那样予以理想化。有些刻画的是士兵们勇敢地突破障碍，有些则是像墙一样地阻挡敌人，如法国一座纪念凡尔登战役的纪念碑。还有塑造士兵们端着刺刀冲锋的。他们投手榴弹、冲向目标，或者把自己的国旗插在地上，如美国弗吉尼亚州阿灵顿国家公墓中著名的海军陆战队员塑像。还有一些塑造的是士兵躺倒在地，死去或受伤。然而，无疑不是表现战争真正的恐怖的。

几乎所有这样的纪念碑上，如果出现了指挥官的形象，基本上也都是下级军官。通常他们与士兵的不同之处，都只是在头上戴的帽子、手中拿的望远镜，以及衣着和装备上类似的小物件上。显然他们被视为与士兵非同类的时代已经过去了。使民主更进一步的，也许是有史以来第一次，那些留在后方的人们所做的贡献，也开始被认为值得纪念了。于是，至少有一座第一次世界大战后的法国纪念碑，刻画了一名妇女扶犁耕田的形象。

从表现本国士兵多少可谓英雄行为的纪念碑，到专门为阵亡士兵建立的纪念碑，就只有一小步了。要寻找先例，我们又一次须一直追溯到古希腊了。雅典和其他城邦都会收集为国捐躯的士兵的名字，按照阵亡时间排列，予以公开展出。然而，这只是一个特例。随着各城邦被罗马帝国吞并，这一习俗便终止了。罗马军团战死者的亲戚或朋友也许会为他们修墓。有时候会因此从死者的积蓄中为他们付酬，并且在死者生前由他自己挑选好铭文。然而，公共纪念碑既不会刻上阵亡士兵的名字，也不会专门为纪念他们而建立纪念碑。

到了现代，最早提出记录所有为国捐躯者的名字，刻于某种公共纪念碑上的人，是像积极投身于法国大革命的雅克·康布里（Jacques Cambry）这样的作家。这一建议当时虽然被讨论过多次，却一直没被采纳。凯旋门建起时，上面只载有阵亡将军的名字。拿破仑为纪念他的"伟大军队"的赫赫战功，重新设计了巴黎马德莱娜神庙，曾想刻上所有自1792年后战死的士兵的名字。但是当他退出历史舞台时，这一计划仍没能实现，而在他之后复辟的波旁王朝，想法却与他不同。在这方面，最早公开搜集并展示了所有阵亡军人名单的现代社会，不是法国，却是德国城市美因河畔法兰克福。具有讽刺意味的是，这些士兵丧生，不是为了支持法国革命军队带来的民主思想，却是为了反对之。

19世纪兴建的各种规模和类型的战争纪念碑数量极多。几乎全部是为纪念国王、统治者或将军而立的，许多纪念碑都标志着大人物们观察和指挥战斗的地方。几乎全部都是庆祝胜利的，不过时而也会有一些纪念在指挥部队时阵亡的将军的。还有一些开风气的纪念碑，刻上了纪念阵亡士兵群体的铭文。然而即使军事公墓已大量出现，公开展示阵亡士兵的名字仍然被认为没有必要。取而代之的是，也许会多少随意地挑选部分阵亡者的名字来代表其余人——这预示着纪念无名战士的风气就要兴起了。

例如，1810年在维也纳附近为纪念前一年抗击拿破仑的大战而兴建的骠骑兵神庙，有一篇铭文提到了"英勇的奥地利战士高贵的遗骨"，其中有五人当真埋在了那里。然而这仍然未形成惯例。1815年，一名英国议员提议为纪念滑铁卢战役立一座碑，刻上所有阵亡士兵的名字，结果外交大臣卡斯尔雷勋爵（Lord Castlereagh）代表政府拒绝了这一建议。大约在19世纪中期，一些英国纪念碑的确开始列出普通阵亡士兵的名字。但大多在殖民地，而且都是由部队，而不是政府或任何民政部门出钱建立的。

在这件事情上，如同在许多其他事情上一样，真正的转折点出现在第一次世界大战。起初这场战争被认为同所有其他战争没有两样。士兵们将前进、战斗、死亡，而平民则远离战火，尽其所能地保全性命，顶多偶尔看到一次军事行动。但是情况很快就发生了变化。这毕竟是现代历史上的第一次"全面战争"。不仅平民被征召入伍的比例比以往的战争大得多，而且他们的社会构成也发生了变化。无论是普通士兵，还是军官群体，尤其是后者中，包含了大量受过良好教育的中等阶层成员，他们完全能够通过信件、小册子，甚至整本的书，来表达他们的意见和感受。而且，以往任何战争都没有像这样把远离战场的地方都变成了"大后方"。以往的任何战争都没有像这样被众多的大规模通讯设备几乎全面覆盖。大多数媒体都把限制批评，为加强前线和后方人员之间的团结做贡献，视为自己的神圣职责。前线与后方之间的关系当然存在紧张，政治、社会和经济冲突从未消失。然而，这场战争也许比以往任何战争都更加显著的是，创造了将整个国家都包括在内的战斗共同体。

在纪念领域，显然最早认识到这场战争与先前所有战争都不同的，是英国议会纪念委员会。该委员会成立于1915年，后来更名为战争纪念委员会。这时，阵亡士兵不应集体下葬在一座大坑中，而应单独埋葬，并在墓碑上镌刻其姓名，这一观念已经深入人心。然而，麻烦的事情是，陆军部为节省船运空间，并保护平民士气，禁止将在各个战场阵亡的士兵遗体运送回英国下葬。而一旦战争结束，将他们重新掘出重新埋葬，费用又太高。于是，为鼓励死者的亲戚朋友去墓地祭奠，由官方资助的旅行团组织了起来，并且很快就变得非常流行。

然而，这仍然未解决问题。像大多数战争一样，这场战争也产生了大量始终未能找到的失踪人员。但这回也有不同，有史以来第一次，人们感到失踪人员也值得公开纪念。虽然有些纪念仪式也可以在国外举行，但从后勤上讲，在国内举行一个重大仪式要简单得多。从很多方面看，都迫切需要寻找新的方式来纪念民族英雄们，无论是阵亡者还是失踪者。由于这场战争被以救世主的形式视为一劳永逸地结束所有战争的战争，而且由于由征募制组建的军队不是为任何个人的利益而战，而纯粹是响应祖国的号召，普遍被认为值得"千秋万代地感恩"，这种寻找新的纪念方式的需求就越发显得迫切。

还以英国为例，最早产生的新办法是建立"世界大战死难者纪念碑"和"无名战士墓"。包含一座空墓的世界大战死难者纪念碑，于

1920 年在伦敦市中心白厅一座以前建立的类似作用的灰泥建筑的原址上建成，正好为胜利阅兵式提供了背景。除了两端更刻有一个花环，以及"献给光荣的战死者"的铭文外，这座纪念碑再无任何装饰，取而代之的是两侧分别插上了皇家海军、陆军、空军和商船队的旗帜。与之不同的是，建于西敏寺内的无名战士墓中的确掩埋了一具士兵遗体。这具遗体是经过法国方面的允许，通过一个精心设计的仪式，在阿拉斯附近的圣波勒挑选，并送回英国重新安葬的，旨在作为在战争中死难的普通公民的象征，以及国家对他的哀悼和永不忘记他的决心的表示。

从《圣经》时代起，胜利几乎总是被视为上帝或众神保佑的结果。在纪念碑上，胜利一方的统治者经常被刻画为神或者有神相助，或者要在碑上铭刻宗教标志。埃及如此，美索不达米亚如此，希腊如此，罗马也是如此。与之相反的是，失败一方很少建立纪念碑，哪怕在物质上、经济上和政治上他们都应该建立，他们认为自己被神抛弃，也是原因之一。现在，开天辟地第一回，这种观念转变了。世界大战死难者纪念碑和葬有无名战士遗体的墓，都是要表明：只要是为国流血，就是神圣的；而且现在是国家本身，而不是某些神，代表着至高无上的价值。

民主化的祭奠：以色列阵亡士兵的姓名被刻在莱特龙的装甲兵博物馆墙上。

似乎是要表明这样的观念多么符合时代精神，伦敦的世界大战死难者纪念碑和无名战士墓都被广为效仿。印度的新德里、澳大利亚的墨尔本、新西兰的奥克兰、加拿大的温哥华，还有香港，都出现了这样的例子。所有这些城市当时都受伦敦统治，它们的一些居民多少是自愿地参加了战争。它们全都建起了非常简朴的纪念碑，均包含一些很快就成为风靡一时的艺术时尚的立体主义和装饰艺术的风格特色。法国、德国、奥地利和意大利——实际上遍及欧洲各地——也都建起了成千上万类似的纪念碑，以纪念第一次世界大战中的死难者。更令人惊奇的是，死难者纪念碑还传到了欧洲以外的国家。远至日本的广岛，现在也建起了一座纪念原子弹爆炸造成的 20 万死难者的和平纪念碑。在此你可以看到无名的死难者已成为现代战争的显著特点，人们的纪念也从士兵推广到了平民。

　　葬有无名士兵遗体的墓也像野火一样蔓延开来。自 21 世纪初起，从澳大利亚到美国，至少有三十多个国家都建立了无名战士墓。它们超越文化的界限，甚至出现在了曾经沦为欧洲人殖民地的一些国家，包括伊拉克，1982 年在独裁者萨达姆·侯赛因统治时期也建起了自己的类似纪念碑。很多墓前都有象征永生的长明火，这一创意起源于何处，众说不一，有说《圣经》的，有说古希腊的，但最早付诸实施的是 1921 年于巴黎。与以往惯例截然不同的一个特点是，这些墓和碑与胜利的统帅基本上没有什么关系。它们也不把战争表现为胜利行为，更不用说是壮丽的奇观了。相反的是，战争被视为人类所遭受的最剧烈的痛苦——一种因保卫祖国生存的需要而成为神圣的痛苦，一种堪与基督本人的遭遇相比拟的痛苦。

　　死难者纪念碑和无名战士墓的另一个好处是，不仅战胜国可以建，战败国也可以建。有时候，双方的纪念碑甚至可以并肩而立，如在意大利和奥地利"一战"期间曾经争夺过的南蒂罗尔。大多数此类纪念碑既是针对过去，也是针对未来。一方面，它们表达了生者对死者的哀悼和铭记他们的决心。另一方面，它们也表示牺牲并非徒然；实际上，这是一种要使死亡看上去不是结束，而是开端的有意识的努力。表达这种思想的方式之一是通过某种象征物，如一颗星星或一座十字架，使之与最终的复活联系起来。另一种方式更为明确，是通过铭文，如汉堡的一座纪念碑上所刻的："虽然我们必死，但德国会永生。"

虽然纪念碑有表达胜利的也有表达悲哀的，但大多数都有一种越来越显著的忽略敌人的倾向。如我们所看到的，由埃及人、亚述人、罗马人及其他古代民族所树立的纪念碑，经常有表现敌方统帅或士兵的图像，他们始终不变地是被杀、被俘，或以各种有趣的方式被折磨。再回溯到部落社会，很可能最早的"纪念碑"就是由敌方俘虏的肢体构成的，或用于装饰，或用于威慑。从中世纪到现代社会早期，这种情况就少多了。这个时期的纪念碑上，敌人更多的是被表现为某种躺在或倚在地上的妖怪，模型之一是被圣乔治杀死的恶龙。然而，事情还不止于此。出现这种情况的原因之一是，现代火器的普及使得短兵相接的战斗变得罕见了，战场变得比以往大得多。这反过来使人们在表现战斗场面时，有可能，经常甚至是必须，把敌人置于画面之外，使之无法看到。

这种变化背后的另一个原因，也许是日益高涨的小资产阶级敏感性的浪潮，既摧垮了贵族的特权，也压倒了农民的粗俗。从 18 世纪晚期开始，这种敏感性就使得一些公开的仪式，如绞刑、斩首、车裂等，逐渐被废除了。这当然不意味着社会可以不需要法律惩罚，甚至有些非常严厉的惩罚都是必要的。这只是意味着这些惩罚不能在像城市广场这样的地方公开执行，而是要在监狱的墙内进行（顺便说一句，现在这种残酷行为又开始"复辟回潮"了，因为一些被害美国人的亲戚要求，并且得到了，通过闭路电视观看凶手被处死的权利）。这同一现象，也解释了为什么无论是老的平民公墓，还是新的军事公墓，都开始被安置在偏僻的地方，并用篱笆围起来。因为这样就只有有意去寻找的人才能看到它们了。

然而这种变化还有一个原因，也许是那些设计纪念碑的人不愿承认敌方士兵也像本方一样蒙受了苦难，并且按照同样的逻辑，将来也会得到基督的救赎。当然，绝不可能让敌人来分担本国的痛苦。痛苦甚于光荣，被认为完全是自己承受的，有时甚至会达到这样的地步：只有本国的美术家才能受任设计纪念碑，只有本国的原材料才能用于建设纪念碑，一个随之而来的后果是，将缴获的敌人武器用于纪念碑上的行为被彻底摒弃了。无论是用于装饰还是用作原材料都不行。无论出于什么原因，敌人都从纪念碑上消失了，直到20世纪下半叶，才能在极少数的地方看到。即使敌人能够出现，通常也是以象征的形式。所以，柏林的特雷普托公园有一座巨大的苏联士兵脚踩纳粹党徽的雕像。但是，像前南斯拉夫那样的游击队员正用刺刀刺躺在地上的德国士兵的纪念碑，却变得极其罕见。与这些孤立的例子相对的是，有成千上万纪念20世纪战争的纪念碑，包括纪念一些最为血腥的战争的纪念碑，都仿佛与己方交战的是鬼魂，而不是人。

最后，在战争和士兵都开始以这些新奇的方式得到纪念的大约同一时期，我们发现了最早的旨在抗议战争的纪念碑。正如你也许预料到的，这样的纪念碑脱胎于那些为英勇的战死者建立的纪念碑，并且与之外观相似。然而，从这类纪念碑较发达的国家看，其不同特点是没有救赎和复活之类的元素，它们完全是针对过去的。在这样的纪念碑上，死亡既不表现为胜利或美好时光就要到来的保证，也不局限于上战场战斗的人。相反，死亡被视为强加给没有做错任何事情的无辜者的终极悲剧，没有任何理由证明其正当性——即使那些无辜者实际上是拼命搏杀的士兵，即使有时他们效力的事业邪恶无比。

这类纪念碑中一个早期杰出的例子，是德国雕刻家珂勒惠支（Käthe Kollwitz）在"一战"后不久创作的。珂勒惠支的儿子彼得，在战争初期，在她把他送到征兵站后不久，就阵亡了。除了这个原因外，珂勒惠支还是位社会主义者，信奉当时的左翼观点，本来就认为这场战争并非一场伟大的民族战争，而是追逐自己利益的统治阶级带给德国（以及其他国家）的一场灾难。因此，她在1932年为佛兰德斯的德国战争墓地创作了这样一幅雕塑就不足为奇了：一个死去的青年张开四肢躺在地上，他的父母悲伤地跪在他身旁。这幅著名的雕塑与许多其他作品不同的是，刻画的这位青年无疑是绝不可能再复活了。他也没有被表现为供其他人学习的榜样。甚至正相反，他的父母正在乞求儿子为误导和抛弃了他而宽恕他们。显然，大量表现了悲伤的母亲的纪念碑——有的出现了她死去的儿子，有的没有出现，尤以法国居多——也抒发了同样的感情。正如一位英国前军事记者菲利普·吉布斯（Philip Gibbs）所说的，在全国各地建这种新型纪念碑的目的，是"警告人们如今的战争在杀戮和破坏方面意味着什么"。

与这些纪念碑接续的，有一座纪念 1940 年 5 月德军轰炸荷兰城市鹿特丹所造成的破坏的雕塑。如这时已成为常规的，敌人没有出现，不熟悉"二战"历史的人甚至很可能猜不出这座纪念碑的寓意。整个雕塑就是一个肠子已流出、踉踉跄跄的人张开双臂，伸向天空，这姿势既是祈求，也是抗议，还有彻底的恐惧。毫无疑问，这座雕塑既没有鼓吹为某种高贵的事业牺牲，也没有宣扬最终的救赎，更不用说战斗精神和英雄主义了——它所表现的只有杀戮和愚蠢的行为，用雕塑家本人的话说，就是"一些人面禽兽策划的暴行，使得他们的兄弟为自己并没有犯下的罪过付出代价"。

比鹿特丹的这座雕塑更富争议的，是一些"二战"中遭到猛烈轰炸的德国城市为其死者建的纪念碑。鉴于战争是德国挑起的，而且纳粹在当政期间犯下了史无前例的暴行，因此这些死者是否值得纪念，长期以来一直争论不休。这个问题最后的解决——姑且说是解决吧——办法是，建立了一些被称为"Mahndenkmale"的反战纪念碑。其中一部分是专门新建的建筑，另外一部分是故意保留未经修缮的严重毁坏的建筑，如柏林市中心的纪念教堂（Gedächtniskirche）。为赋予其不同意义，公众一致同意，德国蒙受的灾难如果要纪念，只能以这种同时警示战争的纪念碑的形式实现。至于这一先例是能够推广到其他国家，还是依然只能作为一种孤立的现象，还须拭目以待。

无论什么时代什么地方，统治者、军事统帅、团体、民众和国家都认为有必要为自己经历的战争建立纪念碑。他们通常都会将大量的资源和最优秀的人才奉献于这项事业。他们经常也会故意地推倒别人建立的纪念碑。这方面的例子远有古希腊，近有 1940 年德国人摧毁了第一次世界大战中英军奇袭泽布吕赫的纪念碑（1945 年比利时又予以重建）。还有一些情况下，人们相互肆无忌惮地偷窃纪念碑，重新奉献于他们从未策划的事业。对于本章论述的问题，再没有比这更好的论据了。迄今所知的最早的纪念碑，是古埃及人为炫耀当时法老的胜仗而设计的，无论是真实的胜仗还是虚构的胜仗。随后又有无数的纪念碑树立了起来，采取了大量不同形式，许多形式直到今天仍在应用。方尖碑、纪念柱、凯旋门和统帅雕像，都被用来庆祝胜利并警告未来的敌人。一连几千年，它们几乎占尽风头。

直到18世纪就要结束时，而且起初只在欧洲和美国，才可以说有了一些真正的变化。首先，民主的突然普及使得原本对统帅的关注下降了，而对普通士兵的关注上升了。其次，随着绝对统治者日益式微，普通士兵开始占据中心地位，一种全新的纪念碑，纪念和歌颂战死者——无论他们的国家是战胜还是战败——的纪念碑，登台亮相了。随着着重点从庆祝胜利转移到铭记忍受痛苦的英雄行为和战争带来的牺牲，纪念碑试图表现为国家作为一个大家庭在哀悼自己的儿子。与此同时，几千年来战败甚至受辱的形象一直受到渲染的敌人，从纪念碑上消失了。最后，自20世纪20年代起，又出现了第三种纪念碑。它们脱胎于第二种纪念碑，经常很难相互区别，其目的主要不是纪念某场具体的战争，而是抗议和警示战争。然而，必须强调的是，这样的纪念碑几乎全部出现在相对极少数的欧洲国家或由欧洲人建立的国家以及日本。在其他地方，直到今天，这样的纪念碑依然难得一见。

第四篇　天涯静处无征战？

我们追溯历史越是久远，就越能发现战争是令人类迷恋的，这种迷恋超越于战争可能服务的任何政治目的之上，这是无可辩驳的。然而，难道我们今天正在进入一个即将丧失这种迷恋的新时代吗？一些人著书立说，以1945年以来国家之间大规模的战争大大减少为由，认为的确是这样。战争作为启蒙运动反封建、反等级制度这一潮流的副产品，于18世纪首先在西方成为一种有用的，更不用说是积极的事务，而他们的论证，却与这种思想严重对立。贯穿整个19世纪，这种论调不断积蓄着能量。你只需想一想下面这些著名的人物：赫伯特·斯宾塞 (Hebert Spencer)①，他认为在人类事务中，理性和认同正逐渐地取代强力的地位；诺曼·安吉尔 (Norman Angell)②，在1914年第一次世界大战爆发之前仅仅五年出版的一部畅销书中，刚刚断言人们很快就会认同他的观点：战争是无益的。

明确提出废止战争的有组织的运动，最早出现于19世纪下半叶。其最著名的领袖是生于奥地利的贝尔莎·冯·祖特纳 (Bertha von Suttner) 男爵夫人，一位社会鼓动家、演说家和畅销书《放下你的武器》(Die Waffen Nieder) 的作者，曾经做过阿尔弗雷德·诺贝尔的秘书。其他领袖人物，则与当时的争取妇女参政权运动，或者当时在许

---

① 1820～1903，英国哲学家、社会学家，早期进化论者。——译注
② 1874～1967，英国经济学家和国际和平活动家，1933年获诺贝尔和平奖，著有论证战争对经济无益的《大幻想》。——译注

奥地利铸造的一枚 2 欧元硬币上的贝尔莎·冯·祖特纳。 她也许是迄今最著名的和平主义者。 她于第一次世界大战爆发前一个月逝世。

多欧洲国家正吸引着越来越多选票的社会主义政党有关。从那时起直到今天，不可胜数的和平运动风起云涌。它们经常运用最现代化的通信手段来宣传和推广他们的思想主张。

在两次世界大战之间的时期，对战争的规避仍在继续，并通过国际联盟得到了最大的体现。这个组织成立并开始运作没几年，对于战争不应再作为解决国际纠纷的手段这一主张，大多数成员国就至少都愿意说上几句漂亮话。1928 年的《凯洛格—白里安公约》(Kellogg-Briand Pact)①，旨在禁止将战争作为政治工具，当时世界上存在的大多数国家都签署了，还有 1931～1932 年的日内瓦裁军大会，也都曾昙花一现。正如未来即将证明的，它们没能阻止战争，然而仍然可以说，它们的出现本身就意味着一个重大的变化。而且，它们的失败几乎完全是三个自称"修正主义者"的国家——德国、意大利、日本——一手

① 1927 年由法国外长白里安、美国国务卿凯洛格提倡，法美英比德波意捷日等国于 1928 年 8 月 27 日在巴黎签订的非战公约。——译注

造成的。然而，即使在这三个国家，战争也已在很大程度上丧失了号召力，以致尽管希特勒、墨索里尼和东条英机不遗余力地想唤起追随者的好战精神，但到第二次世界大战爆发时，公众的热情显然远不能与上一次世界大战时相比。

1945年后，这一进程就更明显了。在专门为捍卫和促进和平而建立的国际组织——联合国的推动下，世界上大多数国家都认识到宣布自己反对战争既是必要的也是有用的。在《联合国宪章》中，"侵略性"战争被明文禁止，但由于对侵略的界定不能取得一致，实际上结果只是一个国家企图通过武力吞并另一个国家的领土，已得不到其他国家的承认了。随着时间推移，越来越明显的是，世界上相当大一部分地区已经免于战火了，特别是大国之间不再兵戎相见了。战争几乎全都是在地球上"发展中"的部分进行的。而且即使这些战争，无论从规模还是从组织上讲，与以往的战争也都不可同日而语了。实际上，它们顶多不过是罪犯或暴徒的徒手犯罪而已。

如果这样看，战争就是一种社会制度，而不是一种人们的生理或心理需求。像奴隶制等其他古老的制度一样，战争最终也将消亡。这种态度的转变既不是短暂的也不是偶然的。其起源甚至从大约250年前就能探到。其发展反映了高度的民主、发达的经济状况和国际合作的结合，而现代科技和通信手段使这一切成为可能。随着战争消亡，人们对战争行为及其所产生的文化的迷恋，自然也会消逝——或者，也许更准确的说法是，人们日益从战争中觉醒，更不用说厌恶战争了，这导致了战争文化的衰微。这是一种乐观的观点，也许是一种高尚的观点，然而，是否是正确的观点呢？本书的这一部分，将试图回答这个问题。

第十三章
短暂的和平历史

启蒙运动当真彻底改变了人们对战争的态度，抑或某些反战思想自古就有？要回答这个问题，只需想一想中国古代最重要的两种哲学思想——儒教和道教——都是坚决而彻底地反对暴力的。就儒教而言，这是因为它注重秩序，它的一些基本原则，如尊老、谦恭、忠诚和谨守礼仪等，是高于一切的；儒教认为：如果将这些支柱移开，就会天下大乱，混战一团。道教主要关注的不是社会，而是个人和理性的生活。它认为理性的生活应当合于"道"，或者说道德。因此它认为战争是愚蠢的表现。虽然按照道家最伟大的经书之一《孙子兵法》①，战争有时候是必然发生的，一旦其爆发，就应当尽可能地以最理性的方式来战斗。

再从中国转到古希腊，再没有比发现渴望和平谴责战争的现象更容易的事情了。甚至《伊利亚特》都是如此。这部史诗从很多方面看，都可谓关于战争的最伟大的文化产品。正如起首几行以及其他一些段落所证明的，其最大的创作目的是记录英雄行为。因此它很乐于描绘武器和盔甲外观的华丽，赞颂勇敢甚于其他所有美德，并表达了战斗的快乐，而对战争血腥一面的描写，却比其他文学作品要少得多。亚里士多德要求年幼的亚历山大研读此书，绝非没有目的。然而史诗中仍然弥漫着对和平和美好生活的深深渴望。假如没有这些渴望来平衡对击碎的天灵盖和喷涌的鲜血等的赤裸裸的描写，那么它的文

---

① 原文如此，此处当系作者之误。——译注

学成就就会连现在的一半都不及。

纵观全诗，几乎每次提及战争，都会加上这样的形容词，如"血腥的"、"眼泪汪汪的"、"致命的"、"野蛮的"、"灾难性的"、"无耻的"、"邪恶的"、"悲哀的"、"痛苦不堪的"、"可怕的"和"毁灭性的"等等。对战争的谴责在第五卷中达到了顶点。我们看到不是别人，正是宙斯，这样斥责着他的儿子战神阿瑞斯：

> 不要坐在我的身边，呜咽凄诉，你这不要脸的两面派！
> 所有家住奥林匹斯的神明中，你是我最讨厌的一个。
> 争吵、战争和搏杀永远是你心驰神往的事情。

诸如色诺芬尼（Xenophanes；约公元前 570 ~ 约前 478）、毕达哥拉斯（Pythagoras；约公元前 580 ~ 约前 500）和高尔吉亚（Gorgias；约公元前 483 ~ 约前 375）等很多哲学家，都曾不厌其烦地歌颂和平谴责战争（尤其是希腊城邦之间的战争，必须承认的一点是，这种战争被认为与希腊人对野蛮人发动的战争是不同的）。至少有两部最重要的悲剧，欧里庇得斯的《波斯人》（Persians）和《特洛伊妇女》（Trojan Women），都可以从这个意义上去解释。四部最著名的喜剧，阿里斯托芬的《阿卡奈人》（Acharnenses）、《骑士》（Equites）、《和平》（Peace）和《利西翠妲》（Lysistrata），更是如此。实际上，人们一直认为尤其是阿里斯托芬，一生都是位和平斗士，这既是因为他担心雅典在伯罗奔尼撒战争中的命运，也是因为他的原则。

在古代中国和希腊发生的情况，在其他时代其他地方的其他民族中也会发生。波利比奥斯曾在罗马人当中生活过 20 年，对罗马人的了解丝毫不亚于他们自己。如果他的著作是可信的，那么罗马人特别喜欢用武力来解决一切问题。然而到了奥古斯都·贺拉斯皇帝（Augustus Horace）统治时期，罗马人也将"罗马和平"（pax romana）作为所有祈祷的起始语。奥古斯都本人建立了和平祭塔（Ara Pacis），是一座像后来的图拉真纪念柱一样富有独创性的纪念碑。不到两个世纪后，就出了马可·奥勒留皇帝。他的名著《沉思录》，并不是明确地探讨和平与战争问题的。然而，这仍是一本最强烈地支持人们之间的伙伴关系的著作。

基督教起源于朱迪亚沙漠中形成的半隐修式的宗教派别，与罗马帝国的历史有着密切关联，也是从一开始，就至少在部分上是反对战争和暴力的。救世主最广为人知的名言中，就有他对抵御侵略的最佳方式的建议：有人打你的右脸，连左脸也转过来由他打。不久之后，使徒保罗又对他的教诲作了发挥，强调人有义务与一切事物和平相处。德尔图良、奥利金（Origen）①和拉克坦修斯（Lactantius）②全都是兵役制的坚决反对者。德尔图良还专门写过一篇抨击兵役的文章。在公元最初的几个世纪，基督徒们的确拒绝在帝国军队中服役，这种态度既是出自于一个秘密的小宗教派别的实际需要，也是这个派别经常遭受迫害的原因之一。随后兴起的许多基督教团体也都积极地投入和平运动。它们有圣方济各会（Franciscan）、再洗礼派（Anabaptist）、门诺派（Mennonite）、严紧派（Amish）、哈特派（Hutterite）、耶和华见证会（Jehovah's Witness），尤其是贵格会（Quaker），全都不避艰险地反对战争。

所有这些都表明了，爱好和平憎恶战争仅仅是在启蒙运动后出现的这种说法是绝对错误的。确切地说，启蒙运动所做的一切，不过是把即使不是流行了数千年也至少流行了好几个世纪的思想这种通用货币，重新铸进了自己的模子。这种模子是世俗的、不限于一个宗教派别的、普世的。自卢梭（Jean Jacques Rousseau）和狄德罗（Denis Diderot）以来，许多哲学家都认为，在维护和平方面，欧洲人需要向"高贵的野蛮人"学习。从那时起，和平主义没有追随基督教的足迹，而是被认为建筑在据说上帝在造人时就深植于人体内的"仁慈"和"博爱"等品性之上。

最后，19世纪下半叶的确兴起了最早的专门倡导和平的有组织的运动，但这能证明什么呢？这是一个时间和距离都被大大缩短了的伟大的

---

① 约185～254，希腊神学家，《圣经》学者。——译注
② 约240～320，生于北非，早期基督教学者。——译注

时代。铁路、轮船、电报开始围绕地球，更不用说最重要的发明——邮票了。通过利用这些新技术，成百上千官方和非官方的国际组织，像表演魔术一样从地下冒了出来。选举代表（那时候像现在一样，"代表们"经常是除了代表他们自己外不代表任何人）、召开会议、成立组织、发表演讲、做出决议、发出声明。从慈善事业到推动世界革命到收集古董，这些组织有五花八门的目标。怪不得在他们当中，有一些人要倡导和平呢。

无论和平主义的起源和本质是什么，很难看出其思想对实际政治产生了什么重大影响，抑或降低了战争的频率和强度。甚至在印度，印度教强调"非暴力"（ahisma），但作为统治者的武士们发动的战争，其频繁程度和凶残程度都丝毫不亚于任何其他地方。纵观前殖民时代的印度历史，被称为"刹帝利"的武士始终是最高的种姓之一。对他们来说，打仗不仅是实现现世目标的一种手段，也是积累在灵魂转世时迟早会派上用场的功德的途径。

所有这些，就是有组织的反战运动直到 20 世纪中期才在印度出现的原因。甚至那时也主要是作为摆脱英国统治的一种手段的。圣雄甘地每次宣称恪守非暴力原则时，暗示可以使用暴力的意味都非常明显。独立之后，随着官员和国防专家们反思甘地的思想如何与现实相结合，反战运动蹒跚了一段时间。然而，到了 20 世纪 90 年代后期，随着自信的印度开始了新的复兴，反战运动便完全失去了影响。恰恰是宣称奉行印度传统价值观的政党印度人民党组成的政府，于 1998 年实施了印度的核试验。

中国的道家关注的是超然的、有德性的理性或有理性的德性的个人，但也产生了一部也许是世界上最伟大的兵书。在整个中国历史上，没有一个时期不研究这部兵书的，单是 1368～1628 年间，就有五十多种评注该书的书问世。今天至少有四种不同的英文译本在流传。这部兵书还被运用于诸如商业等双边的活动，最终将战争的原则转为了和平应用。而且，道家思想与一些武术形式密切相关，正如你所想到的，有这样一些思维（和生活）方式，如四两拨千斤，甚至不战而屈人之兵等。

有些和平主义者也可能非常好战。图为公元538年，一个朝鲜代表团带着佛教来到日本。

最后，儒教的某些形式也支持军事行动和战争，只要战争是针对恶人和强盗的——而理论上，几乎所有的战争都是这样的。这些宗教所能做到的一切，顶多是在一个危险的世界里偶尔帮助创建了一些和平的小岛。在中国历史上的某些时期，它们或许也在某种程度上降低了武士们相对于学者的地位。然而，情况绝非一贯如此，正如反复出现的过渡时期——皇权被推翻，和平被打破，军阀乘机当道——所证明的。总体而言，中国的战争文化历史之悠久、发展之精深，丝毫不亚于任何其他国家。如欲认识这一点，只需看一看第一位用剑与火统一了中国的皇帝秦始皇陵墓中出土的成千上万的兵马俑。古往今来，纯粹的尚武精神还很少有如此强有力的表述的。

相对于每一位谴责战争的古希腊诗人或哲学家，就有一位热情歌颂战争，并借此谋生和出名的同行。如果说阿里斯托芬的确穷尽一生呼吁和平的话，那么他显然是徒劳的，毕竟，恰恰在他创作的时代，按照修昔底德的说法，发生了一场规模空前宏大的战争。正如奥古斯都本人在其《功绩录》（*Res Gestae*）中所说的，和平祭塔是在战神庙的大门一连七个世纪几乎都没关闭过之后，才得以建立的。而且，你还不要形成错误概念。这座祭塔上，除了载有奥古斯都本人的形象外，还有他的养父尤利乌斯·恺撒、他的朋友马可·阿格里帕（Marcus Agrippa）、他的继子提比略（Tiberius）的形象。这些人都是首先赢得了杰出的军事统帅的威名，然后才在某种程度上转而致力于和平事业的。马可·奥勒留的沉思也没有妨碍他将一生大部分时间用来征伐萨尔马提亚人（Sarmatian），正如他多少悲叹过的，也没有妨碍他树立前面提到过的那根刻有比图拉真柱还凶残的战争画面的纪功柱。

教会在制止基督徒之间的战争方面的无能，及其经常支持基督徒对其他民族发动的战争，可谓声名狼藉。"上帝的和平"（pax dei）与"上帝的休战"（tregua dei）——前者旨在管理可能发动战争的时期，后者旨在限制可能发动战争的人——都是宣布后又被遗忘了。大约一个世纪后，神职人员企图禁止诸如石弓等一些武器的努力，也是同样的结果。就连在战火当中建立和平岛这种不那么雄心勃勃的目标，教会通常也实现不了。这并不奇怪：甚至杰出的学者圣托马斯·阿奎那（Saint Thomas Aquinas）①都认可，如有必要，可以在圣日发动战争。纵观整个中世纪（以及其前和其后），有无数神圣建筑遭到武力抢劫、修士被杀、修女被强奸、至圣所被亵渎的事例。

教会的努力总是失败，一个关键的原因是，在漫长的历史进程中，在唆使战争和发动战争方面，教会本身的热情程度不输于任何旁人。甚至在《新约》这样史上最爱好和平的经文中，也有可能发现一些极端好战的段落。耶稣基督在着手清理圣殿时，宣称自己的使命"并不是叫地上太平，乃是叫地上动刀兵"。不知有多少勇士都从圣约

---

① 1225～1274，意大利神学家和经院哲学家，其哲学和神学称托马斯主义。——译注

翰那里得到了激励，想象自己将加入主的军队，参加世界末日的善恶大决战。在基督死后300年，君士坦丁大帝梦见了天空中飘浮的十字架显现的"in hoc signo vinces"（意为"凭此标志，汝必征服"）字样，击败了对手马克森提（Maxentius），将基督教定为帝国的国教，"好战化"的进程正经八百地开始了。自那以后，基督徒当兵服役成了理所当然之事。很快圣奥古斯丁就写道："爱敌人，并不排除由好人发动的仁慈之战。"换言之，就是你可以既爱敌人，同时又杀他。

查理曼大帝是以十字架的名义，用火和剑征服了撒克逊人。后来到了中世纪，欧洲的贵族是以十字架的名义，一次又一次地发动了十字军东征，既在中东也在他们的本土，屠杀不信教的人，灭绝异教徒。西班牙人是以十字架的名义，在西班牙同穆斯林交战，在地中海各地攻击奥斯曼人，还在新世界进行了灭绝种族的大屠杀。1543～1544年的施马尔卡尔登战争①、1566～1598年的法国胡格诺战争（包括圣巴托洛缪日大屠杀）②和1618～1648年的"三十年战争"③——只提最重要的几次战争——全都是基督教不同派别之间的相互残杀，但参战者之投入，无论此前此后都很罕见。的确，自1700年后，欧洲人多半不再以各自信仰的名义相互厮杀了，但大多数神职人员仍旧自认理所当然地奔赴前线，为各自一方即将投入战斗的军队祈福。

正如我们已经提到过的，总有一些基督教教派坚决反对一切战争，无论其起因和结果是什么。他们的反对有时的确可谓英雄行为。原则上拒绝服兵役，正是早期基督徒不断被烧死在火刑柱上、被投入

---

① 1534年，德意志新教诸侯和帝国城市在施马尔卡尔登缔结同盟，旨在反对神圣罗马帝国皇帝和天主教诸侯，保卫自身的独立地位和在宗教改革运动期间夺得的教会地产，结果被皇帝查理五世击败，同盟解散。——译注

② 自16世纪中叶起，加尔文教在法国南部和西南部广为传播，其在法国的信徒称为胡格诺派，与北方信奉天主教的大封建贵族有深刻的利害冲突，最终演变成长期内战。其中1572年8月24日天主教集团在巴黎制造圣巴托洛缪日惨案，屠杀胡格诺教徒二千余人。1598年，放弃加尔文教，改宗天主教的法王亨利四世颁布《南特敕令》，成为天主教集团和胡格诺派的妥协性和约，战争结束。——译注

③ 17世纪上半叶，以德意志为主要战场的一次席卷欧洲的战争。以德意志新教诸侯和丹麦、瑞典、法国为一方，并得到荷兰、英国、俄国的支持；以神圣罗马帝国皇帝、德意志天主教诸侯和西班牙为另一方，并得到教皇和波兰的支持。最后以哈布斯堡王朝集团战败，参战各国于1648年签订《威斯特伐利亚和约》为止。——译注

斗兽场的野兽中，或者像圣马克西米利安（Saint Maximilian）那样被斩首的原因之一。16 世纪初，再洗礼派教徒经常遭受酷刑或被处决。20 世纪，希特勒和斯大林之流有时会将拒服兵役者投入集中营。不过，遗憾的是，拒服兵役的人从来没多到能成什么气候的地步。至于说假如他们的确数量很多的话，会发生什么情况——例如，想象一下整个一个国家全都由公谊会教友组成——你也只能猜测而已。也许这样一个国家会坚持和平主义理想。其成员会拒绝建立军队，依靠祈祷来保家卫国，并心甘情愿地为之付出丧失财产、自由，乃至生命的代价。

不过，更可能的情况是，生活的实际需要会使他们追随许多其他基督徒，像蛇蜕皮一样摆脱那些理想。在某种程度上，这正是 1670 年后北美发生的情况。腓力国王的战争标志着白人与土著人的冲突达到了巅峰时期，而结果却绝非预先注定的。新近建立的零散地分布在大西洋沿岸的殖民地，没有像欧洲那样的职业军队。因此，招募和指挥军队的任务通常就落在了州、县、镇的各级治安官身上。协助治理诸如宾夕法尼亚和罗得岛等殖民地的由公谊会教友担任的治安官，为免于直接违背自己的信仰，拒绝担当这一任务。但他们却肯定帮助征收了战争税，并且完全清楚这钱是做什么用的。

一些身为公谊会教友的治安官妥协了。他们不会发动进攻战，却会修筑堡垒，而一旦这些堡垒建成，几乎可以肯定的是它们将为白人——不仅是公谊会教友——提供庇护，却不会接纳印第安人。另一些人为安慰自己的良心，委托其他人来代替他们监督军务。如当时的文献所显示的，他们这样做，的确不是所有人都满意的，甚至他们自己也不满意。无论他们究竟采取了什么姿态，一旦战争结束，敌人近乎灭绝，公谊会教友们在与其他殖民者争相进入新征服的土地时，却决不会迟疑。因此不可避免的结论将是，假如该派教友们不得不自卫一段时间，他们会不可避免地克服自己的顾忌，拿起武器，先是投入防御战，继而投入进攻战。同样不可避免的是，他们也会像所有其他人一样，逐渐形成自己的战争文化。

和平主义者们的感情对于抑制 18 世纪的战争也没起上太大作用，他们中的一些作家倒是经常在无人理睬的状况下自顾哭泣（正如

　　　　　　　　战争的文化

他们中许多人写道的)。更具讽刺意味的是，当时的许多军事将领和政府官员，本人就是启蒙运动培养出的孩子。他们与哲学家高谈阔论，为自己熟谙当代最先进的思想而感到自豪。他们每年都会一连请上几个月的假来学习这些知识。法国的后勤学家雅克·弗朗索瓦·德·沙特内·德·皮斯格（Jacques François de Chastenet Puységur），奥地利将领萨伏依的欧根亲王（Prince Eugen）和陆军元帅利奥波德·约瑟夫·格拉夫·道恩（Leopold Josef Graf Daun），法国和西班牙将领安托万·德·帕斯·德·弗基埃（Antoine de Pas de Feuquières）、维克托·弗朗索瓦·德·布罗伊（Victor François de Broglie）、阿尔瓦罗·何塞·德·纳维亚·奥索里奥—比希尔（Álvaro José de Navia Osorio y Vigil），还有许多其他人，都属于这一类型。他们都是极富教养的人，自认对学问像对军事一样精通。他们中许多人都既收藏书也收藏美术作品。有些官员还因本人著有畅销书而闻名。因此，法国的堡垒专家塞巴斯蒂安·勒普雷特·德·沃邦（Sébastien le Prêtre de Vauban）如他自己所说的，因为做了很多减少人口的事，到生命将尽时，感到迫切需要就如何增加人口写一篇论文。

这类人中最著名的典型是普鲁士的腓特烈二世国王，又称"无忧无虑的哲学家"或"腓特烈大帝"。还在做王储的时候，他就写过一篇犀利的文章驳斥马基雅弗利。他在文中并没有排斥战争，包括先发制人的战争。但他的确表达了他对当时的许多统治者在处理这一问题时的漫不经心感到震惊，他建议他们要尽可能地避免让臣民蒙受战争的恐怖。他在一生中不断地网罗欧洲最著名的学者，仅举两例，其中包括伏尔泰和摩西·门德尔松（Moses Mendelssohn）①。然而，这并没有妨碍他发动了一场又一场的战争，也没有妨碍他只要在金钱和炮灰支撑得起的情况下就坚决把战争打到底。

与腓特烈相对应的一些君主，特别是俄国的叶卡捷琳娜女皇和奥地利的约瑟夫二世，几乎像他一样迷恋哲学著作，也几乎像他一样

---

① 1729～1786，德国犹太人哲学家、《圣经》翻译注释家，作曲家费·门德尔松的祖父。——译注

"开明"。叶卡捷琳娜自认为是"皇座上的哲学家",并建立了圣彼得堡埃尔塔米日博物馆。她甚至还受卢梭启发,写过一篇关于幼童教育的论文。约瑟夫对文学很感兴趣,还会弹奏拨弦古钢琴。然而,这一时期的这些君主,以及其他君主,发动的战争可实在是残酷。其中的两场,"七年战争"和"美国独立战争",波及的地区比以往任何战争都广,显然是 20 世纪世界大战的前兆。这两场战争总共造成的死亡人数,即使不是数以百万计,也得以十万计。

无论是资本主义、社会主义、共产主义还是无政府主义,许多认为战争是人为社会制度的产物,总有一天会被废弃的现代思想,都可以溯源至康德及其发表于 1795 年的《永久和平论》(*Perpetual Peace*)。康德在许多方面,都是一个典型的启蒙运动的儿子。像他的一些前辈和同时代者,特别是彭威廉(William Penn)①和托马斯·潘恩(Thomas Paine)②一样,康德认为战争不过是君主和贵族们为自身利益而玩的游戏。尽管前线在打仗,许多君主和贵族却能安居于宫廷中。即使他们亲临前线,战争的恐怖到了他们身上也会大打折扣——例如,一旦他们被俘,可以在发誓不再参战后获释;在作战中,他们的财产也会得到尊重。通常他们只是来前线相互奉承而已。他们这样那样地调遣军队:进攻、战斗、撤退,都是普通士兵吃苦、受伤和丧命。如果真像康德他们说的那样,那下一步就很明显了。只须废除君主制,取消贵族的特权,以共和国的形式重新安排人类社会,使权力归于普通百姓,战争就会自行烟消云散了。

不过革命无疑使法国变成了一个共和国,但却远没有满足康德的愿望。从严格的法律意义上讲,1792~1793 年,法国可以说是被侵略者。担心自己的王位,甚至担心自己的脑袋的欧洲君主们,组成了第一次反法联盟,对法国宣了战,并侵入了法国领土。然而不久,就是法兰西共和国的军队用他们的刺刀向一切可能的方向输出自由、平等、博爱了。首先,他们利用火与剑,并犯下了人类历史上一些最残

① 1644~1718,英国基督教新教公谊会领袖。——译注
② 1737~1809,美国独立战争时期的政论家,发表有名作《常识》。——译注

战争的文化

酷的暴行，根除了旺代的保皇派农民暴动。这场战役的死亡人数据估计约有 25 万，在欧洲历史上从 1648 年到 1941 年，再没有其他军事行动比这更近乎于屠杀了。这一"功业"完成后，他们又横扫了部分或者说全部低地国家，还有德国、瑞士和意大利，甚至远达埃及。他们几乎每到一地，都是先受到欢迎，随后便遭到反抗，而且他们越是镇压，反抗就越强烈。在接下去的几年间，他们使欧洲大陆遍地燃起战火。

随着拿破仑于 1799 年掌权，战争的规模和强度都越发增大了。描写这些战争有多么骇人听闻的书，可以充满整座整座的图书馆——以致就连克劳塞维茨都说，战争已极其接近于"极限"程度。这些战争从第一场打到最后一场，耗尽了整整一代人的年华。因此说共和主义能够极大地限制战争，是根本无法立足的。甚至恰恰相反，是一位铁杆保皇派克莱门特·冯·梅特涅（Clement von Metternich）组织了维也纳会议，才恢复了和平。而且在滑铁卢战役后，他甚至还成功地将和平多少维持了 33 年。

在接下去的两个世纪中，康德的追随者们不断改换着战争罪魁祸首的名字。在康德看来，他们是以往的前现代时期无用的遗留物——君主和贵族。而他的追随者们，依各自所持意识形态之不同，有些人认为是"中产阶级"（而康德本人正是最典型的中产阶级人士，并且他认为中产阶级是最坚决的反战者）；也有一些人认为是"资本家"、"军国主义者"和"帝国主义者"，例如我们从 20 世纪初英国经济学家 J. A. 霍布森（J. A. Hobson）的著作和弗拉基米尔·伊里奇·列宁（Vladimir Ilyich Lenin）的著作中所能看到的；还有一些人将责任推给了所有政客。无论他们责怪谁，他们都继承了康德的一个思想：战争源自精英集团自私的阴谋，而不是受蒙蔽或被强迫参战的普通百姓。他们在历史学领域分成了很多分支，其中一部分人还把这种思想用到了遥远的古代史研究上。由此推出的结论很显然：要想终结战争，只须让政府对人民负责——正如康德和他的拥护共和的信徒们所主张的；或者干脆取消政府——正如无政府主义者们所要求的。

实际上，无论是 1795 年之前还是之后，历史都没有提供多少支持康德的证据。修昔底德对雅典民主、其不稳定性，以及一些好战的鼓动家的重要影响的描写，是其所有著作中最重要的篇章。稍晚一些的柏拉图说民主是"狂热性"的，不大可能成为促进和平的条件。斯巴达的情况则恰恰相反。斯巴达不仅有国王，而且其特色一向比雅典更贵族化。部分上是出于这一原因，部分上出于其他原因，斯巴达以不愿打仗而闻名。公元前 480 年如此 —— 直到斯巴达人确信大难临头了，才与雅典人联起手来抵御波斯人的入侵。在修昔底德的时代也是如此，一个世纪后还是如此。在所有希腊城邦中，独有斯巴达拒绝参加亚历山大大帝讨伐波斯的战争。如果说是亚历山大强加在斯巴达头上的恶名导致了这一结果的话，历史上可没有这样的记载。

虽然罗马共和国绝对不民主，但也不是君主制国家。毫无疑问，那里没有一个戴着王冠的人坐在王宫里，像路易十四那样，说即使某座城丢了他也仍然在掌权。罗马贵族们最不可能做的事情就是逃避战争。实际上，参加一定数量的战役是从政和当选的先决条件。任何其他古代文明都没有像罗马那样，以骑士品质的名义，细致入微地规定了什么时候该做什么事情，以保证贵族们不要在战争中遭受最悲惨的下场。自总司令以下，通常俘虏所能期待的无非是监禁、沦为奴隶、断肢，或者以各种在别人看来很有趣的方式被处死。如果文献资料可信的话，公元前 53 年的卡雷战役后，获胜的波斯人将熔化的金子灌进了被俘的罗马统帅的口中。

无论执政官和元老院有多么重要，从共和国最初的时期开始，决定战与和的权力就始终牢牢地掌握在各种大会手里。的确，有些这样的大会为了使贵族的声音占据优势而对与会者的结构有意作了安排，但从公元前 3 世纪末起，情况开始发生变化。公民大会（comitia plebis）获得了越来越大的影响力，而其他会议则不断式微，又过了 100 年后，就很少再有行政长官会费心去召集其他委员会了。然而，如果说这有什么影响的话，那就是向民主迈出的这一步，虽然有限，却使罗马更容易投入战争了，而不是相反。

按照中世纪的标准，也按照一些更晚的社会的标准，瑞士人以及比他们早几个世纪的北欧海盗，是民主管理的。那里没有国王。到北欧君主制形成时，对外扩张的辉煌时日也就结束了。瑞士无疑始终是共和国。同样，那里贵族极少，而且那些屈指可数的贵族也会像所有其他人一样上前线去出生入死。比希腊罗马更甚的是，关于战与和的最重要的决定，一向是由公民大会做出的。所有自由的成年男子，都可以手持武器参加公民大会。然而民主既没有妨碍瑞士人也没有妨碍北欧海盗名列史上最好战的民族之列。他们勤勤恳恳地准备战争，保卫自己，攻击别人。北欧海盗还以把他们的战绩编成萨迦①而闻名。萨迦最突出的特色就是热烈地歌颂战争、流血和死亡。

在好战和贫穷的双重刺激下，北欧海盗和瑞士人都为自己赢得了可怕的勇士的名声。在他们历史中的稍后阶段，他们开始受雇于任何肯出钱的人，帮他打仗。无论是为自己还是为别人而战，北欧人的身影出现在了远至北美、黑海北岸和约旦河谷等地。瑞士人也是如此，并以很容易改换门庭而著称。只要有人出钱，他们才不在乎为什么和为谁而打仗呢。当卢梭构思他那个由好战的农民构成的民主社会时，他头脑中想象的正是瑞士人，而他本人就生于瑞士，并由瑞士人养育大。

1812年，当时世界上的两大民主国家——英国和美国——又一次相互厮杀起来，而且一打就是三年。整个19世纪，英国军队没有一年不在世界上某个地方动武的，并且通常都得到了民众强烈的支持。虽然林肯著名的葛底斯堡演讲感人至深，但美国内战可不是为民主而打的。毋宁说，发生的情况是：世界上最民主的国家，因其公民就一个问题不能达成一致，而前所未有地分成了两部分，双方在各自民主选举的总统领导下，进行了一场十足残酷的战争。他们这样做的结果是，至少60万人丧了命。

正如赫伯特·斯宾塞本人在美国的胜利巡游所证明的，因为他相信武力已经过时，和平势不可当，他的哲学在美国大受欢迎。尤其是有权有势的人、出身高贵的人和富裕阔绰的人对他趋之若鹜；毕竟，强调成功是对"处事合宜"的回报，证明了他们成功之合理。1896年，斯宾塞的影响达到了巅峰，至少有三名美国最高法院大法官宣称他们是斯宾塞的信徒。然而，仅仅两年后，美国就对西班牙发动了一场有人认为

---

① Saga，中世纪冰岛和挪威历史事件、历史人物、轶事传闻等的北欧传说。——译注

完全没有来由、丝毫没有必要的战争。这种讽刺意味并没有逃过一些当时的人的眼睛。就好战而言，像德国这样的"反动"、"专制"、"军国主义"国家的参谋部长老毛奇，与在世界上最自由、最民主、最进步的国家高票（不是一般的高）当选总统的西奥多·罗斯福（Theodore Roosevelt），实在是难分伯仲，而就鼓吹战争的正面意义而言，后者还更胜一筹。

那些自称反战的人、和平主义者、主张妇女参政权的女人、社会主义者和无政府主义者，也比别人好不到哪里去。从 1871 年到 1914 年，法国和平主义者一直在准备废弃战争——但只能在阿尔萨斯和洛林归还法国的条件下。他们的德国对应者则针锋相对，说这两个省不在议事日程上，他们的法国同志没有权利谈这个问题，两个省的居民在德国统治下非常幸福，而且——通过武力这一最终手段——德国武装力量不可能让法国武力夺回它们。

然而，最令人惊奇的却是意大利的和平主义者。他们像其他和平主义者一样，准备弃绝战争，但只有在从奥匈帝国手中夺回从未属于过意大利，但他们却坚称是意大利的上阿迪杰的南蒂罗尔才可以。1911 年，当意大利出人意料地袭击土耳其时，和平主义者支持了这场战争，结果给了自己的运动一个致命打击，从此一蹶不振。纵观这一时期，也许唯一不惜一切代价把自己的原则置于国家之上的，就只有英国的和平主义者了。他们对布匿战争的反对是勇敢的，但也是无效的。由于他们在英国公众中激起了强烈愤慨，最后不得不由警察来保护他们。

同样，第一次世界大战刚一爆发，妇女参政权运动也分裂了。在所有参战国家，绝大多数妇女参政权论者都放弃了和平主义，转而支持各自的国家。其中最著名的人物之一埃米琳·潘克赫斯特（Emmeline Pankhurst），当即把自己的杂志《妇女参政权》（Suffragette）改名为《不列颠尼亚》（Britannia）。还有一位薇拉·布里顿（Vera Brattain），嫉妒她的兄弟们能够去玩这种"死亡的大游戏"。然而，这还只是故事的一部分。在所有参战国中，无数的妇女患上了一种在英国被称为"卡其布热"的病。她们向男同胞们施压，要他们参军，并且迫不及待地投入士兵们的怀抱。到了战争后期，就轮到法国、意大利和德国的士兵们抱怨了：当他们在战壕里浴血奋战，数以百万计地倒下的同时，他们的女同胞却在后方开舞会。

也许相对于每一位抵制战争的社会主义者，就有两位赞扬战争的社会主义者。在社会主义的鼻祖之一让·皮埃尔·蒲鲁东（Jean-Pierre Proudhon）看来，战争是一件"神圣的事情"，是"宗教的最美妙的神秘"及"正义的完整体系"的来源。卡尔·马克思和弗里德里希·恩格斯都对战争饶有兴趣。马克思说美国内战是"一个无与伦比的奇观"，是旧世界灭亡新世界诞生的阵痛。恩格斯把军事引为自己的专业，对其研究之全面彻底到了令人赞叹的程度，以致他用笔名写的一些军事论著时常被认为出自某位普鲁士将军之手。他们之后的社会主义领袖，大多只反对他们各自国家之间的侵略性战争，如法国人让·饶勒斯（Jean Jaures）。他们并不反对防御性战争，更不用说战争本身了。在这一点上，他们与许多古希腊人、一些基督教徒和一些穆斯林非常近似。

因此社会主义者不仅不是和平主义者，他们中许多人甚至还希望通过武力来实现他们的目标呢。理论上讲，无论如何，恩格斯在为说明自己对军事的兴趣写给马克思的信中，就是这么说的。当社会主义领袖人物之一——恩格斯的前秘书和指定接班人——爱德华·伯恩施坦（Eduard Bernstein），提出武装斗争既无必要也不得人心时，他的许多党内同志都勃然大怒，几乎导致了组织分裂——这也许证明了在他们看来，阶级战争绝不仅仅是一种为达到目的的手段。当1914年战争真的爆发了时，几乎所有社会主义领袖，至少是担心失去选票，支持了战争。而在极少数不支持战争的社会主义领袖中，至少有一位——拉姆齐·麦克唐纳（Ramsay MacDonald）①，付出了被迫从党的领袖位置上下台的代价。

最后，有些无政府主义者是货真价实的和平主义者。其中最著名的人物是列夫·托尔斯泰。他年轻时曾参加过沙皇军队，亲眼目睹过

---

① 1866～1937，英国工党领袖，曾三次出任首相，后另组国民工党。——译注

俄军对高加索山地部落采取的军事行动和塞瓦斯托波尔之围。许多年后，他接受了康德关于战争只不过是自诩优越的人对"愚昧的劳苦大众"的欺骗这一思想。他由于多少过着出世的生活，能够负担得起按照自己的理想生活这种奢侈，时而能炮火齐鸣地抨击战争和战争准备。在很长的时间内，他的警告与基督教的声音交织在一起，使人很难说这位文豪的无政府主义思想和他追循上帝足迹的愿望，究竟哪个更重要。

然而，无政府主义者中还存在着一个唱着反调的重要分支，叫做工团主义。他们决不接受和平主义，并且因为自身的利益而非常崇尚暴力——以致竟然袭击了一位当时还不出名的意大利劳工：本尼托·墨索里尼。在某种程度上，这都不重要，当军号吹响，军队动员后，几乎所有的和平主义领袖，无论针对战争问题的具体目标是什么，都会改变立场。有些人自愿服兵役，有些人则四处讲演谴责国家的敌人。对大多数人来说，并不是某项事业需要战争，而是战争需要寻找一个为谁而战的理由。

苏联作为世界上第一个社会主义国家，形成于残酷的内战中，是带着强烈的战斗情绪开始新生的。列昂·托洛茨基（Leon Trotsky）像他的先辈马克思一样，认为战争是"历史的火车头"。列宁本人一向有好战倾向，正是他坚持认为流血革命是不可避免的，才导致了布尔什维克和孟什维克的分裂。他是个言行一致的人，进行了一场导致数百万人丧生的内战。他掌权后，发誓要把工人革命推广到一切能够推广得到的地方。1919 年在布尔什维克第八次全国代表大会上，他预测"苏维埃共和国与资产阶级国家之间将会有一系列残酷的战争"。他甚至建立了一个特殊组织"共产国际"，为即将来临的战争做准备。这一论调一直持续到 1927 年，才被斯大林作为他与托洛茨基斗争的一部分，而予结束了。斯大林在将"社会主义可以在一个国家内首先取得胜利"定为官方教条后，才开始和他的后继者们一起，注意将共产主义描绘为"爱好和平"的。

他们这样做有一定的逻辑。像他们的许多前辈和一部分后辈一样，苏联领导人认为，或自称是认为，战争之所以存在是由于上层统治阶级为维护自己的统治和为自己谋利而产生的自私自利的阴谋。既然在苏联这一阶级已被消灭了——这叫做"解决矛盾"——苏联就对战争不再有任何兴趣了，除非是自卫战争。1945 年后，帮助其他国家的工人阶级这一需要又重新得到了强调，但直到 1979 年以前，甚至这类军事行动都得到了严格的限制。谁愿意去讨论克里姆林宫里的统治者是否比其他人更虚伪——例如，侵略阿富汗的列昂尼德·勃列日涅夫是否就比夺取伊拉克及其石油的乔治·W. 布什对战争更感兴趣，就让他们去讨论吧。就理论而言，共产主义者的逻辑恐怕不输于，也不强于，此前或此后的任何意识形态。而就现实政治而言，无论如何，差别都不大。

自 1945 年后，战争大大减少了，这一事实——就真正为事实的范围而言——经常被归因于民主国家相互不再战。然而，这种说法也是站不住脚的。这倒不是因为有例外——的确，很难发现例外。而是因为根本谈不上民主的国家也不打仗了。例如，自 1945 年后，刚刚走向民主的德国，的确再也不像 1187 年奥托四世皇帝（Otto Ⅳ）在布汶被法国国王腓力·奥古斯特击败后那样，凭借一个又一个借口同法国开战了。然而，民主的美国同非民主国家，如苏联，或者在 1953 年后同中国，也没有再打上一仗。

为什么以色列和其邻国之间像 1973 年前那种频繁的大规模战争此后就大大减少了？尽管你也许能想出好几条理由，但绝不是因为阿拉伯国家突然不再像以前那样是野蛮的独裁统治了。巴基斯坦和印度之间也不再相互发动像它们在 1947～1971 年间定期发生的那种大规模战争了，无论原因是什么，绝不是因为前者转变了立场并采取了民主模式。实际上，可以说一位不民主的统治者佩尔韦兹·穆沙拉夫（Pervez Musharraf）将军，在实现巴基斯坦及其伟大邻邦的关系正常化方面，所取得的成就比他的所有前任的总和都要多。同样，民主也不能解释，为什么印度和中国之间存在着极大的边界争端，却也保持了四十多年的和平。

如果将这张清单继续开列下去，台湾地区和中国大陆虽然时有战争威胁，然而实际上，最近半个多世纪以来，海峡两岸相互连一枪也没打过。在东亚的另一个地方朝鲜，正如连续不断的宣传烟幕和偶尔发生的边界冲突所证明的，双方尽管彼此仇恨至深，却也有五十多年没再交战。直到 2007 年，最可能在半岛掀起战争的因素恰恰是朝鲜政权有可能垮台，结果为了避免这一情况，其他国家纷纷通过援助来扶持该政权。这些事实，以及其他类似事实，使得那些将当今世界所享受的和平归因于民主普及的人们，需要进一步做出解释。然而，他们中却似乎没人打算完成这一任务。

纵观历史，有许多人，包括一些极具影响的人物，以秩序、正义、同情、人性、文明、经济利益等等名义，勇敢地发起了反战运动。但至少可以说，其效果是令人失望的。康德及其许多追随者将关注点集中在上层人物的阴谋上，似乎低估了普通民众迷恋战争、经常地渴望战争、呼唤战争，并为战争感到欣喜的程度。这绝不是因为战争能在物质上给他们带来什么直接的好处；除非是生死存亡的自卫战争，否则老百姓是永远不能指望战争得到物质利益的。毋宁说，这是因为他们发现再也没有其他事情比战争更激动人心了，也是因为一旦战争爆发，所有人都耻于在参战方面落后于他人——这也是战争最积极的支持者往往在后方而不是在前线的原因。所有这些都不是说不存在上层统治者与普通民众利益不一致，前者操纵和胁迫后者参加战争的情况。这样的情况当然存在。然而，同样常见的情况是，两者的利益——如果"利益"这个词合适的话——是相符的、融合的、密不可分的。必须补充的一句是，当战旗展开，信仰、祖国或民族荣耀等等陷于危急关头时，就更是如此了。

第十四章

正在衰微的大战

　　如果人们改变了态度和民主的普及，都不是大国之间的大战似乎在衰微的原因，那么真正的原因是什么呢？即使是实事求是而不是痴心妄想地看问题，你也很容易作出下面这样的回答。首先，上帝——或者说是罗伯特·奥本海默（Robert Oppenheimer）[1]或莱斯利·格罗夫斯（Leslie Groves）[2]——创造了原子弹，并在广岛和长崎造成了巨大的灾难，使得受蒙蔽的可怜的人类明白了它们有多么可怕。此后，上帝休息了很久很久。直到这时才出现了你能想到的其他各种原因，如态度转变、民主普及、战争的成本（据说是）增大了、经济一体化、国际惯例得到了更多的尊重，等等等等。

　　从历史之初，相互交战的政治组织都能期待这样的结果：打败了敌人，赢得了战争，也就保全了自己。当然，的确有不少胜利都是皮洛士式的[3]，得不偿失。然而，催生了这一比喻的那位皮洛士国王（Pyrrhus），及其统率的大部分士兵，还是保全了性命。而现在，只需假设失败一方手头有几枚原子弹，胜利和自保之间就不能画等号了。必须考虑这样的可能性：失败者面临的灾难越严重，胜利者生存的危险也就越大。当一个核国家面临迫在眉睫的亡国威胁时——例如第二次世

---

①　1904~1967，美国物理学家，曾任美国研制原子弹的"曼哈顿计划"实验室主任，制成第一批原子弹。——译注
②　1896~1970，美军中将。曾任美国负责研制原子弹的曼哈顿工程区司令。——译注
③　皮洛士为古希腊伊庇鲁斯国王，曾率兵打败罗马军队，但付出了惨重代价。由此人们以"皮洛士式的胜利"借喻代价过高的胜利。——译注

界大战中法国、俄国、意大利、德国和日本先后出现过的情况——其领导人最有可能做出的反应，就是按下核按钮。一些评论家甚至为这一情形发明了新名称，如"破罐破摔的核打击"和"不平衡战"等等。

正如我们所看到的，迄今为止，为废除战争而施加的压力，无论愿望多么良好，最终都失败了。现在，随着广岛和长崎的毁灭就世界上威力最大的武器的效能，给了人们一个可怕的警示，反战的努力就必须不惜一切代价地追求成功。实质上，有两条路可以实现这一目标。一是继续一些历史悠久的办法，如拒绝在战时服兵役，祈求上帝制止战争，讲演、写作或举行集会（自 20 世纪 60 年代兴起）反对战争，总之，要把战争说成是很坏很坏的事情。在选举自由的民主国家，人们甚至还可以把选票投给承诺反战的政党。很多这样的政党都是自 1914 年前就致力于和平运动的组织的直接继承者。就此而言，他们的活动并不新鲜。

从英国哲学家伯特兰·罗素（Bertrand Russell）到苏联核物理学家安德烈·萨哈罗夫（Andrei Sakharov），为和平事业大声疾呼的人们中包括一些杰出的科学家、艺术家和影视明星。他们时常能够组织起一些感人至深的群众集会。发布新闻，散发传单，发表演讲，宣读声明。人们手挽着手，点燃烛光，唱起和平歌曲，签署请愿书递交政治人物。作为广大知识分子支持和平运动的证明，一门叫做"冲突化解"的全新学科形成了，并已存在了半个多世纪。到处有反战的候选人当选议员。然而，还没有一个承诺在这方面推进更远——例如，单方面地解散本国的全部军队——的政党能够吸引到众多的追随者，更不用说长久地保持支持度从而产生重大影响了。

从世界上最强大的国家说起，和平主义在美国从来没能形成太大气候。甚至可以说，美国人民自 1945 年以后变得比以前更加好战了。这种对武力的痴迷，背后的原因之一是 1945 年后该国际地位的变化。其超强的实力意味着鲜有其他国家能够向其发出挑战。第二个原因是军队自身的宣传。第三个原因是选民们经常把极其可观的经济利益同他们所在州县的军事基地或军火公司联系起来。美国还特别喜欢动武。也许这在部分上是因为：在 2001 年 9 月前，一向是美国军队在别国领土上横冲直撞，从来没出现过相反的情况。无论是出于什么原因，整个"冷战"期间，美国两大主要政党都在迎合着公众的妄想症，竞相承诺他们独自就能搞定防卫事务。在美国的主要对手垮台后，他们依然如故。

与之相反的是，任何总统候选人如果在这方面不能赢得人心，则不待选战开始就已经失败。哈里·杜鲁门（Harry S. Truman）1952 年没有竞选连任，全都是栽在了朝鲜问题上。吉米·卡特（Jimmy Carter）1980 年败选，则是因为其政府在国防和外交事务上显示出的一系列失败。这些失败包括：伊朗沙阿王朝的倒台、苏联入侵阿富汗和伊朗人质事件。反之，一名候选人如果最终得以入主白宫，通常首先要做的事情之一就是打造国防的"新面貌"（艾森豪威尔语），并努力予以巩固。其结果便是：自 1945 年后，每当美国卷入战争——如朝鲜战争、越南战争、海湾战争、波黑战争、阿富汗战争、伊拉克战争，至少一开始，公众舆论都是大力支持的。

欧洲的情况多少不同。那里的反战情绪产生于"二战"带来的巨大损失。部分上，这也是这块大陆在无力对抗对它们分而治之的超级大国时的合情合理的反应。无论怎么看，这种反战情绪都是非常强烈的，不仅有零星的抗议活动，也有举国规模的有组织的政治行动。除了北欧和比荷卢集团这些没有假想敌或无力与强敌交战的小国外，其他国家所有在反战方面跃跃欲试的政党中，以德国绿党最为成功。然而该党也从未吸引到超过 10% 的选民，而且其成就至少在相当大的程度上还要归功于党的其他政策，如环境保护等。他们像所有其他欧洲左翼的反战政党一样，都没能如愿地使其国家退出北约。德国绿党虽然参加了由格哈德·施罗德（Gerhard Schröder）领导的以社会民主党为主的 1998～2006 年执政联盟，却没能阻止德国军队先是参加空袭塞尔维亚行动继而出兵阿富汗。在这两个军事行动中，他们都曾呼吁德军士兵开小差，却无人响应。

反战运动在前东方集团的非民主国家产生的影响可能还更小，而且这并不奇怪。苏联领导人认为自己的国家是法西斯侵略的受害者，因而竭尽全力地维持尚武精神。然而，任何企图显示出政府的政策不是完全和平性的人，又往往会受到惩罚。极少数敢于公开表明自己态度的反战积极分子，以及虽然秘密活动却被当局发现的地下反战人士，不可避免地会丢掉工作。他们还会受到警察的骚扰——有些人的家遭到搜查，有些人遭到毒打——还会被关进监狱或者精神病院。由于他们被迫在地下活动，因而不可能估计出他们究竟有多少。

引用一位同情反战人士的作家的话来说，无论在东方还是在西方，反战运动成员都深知他们的目标是"乌托邦式的"。实际上，可以说它们之所以能像基督教贵格派一样存在，完全是因为他们人数相对较少。因为人少，所以能够不承担责任。他们所能做到的，至多是担当"和平的见证人"，无论这意味着什么。或许他们也帮助结束了一些战争——如法国人在阿尔及利亚的战争、美国人在越南的战争，以及1982年以色列人在黎巴嫩的战争，全都是已被普遍认为打败了的战争——只是多少提前了一些结束而已。

更具讽刺意味的是，有些人为了促进和平，能够变得极其暴力。20世纪60年代晚期在美国，和平示威在政党大会上和大学校园里引发了群体性骚动。一些自封的反战积极分子与警察搏斗，使得出动全副武装的准军事力量——国民警卫队——成为必要，最终导致了不少人死亡。高潮出现在1972年年底，在北越进行的所谓"圣诞节轰炸"，导致25万民众试图冲击五角大楼。在英国、德国和其他一些欧洲国家，示威者们要求核裁军，或者将一些运载工具，如巡航导弹和"潘兴"弹道导弹，排除在他们的国土之外。他们经常同反对他们的人扭打成一团。他们阻塞公路和铁路，包围军事基地，与警察搏斗，甚至有时还掷燃烧瓶。在这方面，他们与很多社会主义的前辈非常相似。通向地狱的道路往往是由美好的愿望铺就的。

正如罗马格言"如欲和平，必先备战"（si vis pacem，bellum para）所表明的，另一条避免战争的道路——即"威慑"——实际上也不新鲜。统治者和国家一向在通过加强军备、展示武力来试图威慑敌人。他们时常也会发出敌人胆敢如何如何，就会怎样怎样的威胁。不同的是，自广岛事件后，赌注之高，使得威慑变得比以往任何时候都更重要，以致成为最神圣不可侵犯的战略理论的中心支柱。为了形成威慑，你必须尽可能地强大——正如德国前总理赫尔穆特·施密特（Helmut Schmidt）曾说过的："要能够打仗，以免被迫打仗。"必须发展技术，展示力量，制定核条令，随着时间推移，这些都使得核战争的威胁变得越发"可信"了。

让我们从技术说起。摧毁广岛和长崎的核弹还不过是处于起步阶段。威力更大、运载能力更强、储存更容易的核弹，几乎立刻就开始研制了。到了1952～1953年，氢弹的发展为无限爆炸开辟了道路。到1961年约翰·F.肯尼迪（John F. Kennedy）就任美国总统时，已有的核弹数量之多，以致每个像广岛大小的目标都至少有三枚核弹可以"伺候"，而每枚核弹的威力都相当于将该城夷为平地的那颗原子弹的60倍。同年，苏联试验了世界上最大的核武器。其威力达58兆吨TNT，相当于广岛原子弹的4000倍。而"二战"期间盟军在德国和日本投下的所有炸弹总和才不过是200多万吨TNT。正如温斯顿·丘吉尔曾说过的，投下更大的炸弹，只能激起更大的反弹。

威力如此巨大的武器，只能用于与自己相距非常非常远的敌人（在摧毁广岛和长崎时，美国离日本最近的军事基地在1500英里之外）。部分上是为了突破这一距离限度，部分上也是因为威胁使用这样的武器（并因此而遭到报复）不大会让人相信，还在20世纪50年代，防卫官员和科学家们就已经开始将注意力转移到研制小得多的核弹头上。于是他们就成为所谓战术核武器的开路先锋。也许已经研制出的威力最小的核弹头还不到1000吨TNT当量。从技术上讲，发展小型核弹头比研制大型核弹头更为困难。因此，研制小型核弹头，并让人们知道，某种程度上被视为核成熟的标志。某些已经研制出的核武器，或者可能研制出的核武器，甚至都不会产生很多的热或冲击波。取而代之的是，它们能够产生辐射，只杀人，却保持建筑设施完好无损。

与核弹头紧密相连的是其运载工具。最早的两颗原子弹是由当时世界上体积最大、威力也最大的飞机——B-29轰炸机运载的。但为完成这一任务，B-29远非完美。首先，它不具备洲际航程。面对像苏联这样庞大的敌人，这就意味着很多目标仍然是在射程之外的。其次，它的速度相对较慢，也更易受到攻击。第一个问题由建造更大的飞机解决了。第二个问题的解决则是以喷气式发动机取代了往复式发动机，使得飞机的速度和航程都大大增加了。美国建设了世界上最大的武器库。这座武器库对外展示的信息也比任何其他国家都多。以之为例，B－36、B－52、B－58、B－1 和 B－2，一个比一个更快、更大、更具威力，也/或更不易受到攻击。然而，人们还不满足于此。设计师们又研制出了可以由轰炸机直接发射的"远程"导弹，并进一步提高了轰炸机的航程，使之更不易被击落。

研制越来越小的核弹头，为两个新的发展方向开辟了道路。第一种是，不仅可以通过重型轰炸机，也可以通过中型轰炸机、战斗轰炸机、战斗机、火炮装置，甚至是装在吉普车上由两人操纵的火箭炮，将核弹头送至目标。第二种是可以将核弹头装置在弹道导弹顶部。第一种导弹源自"二战"时期德国的射程只有几百英里的 V－2 型导弹。但自那以后这种导弹的射程就在迅速增长，到 20 世纪 60 年代初时，实际上这种导弹在世界上的任何一点，都能打到任何另一点，并将其从地图上抹去。起初导弹使用的是液体燃料，但后来变成了固体燃料。这意味着它们可以始终处于准备就绪状态，发射的速度比以前快多了。最早的时候每颗导弹只能携带一枚核弹头，但后来这一数字也增加了。到 20 世纪 70 年代后期时，一些苏联导弹（如可怕的 SS－18）能携带多达 10 枚核弹头。

20 世纪 70 年代，巡航导弹和能够飞得很低、发射精度很高的小型无人驾驶飞机，加入了武器库。五花八门的导弹中，有许多是陆基导弹，可以装置在固定的发射井中，也可以装置在有特殊轨道的列车上，还有一些较小的导弹，可以装置在为此专门研制的汽车上。然而导弹也可以是空基的，可以悬挂在轰炸机的机翼下；还可以是海基的，可以通过各种水面舰艇发射，也可以通过在水下运行的特殊潜艇发射。

正如最终化为现实的可怕的武器库所证明的，设计将敌国的大部变成放射性沙漠的手段和工具，相对很容易；与建立和维持一支在很大程度上依赖人力的强大常规部队的成本相比，甚至还不算贵。硬币的另一面则是：保卫自己的国家不受核攻击，变得极端困难起来。这

"冷战"时期真正的和平源泉：一架 B－52 轰炸机在演习中投掷炸弹。

个问题通常又分为两部分：保护本国的武装力量和保护本国的民用财产。保护武装力量一项又可以分为两部分：保护本国的核武器运载工具，以及在核条件下打常规战争。

大部分分析——尽管不是全部——都认为，可以通过建造足够的飞机和导弹，并为它们设计各种形式的基地，使它们中的许多避过一次核攻击从而实施第二次打击。至于在核条件下打常规战争，情况就大不相同了。有些军事医学专家主张对军队实行教育以克服对辐射的"无端恐惧"。一些军事管理人员则希望按照已经受到的不同辐射量将士兵分成不同种类，相应地投入战斗。也有一些空想家幻想着使用广泛分散的部队，给他们装备各种车辆和补给线，让他们围绕核弹的蘑菇云跳来跳去。还有一些人提出了也许是最实用的建议：应当极大地扩大殡葬机构。

即使没有这样的演习——在核弹刚刚爆炸后，就把部队在一无所知的情况下拉到核试验场，命令他们驾车通过爆心投影点——上述这些设想就已经够滑稽的了。考虑到辐射与癌症之间的紧密联系，对于组织这样的演习的人，所能说的最好的话就是：上帝宽恕他们吧，因为他们根本不知道自己在做什么。

　　与此同时，人们也为在核攻击下保护民用财产做了努力。整个 20世纪 50 年代，学校里的孩子们都在进行防空演习：钻到桌子底下，用手捂住耳朵，闭上眼睛。一些据说能防御核弹的隐蔽所——像是典型的美国住宅神奇般地转移到了地下——设计了出来并大做广告，不过究竟卖出了多少，只有天知道。有些城市建造了防辐射的公共隐蔽所，里面储藏有食品、水和药品，然而直到设备老化了仍没派上用场，于是往往最终都丧失了起初的功能。除了少数像瑞士那样的国家——那里的政府靠向没有在住宅下建隐蔽所的人征税而赚了钱——大约 1960年后，这方面的努力都放弃了。一则是因为这些措施都不能提供有效的保护；二则也是因为辐射量越来越大，以致像肯尼迪所说的，假如真的爆发了核战争，存活下来的人恐怕还得羡慕死去的人。

　　设计出有效的防御手段，一开始似乎令人很有信心。早在 1946年，据说有一位加拿大将军曾对《纽约先驱论坛报》（*New York Herald Tribune*）记者说：对原子弹可做出的回答"清晰可见"，不过这答案到底是什么，却从来没人透露过。一些计划实在是疯狂，就连最铁杆的核战争狂都不屑一顾。例如，曾经有人提议在每个潜在的核攻击目标附近都埋藏一枚氢弹。只要来袭的导弹出现在雷达屏幕上，就将这枚氢弹发射出去，以灰尘和碎片构成的巨大云团来遮蔽大气层，使得任何以高超音速飞行的核弹头都不可能完好无损地通过。先不说原子尘降落的问题，还有一个困难之处是，这云团会在 30 分钟左右后散去，这就有必要每隔一段时间再发射一次。这听起来简直像那个众所周知的笑话：为了拯救一座越南村庄，不得不首先摧毁它；更不用说出现假警报这种更有趣的可能性了。

　　自 20 世纪 50 年代起，就有许多研制能拦截弹道导弹的导弹的尝试——正如常言所说的，在战斗中子弹也可以击落其他子弹。最早亮相的这种导弹中有"奈克"系列，从"奈克—埃阿斯"到"奈克—大力神"，其中以"奈克—宙斯"为巅峰。但因"宙斯"导弹的前景并无把握，最终下马并被更先进的"奈克—X"（意为"试验"）取代，后者后来起了一个更好听的名字"哨兵"。接下去是"斯巴达"系列，继而是"斯普林特"系列。所有这些导弹都是美国陆军和空军开发的，很多人都认为这是他们从国会榨钱的工具。与此同时，美国海军要起钱来也不客气，他们另起炉灶，最终研制了一套完全不同的导弹系统，被称为"波马克"系列。

从 20 世纪 60 年代中期开始，苏联作出的反应是：在莫斯科周围部署了一套类似的反导系统，被西方称为"橡皮套鞋"。这套苏联唯一能用于作战的系统，和美国的对应系统一样，极易发生故障，还有可能被各种突防装置所误导，或者被当时刚刚研制出来的多弹头重返大气层运载工具（MRV）彻底摧毁。其脆弱性如此之大，以致颇有一些专家质疑为什么还要部署。像其他反导系统一样，它至少有一个缺陷是精确度不足以击中飞行中的来袭弹道导弹。同样像其他反导系统一样，它依赖于核爆炸，寄希望于改变目标导弹的飞行轨迹。西方观察家估计，"橡皮套鞋"要想做到这点，必须具备二三百万吨的爆炸力。但即便如此，相对于美国导弹据说拥有的五百万吨爆炸力来说，这也是一个改进。

鉴于没人能确知假如一枚核弹头在距另一枚不远处爆炸了，究竟会发生什么情况，所以必须考虑这样的可能性：来袭的导弹虽然没能毁灭莫斯科，但落在了附近的其他城镇上，仍然会造成巨大的破坏。即使这一情况也没有发生，那么辐射和电磁脉冲对"受保护"的财产所造成的可怕后果，也仍然不堪设想。这最后一种考虑，便是苏联后来心软了，将防卫核弹头替换为（或者据说替换为）常规弹头的原因。再回到铁幕的另一边，华盛顿和纽约也有同样的考虑。这也解释了为什么一些美国导弹，如"卫兵"系统，计划中防护的不是城市，而是处于发射井中的弹道导弹，从而任由平民暴露在对方的核威胁之下。

防卫核攻击与防卫常规轰炸也不是一回事。对于后一种情况，防御者可以寄希望于拦截敌方足够多的运载工具，从而挫败敌人的进攻。例如，1940~1941 年，英国皇家空军就是这样阻止了德国空军对英国城镇的侵袭。1943 年晚期，盟国空军空袭德国时，也差点儿发生了这样的情况。幸亏用上了远程战斗机，才救了 B - 17 轰炸机群的命。但在核时代，情况就不同了，哪怕只有一枚核弹头没有拦截住，就会造成巨大的，恐怕几乎是不可想象的灾难。其结果将是使攻击者获得足以逆转局势，从而改写整个战争史的压倒优势。

这些考虑，再加上财力上的限制，使得 20 世纪 70 年代变成了一段人们相对理智的时期。曾经一度，两个超级大国都不再把越来越多的资源填入看似越来越大的黑洞中，而是选择了谈判。通过限制战略武器会谈的一号和二号协议，双方冻结了运载工具的数量，并对开发反导防御系统作出了限制。然而，令国防工业称幸，而对其他人来说都不幸的是，这一间隔没有持续多久。1983 年，罗纳德·里根（Ronald Reagan）总统重启了对反弹道导弹防御系统的设计研究。他的计划很快被称为"星球大战"，其设想是在太空中布置一个由大量激光装置构成的系统，从而射落来袭的导弹。为了提供所需的巨大能量，计划还有一个版本是，设想将小型氢弹装载于环绕地球运行的人造卫星上并引爆。无须多说了。

当这些计划证明了太不实用或太过昂贵后，发展陆基拦截系统的努力又恢复了。较早的尝试之一是"爱国者"导弹及其配套雷达。其第一次也是唯一一次接受战火洗礼，是在 1991 年的海湾战争中。结果证明是一场惨痛的失败，对于伊拉克射向沙特阿拉伯和以色列的大约 80 枚"飞毛腿"导弹，没有一次拦截成功。"飞毛腿"导弹实在是一种原始的导弹：一次齐射顶多发出三四枚，没有配备任何故障预防装置和突防装置，而且设计和制造都很粗糙，以致有不少枚在飞行过程中就自行解体了。精确度极差，装备的是常规炸药，也使得伊拉克的"飞毛腿"导弹造成的损害微不足道。然而，绝不能因此而抱任何幻想。哪怕只有一小部分"飞毛腿"导弹配上了核弹头，那么即使它们的制造再原始、精确度再差，结果也大不相同了。果真那样的话，以色列、沙特阿拉伯的大部，也许还会捎上中东的其他部分，就都已经不复存在了——当然，射出核武器的那个国家也不可能幸免。

大约又过了 15 年，又花了上千亿美元后，只不过是在阿拉斯加部署了 12 个可用于作战的发射装置（而 1999 年计划的是部署上百个）。然而，它们却只有极其有限的作战意义。最新的测试原本定于 2006 年 8 月 31 日举行，但空军宣布因天气原因而被迫推迟 24 小时。

发展反导防御系统的努力经历了无数失败。海湾战争中"爱国者"导弹一无所获。

真实的原因究竟是什么，不得而知。这个公开的原因也许是真实的，但这就又一次证明了这个系统是多么无用。抑或这只是一个借口，为的是避开朝鲜定于同一天举行的导弹试验。如果没有射落朝鲜导弹的企图，空军将会感到尴尬。如果有此企图最终却失败了，那么尴尬将会更大。如果有此企图且又成功了，那么美国就是在和平时期挑起战端，后果难以预料。因此，最好还是谨慎行事——而这样做的原因，全是因为2004年和2005年举行的前两次试验，反弹道导弹甚至都没能离开发射台。困难部分上由于技术，因为试验要求有由好几百万条线路构成的计算机程序，以及相距数千英里之遥的系统能在瞬间协同。部分上由于经济，因为每次试验都要花上1亿美元左右。因此不可能举行充分的试验——考虑到失败的后果，即使是出于毫无确定性的假设，"充分"这个词都可以有各种各样的含义。

所有这些失败都表明，迄今为止，甚至在应对朝鲜这样的小规模攻击时，反导防御系统都不能保证美国西北太平洋地区的安全。更不用说，用于拦截莫斯科的导弹的巨大的武器库本应足以拦截平壤的导弹了。正如一位英军统帅很早之前就说过的，对付猫的狗理应能吓跑小猫崽。适得其反的是，反导防御系统所促成的全部结果便是，为俄罗斯和中国这两个先前的死敌形成战略合作，帮忙奠定了牢固的基础。两国都担心——或假装担心——美国的计划。两国都扩大了自己的进攻性弹道导弹计划。目的是让美国确知它们决不会受其摆布。普京总统甚至公开表示，他的国家现已拥有了一种能够打垮美国的一切设施的新的导弹系统。通过所有这些事实，也许能够得出的结论是，最好的防御系统就是什么也不建。

也许是为了安慰编辑们和读者们的良心，一连几十年，《原子科学家学报》（*Bulletin of the Atomic Scientists*）在发表其著名的"核时钟"时，指针总是指向离 12 点非常近的地方。我们距核灾难只有数秒之遥，这种观点在 1945 年之后不久，当人们大多对核武器一无所知时，也许是现实的。然而，随着时间的推移，人们越来越清楚这座核时钟纯属无用之物，无非是这个杂志为吸引人们眼球而设的一个骗局，否则该杂志几乎无人知晓。相反，缺乏可靠的防御系统，与核武器所能造成的巨大灾难相结合，使得使用核武器的核条令，总是让人们感到不那么现实。

还以美国为例，"大规模报复"、"确保同归于尽"、"累进反应"、"灵活选择"和"斩首"等政策（策划并在一定程度上被采用的这样的政策不下几十种，我们只提其中最著名的五种）起起落落。有些核条令主张对来自遥远地区的小规模攻击也报之以全面的核打击，其结果将非常糟糕。还有一些核条令，尤其是 20 世纪 70 年代后兴起的，意在通过提倡限制使用某些武器，以避免出现有可能毁灭世界的报复，从而使世界免于核战争的危险。所有这些理论都未曾令人信服，由于苏联一向不承认任何这样的限制，并坚称对他们的任何攻击都将招致全面的核报复，情况就更是如此了。

与美国相比，公众对其他国家的核武库和核条令了解甚少。原因之一是美国在讨论这方面事务时具有无与伦比的公开性。新战争手段的发明，前所未闻的战争手段的披露，以及如何打核战争的核条令的制定，都不仅是产业，也是全国性的业余爱好——假如还需要证明的

战争的文化

话，这是战争文化依然盛行的又一个证据。不过，主要的原因还是，关心世界其他国家——如英国和法国，甚至是俄罗斯、中国或印度——的核条令的人，远没有关心美国核条令的人多。

不管怎样，世界核俱乐部的其他成员对全球政治的影响，都无法与美国相比。与此同时，它们全都享受着后进者的便利。换言之，它们都能研究先进者核武力和核条令的演变，或者作为自己模仿的模式，或者用来启发自己的灵感，以思考该做什么和怎样做。在此我将忽略美国和其他国家经验中的不同之处，而只关注其相同之处。

第一，（就我们所知的）世界核俱乐部的全体成员在初次亮相时，都只有数量极小的核装置，它们或者是在研制出这些装置后立即进行试验，或者是在间隔几年之后（只有以色列例外）。

第二，它们继而会生产越来越多的核装置，不断扩大其核武库，直到成本效益方面的考虑使它们认为已经"足够"了。

第三，也许除了朝鲜外（其首次核试验仍然是个秘密），它们全都从相对低当量的裂变式原子弹起步，或者像巴基斯坦那样以铀为原料，或者以钚为原料，那就需要首先建起一个核反应堆。在取得进展后，下一步则是一方面研制威力更大的热核弹，一方面研制小型的"战术性"核弹头。

第四，根据国土大小、战略位置及技术和工业可能性的不同，它们或者自己研发或者购买各种各样的运载工具。这些运载工具包括重型轰炸机（如苏联、英国）、多少比较先进的战斗轰炸机（所有成员国），以及各种射程的弹道导弹（同上）。一些国家拥有巡航导弹（如苏联、以色列，也许还有其他国家）、火炮装置（如苏联，也许还有英国、法国、中国、以色列和印度）和导弹潜艇（如苏联、英国、法国、以色列，也许还有中国）。还有传说称以色列制造了一些核地雷，埋在了戈兰高地，随时可以引发，不过这样的说法有无事实根据，就很难说了。

第五，所有核国家都为保护其核力量费尽了心思和努力。为此它们千方百计地保守核秘密（在一个人造卫星环绕地球的时代，这可不容易），将核基地设在陡峭的峡谷中使得弹道导弹难以打到，或将其深藏于地下。一些导弹可通过铁轨和公路实施机动，另一些则部署于空中、海上和海面下的发射装置上。理论上，所有这些防卫手段都能够被坚决的第一次打击所摧毁，只要第一次打击基于出色的情报和由完美的指挥和控制系统产生的同样完美的协同。实际上，这正是困难所在，因此所有核国家都没有冒险在此方面进行试验。

第六，虽然这类事情不会经常公开讨论，但所有核国家似乎都制定了在必要的情况下动用核力量的条令。美国希望限制核战争（从而使美国能够对敌国"首先使用"核武器），苏联对此的反应一向是"在受到攻击的情况下即时使用所有武器"。鉴于苏联很少强调核威慑，这甚至可以解释为比美国的"大规模报复"更严厉的威胁。中国自认为是个穷国，负担不起很多导弹，把所有赌注都押在了经济的快速发展上，似乎采用的是一种低调的既不威胁也不首先使用核武器的原则（不过实际上，你也不知道是否真的会这样）。法国在"冷战"时期经常提及"保卫国土"反抗侵略，并且要"撕裂（苏联）的武装"。"冷战"结束后他们就把核条令改为警告其他国家，而不设专门的假想敌。2006年他们还试验了一种射程达好几千英里的新的地对地弹道导弹。

英国也许有核条令，但很少有人关心其核条令是什么或认为它需要核条令。从某种程度上讲，英国制定核条令，显然是因为不愿落后于其地位相当的邻居们。假设英国未雨绸缪，预备在同常规的敌人打常规战争的同时，也许会求助于核武器。但英国是个岛国，方圆1000英里范围内并无假想敌，很难想象这样一场战争会变得对该国生死攸关，以致有必要动用这样的手段。印度和巴基斯坦也许也都制定了各自的核条令。印度的核条令基于最低程度的威慑。鉴于其宿敌巴基斯坦比其弱小许多，做出这样的决定并不奇怪。巴基斯坦的核条令则显然以首先使用核武器为中心，以防印度再次发动像1971年那样眼看着就要危及其国家生存的大规模进攻。

最后，再看看以色列。至少自20世纪50年代晚期起，以色列最大的忧患便是某些阿拉伯国家掌握核武器。为了避免核竞赛，以色列坚决否认拥有核武器。2006年12月，当继任的美国国防部长罗伯特·盖茨（Robert Gates）说以色列是个核国家时，以色列的评论员们都感到很

战争的文化

尴尬。结果，以色列禁止一切有关其核条令的信息泄露。如果有人详细地讨论这一问题，就很有可能招致逮捕、审判和监禁。然而，半官方的称呼"世界末日的武器"仍然使人们清楚地认识到这些武器是什么，以及会在什么样的情况下使用。"参孙的选择"这种说法也是如此。

无论这些核国家的核条令会怎样说，没有理由认为它们中的任何一个比美国更接近于解决了如何保卫其工业、经济和国民免遭核攻击的问题。有些国家实在是太小，如果它们对敌人使用核武器的话，恐怕必将殃及自己的国民——例如，假使以色列为阻止叙利亚的进攻，向戈兰高地发射了一枚核弹头，而风又朝反方向吹来，那么会有多少原子尘落入以色列？似乎所有核国家都建设了广大的地下防御设施，以供其领导人隐蔽并指挥剩给他们的一切可供指挥的东西。有一两个国家还会偶尔举行民防系统的演习。然而，这样的演习假如真要与预期的死亡和破坏规模相当的话，必然是耗资和损失都将极其巨大。这样的演习真正的价值何在？有一个"冷战"时期的笑话可以说明，为了应对核攻击，最重要的事情将是防止恐慌。因此这样的演习迄今数量极少，间隔极大。

除美国之外，只有一个国家——以色列——拥有或许具备作战意义的反弹道导弹系统，叫做"箭"系统。这套研发了15年以上的反导系统像其美国对应物一样极不可靠。也未能经受是否当得起那个名称的检验。到2007年初，在14次试验中，有12次都遭遇了某种失败。然而批评家们仍在指责这些试验没有一次是在可被认为完全现实的条件下举行的。某种程度上，以色列单纯举办一场完全现实的演习都异常困难。原因之一是地理位置。以色列的"卡纳维拉尔角"①位于特拉维夫以南海岸。如果试验的目标导弹向西飞，就会离开而不是飞向试验点，那么就不能反映现实情况。如果向东飞，那么发射点就必须是在地中海内的某个地方，即使这样做是可行的，也存在着突破防卫系统从而击中以色列国土的可能性。因此，无论主事的人们能想出什

---

① 位于美国佛罗里达州，美国肯尼迪航天中心和卡纳维拉尔空军基地所在地，是弹道导弹试验和航天飞机发射基地。——译注

么招数，都无法原地做试验。这就难怪即使导弹进行了试验，负责的人们依然承认滴水不漏的防御是不可能实现的——然而，他们却忽略了这样一个问题：如果做不到这一点，这样的系统还有什么用？

核俱乐部的其他成员在财政、科学和技术资源方面，都无法与美国相比。其中有几个国家，只消一枚核弹在其最大城市爆炸，差不多就能将其整个国家从地球上抹去。如果多扔几枚，大多数国家也都不复存在了。即使能设计出某种拦截弹道导弹的可靠系统，核弹头仍然能通过飞得极低的巡航导弹到达目标。一些巡航导弹的飞行高度只有几百英尺，雷达是探测不到的。现如今这个时代，一个修车厂里都有可能造出由小型商用喷气发动机推动，却能以极高的精确度导引向目标的简陋的巡航导弹。其他核武器还可以用集装箱货船运往一些港口，或者就放在小卡车上隐藏于爆心投影点。在这样的背景下，几乎所有核国家都不愿意在研发、试验和部署消极的或积极的防御系统这种无用功上花太多钱，也就不足为奇了。

无论是核大国还是核小国，都时常有危机酿成，即某些国家威胁动用其核武库，但最终都克制住了。1948 年、1954～1955 年、1958 年、1962 年、1970 年、1973 年和 1989～1990 年，都曾出现过惊心动魄的时刻。然而，最终恐怖都归于平衡。美国之恨苏联，丝毫不亚于苏联之恨美国，然而两国没有打仗。北约国家与华约国家之间，苏联和中国之间，中国和印度之间（自 1962 年起），以及印度和巴基斯坦之间，都是如此。朝鲜半岛（那里的战争有可能引发美国和中国之间的核决斗，而现在朝鲜也有了自己的核武器）和台湾海峡（那里始终存在着中国大陆动武导致美国干涉并升级的危险），也是如此。甚至在许多人看来是世界上矛盾最复杂的地区——中东，还是如此。与1973 年之前阿以双方隔三岔五的大战相比，后来发生的都不过是小打小闹。再换一个角度看，就连 1964 年的中国、1967 年的以色列、1974 年的印度、20 世纪 70 年代末 80 年代初的巴基斯坦、刚刚进入21 世纪时的朝鲜这样贫穷落后的国家，都能建起核设施。难怪大国之间的大战式微了。

学术界有无数的核战略专家，无非是就这项或那项技术是否发展了、核武器的部署方式、使核战争变得多少具有了可能性的核条令等等，写一些冗长的论文。实际上他们的思考几乎全无价值，因为从来无法付诸检验。这些战略专家们所能做的就是玩弄词藻，有时候再补充上几个没人能看得懂的数学公式，而这些公式比他们的词藻还不切实际。正如一位研究核条令的最重要的历史学家多年前写道的："虽然美丽，却没有战略。"

核国家的"系统"（无论是什么系统）是由两个国家还是多个国家组成，并不重要。那些国家部署的核武库是大是小，可用的运载工具是成熟还是原始、有多种还是只有一种、精确度是高是低，也不重要。它们有效的核条令（如果有的话）是高压、威慑（无论威慑是通过遏制还是通过惩罚实施）、最小威慑、先警告后发射、先冲突后发射、第一次打击、第二次打击、大规模报复、确保同归于尽（单是这一种就有四个版本）、灵活反应、进行规模或程度相同的反击、打击敌军事力量、抵消（countervailance；一个里根时代的新名词，就连其发明者都没弄明白其含义），还是这个或那个核国家制定的数十种其他核条令，也都不重要。

核力量是对称还是不对称，也无所谓。在 1962 年古巴导弹危机时，美国可运载的核弹头数量远远超过苏联，比例可能达 20∶1。1969～1970 年，当苏联显然在考虑对中国实施先发制人的核打击时，双方核力量的对比更是悬殊。另一件引人注目的不对称事例是 1989～1990 年印度和巴基斯坦的对抗，当时双方的核力量大致也是 20∶1。在没有核武器的世界里，这样的实力对比，加之对未来的恐惧，很容易促使强者先发制人地对弱者发动进攻。核时代的情况却不是这样，那些考虑发起这样的核打击的人，无法保证不会有一枚（甚至多枚）核弹在自己国土上爆炸。也许正因为如此，上述那些情况下战争都没有爆发。如果一些当事人的叙述可信的话，甚至在 1962 年 10 月那场大多数评论家都认为是最严重的危机中，战争都远不可能爆发，正如后来揭秘的事实所证明的，克里姆林宫当时都没有让其核部队进入警戒状态。

拥有核武器的国家是属于近似的文化，相对比较容易沟通；还是属于不同的文化，沟通起来可能比较困难，这并不重要。它们是属于试图维持现有秩序的保守社会，还是属于试图推翻现有秩序的革命社会，再或属于相信基督复活并为王千年从而想结束历史的社会，也不重要。它们是致力于自由事业、敬畏上帝的善良的美国，还是据说在一种傲慢加卑劣的体制下做苦工的邪恶、不信神的苏联，也不重要。他们是宽容的基督徒，还是自称非暴力的印度教徒，还是渴望进入天国享受清真世界的穆斯林，还是据说要经受大屠杀和梅察达（Masada complex）①等苦难的犹太教徒，也不重要。

著名，或者说是臭名昭著的核技术从一国传到另一国，其实也不重要。过去，苏联的核技术传到了中国，美国的核技术传到了英国和法国，加拿大的核技术传到了印度，中国和荷兰的核技术传到了巴基斯坦，法国的核技术传到了以色列，以色列的核技术传到了南非，巴基斯坦的核技术传到了朝鲜，似乎充分证明了这一点。1998 年，当印度试验其核武器时，美国发出了强烈抗议。然而，仅仅八年之后，美国又签署了向印度转让核技术的协议。

是谁的手指头按在了核扳机上，也不重要。无论他是温斯顿·丘吉尔——他一生喜爱战争，亲身参加的战斗不比任何人少；还是斯大林——他于 1949 年得到第一枚核武器时，已经年过七旬，变得比以往更加偏执和暴虐了；还是德怀特·艾森豪威尔——他一直坚信美国有底特律，就一定能赢得任何未来战争；还是毛泽东——当被问及核战争的前景时，他说不惜牺牲 3 亿人以消灭帝国主义。

所有这些人一开始都以为核武器只不过是威力更大的旧式武器，归根到底可用来达到政治目的。后来他们全都明白了，核武器设置了一道底线，一旦逾越就会招致灾难。用林登·B. 约翰逊（Lyndon B. Johnson）的话来说："常规的核武器是不存在的。"用夏尔·戴高乐的话来说："[核战争后]双方都将既没有权力，也没有法律，也没有城市，也没有文化，也没有摇篮，也没有坟墓。"用列昂尼德·勃列日涅夫的话来说："只有下定决心自杀的人，才会发动核战争并希望从中获

---

① 梅察达是罗马帝国于耶路撒冷东南面死海南岸一个土丘上建起的行宫。第一次犹太人大暴动中，罗马军队将起义者包围在该城堡中，最终宁死不降的起义者选择了集体自杀。——译注

得胜利。"所有这些都使我们有充足的理由认为：其他人也能得出同样的结论。这其他人中的一些，例如金正日，似乎已经如此了。

从统治者再回到他们声称代表的人民身上，就民众所被允许发声的范围来看，他们对核扩散有两种矛盾的反应。第一种，如不同国家不同时间举行的许多民意调查所显示的，爆发核灾难的可能性令他们非常忧心。一些人听天由命，一些人奋起反对。正如 20 世纪 60 年代初英国核裁军运动的支持者们经常高呼的："红色也比死亡强。"第二种，随着时间推移，核威慑的显著效果加上大国之间大战的明显衰微，使得大多数民众感到更无外敌入侵之忧了。他们越是感到安全，就越不愿将自己的子孙或钱财献给摩洛神①。这一变化从各国预算中国防开支比例的下降就能清楚地看出。由此观之，就反战态度的确自 1945 年后实力有所增长而言，其崛起是"长期和平"的结果，而非原因。

无论如何，所有这些都不意味着，对于核武器绝不会在一怒之下使用，或者只会在特定的情况下出于特殊的目的对特定的目标使用，人性能够提供任何绝对的保证。恰恰相反，假如有任何这样的保证，并且能够令人相信，那么核武器就不可能威慑任何人了。就此而言，任何限制核武器的企图，实际上都会起反作用。关键的问题恰恰是，这样的保证不存在，而且理所当然地不可能存在。只要人们有能力使用核武器，那么任何不使用核武器或只以特定方式使用核武器的承诺，都不会比传递这一承诺的电子邮件更有价值。这就叫做"稳定—不稳定悖论"。

即使这种能力消除了，正如在南非已经发生的和在一些国家可能发生的那样，它们也仍然能迅速重建。1996 年在约翰内斯堡的一次会议上，我曾亲口问南非前总统 F. W. 德克勒克（F. W. De Klerk；时任第二副总统）核弹元件到底出现了什么问题，他的回答只是大笑。和平的代价——也许唯一能使人类放弃在战争游戏中一试身手这一古老愿望的东西——很不幸，就是恐惧。

---

① 古代腓尼基等地所崇奉的神灵，信徒以焚化儿童向其献祭。《圣经·旧约》中亦曾提到。用来比喻引起巨大牺牲的可怕事物。——译注

第十五章

天理难容的行为

广岛爆炸60年后，世界上所有大国都有了制造核武器的能力（这当然不是说所有大国都有必要这样做）。广岛爆炸60年后，还不具备制造核武器能力的都不是大国。正如上一章所阐明的，毫无疑问，核武器的扩散是大国之间的大战几乎消失了的原因之一，很可能还是唯一的原因。但是在由太穷太落后从而造不起核武器的国家组成的地区，或者在战争不是在国与国之间而是在组织与组织之间展开的地区，情况又怎样呢？答案很简单。即使是最乐观的人也会承认，在许多这样的地区，战争不仅没有减少，反而增加了。

根据一份统计，1946年到2002年之间，世界上共发生了226场武装争斗。其中111场规模之大，足以称为战争，平均为每年两场。尽管这个数字似乎并不高，但在两点上容易使人们产生误解。首先，这些战争中有许多都旷日持久。其中的一些，如在越南、东帝汶、菲律宾、车臣、以色列占领地区、安哥拉、莫桑比克、西属撒哈拉，以及索马里和埃塞俄比亚边界地区，战争一打就是几十年。苏丹也是如此。这个不幸的国家南方刚刚结束冲突，西部就会重燃战火。什么时候战乱能彻底结束，谁也不敢说。相应地，每时每刻，世界上都有不同的地方在打仗（有一位学者估计的数字是10到30场）。其次，并非任何一年的任何战斗所造成的伤亡数字都能配得上"战争"这个词。然而，如果统计的时间足够长，那么这些战争造成的伤亡和损失，仍然是相当巨大的。

这些战争可以分为若干种不同，但在某些程度上有所重叠的类型。第一种，是核国家同非核国家之间的战争。第二种，是双方都是非核国家的战争。第三种，有必要关注国家对游击队和在境外活动的恐怖分子发动的战争。第四种，境内发生的内战。有些是就其本身而言，有些是出于稍后将解释的其他原因，所有这四种战争有一个共同点，就是都与核武器不相干。相反，与核武器不相干正是它们能够打起来，并且恐怕还将继续打下去的最重要的原因。

我们首先看看大国（即核国家）与小国（即非核国家）之间的战争。排在清单起首处的是朝鲜战争，当时还是非核国家的中国也卷入了战争。清单上还包括1956年苏联对匈牙利的"干涉"；同年由核武装的英国，在非核国家法国和以色列的协助下，对埃及发动的苏伊士运河战争；在以色列已拥有核武器及运载工具时发动的1973年阿以战争；1979年中国对越南的战争；1979年苏联入侵阿富汗；1982年英国与阿根廷之间的福克兰群岛战争；以及美国在伊拉克、前南斯拉夫、阿富汗和新近再次在伊拉克打的战争。根据人们对战争定义理解的不同，也许还可以包括1968年苏联入侵捷克斯洛伐克，和美国对一些加勒比海地区、中美和南美国家的动武。

这些战争有的规模极小，有的极大。单是朝鲜战争，死亡数字估计就有大约150万人。1973年的阿以战争伤亡数字没有那么大，但却上演了自1945年以来最大的坦克战，实际上在可预期的未来，这样规模的坦克战也不可能重现了。第一次海湾战争，多国部队共出动了1800架飞机，美国派出了50万部队，美国的其他盟国也派出了25万军队。使得这些战争以及其他多少与之类似的战争能够发生的原因是，纵贯这一时期，已经拥有核武器或有能力迅速造出核武器的国家仍然只是少数。甚至直到2007年，在制造核武器所必要的技术已经稳步发展了60年后，这个数字仍然不超过20个左右。其他国家要做到这点，还需要漫长的时间。

尽管细节有所不同，但纳吉·伊姆雷（Imre Nagy）、亚历山大·杜布切克（Alexander Dubcek）、哈菲祖拉·阿明（Hafizullah Amin）①、曼

---

① 1929～1979，共产党执政的阿富汗民主共和国第四任总统，为苏联克格勃刺杀。——译注

努埃尔·诺列加（Manuel Noriega）、萨达姆·侯赛因（Saddam Hussein）和斯洛博丹·米洛舍维奇（Milosevic Slobodan）的命运都清楚地说明了一个事实。用修昔底德的话来说，在我们所知的人和我们相信的神中，强者为所欲为，弱者任人宰割。任何没有研制核武器或自愿不研制核武器的国家，必须考虑这样的可能性：有朝一日，某个拥有核武器的国家会出于某种理由——或根本没有理由——对其动武。距离的遥远、国土的狭小和军队的弱小，都不必然能使其免遭战祸。谁曾想到过美国会进攻塞尔维亚呢？如果你不幸招惹的是世界上拥有核武器数量最多的国家，那就更是在劫难逃了。当然，反之亦然。假如上述六位拥有核武器，或者人们强烈怀疑其拥有，那么很可能导致他们垮台的战争就根本不会发生了。

无论敌对行动是以战争、干涉、人道主义行动，还是维和行动的名义进行的，都无关紧要。1956 年，尼基塔·赫鲁晓夫对匈牙利人的镇压导致数以千计的人死亡，数以万计的人流亡国外，布达佩斯化为废墟。1979 年，列昂尼德·勃列日涅夫也许原本计划的只是对阿富汗发动一场快速突袭，以重建一个倒台的共产党政权。结果，他使该国陷入了几乎已持续 30 年，迄今仍无结束迹象的一系列战争。1982年，至少从官方讲，阿里尔·沙龙计划的只是一次短暂的"行动"。其目的是占领黎巴嫩南部部分地区，以阻止从那里向以色列发射"卡秋莎"火箭，也许还想顺便教训一下叙利亚。结果他开启了一场致死数万人，持续了 18 年，并于 2006 年重新爆发，而且极有可能第三次爆发的战争。1999 年比尔·克林顿总统决定轰炸塞尔维亚，也许目标是维护和平。然而他对该国造成的破坏，即使该国想恢复，也需要很长时间。

自 1945 年以来的 60 年间，还发生了大量非核国家之间——就此意义上讲也就是小国之间——的战争。包括 1948 年、1956 年和 1967年的前三次阿以战争。还包括 1947 年、1965 年和 1971 年的三次印巴战争（不过，在第三次战争时，印度也许已经有核武器在进行地下试验了，因而也许应当把这场战争归入前面的类别了）。此外，还有1962 年中国和印度之间的战争、1970 年叙利亚入侵约旦、1974 年土耳其入侵塞浦路斯、1977 年埃塞俄比亚和索马里之间的战争、1978 年坦桑尼亚和乌干达之间的战争、1980～1988 年的两伊战争（无疑是此类战争中规模最大的），以及众多太小而不值一提的战争。

若干卷入了这些战争的国家，后来也研制起核武器。这毫不奇怪。1973 年，阿拉伯人在以色列还没有试验自己的核武器（这在当时还是稀罕之事）并将自己的行动限制于被占领土之时，又发动了一场大规模战争。自那以后，战火就似乎完全熄灭了。以色列与埃及、约旦的边境，以及戈兰高地，平静一直持续到了今天。这绝不是因为开罗和大马士革的统治者越来越喜欢耶路撒冷的统治者了。毋宁说是因为他们至少是惧怕己方的猛攻会导致战事升级。考虑到这一情况，他们宁愿通过黎巴嫩的代理人，某种程度上也通过加沙地带的代理人，来对抗以色列。同样的情况也出现在南亚。当中国、印度和巴基斯坦都有了核武器后，它们就不再相互打仗了，即使是印度和巴基斯坦，也都将各自的军事行动局限于偏远的喜马拉雅山冰川上的一些小摩擦。虽然不能完全排除意外，但这是一个走向和平的良好契机，未来也仍将是如此。

要不是以色列空袭了奥西拉克核反应堆并摧毁了其必要的基础设施，作为非核国家的伊拉克，就会在 20 世纪 80 年代研制出核武器了。拥有了核武器的萨达姆·侯赛因会做什么，可就不好说了。几乎可以肯定的是，他会逼迫伊朗结束反对他的战争，时间会比实际早得多，他所获得的利益也会比实际大得多。除此之外，天知道他还会干什么。他也许会和以色列开战，也许会因为担心在核条件下同归于尽而不这样做。他也许会侵略科威特，也许会因为有了足够的钱而不这样做。即使他侵略并占领了科威特，也许还会继续在这一地区制造麻烦，甚至还会造成石油涨价，但他决不会将整个世界置于险境。这个人极端邪恶，也是个赌徒，但不是疯子。

本书写到这几行时，正是 2007 年，萨达姆的宿敌伊朗很可能也正在研制核武器。如果它成功了，会发生什么情况？又是难以预料。千年难得的领袖阿亚图拉·鲁霍拉·霍梅尼（Ayatollah Ruhollah Khomeini），在遭到伊拉克的侵略后，成功地激励了他的国民付出了八年真正的牺牲。他甚至还向一些志愿参战的年轻人颁发了假的金钥匙（产于台湾），承诺他们可以进入天国。然而，到了1988年，就连他自己都得妥协。此后20年来，恐怕很难有理由再认为伊朗人会比其他任何民族更愿意自杀了。

霍梅尼最新的继承人马哈茂德·艾哈迈迪—内贾德（Mahmoud Ahmadinejad），以强硬派而著称（尽管他拒绝允许妇女不戴头巾上街与他的外交政策是否有直接联系，还不清楚）。他公然宣称纳粹大屠杀是个神话，以色列没有权利生存。他的一些反以言论也许意在取信于邻国，以尽可能地阻止它们因伊朗启动核计划也起而效尤。毕竟，以美国为敌的人绝不会再与阿拉伯世界作对了。当然，也不能对伊朗的威胁掉以轻心，以色列甚至已在启动吓阻伊朗将核计划付诸实施的步伐了。然而，占绝大多数的神智清醒的人们也都认识到了这样的事实：没有任何伊朗领导人曾宣称过自己的国家将成为以色列的终结者。就连内贾德本人都说，这个目标尽管非常诱人，但也只能靠巴勒斯坦人的抵抗和以色列内部的腐败而达到。

再从另一面思考这个问题，内贾德口出狂言，显然很大程度上，甚至完全，是因为害怕美国像收拾他的前西邻那样来收拾他本人。两国至少都曾为应对这样的打击做过一些准备。两国领导人都不肯排除研制核武器的可能性。内贾德自己的军队没有 —— 很可能永远也不会有 —— 能把核弹头送到美国本土的运载工具。然而，除以色列外，反对伊朗核计划的最大声音不是来自几乎接壤的俄罗斯，却是来自7000英里之外，实际上毫不奇怪。深谙地理现实的内贾德，公开斥责以色列的真实目的，恐怕恰恰是要吓阻美国攻击他。正如印度面对巴基斯坦的核计划和美国面对朝鲜的核计划时一样，最危险的时段是该国获得核武器之前的所谓的"冒险期"。假如内贾德能够成功地闯过这一时期，他恐怕多半不会再这样咄咄逼人了，至少是不会变本加厉了。

所有这一切中，真正重要的事实仍然是，只有少数国家或地区，或者拥有核武器，或者像日本、韩国、中国台湾地区，也许还有部分其他国家或地区，有可能很快得到核武器，以致它们认为自己等得起。至于剩下的国家或地区，如果说它们全都势将同邻居开战，那当然是荒谬的。在一些地方，尤其是北美洲、拉丁美洲和欧洲，这是因为邻里关系都非常友好，以致战争是不可想象的。在另一些地方，特别是拉丁美洲和非洲，是因为它们缺乏向境外发动重大攻势的必要的武装力量。但是，根据以往的经验判断，还有一些国家或地区，特别是在亚洲，几乎可以肯定是要打仗的。

一些国家克制自己不发展核武器的原因之一，是它们相信自己将会同核国家开战，这并非不可能。这方面一个很好的例子是阿根廷。毫无疑问，阿根廷具备研制核武器的一切条件。如果它愿意，那么几十年前它可能就已经是核国家了。该国与其南美邻居的关系总体来说是良好的，但它渴望"收复"据说是在19世纪初被夺走的福克兰群岛（马尔维纳斯群岛），也不是秘密。虽然自1982年战争以来的几十年，这个问题似乎多少被搁置了起来，但没有任何一届布宜诺斯艾利斯的政府会宣称放弃对该群岛的主权要求。

该群岛目前的主人英国，是个核大国，有数百枚可运载的核弹头例行装载于其飞机、军舰和潜艇上。假如再爆发一场战争，并像战争通常的趋势那样升级，那么这些核武器就能把阿根廷的大部从地图上抹去。这一点阿根廷人是心知肚明的。他们的对策是一直在逼迫英国人做出某种不在地球的这一部分动用核武器的承诺。然而这一切是否意味着，阿根廷也应该先获得核武器，以作为有朝一日再度发动占领该岛的赌博的先决条件呢？恰恰相反。假如阿根廷这样做了，那么它所能得到的就是恐惧的升级，就会使现今极不令人满意的局面变得永久化。

埃及的例子更耐人寻味。埃及曾有一项核能计划，但在1986年中止了，表面是与切尔诺贝利的核灾难有关。然而，正如其驻国际原子能机构前代表之一穆斯塔法·菲基博士（Mustafa al-Fiqi）在半官方的《金字塔报》（*Al-Ahram*）上所写道的，埃及仍保留着研发核能的资金和必要的技术，还有一座22兆瓦的核反应堆，可用于研究和培训。如果它愿意，它可以在多年前就拥有核武器。那么埃及领导人为什么不走这条路呢？一个可能的答案是：他们担心有朝一日形势会逼迫他们与唯一可想象的敌人以色列再度兵戎相见。引用一位埃及学者的话说，获得核武器将使得两国之间的战争"不可想象"。

显然埃及人真正的目的是，通过说服以色列解除其核武装，在中东建立一个无核区。虽然他们在这方面施加的压力始终无效，但他们仍然宁愿维持现状也不愿另作打算。毕竟，在获得核武器后再与以色列交战，是比在获得核武器前开战更疯狂的事情。以一种更加迅速和彻底的手段毁灭一个长达6000年的文明，是很难想象的。

看过这些例子后，就会明白朝鲜试验核武器，很可能不意味着它在为进攻韩国做准备，而恰恰相反，这表明平壤已经最终决定放弃任何这样的进攻了。毕竟，像1950年那样，通过常规进攻跃过三八线，成功突破李承晚军队和美国军队的防线，并非不可想象的。真正不可想象的，是朝鲜会用核武器来对付驻韩国的美军。因为美军也有核武器，这样做肯定会导致其自身彻底灭亡。因此，尽管我们不确知，但核试验很可能表明：深知其国家在各方面都很落后的金正日，已不再有发动战争的计划了——当然，除非他本人遭到进攻（而这进攻只可能来自于美国，正如塞尔维亚和伊拉克所经历的）。

看到这里，读者们也许会以为，要阻止战争，只需给世界上所有国家，无论多小，都配备上核武器、运载工具和能够经得起打击的指挥和控制系统。正如一位长期服役、在这方面很有经验的五角大楼军官，曾经半开玩笑半认真地对我说的，如果能每隔几年，就把世界各国领导人全都聚集在一起，让他们亲眼看看核爆炸的威力，那就好了。

使人人都拥有无限制、即时可用、不可抵挡的核力量，则世界将变得更和平、更文明，这种思想并不新鲜。早在1870年，爱德华·布尔沃（Edward Bulwer；即李顿勋爵）在其小说《即将来临的竞赛的威力》（*The Power of the Coming Race*）中，就曾提出过类似的想法：在深深的地下，居住着一群叫 Ana 的人。他们掌握有一种叫做 vril 的力，能够注入一种很容易携带的棒子中。于是，"人人都处于其他人的完全支配之下，只要他愿意，他可以立刻杀死他遇到的每一个人，以致所有……暴力观念都逐渐地从政治体系中消失了。"

假设再没有新的国家产生，以最近六十多年核武器扩散的步伐为根据，可以判断还须过几个世纪，布尔沃的想法才能得到验证。即使那时，恐怕也仍然会有其他种类人们不能也不愿用核武器制止的战争。其中最主要的不是国家之间的战争，而是游击队、恐怖分子和类似组织向国家发动的战争，或反之。正如人们经常指出的，这些组织数量和种类都极其繁多，它们是否比国家还纷繁复杂，尚无定论。从政治上和战略上讲，所有战争都将有一个共同点：政府指导战争、军队打仗卖命、百姓出钱受苦这种三分模式已经不再适用了。

再仔细看一看，我们发现这些组织没有政府，但大多有主管政治事务的部门。其任务是征税、宣传、组织民众，也许还有与对手谈判。政客们在执行这些功能的同时，也会对战斗人员施展影响，为他们制定目标和推荐战略。然而，他们通常不能指挥战斗人员或指令他们该做什么。从游击队和恐怖分子的观点来看，这也是他们的一大优势，使他们具备指挥链相对集中的对手所不具备的灵活性。其结果便是典型的打打停停，与游击队或恐怖组织达成的停火协议或其他协议，经常是刚过几小时或几天就被破坏，因为某些派别没有接到命令或拒绝执行命令。只需想想南斯拉夫内战，想想北爱尔兰，想想斯里兰卡，想想以色列和巴勒斯坦。

游击队和恐怖组织不管辖平民人口，但多少有一些忠实的支持者。他们或者是信服其主张，或者是被强迫合作，提供各种各样的给养和服务，如：食品、金钱、交通（如战斗人员欲接近目标和妥善撤离，这点至关重要）、情报（同上），技术机构（修理和制造武器装备）、医疗机构、庇护所，等等。有些支持者也是兼职的战斗人员。他们大部分时间都过着正常生活，像寻常人一样挣钱谋生。不过，他们时常会展开活跃的战斗行动，然后又随着敌人的调遣和其他形势的变化而解散。

大多数支持者与战斗人员不同，多少固定在他们居住的地方。很可能会有一部分居住在国界之外，这样国界另一侧的对手就对他们鞭长莫及了，或者只有付出高昂的政治和军事代价才能触及他们。游击队和恐怖组织得到的支持，很可能不仅来自邻国百姓，还来自邻国政府。你也许会说，这就是"国家资助的恐怖主义"。实际上，游击队和恐怖组织能否得到邻国的支持，是他们能否成功的关键因素。例如，假如罗得西亚的黑人游击队没有得到赞比亚和莫桑比克的援助，今天的津巴布韦就不会诞生。假如爱尔兰共和国政府准许北爱尔兰共和军在其国土上活动，那么乌尔斯特的"麻烦"很可能就会以另一种形式结束了。

从战术上讲，战斗人员是不公开活动的。虽然有些游击队会在他们认为适当的情况下穿军装，但恐怖分子却从不会穿。两种组织的成员都十分强调分散和混杂在老百姓中以隐藏自己——就像毛泽东所说的，如鱼儿在大海中一样。他们混杂在老百姓中，就比正规军要难控制得多。他们不是通过一个单一的中心来指挥，通常会形成一个由松散的结点构成的网络。其余的事情都通过分隔成的区来完成，但需要保守秘密。许多恐怖组织的成员走在街上相互都不认识。

所有这些都意味着这些组织很少有清楚的引力中心——如一群人、一批设施，或一个其他一切都围绕其运转的地方，只需把这个地方清除或占领了，这个组织就会土崩瓦解。如果一个地区遭到了清剿，那么只要镇压力量留驻那里，那里就会一直清静下去。如果他们留驻下来，那么活动几乎可以肯定会转移到其他地方进行。至于说如果领导失效了会如何，法国的例子就足以说明问题。法国曾一度把阿尔及利亚民族解放阵线（Front de Libération Nationale，简称 FLN）的所有高级领导人全部俘获了。然而，却没能阻止阿尔及利亚战争的蓬勃展开。

作为弱小武器对抗强大武器的代表，游击战和恐怖主义具有极其古老的历史。然而，紧随着第二次世界大战结束，两者似乎又获得了新的重要性。那段时期，核武器的影响正逐渐被人们所认识。与此同时，胜利者们急切地要免除反抗德国和日本侵略者的抵抗运动的罪责，因为他们的行动经常是与当时的国际法相抵触的。1949 年，他们为此制定了一套新的《日内瓦公约》。这些公约摒弃了一些存在已久的惯例，承认了被占领土人民反抗其压迫者的权利，承认他们享有战斗人员的地位。

为了从另一个方面贯彻这一思想，人们还努力将这类战争和犯罪行为清晰地区别开来——这实在是一个根本性的变化，因为此前被占领土的人民是没有权利抵抗的。这些公约经常是在实际中并没有多少意义，因为游击队、恐怖分子和同他们作战的人，都在实施一些完全可定义为犯罪的行为，并回之以相应的报复。然而这些公约的确规定了一些使得国家对武装力量的垄断使用会被合法地打破的情况，也规定了参加这种战争的人员的行为方式。在这个意义上，公约不仅反映了民意，也推动了民意。因此公约鼓励了许多否则得不到支持的武装冲突。

像其他战争形式一样，游击战和恐怖行动本身有着极可怕的诱人之处。战斗人员会认为自己是在同一支强大得多的力量交手，自己必须在智慧和毅力上胜过对手。他们必须准备经受各种迫害、苦难、损失和危险，包括酷刑和孤独地死去。尽管如此，也因为如此，游击战和恐怖主义能够给人们提供一种生活方式和一种瞬间的狂喜，达到并包括巴勒斯坦人所谓的"bassamat al-farah"，即某些自杀性爆炸袭击者在引爆将会炸死他们本人的炸弹之前脸上闪现的"快乐的微笑"。这种快乐也许就是在这个大战日益稀少的时代，游击战和恐怖活动却大量增多，以致就数量而言已成为最重要的战争形式的原因之一。

第二次世界大战后最早的这类战争之一，是犹太人反对巴勒斯坦的英国人统治的叛乱。犹太人活跃的战斗人员不过几百名，自1944～1945年的冬天开始，持续了大约三年，直到大英帝国当局及其1万人的驻军被迫认输并撤离该国才结束。这一信号一经发出，无数其他暴动随之而起。荷兰人被赶出了他们的东印度群岛殖民地。法国人被赶出了印度支那、突尼斯、阿尔及利亚、摩洛哥和他们殖民帝国的其他部分。英国人在放弃印度的几乎同时丢掉了巴勒斯坦，随后他们又丧失了对马来西亚、肯尼亚、塞浦路斯和亚丁的控制——这里提到的还只是他们曾多少下决心要守住的地方。比利时人丢掉了刚果，西班牙人丢掉了西属摩洛哥，葡萄牙人则丢掉了安哥拉和莫桑比克。

正如这份清单所显示的，在1945年后的最初几十年，大多数游击队和恐怖组织反抗的都是欧洲的老殖民国家。然而后来，当其他国家也开始认识到自己的力量后，情况就大为不同了。美国试图接收法国丢弃的殖民地，结果先是在越南继而在柬埔寨，都深陷泥潭中。苏联在阿富汗，南非在纳米比亚，也都被打败。印度试图干涉斯里兰卡，结果失败了（尽管干涉军的人数比整个斯里兰卡军队都多）。越南试图消灭柬埔寨的红色高棉，也失败了。以色列人被迫撤离了南黎巴嫩和加沙地带——虽然约旦河西岸的情况还不好说。在厮杀了二十多年后，印度尼西亚最终也不得不放弃他们入侵并占领的东帝汶。

上述有几个国家，无论是否欧洲国家，在卷入这些战争时，都已经拥有了核武器。还有几个国家，甚至是在竭力打击其神出鬼没的敌人的同时，获得了核武器的。例如 1952 年的英国、8 年后的法国、20 世纪 80 年代的南非。每当这种情况发生，腾起的蘑菇云都证明根本没有作用。越南战争、阿富汗战争（包括 1979～1988 年和自 2001 年起的两次）、第二次伊拉克战争，以及以色列 2006 年在黎巴嫩进行的战争表现得最为清楚，游击战和恐怖活动是弱者出色的战法。即使是同地球上拥有最强大核武器的国家交手，只要有足够的时间，也能战而胜之。既然这办法管用，就无怪乎到处的人们都在使用了。

然而针对外国占领政权的游击战和恐怖活动还只是故事的一部分。1945 年后的战争中还有相当大一部分既不是在国家之间进行，也不是国家针对其境外的游击行动，而是一个国家的一部分国民同另一部分国民厮杀。通常这类战争的起因之一是：合法性遭到质疑、不得人心的政府贪得无厌地窃取国家资源，因裙带关系和腐败现象而愈演愈烈，最终达到已无法说出哪些是符合宪法的行为哪些不是的地步。一个极好的例子是刚果的蒙博托将军（Mobutu Sese Seko）统治的 30 年。还有利比里亚和塞拉利昂。同样重要的因素还有人口过多、环境恶化导致的资源持续减少，经济下滑，以及传统的种族和宗教冲突。这些问题中哪个最重要，非常难说，各国的情况不同。但更多的情况是它们相互纠缠在一起，形成了一个难以阻止的恶性循环。

实际上，就"起因"这个词在和平与战争之间预设了一道清晰的界线这个意义而言，在许多情况下都会产生误导。这是因为，像许多"先进"的社会在16、17 世纪还没有建立起强大的国家时通常的情况一样，武装冲突是与大量其他因素紧密相连的——数量之大，以致加起来近乎于构成了这些社会的整个结构。从公共领域到极私密的领域，这包

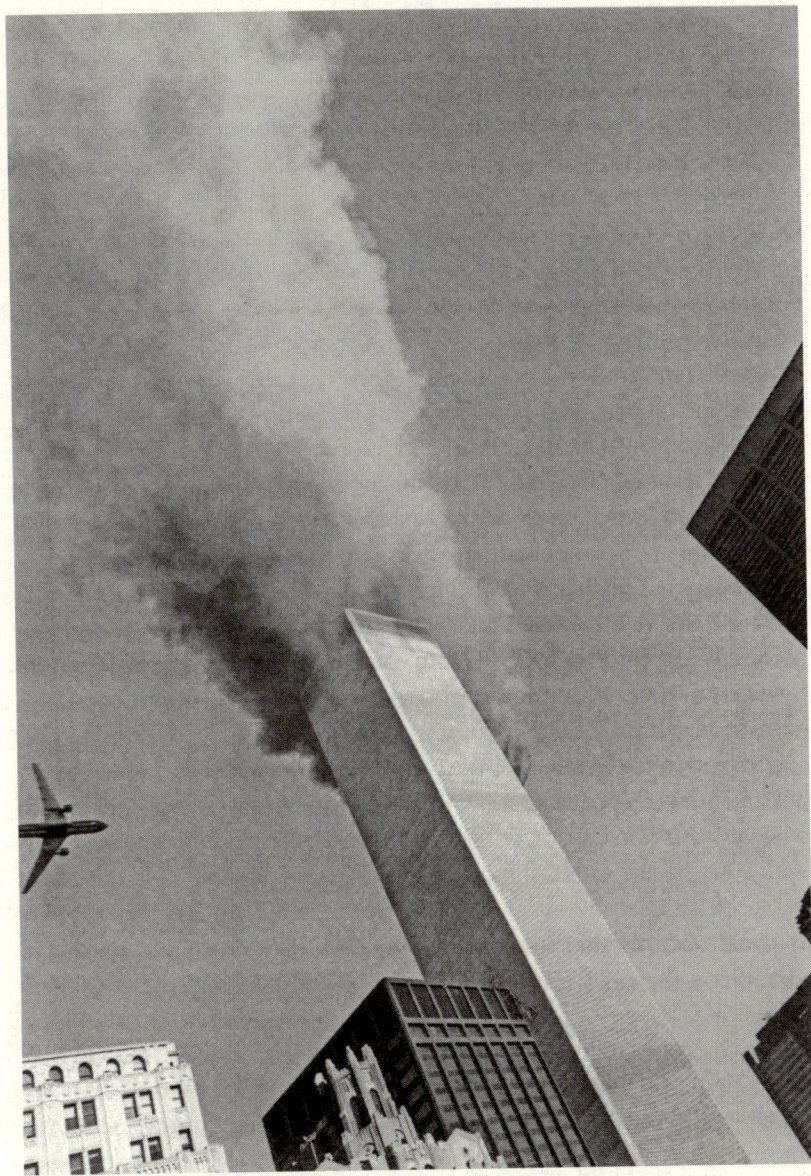

天理难容，有史以来最大的恐怖袭击——"9·11"事件。

括种族、部落、村庄、宗族的凝聚，以及它们定义自己与其他同类的关
系的能力。还包括对大量各种宗教、习俗和象征价值的坚守，以及时常

出现、从未终止的社会之间、个人之间为权力、财富和地位的争夺。

　　同其他任何事情同等重要的还有性关系。先进社会的成员习惯于街道多少是安全的，妇女可以像男人一样在街上行走这种情况。然而，这绝不是普世现象。许多社会，尤其是游牧社会，从来没有也不可能有警察。还有一些社会，如阿富汗、索马里，甚至还有部分南非，的确曾有过警察，但现在已分崩离析了。因此没有保护的妇女被视为合法的猎物。相反，保护依赖于自己的女性，在必要时动用武力，是每个男人生活中的第一要务。照此方式——这当然也包括要确保自己的女人不逾越习俗地抛头露面——行事的男人，会赢得邻居的敬重。那些做不到这点或不愿这样做的男人会被认为根本不是男人。他们会遭到男人的鄙视和女人的抛弃——恐怕他们一开始就不会有任何女人。比这更强的诉诸武力的动机——从家族联盟（"我们将不侵犯你们的女人，如果你们也能这样对待我们的话"）上升到氏族和部落，也许会一直升级，直到发展成大规模武装冲突——是很难想象的。

　　实际上，在大部分第三世界社会，武装冲突广泛存在的真正原因，绝不是非殖民化使他们偏离了正确的道路，而是因为殖民统治曾极力压制他们的传统和价值观，现在重建这些传统和价值观，武力被用作了手段。毕竟，通常帝国主义者的首要之务是防止其臣民反抗占领者和防止他们之间相互武斗。他们会清除原住民领袖、解散武装组织，没收武器，这样一来，他们也就剥夺了原住民文化中一个重要——有人会说是关键——的部分。

　　不可避免的后果是那些文化的其他方面也会遭到破坏。17 世纪，极端好战的北美土著部落便发生了这种情况。后来，印度西北部和高加索的山地部落、肯尼亚的基库尤人（Kikuyu）和马赛人（Maasai）、乌干达的巴干达人（Baganda）、南非的祖鲁人、新西兰的毛利人（Maoris）、巴布亚新几内亚的土著居民，以及许多许多其他部落社会，也都遭遇了同样的命运。在所有这些社会中，每个男性成员生来就是战士。在所有这些社会中，他们全都丧失了这一地位。随之，他们又很难再找到一种新的社会角色。

　　相反的是，如果说自 20 世纪 90 年代初以来，索马里一直处于一种乱战一团、多少算得上旷日持久的战争状态的话，那么这在很多方面都是回归了一种在一百多年前意大利殖民者到来之前，他们一直过着的历史悠久的生活方式。那时像现在一样，政府四分五裂，经常是极其虚弱。那时像现在一样，成群的年轻人都是通过施暴来获取利益、认可和快乐。这在很大程度上无关乎政治，而是年轻人要在自己和他人眼中证明自己的问题——他们都正处于不受管束的小流氓年岁。由于土著的战争文化已经不复存在，这些年轻人的团伙一般都比他们的先辈组织性更差，也更趋残暴。除此之外的主要差别就是，他们不再是背着旧式大口径短枪在街上步行，而是端起了机关枪，开上了"丰田"牌大卡车。

许多其他地方也是如此。我们所看到的，并不是出现了新的无秩序状态，而是恢复了旧的。例如，中非共和国自诩拿破仑的让—贝德尔·博卡萨（Jean-Bédel Bokassa），据说对付敌人的办法之一就是吃他们的肉。如果说像乌干达的暴君阿明（Idi Amin）这样的人物之所以出名，是因为极端残忍，包括拿对手去喂鳄鱼等；那么某种意义上这至少反映了他是个"坚持传统的人"，其行为是符合乌干达社会的价值观的。阿明的前任和继任者米尔顿·奥博特（Milton Obote）的行为，也证明了这一事实。他也暴虐成性，杀的人恐怕一点儿不比阿明少。他所拥有的"博士"头衔没有带来任何不同。毕竟，如果不这样，你还有什么办法保证敌对部落和自己部落的人都老老实实、俯首帖耳？

在这样的情况下，领导者、追随者和牺牲者——古往今来，他们的地位全都是可以互换的——都认为暴力，包括大规模的集体暴力，是生活中理所当然的一部分。甚至妇女们也这样认为。在非洲大部分地区，维系夫妻关系的纽带尤其脆弱。最强的人都是妻妾子女成群。妇女在寻找伴侣时，也习惯于接受更强者。抽象的和平呼吁，甚至是像卢梭那样的极具说服力的呼吁，是存在的。然而，反战运动，哪怕是像某些"先进"国家中那种软弱而无效的反战运动，在第三世界都根本找不到能够开花结果的土壤。例如，肯尼亚和南非都曾经有甘地的信徒。而南非正是圣雄本人最早实验其非暴力思想的地方。他们的声音，以及其他像他们一样的人的声音，都被那些号召为结束殖民主义、种族隔离和民族压迫而战的声浪所淹没。

在非洲和拉丁美洲的很多地区和亚洲的部分地区，宗教势力正在抬头。对穆斯林武装的兴起表示担忧的墨水如河流奔涌。以"圣战"（Jihad）思想为核心的伊斯兰好战分子，已经在世界许多国家制造了暴力事件。同样重要，但相对不引人注目的是，基督教的好战形式也出现了。欧洲的基督教，在服从于国家，服从于世俗影响三百多年后，早已失去了利齿；美国虽然程度稍逊，但大抵也是如此。由于无敌可战，大多数人都认为基督教贫血、无趣，纷纷弃之而去。尤其是在欧洲，基督教似乎正在消亡。

然而在许多第三世界国家的基督教变体，情况却大为不同。虽然各国的各种变体大相径庭，但都可能极其好战。作为教派首领的教士或主教可能是男性也可能是女性。其中许多都是自封的，有一些因为太反常规，以致那些发展中国家的正统基督教徒很难视其为同道。这些变体掺入了各种各样当地的传统，其信仰系统中充满了巫术。对他们的许多成员来说，基督教传递的主要信息不是兄弟般的爱，而是疗伤治病、起死回生的超自然力。

这些教派无论是属于穆斯林还是基督徒，都吸引着越来越多的信徒。有时候他们会将矛头指向统治阶级，指责他们在经济上的剥削和歧视。有时候，他们又把不同信仰的同胞百姓当作靶子。很多情况下，两种动机是混合的。有时候他们攻击别人，有时候被人攻击。菲律宾、印度尼西亚、斯里兰卡、乌干达、肯尼亚、尼日利亚、加纳（直到1981 年），还有科特迪瓦等等地方，反复爆发的暴力事件，经常导致成千上万的人死亡。然而很显然，两种宗教的信徒们最不愿意做的事情，都是谴责暴力或伸出自己的另一面脸去给人打。许多基督徒和穆斯林都认为，既然他们的宗教要求他们打仗，那就必然会让他们刀枪不入。从战斗中活下来的人会荣耀加身，而战死的人则会在天上得到厚报。伊斯兰教一向是个尚武的宗教，而这些新的基督教派在很多方面也让人们想起了15 ～16 世纪的胡司派教徒、加尔文派教徒、胡格诺派教徒和路德派教徒。他们全都是扛着十字架，唱着圣歌，投入以上帝的名义展开的战斗的。

这些问题也许会因外界的政治和军事干预而进一步加剧。无数亚非国家和地区都发生了这种情况，如老挝、柬埔寨、黎巴嫩、阿富汗、伊拉克（自2003年起）、西属撒哈拉、刚果（那里连年不断的混战迄今可能已导致400万人丧生）、利比里亚、塞拉利昂等等，不可胜数。然而，这种情况也出现在前南斯拉夫，也可能发生在任何其他陷入内战的国家。干预的目的也许是制止动乱扩散。但也可能有政治动机，如邻国试图相互阻止对方破坏地区力量平衡，或利用正在进行的冲突打代理人战。也有可能就是一个争夺资源的问题，无论是真有资源还是以为有资源。但还有一种情况，就是赤裸裸的交易：交战的一方或另一方要求外国伸出援手，并承诺日后回报。

这里仅聚焦一个例子，就是乍得内战。连绵不断的政变、叛乱和革命，使得乍得内战自20世纪60年代中期一直持续至今，其间只有短暂的间歇。利比亚、法国、刚果、多哥和塞内加尔不时地出兵干预。阿尔及利亚、苏丹、埃及和喀麦隆提供过其他形式的援助，如金钱、武器和训练。甚至远至黎巴嫩这样的国家都曾派出过雇佣军。乍得因据报道有铀矿，就像垃圾桶吸引苍蝇一样吸引着外国人。一个人口稀少，经济以畜牧业为基础，人均每日收入不足一美元的沙漠国家，却能够支撑一场如此旷日持久的内战，还不至于恢复到使用长矛、弓箭的时代，所有上述援助就是其原因。到20世纪90年代中期时，死亡人数据估计已达5万人。自那以后又死了多少人，就很难说了。

有些内战不断扩大，直到多少成为常规战争。中国内战的最后阶段（1946～1949年）和阿尔及利亚（1966～1969年）、越南（1963～1975年）、柬埔寨（1970～1976年），以及前南斯拉夫（1991～1995年）发生的战争，都是这样。然而，绝大多数此类战争则都是统治者使用武力对付造反者。巴基斯坦试图镇压今天已成为孟加拉国的反叛者的徒劳之举（最终引发了1971年的印巴战争），埃及和阿尔及利亚针对伊斯兰民兵的战争，叙利亚针对穆斯林极端主义者的战斗，土耳其针对库尔德民主党和伊朗、伊拉克征服库尔德人的战斗，阿曼和也门同反叛者的战争，以及俄罗斯在车臣采取的军事行动，都属于此类。缅甸政府镇压一系列少数民族反叛的企图；巴基斯坦军队在该国西北部对"基地"组织的征剿；印度在克什米尔进行的战斗和斯里兰卡政府同泰米尔"猛虎"组织的战斗；泰国、印尼和菲律宾发生的战争；以及不时肆虐许多拉美和非洲国家的内战，也是如此。

一些社会几乎和战争密不可分，能够反映其形势的是，发动这些战争的许多——也许是大多数——反叛组织，都不组成发达国家公民所理解的那种军队。用韦伯式术语来说，它们的领导者并非理性的、目标导向的、倾向于赢得民众好感的官僚式体系。争取安哥拉彻底独立联盟（UNITA）并不比若纳斯·萨文比（Jonas Savimbi）更重要，黎巴嫩基督教长枪党（Falange）也并不比贝希尔·杰马耶勒（Bashir Gemayel）更重要。在黎巴嫩内战高潮时期，这个小小的国家中至少有五十多个不同的民兵组织在混战。如果有谁能把它们区别开来（甚至这些民兵组织自己的成员都做不到），那真值得颁发一枚勋章。这些民兵组织分裂、合并、再分裂的趋势也很难说清。通常是一旦分裂，它们就开始相互厮杀。其次，这些民兵组织的首领或辞职或逃跑或死亡，其消失几乎都是了无痕迹。有些民兵组织穿统一的制服，而许多其他组织或者穿能搜罗来的像军服一样的杂乱服装，或者穿自己设计的服装，或者就穿平民的服装，只佩戴某种徽章或标志。有些民兵组织服从一个中央机构的指挥，但许多其他组织则不服从，多少是为所欲为的。

正如1991～1995年塞尔维亚—南斯拉夫军队的解体所很好地证明的，有些与民兵作战的国家军队起初是很有凝聚力、纪律严明、组织良好的，但许多其他国家军队则很难与其敌人区别开。总的来说，战争的时间越长，就越是如此。像所有一名选手与另一名选手或一支运动队与另一支运动队相互对抗的游戏一样，战争是一项非常好的模仿性活动。双方都不得不相互研究和相互适应，你不可能在球场的一边打篮球而在另一边打网球。民兵组织无论号称代表政府还是代表其对手，大多由无纪律、缺乏训练，实际上却充满了寻求抢掠的易燃气息的未成年人组成。许多民兵组织都有妇女支持。她们无论是否出于自愿，都提供基本的后勤服务，洗衣做饭，还与战斗人员睡觉。有时她们也提供情报。然而，妇女们很少拿枪战斗。20 世纪 90 年代在斯里兰卡，33 个泰米尔组织中只有一个有女战士。

民兵们所展示的画面当然是无论如何也谈不上美丽。然而在东帝汶、斯里兰卡、阿富汗、苏丹、尼日利亚、安哥拉、莫桑比克、阿尔及利亚、索马里、卢旺达、布隆迪、刚果、利比里亚、塞拉利昂，以及众多其他发展中国家，这样那样的缺点都没能阻止武装人员制造规模巨大的屠杀。他们杀害了至少数以万计的人，导致数以百万计的人流离失所，并使整片整片的地区化为废墟。从 1968 年到 1992 年的 24 年间，平均每场战争造成的难民数字增加了四倍。

在这样的背景下，再说人类正在丧失对战争的兴趣，战争正在走向历史的垃圾堆，就无异于睁着眼睛说瞎话。采取这样的鸵鸟态度几乎可谓对人类——或者说人类中最贫穷、最不发达的一部分——天理难容的犯罪。实际上，只有某些政治实体在某种类型的军事组织的基础上对另一些政治实体发动的某些类型的战争正在衰微。甚至这一有限的转变也主要不是因为任何人类态度——更不用说人类本性——方面的逐渐改变，而是因为世界上威力最大的武器所产生的恐惧。假如没有那些武器和那些恐惧，那就完全有理由认为，那些组织和它们宣称代表的社会所进行的战争，丝毫不亚于从斯巴达大战雅典到第二次世界大战结束的任何时代。

大国之间的大战突然之间（几乎也是完全出人意料）的衰微，形成了一个历史的回潮，又回到了中世纪早期。就这个意义而言，其重要性无论怎样高估都不过分。套用黑格尔的话说，如果说有什么世界性的重大历史事件的话，这个便是。就其本身而言，这也是一个可喜的发展。考虑到第二次世界大战结束以来毁灭性武器所取得的巨大"进步"，还有什么事情能比第三次世界大战更为糟糕吗？然而，这并不能改变其他形式的武装冲突——其中一些破坏性巨大也极为血腥——依然存在，并有可能蔓延这一事实。

大量第三世界国家正在陷入形成了卢旺达种族灭绝大屠杀的背景的那种无可救药的贫穷、混乱和绝望的状态。许多其他国家，尽管目前多少处于和平状态，却酝酿着很可能在不久的将来爆发的潜在的种族—宗教冲突。而同样的因素甚至正在驱使成群的移民进入发达国家。他们一旦进入，就会在接受同化以建立新的存在体的需求和保留他们自己的传统的愿望之间遭到撕扯，而这一切又会因歧视而进一步复杂化。无论他们到哪里，他们的出现都会造成社会的紧张状态，很可能有朝一日爆发成为大规模暴力事件。自21世纪初开始，就很少有国家能够同质、富裕、自我满足到可以免于已经开始影响一些西欧国家的那种暴乱的程度。请所有长着耳朵的人都听听吧，快听听吧！

战争的文化

第十六章
人类向何处去？

　　世界大国的大多数民众，在其核壁垒的保护下，得以免受战争造成的最严重的苦难——大规模战斗、空袭和占领。他们已不再愿意像过去那样为维护军备而花钱，更不用说参军入伍，到绝不可能对自己构成威胁的遥远国度去执行维和任务，让自己冒丧命的危险了。但这果真能说明战争已不再令他们迷恋，战争文化行将消亡吗？从我们的电视、广播、报纸、电影、图书、杂志、军事博物馆、不时举办的各种军事展览、各个年龄的男孩子们喜欢玩并花钱玩的无数战争游戏来看，答案是强烈的否定。假如没有了对战争的兴趣，生活肯定会大为不同，果真那样的话，真不知人们会看什么、读什么、玩什么了。

　　战争一向是报纸的大字标题。在几乎所有发达国家，在看定位于新闻的电视节目，听任何广播节目，读任何报纸（包括在互联网上展示的报纸）时，想要看不到提及世界某地正在发生的战争的内容，几乎是不可能的。这些国家中的一些，已经有几十年，甚至几个世纪没有打仗了，另外一些则因地理原因而能远离重大战争。然而即使在这些地方，爆发新的战争都会引起人们一阵激动——就像肾上腺素飙升或电击造成的那种激动。

　　例如，1991 年 1 月海湾战争初期，不少于 1600 名记者前往报道，是在"春节攻势"的高潮时期报道越南战争的记者人数的四倍。他们获得的反响也是压倒性的。尽管肯尼亚并没有派兵参战，也没有任何军队驻扎在波斯湾附近，但在内罗毕，人们里三层外三层地挤在电器店前观看电视节目。当时还是个无足轻重的小电视台的 CNN，很大程度上因其记者沃尔夫·布利策（Wolf Blitzer）出人意料地出现在巴格达，得以发展成为世界上最大的电视新闻机构之一。

电视的播出时间和报纸的覆盖版面，并不必然由某场战争或某次暴力行动的规模和重要性决定。实际上，冲突无论大小，一般都会充满甚至过度挤满报道的时间和版面。在并不很遥远的过去，一些世界上最强大的军队，在发动战争时会动用数万甚至数百万兵力，完整地侵占一个又一个国家，甚至还有侵占整个大陆之势。现在的军事行动动用的兵力和战斗的规模都大大降低了，与以往相比只能算是小摩擦，然而在很多情况下，人们对它们的追踪报道，丝毫不亚于对以往大得多的战争。

考虑到现代技术之先进，拥有诸如卫星电视、有线电视、移动电话、便携式电脑、手机短信等等很多手段，人们对军事行动的追踪报道甚至更加密切。甚至有人提出：假如没有新闻媒体的关注，某些形式的战争在世界事务中根本发挥不了实际那么大的作用。即使在2001年，死于道路交通事故的美国人也是死于"9·11"事件的人的大约15倍。如果没有电视摄像机做现场报道，很多恐怖事件将根本不成其为大事。当然，恐怖分子对此是心知肚明的。他们经常在一个事件发生后通知媒体，说明他们的行动并发出威胁，时而也会在事件发生前就这样做。就此意义而言，与其说是战争吸引了媒体，不如说是媒体在帮助推广战争。

战争报道可分为许多种不同类型。有文字报道，既有写的也有广播的，还有图片报道。有静止图片也有图像，有真实图片也有假造图片，甚至还有故意安排的画面。有段出自1992年7月的波斯尼亚的花絮，恰可作为这最后一种类型的例证：当地的联合国驻军指挥官，一位加拿大将军，无法阻止交战各方向他们的位置开火——他们是想让CNN拍摄他们。报道还可以分为严肃的报道、不很严肃的报道、既可能演化为英雄故事也可能演化为伤心故事的有人情味的报道。还有真实报道和虚假报道之分。甚至还有一些报道只能称之为胡说八道，这意味着那些杜撰它们和传播它们的人根本不在乎它们是否真实。

有些战争被捧上了天，有些则被以同样的程度严词斥责。无论是什么情况，战争一般都会得到记者或军人（其中极少有女人）或学者（同上）的追踪、评论和评价。像所有类型的游戏一样，通常随着时间推移，人们对某场战争的兴趣会逐渐减弱。当这种情况发生后，就有必要安排一些具有特殊影响的事情，如异常残忍的行为；否则就得另找一场能填补空缺的战争。一场重大的军事行动无论何时发生，正常情况下都会占据电视节目的开端，并由报纸以最大字号的标题来宣布。如果没有战争，很多新闻都会比现状还要乏味得多。

公众对战争的兴趣如此之大，获得和传播这方面信息的压力如此之重，以致在很多情况下战争报道都很不容易。毕竟，作为媒体生命线的公开性一向与军事秘密是天敌；而且，军事机构像所有其他组织一样，希望事情按照他们的看法而不是别人的看法来讲述。这有时候会导致矛盾的结果。一方面，试图满足其商品要求的记者，有时候会成为交战者蓄意谋杀、伤害和绑架的目标。另一方面，记者们作为像我们一样的人，也往往会对他们所报道的事物动感情。这种情况，在他们采访由他们容易引起共鸣的本国人发动的战争时，尤其可能发生。甚至在像越南战争这一招致的媒体谩骂不亚于历史上任何其他战争的战争中，有些美国记者尽管绝对痛恨上层人物，却难以抑制对不得不执行命令并为此付出代价的普通士兵的同情。

无论是因为想贴近士兵，还是仅仅因为想出出风头，不止一名记者试图做到看上去像士兵，走起路来像士兵，说起话来像士兵。某种程度上，这是不可避免的。为了让公众对他所报道的人物的经历感同身受，记者必须要让自己为士兵们所接受。这种认同形式时而也会达到令当局感到难堪的地步。例如，1982 年福克兰群岛战争期间，一些英国小报发生的被称为"痛揍阿根廷佬"（Argy – bashing）的行为，即使用粗俗语句，便属于这种情况。

有些记者对战争轻描淡写，招致批评家指责他们鼓励战争。然而，相反的情况也可能发生。在广岛被摧毁后，美军曾派出摄影师总共拍摄了胶卷超过 10 万英尺的彩色影片。但曝光后的胶卷当时被定为"绝密"而束之高阁，其目的在于确保那恐怖和凄惨的景象不广为人知，以免美国人今后不愿再掷原子弹。30 年后，很多美国人都认为越南战争不仅输在了战场上，也输在了客厅的电视里。基于这一美国版的德国"一战"故事《背后一刀》（*Dolchstoss*），一些批评家抬举了媒体的力量，说它们几乎不顾战场上发生的真实情况，以这样的方式报道战争，导致了民众厌恶战争。

为了解决这样那样的问题，军事机构通常会竭尽全力地限制或制止记者的活动，或者对他们的报道实施检查制度。根据参战者、发生地、激烈程度、进展情况的不同，有些战争较容易控制记者，有些则不太容易。1982 年和 1991 年的战争，地理条件分别帮了英军和美军的忙，使它们对媒体的控制达到了根本不可能发表任何独立见解的地步。而在 2006 年的黎巴嫩战争中，不同的环境和无所不在的电子小器件、移动电话等，使得以色列军队检查机构根本无法达到同样的效果。甚至作战计划有时都会在付诸实施前公之于众。总而言之，需要整个一个部门，其唯一的任务就是尽可能地监督新闻的流出，并阻拦各种各样好奇的人们。有时这一条会被执行到这样的地步：似乎负责公关的军官——许多都是女性——比作战的士兵还要多。

新闻方面发生的情况，电影方面也会发生。从电影诞生的最初时期起，战争就是其至关重要的主题之一，整卷整卷的书都记录和解释了这一事实。有些电影是由官方拍摄或者下令拍摄的，如英国的"一战"经典电影《索姆河战役》（*The Battle of the Somme*；1916 年）。许多电影是为颂扬战争和刺激公众情绪而拍摄的，旨在促使舆论支持战争的发动和继续，如著名的美国"二战"系列片《我们为何而战》（*Why We Fight*）。还有一些电影，如《西线无战事》（*All Quiet on the Western Front*），意在通过聚焦战争的恐怖和无益来抨击战争，但据说即使是在两次世界大战间的英国，这类电影也是少数。恐怕绝大多数战争电影的拍摄目的，都是以迎合公众对流血和荣耀似乎不可枯竭的兴趣而赚钱。

优秀战争故事的要素是由来已久和广为人知的。故事必须表现出部分人物的恐惧——因为没有恐惧就没有刺激。但这点也不能发挥到让观众闭上眼睛、提前退场的地步。在这个方向上走得太远的电影，通常既享受不到商业上的成功，也得不到评论家的喝彩。除了暴力外，电影中还必须以不同的次序和不同的比例来表现爱情、背叛、死亡和胜利等。正如莎士比亚所深知的，些许的喜剧情节通常都是受欢迎的。然而，也不能夸张到破坏整体的严肃性的地步。那样的话，就不是战争电影，而是闹剧了；也许有娱乐效果——像《爸爸的部队》（*Dad's Army*）那样——但最终是不入流的。在此要对那些相信和平正在逐渐增长的人们说声抱歉，因为没有任何迹象表明公众对这类影视的兴趣有丝毫减弱。

诸如"二战"这样的胜战，往往会催生潮水般的电影，以表现我们的小伙子们多么勇敢，以及——哪怕只是暗示——他们为之战斗的事业是多么正义和崇高。这方面很好的例子有：《硫黄岛之沙》（*The Sands of Iwo Jima*；1949 年）、《纳瓦隆大炮》（*The Guns of Navarone*；1961 年）和《最漫长的一天》（*The Longest Day*；1964 年）；直到 1977 年，这仍是让《夺桥遗恨》（*A Bridge Too Far*）大获成功的诀窍。虽然现在看起来，这些电影中的很多部，说得好听些是没意思，说得难听些是冒傻气，但当时的人们并不这样看。1961 年的一份调查表明，彭德尔顿军营的美国海军陆战队士兵，有 50% 都是在看了《硫黄岛之沙》后决定入伍的。事实证明，约翰·韦恩（John Wayne）是美国军队最好的宣传员。他在左右开弓地痛击美国的敌人时，总是无所不能。美国海军陆战队授予他"金迈克"勋章，绝非没有道理的。

相反，没有打胜的战争则可能被电影遗忘。然而也有一些战争，如越战，也可能激起同样大的电影浪潮，以表现其多么残酷、多么没必要、多么无意义。例如，《西线无战事》的主题之一是表现后方的平民与前线的士兵之间巨大的鸿沟，以及平民对于浴血奋战的人们的痛苦的全然无法理解。《现代启示录》（*Apocalypse Now*；1979 年）的主题是人的内心及其似乎无限的残忍潜能。相反的是，《野战排》（*Platoon*；1986 年）则围绕着古老的背叛主题展开。影片结尾的一句话是："我们看到了敌人，那就是我们自己。"

通常结束战争电影的最好方式是表现好人的胜利。如果情况不允许这样做，也要像从沉船里抢救宝物一样对故事情节有所挽救。办法之一是表现受到沉重打击的主人公战胜了自己，如《猎鹿人》（*The*

Deer Hunter；1978 年）和《生于 7 月 4 日》（*Born on the Fourth of July*；1989 年）。另一个办法是美国人尤其喜欢用的办法，就是用电影虚构来为真实生活中的失败复仇，如《兰博》（*Rambo*）系列。无论电影所描绘的战争是好是坏，结尾最好还是弥合遗留的伤口，达成和解。一个很好的例子是德国系列片《德累斯顿》（*Dresden*；2006 年）。在让观众们饱览了骇人的灾难场面后，影片的结尾是曾经的英国轰炸机飞行员动身前去寻找救过他的命的德国护士，不幸的是却在与她相会的途中因飞机失事而丧生。这类事情使得观众们能安慰自己：他们刚刚看到过的恐怖，以及他们自己对恐怖的兴趣，都是合理的、可以原宥的。

同新闻一样，电影与现实的联系千差万别。有些电影是严格按照真实的原则拍摄的，宣称自己表现的是赤裸裸的事实，除了表现事实外没有别的。这有时候会惹出麻烦。"二战"时期，一些较真的德国观众质疑纪录片中正面拍摄的德军冲锋画面的真实性。戈培尔在答复时声称，这些画面的确是他手下的宣传公司人员拍摄的，他们在战场上是背对着敌人向后走的。这正如他本人在另一个场合所写道的，谎言越大，人们就越倾向于相信。另外一些电影，据说是"根据真实事件"拍摄的，无论其含义是什么。有些电影是纪录片，这大概意味着它们与事实有某种联系，即使这一联系的确切本质并不总是很清楚。最后，还有一些电影明明白白是虚构的。

为了给人以真实的印象，前三种电影的确是至少会为自己采用的资料设定一些限制。但公然虚构的电影则无此顾忌。在这类电影中，战争发生的地点、参加战斗的人物，以及使用的武器，都完全是想象的，而且越是异想天开就越好。仿佛地球的空间已不足以容纳血腥暴力，一些剧作者把他们的故事移到了离地球几百万光年的星际空间以及几个世纪之后的时代。还有一些将其主人公杜撰为有着古怪的名字、令人难以置信的体型和现实生活中只有疯人院里的病人才会声称自己拥有的思维能力的奇异生物。无论交战者是谁，通常他们都会使用一些荧屏之外根本不可能看到的武器——如《星球大战》（*Star Wars*）系列中在雪地上行进的巨大金属象。所有这些都说明，对逼真性的要求是次于刺激性的。只要打斗精彩，就一好百好，无论编得多么拙劣。

有一类非常特殊的战争电影能够很好地说明这一点，就是表现亲身战斗的女勇士的影片。从古代的亚马孙战士起，这样的女性几乎全都是虚构和想象的。即使她们当真存在，数量也微不足道。的确有一些妇女获得过勋章，作为对她们战时服务的承认，也有一些撰写了回忆录。然而，没有一个是因为施展了超凡出众的武功而为人所知的。最近一些战争的伤亡数字（美军在伊拉克的军事行动中女兵阵亡率为2%，以色列国防军在2006年的黎巴嫩战争中的女兵阵亡率不足1%）也表明，这一情况今天依然如故。简而言之，妇女有可能在战争中积极地发挥作用，却不大可能战斗牺牲。然而这些事实却丝毫不妨碍以战斗的女性为中心的电影吸引蜂拥而至的观众。

在所有这类电影中，一个矛盾之处是：女英雄越是像现实生活中的战士，观众就越不爱看。无论男女观众，都不喜欢外貌和举止像男性一样的女战士——女观众可能是不能认同，男观众大概是会被吓着。绝非偶然的是，系列电视剧《战士公主西娜》（*Xena*：*Warrior Princess*）中的女主人公没有任何男性亲朋，甚至都没有一位父亲。女演员黛米·摩尔（Demi Moore）在《魔鬼女大兵》（*G. I. Jane*；1997年）中暴露了些许肌肉后，其演艺生涯急转直下，从此一蹶不振。要想赚得人气，女战士必须有一张像洋娃娃一样的脸——如《玛丽亚万岁!》（*Viva Maria!*）中的碧姬·芭铎（Brigitte Bardot）。她们还必须穿为突出她们修长的腿、纤细的腰、高耸的乳房和深深的乳沟而专门设计的特殊服装——如简·方达（Jane Fonda）在《太空英雄芭芭丽娜》（*Barbarella*；1968年）、帕梅拉·安德森（Pamela Anderson）在《铁丝网》（*Barbed Wire*；1998年）中。这些服装结构和裁剪上的特色实际上使她们站直都很困难，更不用说打斗了，但却没人在意。无论你怎么看待它们，这些电影都与现实联系甚微。无疑，这使得它们为什么受欢迎这个问题变得越发有趣了。

电影存在的情况，文学也会存在（两者经常是相关联的，小说会被拍成电影，电影也会为小说提供构思基础）。诚然，国与国之间的情况会有所不同；有些文学作品突出战争胜利的一面，有些突出战争恐怖的一面。然而，总体而言，绝对没有迹象表明读者正在对战争题材的作品丧失兴趣。自诩高雅的作品和中等趣味的作品如此，在无数报摊上出售的自认低俗的作品更是如此。有时候，似乎素材越是粗浅，读者越是不用动脑，销量也就越高。基本上只有文字的书籍如此，几乎完全由照片或绘画构成，只为表示哼哼声和爆炸声配了些文字的图书也是如此。

像电影一样，现代战争图书在分类时，可将战争史视为一端，将小说视为另一端，其间有大量的中间类型，如回忆录、经过整理的日记，等等。作为我们的例证，试图阐述 20 世纪所有最宏大的战争历史的书籍，可以分为三大类。第一类，在"二战"结束后的 25 年间，大多数作者都专注于战场、大战役和"决定性"战役——至少有两本书是关于这最后一项的，各自开列了不同的战役。这些书最主要的目的是告诉读者胜利是怎样赢得的，失败又是怎样造成的。其结果是，除了少数执掌战局的高级统帅例外外，对个人的描写和评价不受重视。以枯燥乏味为突出特色的各种官方历史书也是如此。大体上，到 1971 年巴兹尔·利德尔·哈特所著《第二次世界大战史》(*History of the Second World War*) 在他死后出版后，这一阶段可以说才告结束。

第二类，年轻一代的历史学家接受了挑战。部分上是为了把军事史与总体历史结合起来，一方面也是受社会科学影响，他们拓宽了探索领域。除了研究大大小小的军事行动外，他们还研究后勤、情报、组织、政治、技术、经济、社会活动，甚至文化。他们把研究结果称为"新军事史"。新军事史在很大程度上是出色的，照亮了一些此前为人们所忽略的领域。然而，有一阵子也达到了这样的地步：战争真正的要务——即杀戮和被杀——几乎从印刷品中消失了。新军事史的很多著作都致力于发现事物的规律，从中汲取教训。然而，很多人都认为其中说教的味道太浓。这些书奉献给人们的不是激动人心的时刻和英雄行为，而是表格和数字。

大体而言，这种类型的历史是直到 20 世纪 90 年代后期才遭遇了反作用。第三类历史的出现，也许最好的范例是安东尼·比弗 (Antony Beevor) 关于斯大林格勒战役和柏林战役的著作。像所有时代所有地方流行的战争文学作品一样，这类历史著作各方面都很出色，但就是忽视了分析，以致有时候你都不明白作者真正想说的是什么。也许超越所有时代所有地方——毕竟，我们这个时代是个普通人的时代——最流行的战争文学的地方是，这类历史著作的关注点从重大事件转移到了小人物身上，通常关注的都是被人们所遗忘的士兵：他们的辛劳、他们的苦难、他们的欢乐、他们的悲伤。历史学家们在研究中，大量利用了那个时代人们的日记和信件，也对当事人做了大量采访，向没有亲身经历过战争的新一代人们展现了战争究竟是什么样子。

军事历史不仅像以往一样享有很大需求，而且以一种新的形式，进入了普通大学。这可是个革新。直到 1960 年左右，很少有普通大学教授军事历史知识，尤其是现代军事历史。尽管军事人物得到了较好的研究，但也几乎完全是在他们自己的院校中进行的，如军官学校、军事学院、参谋学院、战争学院等。自那以后，情况发生了变化。变化背后的原因之一是，发达国家的军人们在核壁垒的保护下，有了更多的时间来研究军事。同样重要的原因还有，新型的军事历史更加贴近于其他形式的学术性历史和社会科学。以前战争经常被认为是与其他学术领域分离的，现在开始被认为将许多领域结合了起来，因为生活中几乎没有任何部分不进入战争领域，反之，也没有任何领域战争不进入。

正如需求创造供给而供给又促进需求一样，几乎所有自重的大学都感到有必要设立一个进行战争研究、战略研究、安全研究、和平研究或冲突解决的系。一些大学甚至同时设了两三个这样的系。在另外一些大学，战争被纳入了政治学或国际关系学学科；无论怎样分类，它们经常是难以区分的。负责这些系的教学任务的，既有平民教授，也有获得过学位的退役军人。学生中有一部分是没有读军校，而是被特派到普通大学攻读学位的军人。也有一部分是对战争感兴趣的理性的平民学生。

用利德尔·哈特的话说，要想终结战争，首先必须了解战争。很多研究战争的人无论是以教师的身份还是以学生的身份，他们是否真的了解战争，很值得怀疑。而毫无疑问的是，他们对终结战争的贡

一个人有可能既是女人又很好战吗？
帕加马博物馆的这座雅典娜雕像便
在试图解决这个两难推论。

献，即使有，也微不足道。他们长篇累牍、洋洋万言，以致很多情况
下，相对于战争中射出的每一颗子弹，就有十个单词印出。所有这些
只不过证明了：即使是在几个世纪以来都竭尽全力地对战争视而不
见，如果做不到，则嗤之以鼻的机构和人们当中，战争已变得多么令
人迷恋。

在小说作品中，有一些是将有可能发生的事件植入真实的背景
中，而另一些则是把真实的事件与想象的情节结合起来。还有一些是纯
粹和确认的虚构。有些小说展示了战争怎样改善了参战者的人格——他
们经受的考验怎样击碎了他们不切实际的幻想和/或玩世不恭的心

　　　　　　　　　　　战争的文化

态，使他们成为更加善良更富同情心的人，甚至使他们升华到能够为了别人牺牲自己的境界。还有一些小说则反其道而行。其目的是表现战争怎样使人性中恶的一面膨胀。随着故事接近尾声，这样的人物往往丧尽了天良，不适合再活在正常的社会。像电影一样，许多小说会讴歌战争，尤其是那些我们的好小伙儿们向邪恶的敌人发动的战争。小说中会加入一些看似很真实的技术细节，并编排得天衣无缝。这正是使汤姆·克兰西（Tom Clancy）①成为畅销书作家的屡试不爽的绝招。

别在乎克兰西笔下的所有美国人都是从不背叛祖国、朋友和家庭的正直的人；别在乎他的作品与在伊拉克战争中将冷漠无情、官僚主义、热衷于拿穷困潦倒的人当炮灰的本性暴露无遗的美国军方几乎毫不相干；也别在乎他的小说根本没展现出武装冲突中真实的龌龊、肮脏和恶臭。在克兰西和模仿他的人的作品中，怜悯和悲伤几乎是完全不存在的。最重要的是，痛苦——不仅是精神上的痛苦，也包括肉体上的痛苦——也是不存在的。在这方面他并非绝无仅有。你怎么才能把那些躯体被打穿，四肢被打断或打碎或撕裂的人的疼痛体现在纸上呢？你怎么才能让你的读者闻到皮肉被烧焦的味道，听到伤者的惨叫呢？就连荷马也没能真正找到这样做的办法。尽管他的史诗中无数次提到"黑血喷出"和"死亡的惨叫"，但他笔下的英雄们几乎无一例外都是立刻就死了。相反，假如真有这样的表现手法，那么战争文学也许就不那么受欢迎了——也许根本就不受欢迎了。

在大声反战的作品中，最有影响的也许不是那些感伤情调的书，而是像约瑟夫·海勒的《第二十二条军规》（Catch 22；1961年）和库尔特·冯内古特的《五号屠场》（Slaughterhouse-Five；1965年）等黑色幽默之作。不过，绝大多数黑色幽默作家都像克兰西一样，只不过是寻求刺激、娱乐和撩拨读者的。毕竟，用一位执行过上百次飞行任务的美军战斗机飞行员的话来说，战斗是"你在心跳加剧的情况下所能做的最有趣的事"。如果说自诩高雅的批评家们经常鄙视战争，出

---

① 生于1947年，美国军事作家、惊悚小说大师。代表作有《猎杀"红十月"号》、《惊天核网》等。——译注

版商却绝对不会这样。实际上，有时候你的确能产生这样的印象：批评家们喋喋不休地贬斥低俗的军事文学作品，如果说有什么效果的话，那就是鼓励更多的人（当然是男人）去购买和阅读更多这样的垃圾。

几乎所有这些都不新鲜。几乎所有的主题都是几个世纪前主题的直接延续，如犯罪（只不过现在也包括了没有预谋、带有盲目性的犯罪）、斗争、英雄主义、苦难，以及无论生前还是死后的解脱。从《伊利亚特》到亚瑟王的故事，直到托尔斯泰的《战争与和平》，一些作品长盛不衰，以各种各样的形式得到反复发行。还有一些，知名度稍弱，但有时也能重新被人们想起，如厄斯金·蔡尔德斯（Erskine Childers）的《沙漠之谜》（*The Riddle of the Sands*）在 1999 年就得以重印。人们对战争文学的兴趣下降，哪怕是说出现了暂时的心态转变，都是根本无从谈起的。

在有人看战争电影有人读战争小说的同时，也有许多人通过收藏军用品来表达他们对战争的迷恋之情。作为对战争的表现比电影和图书还要清洁健康的一种方式，军用品无论是本方制造的还是从敌方缴获的，最早都贮藏于国王或军事统帅们的宝库中。今天它们则是在各种各样的机构出售，有专门的军用品商店（包括网店），也有在卡车上经营的流动销售摊。军用品的类型也五花八门。有钱人可能收藏真正的武器，从古代武士的剑到机关枪，甚至还有人收藏装甲车、坦克和战斗机等大家伙。这些大型武器可以从废品市场买来，精心予以修复，这可是件既费时间又费钱的事情。在特殊的场合下，它们可用于展览，也能真的开动或飞行，因此也就很难说得清它们到底是工具还是玩具。也有人收藏军服、军帽（至少有两位前美军参谋长联席会议主席有此爱好）、军用物品、军事徽章，等等。连这些都买不起的人，通常也会收藏上述物件的模型或图片。

像所有其他收藏品一样，任何军用收藏品，保存条件越好、与原物越接近、越不易获得，价格也就越高。例如，一把纳粹德军匕首的复制品大约要 10 到 20 美元，而一把真品，如果保存完好的话，价格会在 10 倍以上。像所有其他收藏品一样，这一情况往往会引发各种令人不齿的行为，如盗墓等。尤其是在东欧。那里有成千上万座标志多少明显，也多少有人看守的德军官兵的坟墓。出于某些难以说清的原因，第三帝国的军用品一向吸引着超乎寻常的公众兴趣。这也催生了一个小型的产业，就是制作赝品。为避免错买赝品，或者说是"正宗的复制品"，并在可能的情况下通过军用收藏品盈利，意味着军用品收藏家对于他们感兴趣的领域，往往要像比如古董家具收藏家一样有学问。

规模最大的军用品收藏无疑是在军事博物馆中。与个人收藏不同的是，军事博物馆的收藏品通常都是军队以多余军用物资的形式免费提供的（有些军队深谙博物馆的宣传价值，自己便开办着博物馆）。与大多数私人收藏家不同的是，他们有修复装备的手段和充足的展览空间。其结果便是产生了一些规模巨大的博物馆（如巴黎的荣军院、德累斯顿和维也纳的军事博物馆、伦敦的帝国战争博物馆等）和无数小型博物馆。相当多的军事博物馆同时也是阵亡将士纪念馆，如堪培拉的澳大利亚战争博物馆、耶路撒冷和特拉维夫的以色列装甲兵博物馆，以及莫斯科胜利公园的第二次世界大战博物馆。还有一些博物馆，如意大利安齐奥的军事博物馆，只是为了尽可能地保留历史而已。

依情况的不同，机场、海军基地和军营都可以改造成博物馆。旧的战舰、潜艇等等也是如此。柏林的伽托夫机场现在是空军博物馆。美国俄亥俄州哥伦布市的赖特—帕特森空军基地有美国空军博物馆。伦敦有"二战"巡洋舰"贝尔法斯特"号（Belfast）公开展览。美国纽约和查尔斯顿分别展出了"二战"时期的航空母舰"无畏"号（Intrepid）和"约克敦"号（Yorktown）。查尔斯顿还展出了世界上唯——艘核动力商船"萨凡纳"号（Savannah），但大概是因为上面没有炮，受欢迎程度远不如军舰。波士顿则以展出美国军舰"宪法"号（Constitution）为骄傲。虽然有好几座斯堪的纳维亚城市都以拥有北欧海盗船为荣，但都不及斯德哥尔摩拥有 17 世纪的战船"瓦萨"号（Vasa）。船上有一排又一排的炮门，可想而知，这一特色强烈地吸引着参观者们。

在波罗的海上的佩讷明德，你可以参观一艘前苏联的导弹潜艇。这个独具特色的展览的惊人之处是没有任何缆绳与海岸相连。佩讷明德不仅以度假地而闻名，也是"二战"时期德国的 V – 2 导弹研制地。德国购买这艘潜艇并拉到这里，唯一的目的就是吸引游客。现代国家中几乎没有一个没有这样的博物馆。这样的博物馆也几乎没有一座不吸引大量的参观者。任何城市如果附近曾有过一个战场，都会如获至宝，将其清理出来用于展览。假如没有1863年7月的那场战役，还会有多少人去美国宾夕法尼亚州的葛底斯堡旅游呢？

从收藏军用品到在战争中扮演角色，就只有一步之遥了。有一种起源于美国，近年来非常风靡的战争游戏，就是本书第二篇已经提到过的重演历史游戏。一些角色扮演者有亲身的战斗经验，一些则没有。他们来自各行各业，受教育程度、所从事职业和收入状况千差万别。像现实生活中的军队一样，这一活动往往也会使许多原本老死不相往来的人走到一起，相互贴近，并因此感到很有趣。他们花了相当多的钱，牺牲了相当多的闲暇，只为从事自己探索和再现历史上的战争这一爱好。他们几乎全都是男人，为数不多的女性参加者通常都是他们的姐妹或女朋友。一些角色扮演群体为了追求真实性，不允许女性参加。相反，也有一些群体专门寻找女性参加者，来充当"医疗队"。

一些重演历史者选择扮演美国革命时期华盛顿手下的士兵，横渡特拉华河。每年圣诞节时，他们都会重演一次这一行动，有时他们成功地渡过了河，有时则不行。也有人扮演第一次世界大战时的法国兵或第二次世界大战时的苏联近卫军。还有一些人似乎专门要证明战争还有另一方，选择扮演德国党卫军。令人惊奇的是，就连一些老打败仗的军队，如第二次世界大战中的意大利军队，也有扮演者。一些狂热爱好者专门穿上意大利军服，扮演墨索里尼派往苏联的部队。所有这些都要求进行大量的准备和研究。尽管这些重演历史者的爱好看上去也许有些怪异，但很少有人能像他们中许多人那样正经八百地研究军事史，或比他们更多地了解军事史。

尽管重演历史有不同的方式，甚至不同的"流派"，但大多数参加者都竭尽全力地保证战斗景象尽可能地逼真。一杆步枪、一把小折刀，甚至一块表，如果不符合要重演的时代和地点的要求，都会被认为败坏兴致。一件衣服太新或太旧也是如此。太新则明显是赝品，太旧也会显得不符合衣服出品并被穿着的时代的景象。这样的问题经常

战争的文化

会引发激烈的争论，时常会听说有一些重演历史者群体，因为不能在这类问题上达成一致而散伙。

像大多数集体活动一样，这项爱好的很多时间都花在了技术准备和社交上。然而，有些时间也花在了挖壕沟、把设备拽到应有的位置上，冒着炽热的太阳在山坡上跑上跑下、趟过稀泥和雪地、躺在地上假装被打死、吃"二战"时美军吃的那种应急口粮，总之是为了体验（或重新体验）所选定的时间和地点所发生过的战争，要做一切能做的事情。在此应当指明的是，在所有形式的战争游戏中，这种重演最接近于体会到真实的战争中所包含的冲突、剥夺和体力消耗。就此而言，它们也是最真实的战争训练。

大多数重演历史活动都是由数量相对较少的为自娱自乐而自己花钱的发烧友在租来的隐秘地点进行的。但也有一些这样的活动是由地方政府组织或参与的，目的是造成更广泛的影响，如果可能的话，再赚些钱。在美国、英国和若干其他国家，这类表演活动即使不能招来数以千计的参加者，至少也有数以百计的人。甚至在德国，尽管"二战"的记忆已经使"军国主义"变成了所有龌龊的词汇中最龌龊的一个，情况也在发生变化。2006 年 10 月，为纪念拿破仑在耶拿战胜普鲁士军队 200 周年，举行了一次历史重演活动。在意大利，1866 年的库斯托扎战役也是年年纪念。

与私人活动相比，大多数大规模公众性重演历史活动在重现当年的服装、武器和战术等方面都没那么讲究。其中一些，如佛罗伦萨附近的菲耶索莱每年都举行的"罗马人"战役，最好是看作滑稽剧，不过即使在那里，引得人们蜂拥而至并大笑不已的关键之处，仍然是对战斗场面的模仿，而不是别的。这些表演 —— 只有这个词恰如其分 —— 吸引了数量庞大的男女老少的观众。也许令人惊讶的是，观看纪念耶拿战役的活动的人，大部分不是年轻人，而是对历史感兴趣的中年夫妇。多年前我曾经亲自观摩过的一次重演美国内战中马纳萨斯战役的活动，造成了巨大的交通堵塞，以致无论到达还是离开，都需要花上好几个小时。这种场合也为出售各种军用品的小贩提供了好机会。在很多方面，它们都像是露天大集市，只不过娱乐活动不是以诸如魔术和马戏等形式，而是以模仿战争的形式举行的。

正如不友好的人们会说的，鉴于所有形式的战争表演都建立在假扮的基础之上，它们都只不过是代表了一些从未长大的人们的浅薄的娱乐形式。某种程度上这话也对，但同样正确的是这些活动反映了战争与游戏之间一向存在的密切联系。甚至一些对此类活动持批评态度的人，往往最终也会被它们所吸引。他们蜂拥前往观看重演的历史，大声表达他们对目睹的情景的相同或不同意见。继而他们会讲述自己的亲身经历及想象，加入角色扮演者们的争论中。最终他们往往也会因为探究哪些是真实的，哪些是虚假的，哪些可以重演，哪些无法再现，以及所有这一切的目的等等，而变得像角色扮演者们一样激动和兴奋。

其他战争游戏也都仍然像以往一样风靡。一方面，有适于探索高级战略的"自由"游戏。另一方面，仍有旧式的结构游戏，包括需要有玩具士兵、玩具枪炮、玩具战地救护所之类的辅助物件才能玩的游戏。现在这些结构游戏又加入了两种改变了战场的新设计，使之焕发了新生，又吸引了数以百万计的玩友。首先，大约20世纪60年代时，自18世纪最后几十年开始使用的像国际象棋一样的方格棋盘被六角形棋盘所取代。这一看似无足轻重的变化却是个神来妙手。它使得所有棋子都可以向六个方向而不是四个方向移动，极大地增强了灵活性和逼真性。它也使得一些能够影响战略和军事行动的地形特征，如道路、河流、边界等等，可以比以往更准确地表示出来。很快，战争游戏便都是在六角形地图上展开了。有些这样的游戏可以商用，有些则是为专门目的定制的，既可以由专业人士进行，也可以由业余爱好者玩耍。

这类战争游戏能够处理从大战略到纯粹战术的大多数级别的战争。为使所有事物都像它们试图表现的战争或战役的真实画面，这些游戏必须建立在关于武器和部队的能力、敌方行动可能产生的冲击、诸如地形、昼夜、天气等外界因素的影响等方面的极其详细的信息的基础上。有些游戏甚至考虑了士气因素，据此适当地增强或降低部队的能力。许多游戏所包含的学问，以及将各种试图模仿的因素结合起来的巧妙构思，只能说是非同寻常的。在某种程度上，它们与现代军事行动研究差别甚微。从这些领域中某一方面的专家变成另一方面的专家的情况也不鲜见。如果你能设计出一套适于任何规模的战役的真正可以量测的模式，那么你简直无所不能了。

另一方面，游戏的规模越大，就越不容易玩。适当的环境，如一张专为此游戏而设的大桌子，是必需的。首先，棋手必须掌握规则。尽管共同的设计师和共同的背景（如拿破仑战争或第一次世界大战）意味着

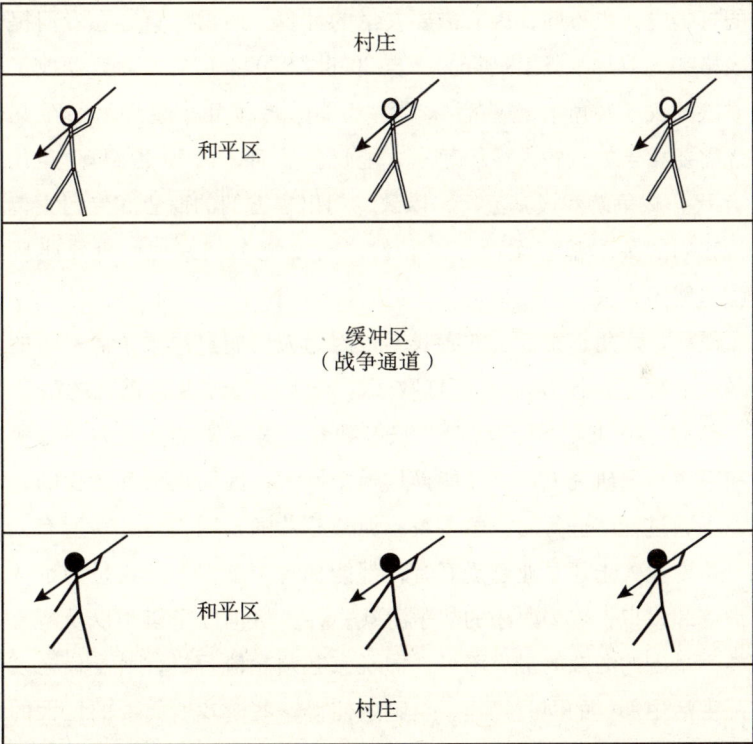

如这个北美印第安人的例子所表明的，用棋类游戏代表战争，有着悠久的历史。

一些游戏有共同的特点，但细节仍往往不同，而且不同的公司出品的同一会战或战役的游戏版本也会不同。通常规则会密密麻麻地印上好几十页纸，像法律文本一样开列着很多项、款、条。当然，在游戏的虚拟世界里，它们就是法律文本。接下去，还必须在棋盘上摆好棋子。鉴于棋子往往会有好几百枚，这也是一项费时间，经常也很枯燥的工作。

由于玩家必须轮流移动棋子和掷骰子来看"战斗"结果，游戏的进程非常缓慢。由于不同棋子代表的不同种类的部队能力不同，对敌方的打击方式也不同，因而需要大量的计算。通常计算是在专门提供的表格和无数片纸张上进行的。自20世纪70年代后，计算器成了不可或缺的工具。所有这些意味着游戏能够持续几个星期，甚至几个月，需要相当数量的人组织起来才能玩。然而，在20世纪60年代到90年代，战争游戏极其流行，以致专门出售它们的商店和专门宣传、评论它们的杂志都应运而生。显然，对发烧友们来说，只要能玩打仗，这些困难根本不在话下。

最终，六角形棋盘上的游戏不是因为人们明显厌烦了而衰落的，而是被一种新型游戏的流行打败了。这就是通过电脑进行的战争游戏。起初，20世纪50年代时，只有数量极其有限的人，大多是科学家和军事计划研究人员，才能操作耗资巨大，因而也极其稀少的计算机，玩通过程序进行的战争游戏。但微芯片的发明使得几乎所有人，无论是专业人士还是业余爱好者，都能拥有电脑，玩不仅是为了认真的训练和模拟，也为娱乐的战争游戏。计算机消除了棋类以及所有以棋类为基础的游戏的最大不足，即玩家必须轮流行棋，而是代之以像实际生活中那样的同时操作。电脑还使得一些游戏所需的巨大的信息量能够得到迅速、有效的处理。

随着性能不断增强，电脑越来越能够创造出完全虚拟的世界，于是为游戏增加了现实性。然而电脑的另一大优势，使得程序一旦编定，即使最复杂的游戏也能以极低的成本、极快的速度进行完。这便使同一个游戏不可能一遍又一遍地反复玩了。与此同时，程序的改变也使得参数可以经常地根据需要发生变化，从而出现不同的游戏结果。

在许多现代战争游戏中，对手不是人，而是电脑本身。有这样功能的电脑通常被称为模拟器。即使是在任何计算机商店都能花几美元买到的一些最简单的模拟器，都包含有关于它们要表现的物质世界的大量数据。无论这世界是想象的还是真实的，最终都是非物质的。军队用于训练战士的模拟器更是如此。最早的一批模拟器第一次世界大战时就研制了出来，用于对飞行员进行基本的训练。第二次世界大战时，一个叫做林克的公司为美国空军制造了数千个模拟器，供他们训练飞行员。这些模拟器都是非常简陋的装置，制作得多少像是飞机的内部，通过液压和气动的控制系统让学员们产生一种飞机在飞行中的感觉。20世纪50年代，为了增强真实感，模拟器中又增加了仪表、录制的噪音和使学员们能看到"外部世界"的胶片。

从大约1970年起，计算机性能的增长使得复杂得多也模拟得更真实的机器得以制造了出来。从外面看，当时使用的设备都像是巨大且笨重的盒子。它们被安装在通常都是专门建造的庞大基座上，被能够让它们向不同角度倾斜的各种液压装置支撑着。操作是在一张配有大量屏幕、开关和按钮的桌子上进行的。从内部看，它们几乎和真正的飞机一模一样，配备有从座椅安全带到高度计再到人工地平和发射按钮的飞机上的所有仪器。某种程度上说它们就是真正的飞机，但它们也包含大量复杂的电子、光学、机械和声学设备，不仅能模拟机器本身，也能模拟机器所运行的环境。因为有了计算机，这些设备能够结合在一起并协同运行。这反过来又使得模拟在几乎任何条件下执行几乎各种任务都成为可能。

模拟器的有些性能和条件是在真实生活中不敢尝试的，因为太危险。这正是它们的演算规则系统是成文的原因，其目的是让飞行员在完全没有危险的情况下演练它们。然而，哪里有危险，哪怕是模拟的危险，哪里就总有男人，也许还有一些女人，将其视为挑战。他们会接受挑战，并以之为乐。于是我听说在美国亚拉巴马州麦克斯韦尔空军基地受训的以色列飞行员（也许还不仅是以色列飞行员），要求他们的美国空军教官专门编写模拟器程序，模拟他们的大力神运输机从圣路易斯多座横跨密西西比河的大桥下面"飞"过。起初，他们以正常的方式进行了演练。继而，在掌握了技术后，他们又练习将飞机颠倒过来"钻桥洞"。这真是令人毛骨悚然的举动，但这也正是人们喜欢它们的原因。

模拟器的使用从飞机又推广到其他武器上，如坦克、装甲车、军舰、潜艇和各种制导导弹。像飞机一样，其最初的目的都是安全和廉价地训练学员分解他们需要操作的机器。另一方面，这些模拟器的一大好处是不需要动用真正的弹药。操作和维修成本也只是用真正的设备在真实的条件下进行训练的一小部分。还以飞机为例，很快就连敌方也能模拟了。在诸如数据处理、成像、通信等领域，技术也在迅猛发展。最新的模拟器使得不仅是个人可以训练，整个团队都可以做相互对抗练习了。

然而军用的模拟器还只是冰山的一角。任何人只需花上几美元，就可以买上一盒光盘，将其中的软件装到他或她的个人电脑上，就可以假装自己是飞行员、坦克手、潜艇艇长等等了。有些游戏也可以从网上下载。还有些游戏，如最新版的《魔兽争霸》（*Warcraft*），允许多达上百个玩家同时参与。在提供的细节数量上，这些模拟器和更大更贵的模拟器无法相比。然而它们基于的信息，仍然足以充满整部整部的百科全书。

游戏开始时，玩家们通常可以选择玩哪场战争——一张光盘里可能储存有好几场战争。继而他们还可以决定使用哪种飞机或其他武器系统，怎么装备这些系统，想在什么样的地形、什么样的条件下执行什么样的任务，以及同什么样的敌人交战。游戏中也可能包含意外因素，迫使玩家们在出乎意料的情况下作出反应。像在真实生活中一样，训练成就完美。职业军人们说许多游戏都提供了极好的操作武器系统的感觉，也与真实生活中的战斗非常近似。鉴于一些职业军人亲自参加了程序设计，这并不奇怪。

对于那些觉得普通人都能玩的电脑游戏还不过瘾，还想寻求更大刺激的人们来说，现在也有可能坐上真正的——只不过也许稍微有些过时的——战斗机，上天去飞一趟。最先想出用这样的飞机赚钱的主意的，是 20 世纪 90 年代的俄罗斯人。随着国家解体，养不起庞大的军队了，许多从苏联时期继承下来的战斗机都闲置在机库里，等着生锈。还有什么比把它们租给游乐园更好的办法呢？只需花区区15000美元/小时，游客们就可以穿上增压服，坐在飞行员后面的学员座上，享受一把乘真正的米格或苏霍伊战斗机在天上打滚的乐趣。我听说，那感觉是任何翻滚过山车都无法比拟的。后来，这一主意也传播到了其他国家。在美国和世界各地，现在都有公司为顾客提供飞战斗机、开坦克等服务，原因很简单，就是让他们能玩打仗，体验一下战争带来的激动和兴奋。

最后，尽管无数游戏都是为模仿战争而有意设计的，一些形式的战争却变得越来越像游戏，实际上两者已没什么区别了。这是因为现代战争，特别是空对空、地对空、空对地和海对海的战争，在很大程度上早已不是血肉之躯相搏了。在很多情况下，"目标"都非常遥远，或移动极快，根本看不见或听不见。还有一些情况下，它们会躲藏在黑暗中、云层里，或者水面下（如潜艇）。它们的现身有时（如弹道导弹防御系统）是在好几千英里外，用军人的话说，被探测到"在地平以上"的。这些都是靠雷达，或诸如前视红外雷达等装置，或声纳等做到的。

接触一旦形成，目标产生或反射回来的脉冲就会转化为电子信号，被输入计算机中，经过处理，突出显示在荧光屏上。接下去就是指挥官、飞行员或掌控其他武器的军官的任务了。他要利用一些代表他的视线的光点，将另一些代表他自己的导弹的光点，瞄向代表敌人的第三股光点。甚至在进行这些操作的同时，他还必须密切注意第四种光点，就是提示他他在哪里、正向什么方向飞行、他的机身是正的还是颠倒的，以及他的小组或部队（如果有的话）的其他成员在哪里等等的光点。

这些光点据说是代表真实世界的物体的，但也不必然要这样做。正如所有去过电子游戏中心的人都知道的，这些光点也同样可以通过计算机程序，或者比如说被在游戏中盗用了某台机器，与其他选手对抗的恶意玩家，输入系统中。这样对观看屏幕并操作操纵装置的人来说，虚拟世界就与现实世界没有丝毫不同了：他们看到的是他们在看的东西，他们要做的是他们必须做的事情。这便使战斗、训练和游戏合而为一，难以区别了。还在 1986 年，《新闻周刊》（*Newsweek*）在描述美军战斗机在的黎波里湾击落两架利比亚飞机的战斗时，使用了"终极视频游戏"的标题。这话说得正中要害，而自那以后，战争中对电子的使用，无疑只会扩大。

要想玩好视频游戏，必须具备两种素质：手巧 —— 虽然在不久的将来，很可能会有一些游戏将只靠意念驱动了 —— 和精神绝对集中。要想达到这样的精神集中程度，就必须把原因和后果抛诸脑后。因而也必须把整个外部世界，及其一切紧张和分心的因素置之度外。玩家在进入电子游戏中心时，就应当像光着头进入神庙。实际上，他不知道从他的屏幕上闪过的信号是否代表着现实世界中的什么东西，是他的操作能力中的关键要素。他对这些信号代表什么不代表什么考虑得越少，就越能以必要的信心、灵活和速度来操纵它们。因此，与外界隔绝有助于达到精通纯熟的境界，而达到了精通纯熟的境界并得心应手地施展技艺，则是世界上最大的快乐的源泉。游戏并入了战争，战争转化为游戏。战争文化远没有沦落到"真实事物"的多少无足轻重的附庸的地步，在很多情况下，它都与"真实事物"实际上别无二致了。

　　　　　　　战争的文化

第五篇　假如没有战争文化

理论上讲，战争只不过是为达到目的而使用的一种手段，是一种通过杀死敌人、击伤敌人或以其他手段使敌人丧失战斗力，从而服务于一个集团的利益的行动——如果说非常残酷，却是理性的。但在实际上，任何论断都不能超越事实。无数事实证明，战争本身就具有强大的魔力——这种魔力会最大限度地激励参战者，然而其影响力又绝不仅仅限于参战者。从战争的魔力中产生了一整套文化，像所有其他文化一样，这种与战争相关的文化，很大程度上也是由各种"无用的"游戏、装饰和装模作样之举构成的。这些装饰、游戏、装模作样，时而也会过头，产生适得其反的作用。

但是，假如出于这样或那样的原因，战争文化不再发展了，或者变得呆板机械，或者遭到有意打压，会怎样呢？那样的话，可能有四种不同的结果。其一是野蛮的乌合之众。其二是没有灵魂的机器。其三是没有骨头的男人。其四是女权主义的影响。前三种结果在历史上有不少实例。第四种尽管也不是完全没有先例，但在最近几十年尤为高涨。这四种结果，以其不同的方式，都能对军事组织造成重大破坏，使得社会成为不能自卫的社会。

第十七章
野蛮的乌合之众

　　任何由人类组成的有凝聚力和纪律的群体，在共同工作一段时间后，都会形成自己的文化。实际上，有一种观点认为，凝聚在一起的男人们组成的团体——有时会有一位女性加入，发挥黏合和启发灵感的作用——不仅是战争文化，也是所有文化的创造者。另一方面，是文化维系了团体。如果没有一套大家都非常熟悉并认为理所当然的准则，就不会有纪律和凝聚力。最后，是文化将一个团体与另一个团体区别开来，文化是团体的骄傲。

　　并不是所有团体在战争中都能形成文化或者保持文化。有时候这只是因为没有时间和条件来形成必要的凝聚力和纪律——结果团体成员相互之间仍很陌生，相互不信任，只能在极其有限的程度上相互配合。也有些时候，是因为他们遭到了惨败。当"各自保命"的哭号声响起时，文化就会像阳光下的积雪一样消融。争相逃命的人们会相互伤害，相互攻击，战役结束后的伤亡往往要超过战斗进行中，这便是原因之一。继而还很可能发生身份认同的危机。过去最珍视的东西会被认为一钱不值，过去最宝贵的东西会被认为虚假荒谬。不知道自己是谁、是什么人的人们，会任由维系他们的纽带脱落，从战斗团体化为乌合之众。也许要花很长时间、费很大心血，才能重新形成团体，在有些情况下，也许永远也不可能再恢复为团体了。

　　还有一种会使战争文化瓦解的情况是：一支数量、组织程度、装备、训练和传统都很强的军队，在面对一支弱小得多的武装力量时，却长久不能取胜。几乎不可避免地，结果会是士气低落。如果他们按兵不动，却不断地受到骚扰，他们会感到泄气。如果他们发起猛攻却没有成功——在同弱敌作战时，如果不能毕其功于一役，就意味着不成功——那他们也会感到泄气。他们泄气后，就会相互埋怨，这也会进一步打击士气。用尼采的话说，再没有什么事情比没完没了地重复胜利更令人厌烦的了。用老子的话说，"揣而锐之，不可长保"。

从历史上讲，野蛮的乌合之众的名单既长且不光彩。我们多少掌握一些详细情况的这类人，有罗马的"latrones"，最好的译法是"歹徒们"或"强盗们"。"latrones"在罗马的很多省都很猖獗，从共和国后期到公元200年，在大部分时间都有记载。这段时期之后，叛乱和内战的数量之多、规模之大，使得战争和剿匪变得难以区分了。历史学家和法学家用这个表示复数的词来指武装分子组成的群体，而不是指单独的强盗。虽然每个"latro"都必然是强盗，但却不是所有的强盗都必然是"latro"。"latrones"与众不同的是，他们并非单独行动，而是组成团伙，公开使用武力，四处流窜，洗劫村庄。因而他们的地位在普通罪犯和国家公敌之间。这也是在对付他们时，不守诺言，使用计谋，被认为不仅是允许的，而且是光荣的的原因。

你也许想到了，"latrones"并不是到处都有的。他们往往出没于各种地形复杂的地区，如山区、森林、沙漠等。他们隐藏在其中，袭击道路和村庄。如《圣经·新约》中所表明的，他们是旅行者的主要祸害。在《路加福音》中，正是一名旅行者遇到强盗打劫，被打了个半死，才为那位好心的撒玛利亚人行善提供了机会。《哥林多后书》中使徒保罗的话、哲学家塞内加（Seneca）[①]的著作、诗人尤维纳利斯（Juvenal）[②]的诗作，以及其他许多人的作品中，也都提到过类似的事情。很少有人敢声称自己可以完全不受强盗的威胁，无论多么高贵。例如，后来做了皇帝的哈德良，在执行向帝位继承人图拉真通报纳尔瓦（Nerva）皇帝死讯这一任务时，也遭到了"latrones"的袭击。他丧失了坐骑，只得步行继续从美因茨到科隆的行程。

[①] 公元前4～公元65，古罗马哲学家、政治家和剧作家。哲学著作有《论天命》、《论愤怒》、《论幸福》等，剧作有《美狄亚》、《俄狄浦斯》等。——译注
[②] 60?～140?，古罗马讽刺诗人。——译注

"latrones"来自各个社会阶层。他们中既有逃奴也有自由人，既有罗马公民也有外国人，既有军人也有平民，既有出身贫贱的人也有血统高贵、因种种原因脱离了文明社会的人。我们看到的历史文献，大多是贵族成员或至少是富裕阶层人士所写，他们很少详细描述"latrones"的生活。于是，最广泛地记载了他们的作品，就是公元2世纪早期阿普列乌斯创作的小说《金驴》（Golden Ass）了。

这个故事发生在色萨利，我们只需关注其中的一部分。一小股强盗啸聚在一个荒凉山区的据点中，远离文明社会，有一个老妇人为他们打理家务。作为个人，他们都不乏勇气，但他们喜怒无常、奸诈狡猾、叛逆不忠又残酷无情。他们几乎每天都外出，烧杀抢掠，无恶不作。有时候，他们会把抢来的东西卖给附近村庄的居民。有一天，他们掳掠了本书的主人公——被魔法变成驴子的卢修斯，和一个大户人家的年轻女子。他们是在她的婚宴就要开始时抢走了她，以索取赎金。鉴于故事进行到驴子卢修斯成功地带着这名女子逃出据点后，就不再提及这股强盗了，我们无法知道他们的最终下场。但他们气焰如此嚣张，大概迟早有一天，会有一队士兵被派来解决他们。他们会被捉拿并严惩，然后又会被另一股强盗取代。

像很多时代很多地方的恐怖分子和游击队一样，阿普列乌斯笔下描述的这种小股普通强盗，持续的时间往往很长。一些职业的成员，尤以牧羊人著称，被认为有天然的盗抢倾向，对于他们来说，就更是容易持久。尽管法律地位是奴隶，但他们所过的生活使他们有非同寻常的自由度，与此同时，流动性和俭朴生活又使他们拥有了好战倾向。一些牧羊奴的打劫行为甚至得到了其主人的默许。这样主人也就免除了供养他们的需要。在这方面登峰造极的一些民族，如现代葡萄牙的卢西塔尼亚人（Lusitanian），被视为有过强盗生活的自然倾向。诸如奥古斯都和提比略这样的罗马皇帝，虽然大张旗鼓地清剿他们，却根本无法斩草除根，这便是原因。不过，他们也不至于对罗马帝国的庞大结构形成威胁。

然而，的确还存在着能造成更大威胁的其他类型的野蛮的乌合之众。他们所产生的影响是我们比较容易读到的。一些最臭名昭著的危害是逃亡的奴隶造成的。古代世界最大的奴隶暴动发生于公元前134年至公元前70年。他们经常被提及的活动地区为西西里。不过，也有一些起义发生于小亚细亚和希腊——在公元前2世纪，这两个地区即使说没有被罗马人征服，也被其大规模渗入了——还有意大利本身。一些奴隶在矿山做苦工，那里一向被认为是最糟糕的地方；也有一些奴隶，如斯巴达克思和他最初的追随者，是角斗士。然而，绝大多数反叛者一定是来自成千上万的农业奴隶。他们在庞大的种植园里居住和干活儿，很少有自由民来约束他们。如果我们读到的文献资料可信的话，他们经常要遭受一些令人难以置信的残酷虐待，而这些虐待行为或者是因为他们的主人滥施淫威，或是因为主人惧怕奴隶。

从逃奴和逃奴头目到游击队的首领，就只有一步之遥了。有些人自立为王，发动反叛，并尽可能长久地对抗罗马人。也有些人是觊觎王位者或对抗王室者，还有一些人则是要自己执法的政治报复者。必须明白的很重要的一点是，文献资料有清楚的记载，将latrones分为高贵的强盗和普通的强盗。前者通常既代表着罗马文明腐败的对立面，也是其例证。在罗马逐渐衰败的同时，远离文明社会、缺乏生活便利的latrones却仍然保持着锋芒。有时候，出身高贵的首领和他的手下人之间也有差异。后者多是贱民流氓，但也认为他们英雄的头领能够与他们相处。丧失了出身造成的偏见来源后，两种latrones就变得相互趋同了，他们中的大多数人就当真成了成功的匪徒——如果说也是自认为正义的匪徒的话。直到被实力强大的罗马军队击败之前，他们都算是成功的。而罗马大军，拥有恺撒所说的异乎寻常的军事传统，以及我们所说的异乎寻常的战争文化。

第一场大规模的奴隶暴动发生在西西里，始于公元前136年，四年后结束。第一批暴动者是牧羊人。他们的行为中包含有我们今天称之为恐怖主义和犯罪的活动。他们使道路在夜间变得很不安全。公元1世纪时的作家狄奥多鲁斯（Diodorus）的著作是我们主要的资料来源。按照他的说法，他们风餐露宿，手提长矛和棍棒，身披狼皮和野猪皮。他们牵着凶恶的狼狗，模样非常可怕。他们吃了太多的肉和奶，不仅身强力壮，而且野性十足。随着逃亡的奴隶越来越多，暴动规模越来越大，富有魅力的领袖人物出现了。其中最重要的，是出生于叙利亚的阿帕梅亚的攸努斯（Eunus）。如果狄奥多鲁斯的记载可信的话，他既非勇士，也非出色的指挥官。相反，他是个骗子。他假称能预知未来，能使用"魔法"喷出火花和火焰。他让手下们相信了他有神的帮助。他的名字恰好意为"好运"，更增强了手下的信任。

从那里起暴动就像野火一样蔓延开来。起初只有几百人，后来发展到几千人，如果我们的文献资料可信的话，最终他们达到了几万人。"迫切的需要和贫困迫使奴隶们认为所有前来投奔的人都是可以接受的，他们没有机会挑选。"他们没有任何战术，几乎是漫无目的地在岛上转来转去。"他们只看谁受自由民的苦多，就以谁为头领。"他们攻打了恩纳城。攸努斯在他们前头，施展了喷火的魔法。当他们冲进了城中后，杀人如麻，连吃奶的孩子也不放过，相反，他们把婴儿从胸部撕开，扔到地上。至于妇女——当着她们丈夫的面——他们的淫荡和暴行是语言都难以描述的。按照弗洛鲁斯的说法，他们造成的破坏之大，超过了第一次布匿战争。

后来穷苦的自由民也开始加入奴隶的队伍，使暴动人数进一步增加，而且他们抢掠起来比奴隶还凶残。在击退了几次镇压他们的行动后，最终，这群匪徒被罗马执政官普布利乌斯·鲁皮利乌斯（Publius Rupilius）率领的军队制服。他们被围困在陶洛梅涅姆小城（今天的陶尔米纳），最终竟陷入了如此的困境：先是吃了儿童和妇女，继而相食。他们的首领之一科马努斯（Comanus）在被俘后成功地自杀了。攸努斯却没有。他和他的厨师、面包师、按摩师，以及一个专门陪他娱乐和饮酒的人，一起被从一个山洞中拽了出来，遭到了监禁，最后大概是生了坏疽，他身体溃烂而死。

第二次西西里奴隶起义从公元前104年持续到公元前101年。甚至在这次起义开始前，意大利各地就发生了很多场小规模的奴隶暴动，但很快被镇压了下去。西西里起义本身是由一名罗马贵族普布利乌斯·克洛尼乌斯（Publius Clonius）被他的80名奴隶谋杀而引起的。由于地方长官反应迟缓，暴动人数迅猛增长。6000名造反者选举了一位名叫萨尔维斯（Salvius）的"大王"。狄奥多鲁斯说他是一名"吹笛手，在为妇女举办的音乐会上吹奏发狂的乐曲",像在他之前的攸努斯一样,他也号称能预知未来①。另一支暴动队伍的首领是一个叫做阿泰尼奥(Athenion)的西西里人,是一位有经验的庄园管家,也深谙占星术。"他采取了一种与所有其他造反者都截然不同的态度。他不是让所有前来投奔的人都参加队伍,而是只让其中最优秀者当兵,他要求其余的人还干以前的活儿。"②

随着暴动蔓延,"整个西西里陷入了混乱当中,一派真实的《伊利亚特》般的惨景"③。乡下穷苦的自由民也闻风而起,抢劫、偷盗和杀戮,"无人例外,以致没人敢说自己没干过疯狂和非法的勾当"。其结果便是"完全的无政府状态"④。萨尔维斯自立为王并自称"特瑞丰"(Triphon)后,与阿泰尼奥合兵一处,两人最终同罗马人进行了决战。他们被击败了,但这场战役却被证明并非决定性的,罗马人又用了一年时间,才消灭了剩余的奴隶武装。自始至终都表现得不仅仅是个强盗的起义首领阿泰尼奥,英勇地战死在战场上。而特瑞丰则下落不明。

无论是对古人还是今人来说,最著名的古代奴隶起义要数公元前73年至公元前70年由斯巴达克思领导的起义。斯巴达克思本人被描述为一个高贵的野蛮人,身强力壮,头脑聪明。后来他证明了自己是一位足智多谋的军事统帅。普卢塔克曾说,他实在优秀,以致曾被认为是一名希腊人。他是从一所角斗士学校逃跑的,起初只带着几十人。后来成千上万的人加入了他的队伍,再引用普卢塔克的话,包括"这一地区的许多牧人,都是些身体强健,脚步飞快的人"⑤,他们是优秀的侦察兵和轻装步兵。

然而,他的部下却证明配不上这位杰出的统帅。在赢得了几场对罗马人的非主力部队的胜仗后,他们一路向北,最终到达了阿尔卑斯山南

① Diodorus, *The Histories*, 36.4.4.
② Diodorus, *The Histories*, 36.5.2.
③ Diodorus, *The Histories*, 36.4.6.
④ Diodorus, *The Histories*, 36.4.11.
⑤ *Crassus*, London, LCL, 1951, 8.3.

麓的高卢地区（今天的伦巴第地区）。斯巴达克思深知他们的局限性，建议部下们离开意大利，返回祖国，但他们拒绝了。塞勒斯特（Sallust）①残存的著作之一记载了其原因："可耻的是，他们早已忘记了祖国。他们中很多人，都遵从了奴隶的本性，除了烧杀抢掠，头脑中再无其他想法。"他只好又带领他们一路杀到了意大利西南部的卢卡尼亚，试图把他们带到西西里，再引发另一场奴隶暴动。然而，他没能得到必要的船只。

在撤退到雷蕉省后，"逃亡的奴隶们立刻将统帅的命令抛诸脑后，开始强奸年轻的和成年的女子……还有人放火烧房子。许多反叛的奴隶，本来很适合成为（斯巴达克思的）盟友，却径直进入他们主人的躲藏地，将主人的财富或主人本人拖出。出于野蛮人和奴隶的天性，对他们来说，没有任何事物是神圣的。尽管斯巴达克思央求他们停止这种行为，以免招惹民怨，但却无法让他们服从命令。他们都在忙于残酷的屠杀"。奴隶的群体纪律涣散，无法实施统一的战略，而他们的敌人却在时任执政官、后来成为三巨头之一的克拉苏指挥下集结了起来。克拉苏很快在半岛脚趾部分的正对面筑起了一道墙，这在建筑工程上是一件惊人业绩。对于奴隶们来说，唯有孤注一掷地决死一战了。他们的确这样做了，但却没有奏效。当最后的时刻来临时，斯巴达克思被他的伙伴们抛弃了。他一直战斗到最终被杀死。

如果我们把每一场威胁到古罗马和平的起义都探究一番，就会离题太远了。但即使是开列一份很短的清单，也必须提到卢西塔尼亚强盗维里亚图斯（Viriatus；死于公元前 139 年）、西班牙部落首领塞多留（Sertorius；失败于公元前 72 年）、努米底亚逃亡者塔克法里纳斯（Tacfarinas；死于公元 24 年）和蓬蒂斯的强盗阿尼克托斯（Aniktos；公元 69 年被消灭）。一次又一次，我们的文献资料都强调了反叛首领及其至少一部分部下的勇猛和强壮。然而，匆匆拼凑，纪律涣散，有时候甚至都没有共同祖国的他们，缺乏能够纳入战争文化名下的一切。他们怎么可能有战争文化呢？而没有战争文化，他们就很难进行有组织

① 公元前 86~前 34，古罗马历史学家、政治家。——译注

的、长期的军事行动，只能施暴。于是，一次又一次，他们最终都被派去镇压他们的正规军击败了。

古代世界也不是野蛮的乌合之众活动的唯一时期。让我们将视线移到1400年后，看看被称为"扎克雷"（Jacquerie）的法国农民大起义。起义深刻的背景是农奴强烈的仇恨。他们被束缚在土地上，承受着名目繁多的苛捐杂税，还要受到自封的上等人的侮辱和嘲弄。起义的直接起因则是法国在普瓦捷战役（1356年）中大败于英国。在这场战役中，法国国王被俘。统治阶级遭受重创——阵亡名单读上去简直像是贵族名录——政权交到了18岁的皇太子、未来的查理六世手中。

在政治集团角逐巴黎的同时，一些领不到报酬的士兵，在心怀不满的贵族带领下，游荡于乡间，更加剧了混乱局面。其中一股，在一个叫做勒尼奥·德·塞尔沃莱斯（Regnault de Cervoles）的首领带领下，出没于普罗旺斯。另一股在威尔士头目拉芬（Ruffin）带领下，封锁了巴黎和奥尔良之间的道路。还有一股在英格兰"黑王子"的一名同伙罗伯特·诺利斯（Robert Knollys）的带领下，活动于诺曼底。他们以及许多其他匪帮的活动，用法国人形容他们的词——"écorcheurs"（剥皮者）和"routiers"（劫道者）——就足以说明了。他们袭击城镇和村庄，抢劫旅行者，绑架人质以索取赎金。

在这种混乱不断加剧的背景下，农民只有两条路可以选择。一条路是离开居住地，到森林中或其他荒凉地方躲避，并进行游击战。另一条路也许走的人要少得多但也危险得多，就是公开反抗。扎克雷起义作为第二种形式的代表，爆发于1358年5月28日。其中心是巴黎北部瓦兹河谷的圣勒村，是个先前几乎从未被战火燃及的地区。似乎有一队士兵，在一个叫做拉乌尔·德克莱蒙（Raoul de Clermont）的指挥官率领下，奉命进驻该村，以守卫瓦兹河上的一个渡口。他们驻扎在当地的小修道院里，命令村民为他们提供给养。

那天晚上，晚祷之后，两百名"扎克"（Jacques）——这名字似乎来源于农民衣服中必不可少的补丁上衣——在当地公墓事先并无准备地聚集了起来。他们大吐苦水，抱怨令他们不堪忍受的沉重赋税——因为要给落在英国人手中的贵族俘虏和无能的国王筹集赎金而大大加重。他们大喊大叫着相互鼓劲，冲进了最近的领主宅第，杀死了领主及其妻子儿女，并把领主庄园付之一炬。

像经常发生的情况一样，起义迅速蔓延。卷入者不仅有农民，也有一些城市下等阶层成员。到处都有城镇打开大门迎接造反者，给他们提供吃喝和住宿。后来，他们当然宣称自己是被逼迫这样做的。有时候这种说法也是事实，这也是当尘埃落定之后，卷入者得到了赦免的原因。在短短两个星期内，整个巴黎周边地区都燃遍了战火。远至兰斯和鲁昂等地区也发生了单独的起义。

"扎克"们的主要领袖是一个名叫纪尧姆·卡耶（Guillaume Caillet）的富裕农民。像经常发生的情况一样，他表现出了超凡的个人魅力，勇敢、强悍，本来是可以成就一番事业的。据说他试图约束追随者，向他们颁布了一些命令。然而，他和其他起义领袖对各路农民队伍的控制非常有限。散布在乡间，缺乏形成战争文化的一切要素的"扎克"们，大多比暴民们好不了多少——他们杀戮、破坏，按照某些文献资料的记载，还嗜血成性，经常喝得酩酊大醉。用一位当代历史学家恰如其分的形容来说，他们"既没有目标，也不考虑后果"。

对于这样的帮伙，你只能往最坏处想。傅华萨对他们的行为有最好的描述。当然，无可否认，他不是目击者，同情心也完全是在上等阶层一边。

这些坏蛋既没有头领也没有武器，就聚在了一起，像疯狗一样到处烧杀抢掠，毫不留情地糟蹋所有贵族夫人和小姐。他们的野蛮行径比基督徒和撒拉逊人之间发生过的一切都要恶劣。从来没有人犯下过这样的暴行。任何动物都不该看，不该想，甚至也不该想象……我始终无法鼓足勇气，记下他们对贵族夫人们所做的可怕和可耻的事情。但是，他们的兽行中的一件，是杀害了一位骑士。他们向他啐唾沫，把他架在火上，当着他的夫人和孩子的面烤他。在将近一打暴徒轮奸了夫人之后，他们又逼着她和孩子们吃骑士的肉，然后残忍地处死了他们。他们还推举了一名大王，选的是他们中最穷凶极恶的一个……他们的数量总计不下十万人。当他们被（捉拿并被）问及为什么要这样做时，他们都回答说不知道，看到别人这样做了，就模仿了起来。他们以为通过这样的办法就能消灭世界上所有的绅士和贵族，一个也不剩。[1]

傅华萨以其他编年史文献为资料来源，认为遭到"扎克"们洗劫的领主庄园和城堡总数在 100 座以上。

6 月 9 日，一股"扎克"——数量据说达到了 9000 人——进入了马恩河谷的莫城。法国皇太子妃让娜·德波旁和太子的妹妹、幼女，以及三百多名其他贵族妇女和儿童，正躲藏在该城的堡垒中。碰巧，有两名贵族让·德格拉伊 [Jean de Grailly；又叫卡普塔尔·德比什（Captal de Buch）] 和加斯东·福玻斯（Gaston Phoebus）与"扎克"们同时到达该城。他们的领地都在法国南方，他们是在普鲁士同条顿骑士交战后，正在返回家乡的路上。傅华萨赞扬德比什是骑士精神的典范。他后来与英国人合作，费尽周折后死在了狱中。加斯东因其英俊的外貌，得到了"福玻斯"[2]的绰号，他是富瓦的伯爵，因而也是法国最大的贵族之一。

这时，他们总共只有 40 个"长矛轻骑兵"。士兵和杂役加起来约有二百来人，骑士只有 25 名。但这支"打着上有天蓝色的星星、百合花和卧狮徽章的银白色三角旗"、穿着盔甲的小部队，还是大胜了众多缺乏纪律的农民，如果文献资料可信的话，屠杀了其中数千人。曾有文献解释说，在小城狭窄的街道里，"扎克"们人数上的优势发挥不出来。的确如此。然而，这样的街道也同样不利于身披重甲的骑士作战，正如几天之后另一批贵族试图攻入（与"扎克"合作的）桑利斯城，却大败而归所证明的。

从此，"扎克"们的形势便江河日下。这时与他们作对的势力，冲在最前头的是纳瓦尔的国王查理，也叫"恶人"查理（Charles the Bad），也是诺曼底公爵（1323～1373）。莫城事件之后，他在起义最

---

① J. Froissart, Chronicles, pp. 151 – 153.
② 希腊神话中的太阳神和诗歌音乐之神。——译注

初的爆发地稍微东边一点的克莱蒙追上了"扎克"们。像之前和之后许多类似的起义首领一样，纪尧姆·卡耶乞求他的追随者们不要同组织更加严密、装备更加精良的对手硬拼，而是到正由一名富裕的布商艾田·马赛（Etienne Marcel）领导的起义市民控制的巴黎暂避。然而又一次，人们不听他的。

"扎克"的人数约为 3000～5000，聚集在梅洛的一片开阔地上。这时他们的装备已大大改善，装备起了独立的弓箭队和弩手队，有600 人骑上了马，组成了一支初级的骑兵部队。在他们的对面，贵族军队约有 1500～2000 人，大概按照当时的兵种划分，仍保留有"长矛轻骑兵"部队，骑马作战的骑士估计不到五分之一。卡耶本人收到了前往贵族军营进行谈判的邀请，他愚蠢地接受了。他一到那里，就遭到了逮捕，被戴上了枷锁，后来又遭受了酷刑并被处决。像他这样的人遭到如此下场，并不稀奇。他们被认为违背了天道和人道，受到这样的报应没什么可抱怨的。贵族军队随之发起的攻击既猛烈又短暂。"扎克"们在开阔地上像他们的同伴在莫城的窄巷里一样，很容易地就被击败了。数百人被杀，其余人四散而逃，随之像兔子一样遭到猎捕。他们曾经栖身的许多周围的村庄这时都背弃了他们。还有一些村庄则见证了贵族们犯下了"扎克"不久前犯下的同样的罪行。到 8 月底时，一切就都结束了。

作为农民暴动，扎克雷起义既非空前也未绝后。像古代的奴隶起义一样，其动机是可以理解的，有些人还会说是值得赞扬的。然而，缺乏强有力的领导、适当的组织和明确的目标，使之没有任何成就，也没有改变任何现状。像他们之前和之后许多野蛮的乌合之众一样，"扎克"们留下的只有穷凶极恶的名声。他们也因此遭到了纪律更好、战争文化更发达的军队同样恐怖的报复。

我想在此探讨的最后一个例子，是 1991 年到 1995 年前南斯拉夫内战中到处可见的野蛮的乌合之众。南斯拉夫这个国家是 1919 年由塞尔维亚和黑山联合创建的。它们本身是 1878 年从奥斯曼帝国的统治之下得到解放的，后来在 1911～1912 年的巴尔干战争中，又纳入了几个从奥匈帝国中分裂出来的省。然而，塞尔维亚人和黑山人与克罗地亚人、斯洛文尼亚人及穆斯林（主要在科索沃和波斯尼亚—黑塞哥维那）的婚姻，从一开始就是不幸福的。在第二次世界大战前的20年间，克罗地亚分离主义者的活动尤其活跃，并时常得到意大利人的支持。1941年4月，纳粹的闪击战只持续了两个星期就侵占了整个南斯拉夫，德军的损失不到250人。南斯拉夫的民族矛盾和抵抗不坚决是重大原因。

该国的下一位统治者，是前游击队领导人约瑟夫·布罗兹（Josef Broz），绰号"铁托"（Tito），本身是一名克罗地亚人。他试图通过推行一种单一的意识形态——共产主义——来解决民族问题。他在世期间，此举相当成功。但他为了维持控制，也不得不付出了权力不断分散的代价。当他于1980年逝世后，最终导致南斯拉夫解体的进程便开始了。随着东方集团的崩溃，第一次多党选举于1990年11月举行。克罗地亚和斯洛文尼亚经全民公决决定独立。两年后它们正式退出了联盟，使得克罗地亚境内25万塞尔维亚人陷入了困境。使形势变得更加不祥的是，将斯洛文尼亚和克罗地亚与塞尔维亚隔开的是多民族混杂的波斯尼亚—黑塞哥维那。

被派去镇压这两个反叛省份的南斯拉夫国家军队（有时被简称为JNA），原本是一支训练有素、组织有序、装备有良好的苏联武器的军队，并且拥有一连几个世纪都令外敌生畏的军事传统。首先，如我们已经提到过的，塞尔维亚人同奥斯曼帝国总共斗争了500年，最终于1878年赢得了独立。继而他们又在第一次世界大战中抵抗了奥匈帝国。此后，他们又成为反对希特勒的成功的游击战中的核心力量。第二次世界大战结束时，南斯拉夫成为唯一既赶走了德国侵略者又没有被其他外国军队占领的国家。这也是1947~1948年，当斯大林想把他那个模式的共产主义强加给南斯拉夫时，铁托嗤之以鼻的原因。

如果只是对付克罗地亚和斯洛文尼亚，可以想象，依然完整且指挥有效的JNA，也许能够成功地完成任务。但在镇压这些省份的骚乱的同时，又要惦记着其后方的波黑，就不可能了——更不用说最终也宣布了独立的马其顿和黑山的不满也在日益增长。结果，地处南斯拉夫东北角落、离塞尔维亚最远的斯洛文尼亚，只得放弃。该国几乎兵

战争的文化

不血刃地获得了独立。但克罗地亚就没有这么好的运气了。南斯拉夫军队——实际上，是塞尔维亚军队——与仓促组成的当地民兵武装进行了激战，并成功地占领了克拉伊纳地区。夹在中间的波黑就更是时乖命蹇了。

在波黑，克罗地亚族人、塞尔维亚族人和穆斯林——据说是土耳其殖民者的后代——共同生活了好几个世纪，时而争执，时而和平相处。随着南斯拉夫解体，三个民族全都仓促地建起了自己的民兵武装，以对付另两方。JNA 站在了波黑塞族一边，于是开始解体。大多数克族士兵都开了小差，或者在波黑本地，或者回克罗地亚，加入了他们同胞的队伍。一些塞族士兵也开了小差，或者是因为想加入波黑的塞族武装（他们中很多人都生于波黑），或者是因为不愿冒生命危险，返回了塞尔维亚的家乡。与此同时，蒙受了这些人员损失的JNA，也开始接纳波黑塞族志愿者入伍。在短短几个月的时间里，这支曾经骄人的正规军实际上不复存在了，变得与其他民兵武装没有什么两样了。

最强大的民兵是由前 JNA 将军拉吉科·姆拉季奇（Radko Mladić）率领的波黑塞族武装和波黑穆族的绿色贝雷帽部队。他们以及较小的克族武装，大部分成员都拥有军事经验，或者在 JAN 中或者在南斯拉夫各省的地方武装中当过兵。然而，所有民兵武装都没有时间进行适当的整顿。他们甚至相互都难以区分。他们相互交战，相互谈判，相互绑架和处决首领人。时而是克族人和穆斯林同塞族人作战，时而又是塞族人和克族人联手对付穆斯林。

然而，甚至塞族和"土耳其人"（塞族这样称呼他们）这对死敌之间也不排斥偶尔的合作。例如，莫斯塔尔一带的穆斯林曾试图贿赂（拥有最强大火力的）塞族人炮击克族人。1993 年 7 月，负责抵御塞族、守卫萨拉热窝的穆斯林，将阵地出卖给了前者。四个月后，曾是比哈奇地区共产党的铁腕人物，后沦为流寇的穆斯林领袖之一菲克雷特·阿布迪奇（Fikert Abdić），私下与反对他的塞族民兵签署了一项停火协定。继而，他试图在察津斯卡地区建立一个自治区。在遭到波黑政府军的进攻并被击败后，他带领约两万残部逃进了当时由塞族控制的克罗地亚的克拉伊纳。

还有更复杂的情况。波黑是个山国，有深深的峡谷和狭窄、蜿蜒的道路。从一个城市到另一个城市非常困难，尤其是在冬季。通信也很容易切断。结果便是所有城镇，无论是在塞族、穆族还是克族控制下，都建立起了各自的民兵武装，或者相互支援，或者相互对抗。其中一些民兵人员是自愿应召的——以致由拉多万·卡拉季奇（Karadži Radovan）领导的塞族政府和由阿利雅·伊泽特贝戈维奇领导的穆族政府这两个敌对的政府，都能让人们听命——另一些民兵人员则是违背自己意愿被迫扛枪的。

有些城市不止一股民兵。例如很快就因波黑塞族武装的围困和炮击而举世闻名的萨拉热窝。战争初期该城的绿色贝雷帽部队是由曾是军人的恐怖集团头目优素福·普拉日纳（Jusuf Prazina）指挥的。多布里尼亚地区的防御则是由伊斯梅特·巴伊拉莫维奇·塞洛（Ismet Bar-jamovic-Celo）组织的；他是该城的武装警察部队司令，也负责掌管当地的监狱，他利用这一便利释放了罪犯，条件是为他而战。克罗地亚族人聚居的郊区斯图普由一名叫做韦利米尔·马里奇（Velimir Marić）的当地克族人控制。还有一位穆桑·托拉洛维奇（Musan Tolalović），又叫卡科，掌管着米利亚察河左岸地区。他们中的一些人自称效忠波黑穆斯林政府，另一些则不。据一项统计，曾经以各种形式参加过战斗的民兵派别达到了 83 支。

在四年的混战中，逐渐侵吞了前南斯拉夫国家军队残余的塞族民兵，尤其声名狼藉。无数的媒体报道和至少一部分（完全虚构且极其拙劣的）电影，通常都将他们表现为投机分子、强盗，甚至是足球流氓。他们得到了由南斯拉夫（实际上是塞尔维亚）总统斯洛博丹·米洛舍维奇提供的前南斯拉夫国家军队仓库中的武器，穿着杂乱的军服，佩戴着南斯拉夫军队的徽章。他们被描述为洗劫了一个又一个穆斯林城镇的暴徒，滥杀无辜，滥施酷刑，奸淫妇女，将成千上万的人驱离家园，抢走了拿得走的所有东西，把拿不走的东西则付之一炬。他们胡作非为时通常都是借着酒劲。例如，制造了斯雷布雷尼察大屠杀的塞族匪徒，就都是喝得醉醺醺的。

在很多情况下，这些描述都是恰如其分的。然而，对塞族来说不公平的是，这样的描述几乎也同样适用于其他民兵武装。在萨拉热窝和其他多民族杂居的城市，克族民兵和穆斯林民兵对待塞族居民，几乎像塞族民兵对待他们一样恶劣。因此，当克族武装在战争后期占领了克拉伊纳后，20万塞族人丧失了家园，灾难景象与波黑发生的情况非常相似。文化地标，如东正教教堂和墓地，尤其成为破坏的目标。他们所剩下的，只有破败的废墟。一个历史可追溯到四个世纪前的共同体荡然无存了。战争持续的时间越长，交战各方就变得越是相似。仅仅几个月间，他们就已经很难区别了。

而且，这些民兵组织中没有一个是真正具有凝聚力的武装。相互被高山关隘阻隔，可以随意招兵买马，民兵组织的下级首领或多或少是能够为所欲为的。无数停火协议都维持不了几天甚至几个小时，这便是原因之一。手中握着枪，在种族战争的外表掩护下，犯罪活动大大增长，无数个人恩怨也得到了断。硬币的另一面是，对立的民兵组织的许多成员，战前就相互认识，他们曾作为邻居或多或少和平共处过。这使得他们之间很容易谈判、做交易，偶尔还可以相互帮助完成一些特殊的任务，如暗杀。

在野蛮的乌合之众——他们已经变成了这样（或者也许一开始就是这样）——相互角逐的同时，还有一个额外的因素进一步加剧了混乱，那就是国际媒体和外国（联合国）武装的介入。出于难以探明的原因，几乎从冲突初起时，大多数世界媒体都反对塞族，指责他们犯下的暴行，而他们的对手实际上在这方面丝毫不亚于他们。不仅是媒体如此，美国总统比尔·克林顿及其国务卿马德琳·奥尔布赖特（Madeleine Albright）公开发表的很多言论也是如此。塞族人始终没弄明白为什么单把他们挑出来大加挞伐。他们所做的一切，就是为了竭力维系这个国家；而且，难道他们的敌人，无论是克族人还是穆斯林，在第二次世界大战时没有与德国人合作吗？

一些媒体成员为了证明自己所起的作用是有益的，声称他们的出现记录了暴行，也许还制止了一些暴行。这也许是真的，但同样真实的是：所有交战各方都很善于利用媒体，为自己的利益而假造事端。

波黑难民在逃避乱匪。

例如，波黑穆斯林民兵有时拒绝联合国将与他们信奉同一宗教的平民撤离战区，只是为了使他们的境遇更悲惨，再归咎于塞族。据一些记载，穆斯林武装为了同样的目的，向己方平民开火的现象，甚至也时有发生。

第一支联合国保护部队（简称"联保部队"，UNPROFOR）进入该国是在 1992 年 8 月，人数为 1500 人。后来他们不断得到增援，两年半后达到了 23000 人。他们的意图只是为了"改善"局势，然而，他们从未作为一个整体行动过，而是被分成很多小股，散布到波黑各地。他们所能做的，只是帮着把这个国家分成越来越小、越来越没有向心力的一块块飞地。他们的指挥官们拼命地想弄清到处都在发生着什么事情，指定"安全区域"，护送特使进入被围攻的城镇，谈判停火。然而，这些指挥官们不得不经常与驻萨格勒布的联合国部队总部和派出部队的各个国家联系，使得他们的作用实在有限。

派出部队的国家中，没有一个有意让其部队卷入战斗，或者当真想让他们冒任何危险，以致只要有联保部队开了火，哪怕是出于自卫，其指挥官都会遭到惩戒。无论是有意还是无意，这些维护和平者经常会发现他们被夹在了交战各派民兵中间。结果他们既脆弱又无力。在应付针对他们的冷枪、绑架（一些荷兰小分队就曾在塞族武装的枪口威逼下，被当作人盾）和切断联络时，他们很脆弱；在完成任务，制止冲突，哪怕是显著地削弱其强度方面，他们很无力。

由于彼此分隔，南斯拉夫各派民兵发现他们无法夺取更多的地盘——自1994年末到1995年中，战线几乎没有变化。但他们仍然能寻欢作乐地彼此开火。只要春天一到，他们就开始利用这一机会。正如甚至一位联保部队自己的指挥官所承认的，在很多时候联保部队都是在制造问题，而不是解决问题。大概该部队所起的主要作用是，通过使交战各派采取紧密结合的战略和并力行动变得更难，而加剧了本来就很巨大的混乱。他们使得一方无法取得对另一方的胜利，也许大大地延长了本来有可能结束的冲突状态。

似乎是为了证实这一切，在混战多年血流成河之后，联保部队的指挥官最终作出了一项决定（或者更确切地说，在其伦敦的上司逼迫下作出了决定，因为其上司打算撤出一个营的部队，又不想派人接替他们）。他在完全保密的情况下，撤离了萨拉热窝周边地区，以确保塞族武装不会像以前那样抓他的部下当人质。这一似乎完全出人意料的结果，给了北约利用其空中力量打击塞族的自由。一连数天令塞族无力还手的狂轰滥炸，起到了作用。

即便如此，战果也不能夸大。首先，就武器装备受破坏程度而言，卡拉季奇将军的损失非常有限，在人员伤亡方面甚至更是如此。例如，据估计塞族武装共有700门火炮，只有7门被摧毁。正如经常发生的情况一样，大量的精确制导导弹都未能击中目标，反而伤及了平民。尽管塞族人在哀号，却没人肯听。其次，空袭只打击了萨拉热窝周边部署的塞族武装，忙于围攻其他由穆斯林控制的飞地的塞族民兵，则几乎毫发无损。不过，当时塞族武装已经因其自身的行为而变得彻底丧失了士气。其一部分原因，肯定是因为试图摆脱联合国制裁的贝尔格莱德不再支持他们并停止了对他们的供给。结果，只需狠狠地踢上一脚，就足以使喽罗们作鸟兽散，而残余的首领们不得不坐下来谈判。

有一本评论《孙子兵法》的书论及了"穷寇"，这真是一个恰如其分的形容之语。既是因为缺乏共同的文化也是因为他们摒弃这种文化，这些野蛮的乌合之众既不敬天也不敬人，既不了解自己也不了解敌人。结果，他们很难采取任何程度的有组织的行动。尽管好运有时会眷顾他们，但从长远看，他们无法取胜。某种意义上，"胜利"这个词用在他们身上，就丧失了其意义。他们哪怕打了一个胜仗，也很难再打胜仗。而一旦打了败仗，他们往往就会士气低落或土崩瓦解。也许他们所能指望的最好局面就是像普瓦捷战役之后和波黑战争当中那种混乱的僵局。因为这种局面能延长他们的存活，使他们拥有否则就不会拥有的为所欲为的行动。他们行事粗暴，经常不辨敌友。这反过来也许意味着他们残酷而不分青红皂白的打击会给他们树立更多的敌人。无论他们在哪里出现，他们传播的首先是恐怖，继而是仇恨。

无法无天，无组织无纪律，又引发了众怒，野蛮的乌合之众不能相信任何人，也不能让任何人相信他们。他们所能掌握某种事物的唯一办法就是彻底摧毁之。然而，由于死人对活人是无用的，破败的国家也无法供养人丁，他们造成的破坏在很多情况下起的都是反作用。他们往往极度浪费资源，无论是他们自己的资源还是从敌人那里夺取的资源。他们既会忽略对资源的有效利用，也会故意破坏资源。当普瓦捷战役后，一些英军指挥官变成强盗，洗劫起法国乡村时，他们的行为对他们的国王有什么好处呢？所有这些就是克劳塞维茨对这样的军队非常不屑的原因。他曾提议说他们只配安置在"能让他们自得其乐的繁华地区"。而在战争中，他们往往或多或少是无用的，无论对于他们的指挥官，还是对于他们自己，还是对于他们的敌人，他们都是巨大的威胁。

第十八章

没有灵魂的机器

　　没有灵魂的机器可能是两种对立的情况的产物。在大多数情况下，这是因为战争文化发展过了头，以致替代了战争本身。不假思索地机械地执行战争文化，不仅无助于军队加强纪律、增强凝聚力和提高效率，反而会起反作用，甚至促成失败。这种情况在一场大胜之后尤其可能发生。然而，也有一些情况下，出于这样或那样的原因，一种已存在的战争文化有可能会遭到贬损和破坏，最终彻底瓦解，并且无论好歹，再也无法振兴了。本章将以德国为例，阐释这两种可能性。

　　普鲁士军队是由"大选帝侯"腓特烈·威廉（Frederick William the Great Elector；1640～1688 年在位）创建的，是他使这支军队成为欧洲强权政治中一股不可忽视的力量。继而，几乎毫不夸张地说，是这位选帝侯的孙子腓特烈·威廉一世（1713～1740 年在位），将其踢打成型的。然而，这位"士兵国王"重视战争文化甚于战争本身。他一生都穿着军服。据传说，他临终之际躺在病床上，仍郑重声明要穿着军服去见上帝。在人间，这位国王最著名的发明是"lange kerle"团，字面意思是"大个子掷弹手"。在一个人们普遍身高都不及今天的时代，仍然只有高于 1.95 米的人才能加入该团。他还专门请画家为他喜爱的士兵画像，并用这些肖像来装饰王宫。正如奥地利派驻他的宫廷的大使所说的，他对这些士兵的喜爱，简直有些孩子气了。

　　腓特烈·威廉的继承人腓特烈大帝，与他的父亲性格完全不同。他摒弃了他父亲的一些华而不实的炫耀武力的形式，包括大个子掷弹手和一支胸甲骑兵部队。后者被人们非常形象地称为"骑在大象上的巨人"。与此同时，他将普鲁士军队建设成为史上最令人生畏的军事力量之一。从1741年到1763年，22年间，他使用这支军队与欧洲列强轮番进行了一系列残酷的战争，将普鲁士的领土和人口都扩大了一倍，但也使国家几乎化为废墟。

在腓特烈生命的最后23年——他死于1786年——在他统率下无往不胜的这支军队开始走下坡路。普鲁士像18世纪的其他国家一样，受过教育的中等阶层人士是不要求服兵役的。然而，这时为了恢复经济，越来越多的农村居民——即按照他们被划分的征募区命名的著名的"Kantonisten"——也被免除了兵役，以便他们从事农业生产。为了补充仍在不断扩大的军队，只得招募外国人。到腓特烈死时，外国兵员的数量已超过了本土兵员，比例甚至达到了二比一。然而普鲁士这个国家仍然以吝啬小气而著称，结果低素质的外国兵员一有机会就开小差。为了弥补他们的缺陷，普鲁士军队非常强调战争文化，以致到了几乎非理智的地步，包括臭名昭著的使用鞭子。

部分上，这是国王自己的过错。他一向是个玩世不恭的人，现在，过早的衰老和精疲力竭，使得他越来越重形式而不重实质。在他之下，最应该为这一新趋势负责的人是弗雷德里希·克里斯托夫·冯·萨尔登中将（Friedrich Christoph von Saldern）。他生于1719年，起初是一位非常能干的指挥官，在霍赫基希战役、利格尼茨战役和托尔高战役等恶战中，证明了自己坚强的意志和迅速、准确地调动部队的才能。他的外貌很引人注目，一位当时的人曾这样描写他："简直是一副战神的模样，身材高大（他曾是一名大个子掷弹手），虎背熊腰，充满了威严和高贵的气质。"他也是一个比较正直的人，曾经拒绝过腓特烈要求他摧毁一个属于某萨克森敌国国王的狩猎场的命令，结果一度失宠。1763年，腓特烈任命他担任驻马格德堡的部队监察长。他在那个位置上一直待到了1785年。然而在此期间，他说服了同辈的将军们——都是像他一样在"七年战争"中身经百战的宿将——军事训练的实质，实际上也是全部军事生活的实质，就是在战术机动演练中所表现出的整齐划一。

　　　　　　　　　战争的文化

这时，国王的名声已开始带上了一些传奇色彩。某种程度上，他似乎陷入了对自己创造的体系的迷恋当中。年复一年，他都要观看队列操练。年复一年，他都兴味盎然地看着冯·萨尔登站在俯瞰着城中市场广场的塔楼上，充分利用他的大嗓门，指挥着部队进行越来越复杂的队形变换。其中许多都是专门设计出来给国王看的。最壮观——尽管不是最实用——的队列活动是让部队围绕着自己的轴，像伞盖旋转一样行进。曾任普鲁士军队参谋军官，后来成为知名军事作家的格奥尔格·冯·贝伦霍斯特（Georg von Berenhorst），给我们留下了这样的描述："由200或250个纵列组成的队伍，以宽大的正面，向正前方的观众走来，给人留下了非常壮观的印象。士兵们的腿上打着精致的绑腿，穿着紧身的马裤，前后摆动着，就像织机上的织物。阳光照射在他们擦得锃亮的滑膛枪和白色的皮带上，发出耀眼的光芒。仅仅几分钟，这道移动的墙就向你压了过来。"

为了达到这样的完美，军服必须制作得密实紧身，单是穿戴整齐，就得花很大一番工夫。更严重的是，由数以千计的人构成的巨大机器，每一个齿轮都必须运转得非常精确，毫无差池。能够成功地完成这一任务的指挥官，将赢得巨大的赞誉，包括获得普鲁士的最高奖章蓝十字勋章。然而，只消出一处差错，国王的盛怒就会了结一名军官的前程：曾有将军为此坐牢，校官被阵前革职，骑兵军官被贬为不那么威风的步兵军官。为了防止家里的男人遭此灾祸，妻子、母亲、孩子和其他亲戚都会为他们对天祈祷。在检阅前的几个星期，士兵们会加紧操练，哪怕一颗纽扣系得不合适，都会受到严厉的惩罚，也难怪他们都变得像机器人一样了。

阅兵也许有助于加强国王与军队的联系。据说腓特烈本人曾说，队列演习最令人惊奇的事情倒不是他们表现出的整齐划一，而是他和他的随从当着成千上万全副武装的战士，居然能够非常安全地站着观看。然而，战争文化超越了战争本身的程度，有两个当时的故事能够很好地说明。故事之一是冯·萨尔登如何一本正经地与人们辩论将行进速度由每分钟75步提高到76步的利弊。另一个故事说，冯·萨尔登死后，在天上见到了古斯塔夫斯·阿道弗斯①，向他讲述起自己的操练办法，这位国王回答说，他还不知道他死后地球已经被踏平了。简而言之，原本服务于一个实用目的的上千个细节——后来，格布哈特·冯·布吕歇尔陆军元帅（Gebhard von Blücher）斥之为"拘泥形式"——可以说变得脱离实际了。它们仍然纯粹作为一个高度发达的战争文化的一部分而流传着，但这种战争文化本身已不再有任何意义了。

腓特烈死后，情况还在继续恶化。他的继承人是他的侄儿腓特烈·威廉二世（Frederick William Ⅱ），绰号"肥巨人"。他既没有什么亲身的战争经历，也对战争没有任何兴趣。这个讨人喜欢的人，最关心的就是他那无穷无尽的一连串情妇。1788 年，他的军事统帅试图通过颁布新的轻装步兵操典来实现军队现代化。然而，即便如此，大部分条文关注的仍是紧密队形操练：按军衔着装、向前进、每分钟多少步、向右转、向左转，等等。结果，轻装步兵的训练与其他兵种相比，如果有什么区别的话，也非常小。

外国人被腓特烈大帝的威名所吸引，成群结队地来观看阅兵，希望搜集到一些有用的经验。其中较有见识的有前驻北美英军司令查尔斯·康华里将军（Charles Cornwallis）②。他刚刚获得了对他本人来说很不幸的最新战争方式的第一手经验。他看到的情景并没有打动他。两长列士兵，穿着极其华丽的军装，在标杆和绳子的协助下排列得非常整齐。他们被带到操场上，相向前进，到相距只有六码时，立定开火，直到把最后一颗训练子弹打完。康华里后来写道，这样的演习如此荒唐，就连最糟糕的英国将军都会耻笑。然而，我们很快就会看到，在耶拿战役中，普鲁士军队就是这样作战的。

还有一位访客是拿破仑的参谋长路易·亚历山大·贝尔蒂埃（Lou-is-Alexandre Berthier）。1806 年初夏，他到马格德堡观看了不伦瑞克公爵（Duke of Brunswick）举行的一次演习。像所有其他人一样，他注意到

---

① 1594～1632，瑞典国王。有"现代战争之父"之称，在位期间使瑞典成为欧洲强国之一。——译注
② 1738～1805，英国将军，美国独立战争中的英军司令，在约克敦围城战役中战败投降。——译注

了普鲁士军队在变换队形时所表现出的完美秩序。然而，他们没有实弹射击，而是用木响板模仿了枪声。这样的军队根本无法对作战经验丰富的法军构成威胁。贝尔蒂埃不知道，恰在此时，波茨坦团的指挥官正在向柏林报告，由于无休止的擦洗，他们的滑膛枪已经磨损严重，无法再射击真正的火药了。然而，其他普鲁士军官仍在嘲笑法军的队列根本达不到他们的标准。腓特烈大帝时代被视为普军最可怕的劲旅的骑兵，情况也好不到哪里去。当战争真正来临时，习惯以密集队形行动的普军部队，已不知道该怎样侦察和巡逻。

当法国大革命展开，以及拿破仑大军随后横行于欧洲时，普鲁士一直袖手旁观。其军队曾于 1792 年入侵法国，但在当年 9 月著名的瓦尔米炮击中被击退。此后，他们在战争中没有采取进一步的行动。相反，他们陷入了军事上的死水。深怀优势意识的普鲁士将领们死抱传统不放，包括所有军官和士兵都必须听命于国王、必须扎马尾辫等传统。这方面尤其突出的是恩斯特·冯·吕歇尔（Ernst von Rüchel）。他是冯·萨尔登的门徒，克劳塞维茨说他无论仪表还是行为都是普鲁士精神"浓缩的精华"。有一次他说普鲁士军队中有许多拿破仑。然而还有一次，在由未来的军事改革家格哈德·冯·沙恩霍斯特（Gerhard von Scharnhorst）创办的柏林军事学会探讨下面这个问题——步兵军官不仅要像操典要求的那样骑马随部队前进，还应当学会如何在战斗中指挥他们——时，这位在即将发生的战争中担当了重要角色的将军，厉声喝道："普鲁士贵族永远不能步行！"在 1760 年的托尔高战役中，约翰·冯·许尔森（Johann von Hülsen）中将的坐骑被敌人射杀，他因受伤而无法再骑上另一匹马，就让士兵把他架上一门炮，拖上了前线，然而，自那以后，情况已经发生了多么大的变化啊！

1806 年，普鲁士与俄国签约结盟，准备同拿破仑的法国交战。这时普鲁士的君主已是腓特烈·威廉三世。他于 1797 年即位，将一直统治到 1840 年。他儿时的老师是冯·舍伦将军（von Scheelen），恰是构成了普鲁士军队中坚的那些"魔鬼般的队列教官"之一。国王本人虔信宗教，心地善良，但目光短浅、性格腼腆，完全受他漂亮的妻子路易丝（Louise）王后的摆布。拿破仑曾于 1807 年夏天专门花了很长时间与他一起用餐，赞扬他是个"好人"。但他也发现，国王除了"军服上的头饰、纽扣和军用皮包"外，很少谈及其他；对于包括军事在内的其他话题，他都知之甚少。在当时 142 名普鲁士将军中，有 4 名已经年逾八旬。有 13 名已经 79 岁。有 62 名，包括吕歇尔本人，在 60 岁以上。甚至团、营一级的指挥官，也有 25% 超过了 60 岁。可想而知，这样的人很可能持旧瓶，却不大可能装新酒。

普军总司令是上文提到过的不伦瑞克公爵。40 年前，他是腓特烈二世的主要副官之一，被腓特烈二世称为"我的小英雄"。他骁勇异常，曾成功地指挥过德国西北部的汉诺威军。克雷菲尔德战役（1758 年）的胜利使他名扬欧洲。然而这时，他已经 71 岁了。1806 年 10 月 4 日发生的一个小小的事故，表明了他多么地恪守战争文化，四十多年的和平又使他变得多么顽固不化。腓特烈·威廉召集他的高级将领在爱尔福特开会。高谈阔论所花的时间比预期要长，但还没过更换每日口令的规定时间 11 点。军官们已开始在室外集合，国王透过窗户注意到了他们，就给了不伦瑞克一个新口令要他宣布。当总司令来到门口时，立刻注意到一个小小的疏漏：本应在那里阻止陌生人靠近并听从召唤的军士和四名士兵，都没有站在他们指定的岗位上。

当着国王的面，老元帅踱来踱去，对部下大发雷霆，却不知道接下去该怎么办。有人试探着提出，可以使用在大楼门口站岗的两名卫兵，但按照条令规定，还缺一名军士和两名士兵。老天有眼，恰在此时，一辆为掷弹手营运面包的马车轰隆隆地驶来。车上正好有需要的军士。但新的灾难又发生了。这名战士没有按条令规定手持卡宾枪，而是把枪系在了车上腾出了双手！面对这样无视纪律的行为，该怎么办？如果他用这样的战士来保守口令的秘密，他岂不是在拿条令开玩笑？而如果他按照自己的意愿惩罚这个人，口令又无法传达。元帅陷入了巨大的惊骇和无助中，直到他发布了一项特殊命令，才斩断了这个戈尔迪之结[①]。这个故事是当时在场的未来将军和陆军大臣赫尔曼·

---

① 希腊神话中弗利基亚国王戈尔迪打的难解的结。按照神谕，能入主亚洲者才能解开，后马其顿国王亚历山大挥利剑将其斩断。——译注

冯·博延讲述的，他评论道："这就是将带领我们去打拿破仑的人。"

　　几星期后，在 1806 年 10 月 14 日的耶拿和奥尔施泰特双重会战中，报应来了。本书不是分析双方的战略计划或描述普鲁士最高统帅部内的分歧的地方。我也不打算细说存在于戴着国王的徽章并享有特权的军官与深受压迫的普通士兵之间的巨大鸿沟。这些普通士兵大多仍然是农奴，没有任何公民权，境遇比牛马强不了多少。他们是在军官们的鞭子和军士们的短矛驱赶威逼下走上战场的。这是大多数历史学家，特别是一些试图说明普鲁士是多么"封建"和"专制"的非军事专家，所归结的普军败因。这样的士兵为什么要打仗？然而，虽然军队的确是平民社会的反映——他们本身就是平民社会的一部分——但同样正确的是，任何军队都是由我们称之为战争文化的纽带维系起来的独立的组织。这种战争文化即使平民社会有所分享，也极其有限。

　　仔细观察战场上真正发生的情况，就会看到一幅与普遍看法不同的画面。同拿破仑交战的普鲁士军队总数不到 20 万人。其中有 7000 名军官，这一比例在当时的军队中丝毫没有什么不寻常的。不过，这些军官中只有 190 人战死——刚过 2.5%。而在双重会战中阵亡的普军总数估计为约 10000 人。换言之，腓特烈·威廉的军官们为国捐躯的比例，远低于那些普通士兵。然而这些军官都是享有高度特权，经过精心挑选，专门为打仗而培养的军人。他们都曾庄严宣誓效忠国王，并且深深浸润在一种战争文化中。这种战争文化，如吕歇尔所评述的，被推行到了适得其反的地步。

　　普通士兵的行为则完全不同。在耶拿战役中，普鲁士军队最重要的一支部队是霍恩洛厄—英格尔芬根亲王（Prince of Hohenlohe-Ingel-fingen）麾下的两万人。一连几个小时，他们在前线核心地带的维尔柴恩海里根村附近，排着队列，站成三重纵深。他们机械呆板地装弹、举枪、瞄准、射击。滑膛枪一次又一次的齐发射进了——什么？他们的对面是呈散兵状、以村内建筑为掩蔽的法军士兵。在这些普鲁士人的后方，吕歇尔正带着一万五千人来增援他们，但出于某些原因，六英里的路他竟花了四个小时。于是这些被与其他部队分隔开的士兵，身处看不见的敌人猛烈的炮火之下，被自己的武器冒出的白烟遮蔽着视线。周围的战场也逐渐为灰烟所笼罩，他们的勇气（或者也许仅仅是不动脑筋的迟钝）是惊人的，恐怕世界上再没有其他人能做到他们一半了。即使他们的大多数战友都倒在了地上，已死或即将死去，成群的士兵仍然像平时训练一样在前进。

如果这场战役的结果是由平民大众对普鲁士社会政治条件的不满以及他们拒绝为国而战所决定的，那么就应当是军官坚守阵地而普通士兵纷纷逃命。然而，实际的情况却恰恰相反。一种形成于大约1700年，在普鲁士国家同敌人的历次殊死搏斗中得到锻炼的战争文化，顶着胜利的光环，自然会变成这个国家突出的力量象征。就此而言，这种战争文化又机械而坚决地推行了40年，直到变成其军人的第二天性。对于军官来说，其影响是使他们变得自负、胆怯、固执和惰于思考。任何改变成规的企图都会遭到惩罚，任何热情都会遭到打击。对于士兵来说，其影响是：即使是在最恶劣的环境下，即使他们所做的是完全无意义的事情，即使如伤亡数字所表明的，他们的指挥官没有几个在监督他们，他们仍要做他们在训练中所做的事情。当伤亡数字变得无可容忍时，这支军队及其赖以维系的文化，就都土崩瓦解了。

一连几十年精心培育的一切，证明全都是无用的，这支军队迅速地瓦解了。霍恩洛厄的部队在表现了非凡的勇气后，却无法再坚持下去，于是残兵败将们开始溃逃了。在逃跑的路上，他们又迎面撞上了正以演兵场上惯常的平稳步伐从后方赶来的吕歇尔部队。其结果便是无法形容的混乱。德语中的"versprengte"一词，意为"被打散的群龙无首的部队"，据说就是因为这一情景而产生的。几个星期，甚至几个月之后，秩序才得以恢复。用拿破仑的元帅之一让·克洛德·拉纳（Jean-Claude Lannes）的话来说："普鲁士军队被吓坏了，无论在哪里，哪怕只有一名法国人出现，他们就会放下武器。"皇帝本人的贬损也毫不客气。他在《大军团》（Grande Armee）的第22期公告中富有诗意地写道："像是秋天的薄雾遇上了冉冉升起的阳光，普鲁士军队就这样消散了。"

这话并非言过其实。从前，就连身为批评者的沙恩霍斯特都认为，这种把军队维系起来的纽带，能够经受得起一次失败并存活下来，甚至能够经受得起不止一次失败。他曾写道："我们的荣誉感和相互信任，将始终完好无损。"然而，任何论断都不能超越事实。整个部队，包括许多一枪未放的部队，都像被鬼追逐一样仓皇逃窜，或者匆忙投降从而背弃了战友。以指挥普军中坚部队的霍恩洛厄为例。他尽管战败了，不得不撤退，但他仍然掌握着一支上万人的强大力量。他还拥有64门火炮，比在奥尔施泰特击败了两倍于己的普军的法国元帅路易·尼古拉·达武（Louis-Nicolas Davout）多20门，比拿破仑本人为在耶拿形成"大炮台"而集中起来的火炮多39门。然而，10月28日，在轻信了法国元帅若阿基姆·缪拉的恐吓，说他已被十万法军包围之后，他放下了武器。他在向手下军官们通报这一决定时，竟无一人反对。但假如他们指挥得当，他们完全应当能逃到斯德丁的。后来，就连日后在滑铁卢战役中成为胜利者的布吕歇尔，也没能逃脱被俘的命运。

一些普鲁士著名要塞城市，如爱尔福特、马格德堡、施潘道、斯德丁，还有更东边西里西亚和奥德河沿岸的要塞，10月14日的战役都未曾触及。它们中的许多都给养充足，武器装备也比野战军精良。单是爱尔福特就有上万守军，尽管士气低落、组织涣散。马格德堡收容有两万五千败军。这些城市的行政长官，大多由参加过"七年战争"的老将担任，国王是为了节省养老金，才把他们安置在这些位置上的，然而他们甚至都没有尝试一下抵抗。有一座叫屈斯特林的要塞，是在守军司令冯·英格施莱本上校受贿后陷落的。曾经一度，有如此多的城市几乎在同一时刻开门投降，缪拉甚至都来不及向他那位身为皇帝的内兄报告。发布了著名的公告，告知国王战败，声称公民的"首要义务"是保持冷静的那位柏林长官，本人却逃跑了。他在军械库里留下了5万枝崭新的滑膛枪，从技术上讲比法军使用的还要优越。后来，拿破仑就是用这些枪，装备了他在波兰招募的部队。

法军的推进非常顺利，很快就向东到达维斯图拉河。历史又一次证明：并非中等阶级疏离了祖国才导致了普鲁士战败。未来的元帅，当时的上尉奥古斯特·冯·格奈泽瑙（August von Gneisenau）发现，在他撤退时，更不用逃跑时，虽然法国人就在前面，老百姓仍对他非常友善。无论他到哪里，他们都很愿意帮助他，为他提供住处、食品、干衣服、交通工具和情报。如果没有这些帮助，他绝对不可能逃脱。像耶拿战役已经证明过的一样，普鲁士军队的崩溃是从军官群体开始向下蔓延的，而不是相反。

一天晚上，当法军逼近波美拉尼亚的军事重镇科尔贝格时，市民们想要唤醒守军的上校指挥官，结果却被告知他已经睡下了，不能打扰。第二天，当第一颗炮弹打过来时，他们发现他根本不想抵抗，只想尽快举起白旗。最后，他们不得不用刺刀来阻止他这样做。不久，格奈泽瑙来到这里，这时他已升任少校。他接过指挥权，守住了该城，直到1807年6月《蒂尔西特和约》签订。他的表现在当时绝对是异常出色。在耶拿—奥尔施泰特会战之后的几个星期里，腓特烈·威廉的军官投降的实在太多，拿破仑都不知道该拿他们怎么办了，最终在他们保证不再打仗后，他将他们大部分都释放了。

前面提到过的格哈德·冯·沙恩霍斯特在战前不久曾写道：就队列演习而言，普鲁士军队"出类拔萃，也许永远无人能及"。然而，正因为如此，其军官一上战场，就不知所措了。普鲁士将"战争文化"置于军事效能之上，便使国家生存陷入危险境地。在这次大败后不久，沙恩霍斯特的门徒卡尔·冯·克劳塞维茨便撰文支持了他的观点：在演兵场上无休无止地操练，只会使"军队的精神"变得"完全不好战"。

在山的另一边，制造大场面的能力丝毫不亚于军事指挥才能的拿破仑，也深谙战争文化的正反面作用。他首先拆除了罗斯巴赫那座庆祝1757年普鲁士大胜法国的纪念碑，并运回了巴黎，重新树立在离皇宫不远的地方。他还不辞辛苦地专程去了趟波茨坦的驻军教堂，庄重地瞻仰了腓特烈大帝陵墓，还带走了这位普鲁士国王的剑和有三个尖顶的帽子。最后他还在柏林的勃兰登堡门举行了一场大游行以庆祝胜利。

像凤凰涅槃一样，普鲁士军队并没有灭亡，而是从惨败中重新崛起。以1813～1815年的"解放战争"为起点，但也越来越多地回顾腓特烈二世的辉煌时代，普鲁士（及后来的德国）军事将领们在19世纪和20世纪继续精心培育战争文化。世界上再没有哪支军队对于军服、服饰、军旗、军乐和阅兵比他们更感到骄傲了。也再没有哪支军队比他们更重视自己的历史，设计出更复杂的方式来进行庆祝了。几乎所有公共庆典中，军事都是突出部分，而这些军事活动通常都会得到无数的老兵组织的支持。

这时的普鲁士军队，从很多方面讲都还是一支进步的力量，而不是反动的力量。无论多么强调从历史上继承的象征性价值，他们再也没有像 1763～1806 年那样允许传统桎梏现实。部分上在他们的文化支持下，普鲁士陆军，以及后来的武装力量整体，出色地将凝聚力、严明的纪律、高度的创造性和被称为任务型命令（Auftragstaktik）的指挥系统结合在了一起。这些素质反过来帮助这支军队在 1864～1871 年的统一战争中赢得了一系列重大胜利。后来，它们又使德国军队在两次世界大战中尽管最终失败了，但都有出色的军事表现。

这一个半世纪，在德国国内，一些团体竭尽全力地钳制战争文化，认为这是反对派、封建主义、资本主义、帝国主义和数不清的其他坏东西所利用的工具。有些人，特别是左派，谴责战争文化。还有些人，特别是受过教育的中等阶层人士，嘲笑战争文化。然而，几乎没有疑问的是，该国绝大多数人是赞赏和支持战争文化的。在 1813 年后的一个半世纪里，军队始终是"国家的学校"，而不是相反。甚至在魏玛共和国时期，当国防军的人数被限制在 10 万人以下时，各种老兵组织的成员仍然数以百万计，从而保存和传播了军事传统。军队及其文化如果没有得到这种强烈而广泛的公众支持，那么上述战争无疑都是不可想象的。

在德国之外，对德国战争文化的态度分化更大。一些外国人欣赏其壮美，想将其引入本国军队。甚至一些德国先前的敌人也是如此。在"七年战争"结束，法国大革命尚未爆发的年代里，巴黎和圣彼得堡这样相距如此遥远的地方，却都在"以普鲁士为榜样"。如果说俄国的彼得二世没有同腓特烈二世死战到底，那在部分上是因为他钦佩普鲁士军队。如果他的妻子——后来的叶卡捷琳娜大帝——的话是可信的，那么他曾用锡兵来模仿普鲁士军队，他还把这些锡兵带到了床上陪他入睡。在 1914 年之前的几十年间，类似的事情也发生在盎格鲁—撒克逊世界里。那段时期，无论在英国还是在美国，很少人怀疑德国军队是世界上最优秀和最强大的，尤其是军官。不过，也不是所有人都对公开地展示武力感到着迷。总有一些人对"赤裸裸的军国主义"精神大摇其头。他们或者视其为前现代社会的残余，如赫伯特·斯宾塞；或者认为这是对自己国家的威胁，尤其是法国人。

作为第一次世界大战的结果，更是第二次世界大战的结果，许多历史学家开始把德国出的一切问题都归咎于军国主义。首先，这个国家用了这么长时间才走上民主之路，军队被认为需要承担部分责任。其次，他们还被指责没有反抗希特勒，即使没有帮助他犯下一些最恶劣的战争罪行和空前的暴行，也使之成为可能。毫无疑问，所有这些说法都很有道理。然而，仍然不能否认的是，无论其结果多么恐怖，军国主义的确对该国无可置疑的军事效能起到了促进作用。某种程度上，这个问题并不重要。无论站在什么立场上，战争的双方，以各自的方式，为了各自的目的，都坦率地承认战争文化为锻造这支有史以来世界上最强大的军队之一所发挥的作用。正如世界各地无穷无尽的出版物和成千上万的军品收藏者们所证明的，时至今日德国的战争文化仍然具有强大的——也有人会说可怕的——吸引力。

20世纪50年代初，随着德意志民主共和国和德意志联邦共和国开始分别重建各自的武装力量，他们都不得不面对战争文化这个问题——换言之，就是他们要发扬什么传统，如何定位自己与先辈的关系。两国采取的解决办法大相径庭。在铁幕的东边，民主德国的领导人声称他们实行了彻底的社会、经济和政治革命。照此说法，他们切断了与以往的国家和社会的一切联系，代之以一个代表曾受到纳粹和资产阶级残酷压迫的工人和农民的国家。这种切割意味着他们可以随心所欲地打造一种新的战争文化而不必过于担心被指责为"军国主义"。按照他们的观点，他们的国家摆脱了旧的阶级性，在共产党的领导下，是不会做错任何事情的。当然，他们的军队也不会出错。

其结果是矛盾的。所谓的"国家人民军"（简称NVA）自认为是旧的普鲁士—德国军国主义的坚定反对者，并非全无道理。毕竟，两个半世纪以来都是军国主义中坚的"容克阶级"，已经被清除了。不肯合作的该阶级成员，也从肉体上被消灭了。部分上是出于内部的政治原因，部分上也因为他们的苏联"朋友"始终在监督，国家人民军的指挥官们在清除据说靠不住的旧德国国防军人员时，比西德军队指挥官们更为坚决——即使这样做通常会导致军事效能方面的损失。

另一方面，正因为军方领导人及其政治老板声称他们已经摒弃了那些遗产，他们在采用许多十足军国主义的装饰品时也不会受到良心上的谴责了。包括自上而下极严格的纪律、正步、战地灰军服、与希特勒的士兵所佩戴的非常相似的徽章，甚至还有长筒靴。早在1956年，所有这些就都恢复了。正如官方正式宣布的，德意志民主共和国已经成功地完成了清除该国战争文化中"反动"和"好战"要素这一自愿承担的任务。于是，这种文化又可以为武装力量所使用了。

然而，单是服饰并不能产生战争文化。一支军队如果没有传统，就像人没有脸一样，都不知道是谁，就更不用说代表谁、为谁而战、为谁而死了。马克思列宁主义一向有坚强有力的历史定位。于是，民主德国的领导人以及国家人民军的统帅们不久便开始扫荡历史，寻找传统，以便为军队提供"可供学习的榜样"，培养军队的"荣誉感"。

首屈一指的是在1919～1920年的国内战争和1941～1945年伟大的反法西斯战争中树立起来的闪闪发光的苏联榜样。虽然普鲁士人和俄国人的确曾联合同拿破仑作战，但强调"社会主义的国际主义"有时却会产生怪异的效果。例如，奥德河畔的塞洛城建起了一座巨大的纪念碑和一个纪念馆，纪念1945年4月苏联红军战胜纳粹德军——无疑这是有史以来唯一一座一个国家庆祝自己战败的纪念碑。

仅次于英勇的苏联解放者的是各个时期的"德国革命者"。最杰出的有：1525年农民起义的领袖；流产的1848年革命中一些不那么富裕、不那么资产阶级化的领导人；斯巴达克同盟①成员，特别是曾在1919年发动了同样流产的共产党政变的卡尔·李卜克内西（Karl Liebknecht）和罗莎·卢森堡（Rosa Luxemburg）；以及西班牙内战中曾为共和国而战的恩斯

---

① 德国左派社会民主党人组织，1918年11月成立，同年12月该派领导人建立了德国共产党。——译注

特·台尔曼营（Ernst Thaelmann Battalion）。1944年7月20日试图暗杀希特勒的团伙的部分成员——当然不可能是全部成员——被恢复了名誉，送进了英雄殿。旧普鲁士军队中的少数"进步分子"也是如此。例如，沙恩霍斯特被从腓特烈大帝军队中一名前军士的儿子篡改成了一个农民的儿子。在把他的历史记录进行了一番这样的清洗后，1966年他获得了冠名国家人民军最高勋章的殊荣。后来，甚至还拍摄了一部关于他的生平和军事生涯的电视片。

1979年，又有一些"解放战争"中的英雄的头像被刻在了勋章上。随着时间推移，民主德国这种将至少一部分普鲁士传统据为己有的倾向也越来越明显，毕竟其领土中的确包含了旧普鲁士的核心省份。渐渐地，像腓特烈·威廉一世和腓特烈·威廉二世这样的人物也被以不同眼光看待了。他们从与贵族们沆瀣一气剥削农民和工人的封建君主，变成了对国家有贡献的人。1979年，甚至腓特烈二世这个头号"军国主义分子"，也被从遗忘中想起，其雕像重新立在了柏林菩提树下大街原来的位置上，而且至今仍耸立在那里。

回顾民主德国45年的历史，我们可以看到这个国家起初是怎样地试图与德国传统的战争文化彻底切割。然而，潮流随后又逆转了——由于民主德国像它西边的邻居一样，一再声称自己代表了德国的全部，这种逆转的趋势越发明显。国家人民军慢慢吞吞、犹犹豫豫地将德国历史上更多的要素系上了自己的战车，哪怕它们严格地说并非"无产阶级的"和"革命的"。这种对传统的关注完全是有意为之的，是为了促进国家人民军部队在思想上的"钢化"，从而为即将来临的"社会主义阶级斗争"做好准备。如官方的宣传所说的，国家人民军通过继承和发扬这些传统，逐渐锻炼成为德国历史上最可贵、最进步的武装力量，与联邦德国国防军形成了鲜明的对比，后者始终未能清洗自己身上由前辈留下的罪孽。

然而这样形成的文化能够真正生根吗？抑或只能是权力欲极强，自己都不相信自己所说的哪怕一句话的领导人们强加给部队的花言巧语？在统一后的德国，几乎东德的一切都遭到抨击和贬低（通常都有很好的理由），因此对于这个问题也很难得到可靠的答案。东德国家人民军在其存在的最后 20 年左右，被普遍认为是华沙条约成员国中除苏联军队外最具战斗力的军队。这支军队的一些前成员，在出版回忆录时，都对自己的服役经历表达了极大的自豪。他们中的代表人物，在从东非到古巴的第三世界，到处被聘为军事顾问。然而，这支军队从未经历过战争的检验。而且，东德是一个不允许异见者和批评者存在的极权国家。在这个国家，哪怕仅仅是对传统的效力表示一点点怀疑，都会招致惩罚。1989 年当这个国家垮台时，几乎没有一名军官或士兵愿意为挽救它而举枪，也许就足以说明这点。

虽然联邦德国也同样需要摒弃旧的战争文化，创建新的战争文化，但却是以完全不同的方式进行的。诚然，西方盟国试图"非纳粹化"，要求每一名德国公民就他或她与希特勒政权的瓜葛填了表，并对其中极少数人施加了惩罚。然而，除此之外，西德的土地上没有进行广泛的清洗，没有重新分配财产，没有发生革命，甚至没有发生苏联在东德强制推行的那种革命。相反，在天主教保守派总理康拉德·阿登纳的领导下，西德着手建设了一个宪治、民主、守法、充分保证人权的国家。这样，他们便处于他们的北约盟国和后来的欧盟盟国经常性的监督之下了。这些盟友们始终虎视眈眈地注视着复辟的迹象，今天依然如此。

于是内部反思和外部压力共同决定了当联邦德国国防军建立时，越发要拒绝以往的遗产。在这一过程中有两种思想至关重要。首先是"穿着军服的平民"，在这个"民兵"一词长期被禁止，士兵一向是工具——先是国王的工具，继而是国家的工具——的国家，这基本上是一个史无前例的观念。这意味着军队丧失了其在社会中的特殊地位，无疑包括其成员长期享有的特殊身份和特权。第二项革新是"内在管理"(Innere Führung)，甚至更具革命性。其目的是终止旧式自上而下的严格纪律。在第二次世界大战中，正是这种自上而下的纪律，为无数士兵参与无数暴行——包括处决了一万五千多名自己的战友，而这还只能算是个小小的脚注——提供了借口。

把这些思想付诸实践，证明是一项非常艰巨的任务。当 1945 年后西德人开始重建家园时，数以百万计的人都退隐到私人生活中。反对一切军事的思想非常普遍非常热烈。在相当长的时间里，最受欢迎的口号就是"永不再战"（Nie wieder Krieg）。如果说自德国统一、冷战结束后这个口号听到得不再像以前那样频繁的话，在很大程度上那是因为它已经深入人心了。然而西德人仍然并不必然要同该国以前的军队完全切割。毕竟，他们数以百万计的亲人或朋友，或者他们本人，都曾在那些军队中服役。仅仅因为这个原因，他们就要拒绝被视为罪犯。早在20世纪40年代末，公众舆论便反对无论是盟国还是德国审判前军官的企图，到50年代中期时，这种舆论可以说在很大程度上成功地终结了这一企图。

在这些压力之下，自1953年起开始筹建联邦国防军的经过仔细遴选的防卫官员和前军官，每走一步都不得不小心翼翼。一方面，所谓"布兰克局"（Amt Blank）①的成员，不得不避免任何"军国主义"的表现，因为"军国主义"已经变成，并且今天仍是最肮脏的词语之一。与此同时，他们也不可能在谴责德国的军事历史，尤其是最近的历史方面走得太远。最后，与民主德国不同的是，联邦德国很快就变成了一个实质上的民主国家。如果没能考虑选民的意愿，就很容易在民意调查和选举中遭到报复。

联邦国防军内部的情况也同样复杂。组建并在最初30年左右指挥这支军队的人，无一例外都是前纳粹德国国防军人员，包括大约一万名军官和三万名士官。的确，他们都经过了精心挑选，以确保他们像常言所说的那样"没有污点"。既要求他们施展专业技能，又要求他们摒弃，甚至是严厉批判他们中许多人都曾奉行多年的战争文化，这是人性所不能承受的。例如，是否应当允许他们佩戴战时获得的勋章？大体上，纳粹国防军的勋章与其他军队的没什么两样。然而，其中一部分勋章是阿道夫·希特勒亲手颁发的，而所有勋章上都印有纳粹党徽。最终达成的妥协是，允许佩戴没有纳粹党徽的勋章，结果令所有人都不满意。

---

① 联邦德国国防部的前身，以其领导人特奥多尔·布兰克命名的机构，名义上处理与盟国占领军有关的事务，实际上在为重建联邦德国国防军秘密地做准备。——译注

像两德边界东边一样，结果是矛盾的。就外部装饰而言，联邦国防军的军服像联邦德国整体一样，与其东边的对应者相比更远离"德国"，更远离"军国主义"。战地灰的军服和正步走的阅兵被废除了，恐怕也一去不复返了。美国式的短筒军靴和钢盔，以及美国式的军服，使得他们看上去一点儿也不像以往的任何一支德国军队——也许不那么军事化了，线条也不那么明快了。再没有什么比军官服装的变化更明显了。马裤被便裤取代，长筒靴被便鞋取代，紧身上衣变成了平民式的领带和礼服。许多这类改变似乎就是为了把军官打扮得尽可能像是穿着制服的仆人。也的确有人说他们就是仆人。

然而联邦德国国防军与东德国家人民军还是有一点不同，他们不承担意识形态方面的义务，不为革命政权服务，而是被视为西方模式的非政治组织。因此他们从一开始就不像国家人民军那样要废弃德国军事传统的另外一些残余。相反，他们将据说是少数的参加过纳粹党或参与过暴行的"歹"兵，与仅仅是效忠祖国的绝大多数"好"兵区别开来。前者应当，而且据说已经或将会受到孤立、谴责甚至惩罚。后者则应当既往不咎。无论他们的领导者和他们为之而战的事业有多么邪恶，他们作为以"值得尊敬的"方式尽到了职守的军人，甚至都值得建立一座荣誉室。

随着时间推移，甚至要把被纽伦堡国际军事法庭判定为"犯罪"组织的党卫军部队纳入第二类的趋势都在不断增长。这个问题曾经和至今有多么严重，1985 年 5 月的一件事情就可以清楚地表明。当时美国总统罗纳德·里根准备访问德国，赫尔穆特·科尔总理（Helmut Kohl）邀请他参观比特堡的军事公墓，那里并肩埋葬着数以千计的前德国国防军官兵与少数阵亡的党卫军成员。在经过广泛的外交谈判后，里根接受了邀请，但他必须首先和科尔一起参观贝尔根贝尔森集中营受害者纪念馆，并在那里发表一篇令人感动的悼念受害者的讲话。

不时会有一些联邦国防军人员越过被认为可以容许的底线——必须说明的是，通常都不是有意的。每一次都会拉响"右翼极端分子"抬头的警报并随之引发公众愤慨。这反过来又导致一连好几位国防部长发布新命令，就哪些传统值得发扬哪些不值得做出更严格的规定。

有些事情，例如无论出于任何目的、以任何形式、展示任何大小的纳粹党徽，都一向被认为是非法的。对于第三帝国时期产生的德国军乐，也是如此。在德国国内，传播和演奏这些军乐是被严格禁止的——当然，这催生了磁带和 CD 的黑市和大量互联网站。

至于其他传统，也一直存在着激烈的争议。时而，邀请前纳粹德军将军演讲，为其庆祝生日等等活动是被允许的。时而又是被禁止的并会招致严厉惩罚。时而，部队、基地、兵营和街道可以以"二战"英雄命名。时而所有这些名字又都不准出现，意在使其被遗忘。更加令人困惑的是，一些被德国法律禁止的事情，在其他国家却被认为是准许的，甚至是受欢迎的。例如，如果你想看看真正的纳粹德军军旗、制服和徽章是什么样子，就必须去参观德国境外的博物馆。从 1975 年到 1985 年，五角大楼经常邀请前德军指挥官参加战争游戏，以学习他们的经验并加以运用。

只要有变化出现，都会引发激烈的争论。社会主义者经常声称所发生的事情反映了对罪恶的旧时代的怀恋，甚至是回归。保守派人士在回击他们时，总是辩称并非旧时代的一切都是罪恶的，一支军队作为战斗力量而不是官僚机器，就不能完全抛弃过去。每当左翼政府掌权，如 1969～1982 年和 1998～2006 年，被禁事务的清单就会增长——例如赫尔穆特·施密特的国防部长汉斯·阿佩尔（Hans Apel）的所为。而一旦右翼政府上台，如 1982～1998 年和 2006 年至今，就不大会顾忌被本国人民或其他国家指斥为纳粹，在此方面就会鲜有改革。

在这样的情况下，可供联邦国防军汲取灵感的"值得继承的传统"变得越来越少，就不足为奇了。这一过程是在多个方向上推进的。首先，将纳粹德军将领区分"好"与"坏"的做法被废弃，任何在希特勒手下担任过高级指挥官的人都遭到排斥。继而，这一进程又沿着军队官阶向下蔓延。直到最后，甚至像王牌战斗机飞行员汉斯·约阿希姆·马赛（Hans Joachim Marseille）这样的人物，都被禁止提及。他在 1942 年为他的祖国献出生命之前，打下的盟军飞机比任何人都多，而他作为一名虔诚的天主教徒，绝非纳粹的支持者。

起初，只有 1933～1945 年的罪孽需要清洗。然而自 1968 年起，阴影便有了不断扩大之势，直至最终覆盖了德国军事史上在此之前的时期。不仅是"装甲兵之父"海因茨·古德里安，不仅是"沙漠之狐"埃尔温·隆美尔（Erwin Rommel）①，就连汉斯·冯·赛克特（Hans von Seeckt）②、保罗·冯·兴登堡、埃里希·鲁登道夫、阿尔弗雷德·冯·施里芬和赫尔穆特·冯·毛奇的名字都消失了。他们从效忠祖国的英雄，变成了"军国主义者"、"反动分子"和"帝国主义的走狗"。在今天的德军军营里，想找到他们的名字和肖像，都是徒劳的。而且，联邦德国在其历史上的大部分时期都是强烈反共的，这一特点某种程度上一直保留到了今天。因此，它也不可能像民主德国那样拾起左派革命的传统。就此而言，它的处境比它在国境线另一边的兄弟还要糟糕许多。

到 2007 年时，其结果有目共睹。在 1939～1945 年参加过德军的总人数估计约为 1800 万。在第二次世界大战前的两个世纪有多少就说不清了。在所有这些人中，唯一被官方承认事迹尚值得称赞的是 1944 年 7 月 20 日试图暗杀希特勒的团体——充其量不过有一百来名军官，绝对无法代表德军整体。更具讽刺意味的是，这些军官大多不是自由民主主义者，更谈不上是政治正确的左翼反战主义者了。相反，他们几乎无一例外都是老派的、彻头彻尾的普鲁士—德国民族主义者。他们的目的是按他们理解的方式挽救德国——其主旨是回归 1914 年之前，甚至是 1871 年之前那种包含有许多专制成分的政权。假如路德维希·贝克（Ludwig Beck）将军、申克·冯·施道芬堡（Schenk von Stauffenberg）上校和亨宁·冯·特雷斯科（Henning von Tresckow）上校及其同谋者能够看到他们的名字今天在被人们怎样使用，他们无疑会恨不得从未出生在这个人世。

其他国家正在接受军事教育的军人，都会花一些时间沉思他们国家的象征，以及他们本人在为什么冒着生命的危险，联邦德国的军人

---

① 1891～1944，德国陆军元帅。第二次世界大战中纳粹德军最著名的将领之一，曾指挥北非德意联军和在法国北部防御盟军从英吉利海峡登陆的德国部队。——译注
② 1866～1936，德国陆军上将。曾任陆军总司令。1934～1935 年来中国任国民党政府军事顾问。——译注

却不是这样，他们至少要用同样多的时间来讨论前车之鉴，即德国人在纳粹时期犯下，今后永远不能再犯的罪行。在联邦国防军的无数机构和军营中，你若想找到任何庆祝军事史上1813年以前（据说是"家长制的封建主义"、"军国主义"、"专制主义"及其他"工业化之前的价值观"盛行的时期）和1815年以后（上述那些坏东西不仅甚嚣尘上，而且日益与国家主义和纳粹主义结合起来的时期）的表示，都将是徒劳的。与其他国家的类似机构相比，德国的军事学院、参谋学院，以及其他教育机构，都是一副空虚、苍白、实用主义和死气沉沉的面貌。只有"解放战争"的遗迹，几乎成为联邦国防军历史上唯一适于展出的物件。然而，鉴于联邦国防军从未经历过实战，这些物件的激励和启发作用实际上非常有限。重要的并不是五颜六色的金属片、木片和布片，而是它们所代表的行为。2003年，联邦国防军因为在易北河沿岸帮助修建堤防而赢得了一些赞誉，然而，作为军事传统的基础，这显然是不够的。

然而，就连联邦国防军军人准许记住的人的名单也还在不断削减，而相当多一批德国人认为洗罪行动进行得还远远不够充分。以拉尔夫·焦尔达诺（Ralph Giordano）为例。作为一位意大利父亲和一位德国犹太母亲的儿子，"二战"期间焦尔达诺一直在汉堡东躲西藏，以免盖世太保抓住他。后来他成了一位知名记者。正如他在2000年所写的，对于他和他的家人来说，纳粹德军就是仇敌。他们赢得的每一场胜仗都是灾难，而他们遭受的每一场败仗都是解放在临近的福音。在他看来，一支军队的行动如果允许了大屠杀发生，就没有，也不可能有任何值得保存至今的东西。这支军队至少在此前130年间的任何前身，也是如此。然而焦尔达诺还只不过是由左翼人士组成的大合唱团中的一名高音歌手。如果他们当道，那联邦国防军就只能以奥托·布吕泽（Otto Bruser）这样的人来命名他们的基地了。奥托·布吕泽是一名17岁的耶和华见证会①成员，1944年他拒绝入伍，随即遭到

---

① 19世纪后期在美国创立的一个基督教教派，认为"世界末日"在即，主张个人与上帝感应交流。——译注

审判和处决。

考虑到可怕的历史背景，所有这些都完全可以理解。然而，无可争辩的是，如果要让一支军队的成员为国家战斗牺牲，这支军队就必须拥有战争文化——而这种文化是无法从焦尔达诺及德国内外的许多其他人所唯一认可的那类事例中产生的。也许与你的想象相反的是，尽管自 1945 年已过去了六十多年，情况并没有任何缓和。部分上是因为所有战争经历者实际上都已经死了，部分上是因为"冷战"的结束某种程度上拆了联邦德国军队的台，在很多方面时间越是推

THE **Goose Step** IS **Verboten**

The German Army Today

Eric Waldman

Fp *The Free Press of Glencoe*

没有灵魂的机器：一本关于联邦德国国防军的书的扉页，书名为《禁止走正步》。

移，自我反省就进行得越是彻底。无论在德国内外，都有很多人认为，经常性地面对——或者说"征服"（Bewältigung）——历史，对这个国家是有利的。然而，对联邦德国军队来说，处境却越发困难。

尽管"内在管理"成了很多文章津津乐道的话题，却没人知道它到底意味着什么。单是要弄明白那有着数不清的段落、保留条款和限定性条件的军法法典，就非得是法律方面的天才不可。在相当多的情况下，这一制度的结果都不过是造成了纪律松弛；而在另一些情况下，它变成了所谓的第十一诫："你好我好大家好。""穿着军装的平民"这一思想，也产生了一些非同寻常的后果。应征入伍的士兵大多来自于社会底层（较高阶层的子弟更倾向于选择非军事行业），他们的表现就仿佛买彩票时没中奖一样。职业军人，最主要的是军官，则认为自己不过是穿着制服的国家公务员，只是恰好穿上了一身很有趣的制服，所从事的专业是——更多的是在理论上而不是在实际上——

代表国家使用武力。你不必非得是"好战分子"或者右翼极端分子，就能注意到联邦德国国防军中盛行的一股特殊的气味。这股气味的成分是：并非个人表现的官僚主义风气、政治正确性，以及人们在唯恐祸从口出、言多必失的情况下所必然产生的阿谀之风。

右派的代表人物悲叹这一局面，声称这样不可能建成一支有战斗力的军队，假如德国再次陷入战争，后果将是灾难性的。许多左派的代表人物也悲叹这一局面，或者是因为他们感到德国的战争文化依然保留着太多过去的残余，或者是因为他们反对任何战争文化，宁愿看到它被彻底废弃——正如这支军队的缔造者们所说的，建成"一支不用煽情的军队"。于是，联邦德国国防军尽管像其他所有军队一样有着许多有才华有激情的战士，却陷入了左右为难的境地。许多其他军队，包括他们的盟军，认为理所当然的事情，在他们那里却遭到禁止。有很多事情，他们无论做还是不做，都会遭到指责。对于富有主动精神的战士来说，单是提一下存在的问题都会被立刻开除。一位前监察长，在退役之后享有了比别人更多的自由，一语中的："我们是个破碎的国家。"再过多长时间形势才会改变，假如形势改变了对德国和全世界会有什么影响，都还不得而知。

第十九章
没有骨头的男人

　　"没有骨头的男人"（Men Without Chests）是指没有战争文化，甚至可能鄙视战争文化，无论怎样挑衅他们，都不肯奋起保卫自己的男人。只要和平存在，他们就尽可能地无视战争文化。一旦战争来临，他们不是拿起武器投入战斗，而是躲避、逃跑或者祈祷。对我们的讨论来说，其顺序和结果是无所谓的。换言之，究竟是无视战争文化导致了丧失战斗意志，还是反之，是无关紧要的。鉴于战斗意愿及其部分上所来自的那种文化，主要是一种心理现象，那么没有骨头的男人究竟是一种感觉，还是实际存在，也是无关紧要的。

　　正如你可能预料到的，没有骨头的男人并非某一个社会的产物。他们在任何时代任何地方都能看到——但尤以享受了长久和平的社会为盛。特洛伊国王普里阿摩斯（Priam）曾这样发表过他对他们的看法："败家的孩子，我的耻辱！但愿你们顶替赫克托耳，全被杀死在迅捷的海船边！……阿瑞斯杀死了所有这些儿郎，而剩下的却是你们这帮废物，我的耻辱，骗子、舞棍、舞场上的英雄，从自己的属民手里抢夺羊羔和小山羊的盗贼！"还有中国"文"的思想。认为身体的力量、速度和耐力都是没用的，要求文人文质彬彬、温文尔雅、轻声细语、谦恭内敛，最好还拥有像女人一样的躯体。提倡一种久坐书案缺少锻炼的生活方式，与尚武精神格格不入，与"武"的思想截然对立。

　　没有骨头的人，最好的单一例证也许是被巴比伦人逐出故土后大流散的犹太人——不过有人会说，现代欧洲人拒绝与本国内外日益增长的穆斯林威胁对抗，也正在滑往同一方向。正如《旧约圣经》中很多章节所证明的，最初离开埃及，越过西奈山，征服迦南之地，继而又建立了大卫王国的以色列人，像当时的任何其他民族一样英勇善战，也发展出了不亚于任何民族的战争文化。这一传统一直持续到了希腊化时代晚期，一个由哈斯蒙王朝统治的犹太国家维持其独立长达一个世纪左右，当时的犹太人显然被埃及国王用作雇佣军。在公元66~70年和132~135年遍及朱迪亚的反罗马人大起义中，他们的尚武精神又得到了最后一次伟大复兴。在这些起义两个半世纪之后写就的《塔木德经》中，仍然能看到其中的一些痕迹。对于第二阶段的起义，《塔木德经》尤其表达了骄傲之情。

随着韦斯巴芗（Vespasian）、提图斯（Titus）、哈德良诸皇帝的军队镇压了叛乱的犹太人，这个国家被摧毁了。成千上万的人丧失了生命，或者被俘并沦为奴隶。剩余的人在一位名叫约哈南·本·扎凯（Yochanan Ben Zakai；约公元1~80年）的著名拉比激励下，继续建设一种崭新的犹太文化。在这种文化中，民族认同几乎完全基于宗教崇拜和宗教学术，不允许战争及其文化发挥任何作用。在越来越多被放逐，或者为寻求更好的生活而自愿前往他国的犹太人中，情况就更是如此了。他们散落到世界各地，居住在异邦的土地上，没有自己的政治组织，在人数更为众多的邻居面前，经常得不到宽容，又几乎总是完全没有防卫的。他们很快与尚武的传统断绝了联系，就不足为奇了。

又过了几个世纪，这种情况又在进一步加剧。似乎还有一些犹太人继续在罗马军队中服役，直到狄奥多西二世（Theodosius Ⅱ）时期才被驱逐。这位基督徒皇帝于公元410~439年间颁布了一系列反犹太人的法律。后来，犹太人就完全绝迹于中世纪的英雄传说了，无论是《裴欧沃夫》、《罗兰之歌》、亚瑟王传奇、北欧萨迦，还是《尼伯龙根之歌》。正如一首20世纪中叶的歌曲所戏谑地唱道的，当骑士、屠恶龙这样的事情，可不是名叫格林鲍姆之类的人所能干的。在极少数情况下，也许会有犹太人个人参加他们所在国君主的军队并开赴前线。然而，始终存在这样一个问题，当他们在战场上不期而遇时，他们该怎么办？是该抛弃宗教纽带，各为其主而战，还是反其道行之？

而且，在战争中保持犹太人的生活方式也非常困难，因为犹太教规中有成百上千条戒律，如：举行礼拜仪式时至少须有 10 名到 13 名以上的男性（minyan），守安息日，吃符合犹太教规的洁净食物，喝含酒精的饮料，娶犹太女子，甚至死了还得按能在最后审判日得到复活的仪式埋葬。因此，为数不多的当兵的犹太人——其中显然包括 17 世纪在秘鲁被判有罪的一些马拉诺（Marranos）①，他们没有在宗教裁判所被宣判并处决，而是被判到由奴隶和犯人划桨的大船上划桨——总是冒着被他们的民族抛弃的危险。在 19 世纪上半叶俄国犹太人"定居区"被强征入伍的青年中，也经常发生这样的情况。

一些广为庆祝的宗教节日，著名的如为纪念哈斯蒙王朝及其于公元前 168 年反抗叙利亚的安条克（Antiochus）国王的起义而设的光明节，仍然保留有尚武的痕迹，但大多数节日却不是这样。负责外交事务的犹太人领袖，对安抚非犹太的异族统治者最为关注，通常还辅之以贿赂。与此同时，拉比们越来越远离战争及其文化。铸剑为犁的进程被推行到极致，以致《旧约》中的一些段落都被重新解释，剔除了与军事的一切关联。例如，在《撒母耳记下》中大卫王是一位攻城略地的英雄。他带领大军同所有的邻居进行了无数次战斗，将其统治从大马士革一路推延到红海。然而中世纪的文献却把这个故事解释为寓言，把大卫王变成了一位在犹太神学院中教学生如何拜神的拉比。

所有这些都不否认，在大流散中生存下来需要巨大的勇气。然而，这绝不是我们在本书中迄今关注的战士的勇气，而是受害者和逃难者的勇气。前者基于荣誉、自豪和在必要时不惜牺牲生命的决心，是一种如果没有成熟的战争文化则无法想象的激情。后者则相反，基于逃避、躲藏，在别人打左脸时将右脸也伸过去，不顾一切不惜一切地求得苟全性命和保留自己的宗教信仰。曾经一度，人们几乎普遍认为，缺乏尚武传统的犹太人天生是胆小鬼，即使受到压迫也不肯和不能起而反抗。实际上，这一成见之深，甚至很难说谁该为此负责，是反犹的异族人，还是犹太人自己。

到启蒙运动兴起时，因其强烈的反宗教倾向和对宽容的强调，犹

---

① 指被迫改信了基督教的犹太人。——译注

太人不再像一连几个世纪那样被简单地视为魔鬼般的上帝之敌了。取而代之的是，尽管他们基本的人类属性得到了承认，他们却成了煞风景的污点、令人厌恶的眼中钉。他们的存在，使原本预期的人类平等和完善的进程产生了疑问。因此，到了1789年革命前的几年，产生了一种新的观点，不应歧视犹太人，但应教化他们。不过，这种观点与我们的话题关系不大。启蒙运动的许多代表人物都痛恨现存的国家，尤其是痛恨它们相互之间发动的被认为经常是愚蠢和无必要的战争。他们强调创造人类，而不是创造士兵。对于大部分希望解放犹太人的人来说，这样做意味着向犹太人灌输人类的总体文化，而不是战争文化。

这种理论没能从民族主义觉醒的浪潮中存活下来。在进入19世纪后，所有人的平等和完善日益被每个国家各自的完善和称雄于其他国家所取代。而且，启蒙时代信奉的是永恒、普遍的理性。与之相反，19世纪，特别是其后三分之二的时间，却是基于历史的意识形态的时代。无论你往哪里看，试图确定自己的起源和特性的国家和民族，都在忙着编撰自己的历史。战争、战役、战斗、将军、士兵和英雄事迹在这些历史中占有非常显著的地位。有时候这些战争要素甚至达到了压倒一切的地步。数十年的学术研究都在重新发现和重新粉饰这些要素。与此同时，它们也在被决心维护并在可能时增强其国家实力的爱国者们作应急之用。

在这样的背景下，犹太人就像没风的日子里的旗子。其他人都在打仗流血，他们却被限制在拥挤不堪肮脏杂乱的犹太聚居区里。他们几乎不可能参加各国为自由独立或领土扩张而进行的武装斗争——无论是真实的还是想象的，这些战争都已被抬举到各国历史的精髓的地步。例如，在奥地利，禁止犹太人当兵的禁令直到1788年才解除。甚至在犹太人开始得到解放后，被隔离了几个世纪的后遗症，无论自愿还是不自愿，仍在阻挠着他们自由地呼吸和迁徙。他们仍然是几乎离群索居的城市人口，忍受着这样的人所不得不忍受的一切痛苦。也许这就是他们行动起来总显得偷偷摸摸、鬼鬼祟祟的原因——后来，纳粹曾将他们比作耗子。他们还被描绘为扁平足、大鼻子、斜眼睛、驼背、含胸（纳粹说他们像猿猴一样）。

人们还说犹太人都长着圆滚滚的女人般的躯体。他们既不能笔直地立正，也不能自豪地迈步和清楚地说话，还不能正眼看人，更不用说忍受战争所带来的皮肉之苦和财产损失了。他们不守规矩，既不能服从命令也不能指挥别人，甚至都不能相互合作组成一支军队，一起投入训练，步调一致地采取行动。更有甚者，犹太人虽然众所周知地善于驯马，却不能骑乘这些军队不可或缺的装备和战争的象征物。犹太男人是如此缺乏尚武的天性，以致在敌人面前，他们不得不靠他们那阴险狡诈诡计多端，如果说还妩媚诱人的妇女，来救他们一命。这样的形象不仅仅描绘的是当代的犹太人，还不时投射到古代，影射到他们圣经中的祖先——例如，在著名的奥地利作家约翰·涅斯托伊（Johann Nestroy；1801～1862）的《犹滴》（Judith）①一剧中。

然而，无论是在启蒙时代还是在 19 世纪上半叶，"犹太人问题"仍然被认为是宗教问题、经济问题和政治问题。的确，人们归于犹太人的品性够令人不快的了。但人们认为这些品性源于其主人所受的错误的教育以及他们恶劣的生活环境，而不是今天人们所谓的"基因"和当时人们所说的"血统"。把他们从落后状态拽向前——如果必要的话，哪怕是通过歧视他们的办法——则那些品性及犹太人本身最终都会消失。从 1780 年到 1880 年，一百年间对待犹太人的目标都是同化和吸收（先把他们吸收进人类，再把他们分别吸收进各国），而不是隔离和彻底消灭他们。甚至著名的反犹主义者，如作家保罗·德拉加德（Paul de Lagarde）和历史学家海因里希·冯·特赖奇克，也都是这样认为的。

19 世纪下半叶，随着种族主义思想开始甚嚣尘上，情况发生了变化。新型反犹主义最著名的代表人物也许要数休斯顿·斯图尔特·张伯伦（Houston Stewart Chamberlain；1855～1927）了。出生和成长于启蒙时代的张伯伦，背弃了自己的国家。他指责祖国陷入了物质主义和商业主义。相反，他成了德国和瓦格纳的崇拜者，最终他娶了后者

① 《犹滴》为圣经次经中所载杀死亚述侵略军将领，拯救全城的一位古代犹太寡妇。——译注

的独生女。1899 年他出版了《19 世纪的基础》(*The Foundations of the Nineteenth Century*) 一书，是一本广泛流传伪学术作品，后来成了至少两代反犹主义者的圣经。

依张伯伦重修的历史，最优秀的以色列人根本就不是真的以色列人。例如，摩西"也许是个纯正的埃及人"。《圣经》中说长着"红色"（张伯伦坚称是黄色）的头发和"漂亮的眼睛"的大卫王是"亚摩利人"。然而，这还不是事情的全貌。最早的以色列人，尽管都是些可怜人，却分属于两个关系紧密的不同民族，一个是约瑟人（其主要部落是以法莲人和玛拿西人），另一个是犹大的子孙。这两者中，前者显赫得多也成功得多。后者则相反，是一个弱小的次要民族，又因为混杂了赫梯人的血统而变得更糟。他们能够存活，全靠他们北方那更强壮更勇敢的兄弟。随着公元前 721 年以色列王国被亚述人灭亡，以色列人也就从历史舞台上消失了，只剩下犹大的子孙悲惨地苟活在这个他们不善应对的世界上。后来的犹太人继承的就是他们的民族精神。

这种精神的本质可以在一切领域看到，从学术到音乐，从生产劳动（犹太人并不参与）到政治。然而，表现最明显的领域恰恰是我们在本书中所感兴趣的。张伯伦说凯尔特人、日耳曼人，甚至斯拉夫人和印度人中都有英雄。他特别提到了齐格弗里德 (Siegfried)①、特里斯坦 (Tristan)②、珀西瓦尔 (Perceval)③、罗兰、科索沃传说中的马尔科·克拉列维奇 (Marco Kraljevich) 和罗摩 (Rama)。他们都以英勇无畏、重义轻利、忠贞不渝而著称，而这些品质往往都是他们"温柔、勇敢和纯洁"的女性促成的。最重要的是，他们都有力挽狂澜、反败为胜的非凡能力，从而使他们的事迹能够成为传奇故事，使他们的后代能以此为基础建设自己的战争文化。张伯伦继续说道，这与《圣经》中的参孙 (Samson) 形成了鲜明对照。参孙是他提到的唯一的犹

---

① 德国民间史诗《尼伯龙根之歌》中的英雄人物。——译注
② 凯尔特人传说中的英雄人物，瓦格纳曾根据他的故事创作歌剧《特里斯坦和伊索尔德》。——译注
③ 亚瑟王传奇中的英雄人物。——译注

太人英雄（而我们所知的大多数犹太英雄都根本不是犹太人）。参孙的力量蕴藏在他的头发中。最终，我们都知道，他的头发被一个狡猾、淫荡的女人剪去，从而也丧失了力量。

张伯伦关于犹太人整体品性，尤其是他们缺乏尚武精神的推论，尽管今天看起来很奇怪，但在当时非常有代表性，无论是在学术著作还是在街头兜售的通俗作品中，都曾被无数次地重复。在最好的情况下，受尽了苦难的犹太人，他们的堕落得到了宽宏的原谅。一个很好的例子是法国作家夏尔·贝玑（Charles Péguy；1873～1914）。贝玑是一个狂热的民族主义者，然而他周围却有很多犹太朋友，他不愿背弃他们。他赞赏历史施加给犹太人的磨难，又说犹太人精神上的深度是这些磨难的结果。在最坏的情况下，对犹太人的指责变得粗俗化，如在希特勒的《我的奋斗》（*Mein Kampf*）一书中，德国犹太人被指责为在第一次世界大战中逃避责任并传播梅毒——事实证明，这些指责都是错误的。

真正令人感兴趣的是，不仅是异族的反犹主义者，而且犹太人自己也经常借用这些理论。他们时而为自己的目的利用他们的这种形象。例如，1772 年对波兰的第一次瓜分使得大批犹太人归于普鲁士的统治之下（此前仅有极少数犹太人被允许定居普鲁士）。他们的代表千里迢迢跑到柏林，为说服他们的新君主腓特烈二世他们当不了兵，应当免除兵役。国王犹豫了，征询了一圈意见，还做了些试验。然而，最终他允准了他们的请求——只是让他们多缴些税。于是征召犹太人加入普鲁士军队的行动被推迟了 40 年。直到 1812 年，在军事改革期间，关于征兵的法律才延及犹太人，他们这才能像所有其他人一样投身"解放战争"了。此后过了半个世纪，犹太士兵第一次穿军装、扛武器、上战场的形象，仍然令人们兴味盎然，成为一些画作的灵感来源。

犹太人聚居区成为往事之后，越来越多被同化的犹太人试图通过效忠所在国军队，获得异族社会的接受。在一些实行普遍义务兵役制的国家，特别是德国和法国，情况尤其如此。犹太士兵参加了普鲁士自 1813 年起的所有战争。拿破仑于 1806 年召开犹太人公会，也是意在专门向犹太人表明，作为重新获得他们自 1791 年以来被赋予的平等权利的条件，他们要像所有其他人一样在军队中服役。别忘了，德雷福斯（Albert Dreyfus）①是巴黎综合理工大学的一名优秀毕业生、法军总参谋部一名有前途的军官。

然而，这只是故事的一部分。尽管犹太人当兵服役，通常却得不到他们所渴望的那种军事上的认可，这使得他们中一些人变得自我憎恨起来。下面是一位极其成功的商人、政府官员、政治人物和作家在 20 世纪即将来临时就此问题所写的：

> 你们东地中海人的形象让北方的部落不大看得起。因此你们应当更小心一些……（不要变成）在严格的军事风气下成长起来的民族的笑柄。一旦你们意识到你们不强健的体格，你们窄窄的肩膀，你们笨拙的脚，你们肥胖、圆滚滚的身材，你们就会下决心用几代人的时间改变你们这种形象。②

好像这还不够刺激人似的，这篇文章还以犹太人最重要的祈祷词为题："噢，以色列人，听吧"。其作者是瓦尔特·拉特瑙（Walter Rathenau），一位历史学家曾说他"亲身体现了他那个时代的精神"。出于部分是个人，部分是社会的原因，拉特瑙最强烈的愿望是他的君主威廉二世皇帝任命他做一名预备役副官。这一梦想没有实现，给他的人生带来了最为痛苦的失望，使他陷入了一场精神危机，用了好几年才恢复过来。1922 年他死于反犹主义的刺客之手，也许是死得其所了。

犹太复国运动也借用了犹太人不尚武的形象。实际上随着时间推移，这种形象在建设其思想和文化方面所起的作用还越来越大。运动的鼓动家中有许多运动最杰出的领袖和作家，他们的名字直到今天仍

---

① 1859～1935，法国军官，犹太人，著名冤案德雷福斯事件当事人，1894 年被军事法庭以叛国罪判终身监禁，激发了要求释放他的政治风波，1906 年经重审予以平反昭雪。——译注

② Quoted in P. Mendes-Flohr and J. Reinharz, *Jew in the Modern World: A Documentary History*, Oxford, Oxford University Press, 1995, p.232.

　　　　　战争的文化

被所有以色列城市、乡镇和定居点用来命名街道、广场和地区。就以其最重要的领导人特奥多尔·赫茨尔（Theodor Herzl）为例。赫茨尔1860年生于布达佩斯一个被同化的富裕家庭。他后来所受的是典型的自由主义的教育，极少强调犹太教信仰，而是以人文主义价值观为核心的。

赫茨尔在为期八年的犹太复国运动的活动中，始终倾向于克制武力在犹太人"殖民"巴勒斯坦的进程中所发挥的作用，这与他的政治、经济和组织活动迥然不同。部分上，他的态度必须真诚。他最亲密的朋友之一就有著名反战人士贝尔莎·冯·祖特纳。然而，他也许还有其他考虑。首先，他与欧洲各国统治者进行的谈话使他有充分的理由相信，列强，尤其是奥斯曼帝国，对于在中东地区建立一个强大的犹太人国家，是不会乐观其成的。其次，也没必要让他的犹太复国主义者同胞们注意，他们的运动有可能遭遇以色列土地上已定居居民的暴力反抗。

尽管如此，赫茨尔在自己的日记中，却完全是一副不同的腔调。在维也纳读书期间他就见识过，一些决斗活动既不让犹太人参加，也不接受犹太人的挑战。由此产生的羞辱感此后几十年一直令他耿耿于怀。这也许就是他在梦想未来时，提出犹太人国家应当准许决斗，甚至鼓励决斗，以恢复犹太人丧失已久的荣誉感的原因。他在1898年访问以色列之地时，认为他在那里看到的犹太人腼腆害羞、心胸狭隘、目光短浅。后来，当他看到在一个欢迎他的仪式上，一些较早定居此地的犹太复国主义者模仿他们的阿拉伯邻居，骑马飞奔并向空中射击时，可想而知他感到何等惊讶。这完全打破了所有反犹主义者的成见。这一情景令他感触极深，使他热泪盈眶。他认为这个情节实在太重要了，决定把它写进计划中的小说《古老而崭新的土地》（*Old-New Land*）中。书中，一位叫做奥托·冯·柯尼希斯霍夫（Otto von Koenigshof）的顽固的普鲁士老军官，将犹太骑手与腓特烈二世在罗斯巴赫战役中的骑兵相比，认为不相上下。

20世纪初最著名的犹太诗人是哈伊姆·纳曼·比亚利克（Chaim Nahman Bialik）。他出生于1873年，是乌克兰本地人，幼时家境贫寒，曾靠教书谋生，后来成为希伯来语创作大师。从很早的时候起，做一名犹太人的屈辱感便令他不能释怀，重振古代犹太人雄风的梦想令他心驰神往，但随之而来的是一次次的失望。失望反过来又促成了他最为著名的作品——一首题为《屠城》(*The City of Slaughter*) 的诗。

诗中所说的城市是乌克兰西部的基什尼奥夫。1903 年 4 月这里发生了一场对犹太人的集体迫害。也正是这场屠杀，促使后来成为以色列总理的果尔达·梅厄 (Golda Meir) 一家离开乌克兰移居美国。诗人没废只言片语来谴责歹徒们的暴行——包括用长矛刺穿人们的头颅——也没有向允许这一切发生的神挥动拳头。然而，他把最强烈的责备留给了犹太人自身。身体羸弱（赫茨尔曾说"他们的身体和灵魂全

"犹太人……总是处于恐惧中，甚至风吹树叶的声音都能吓坏他们。"图为身穿英军中尉军服的泽夫·亚博京斯基。

　　　　　　战争的文化

都是小商人的"）、全无勇气，他们唯一在乎的是他们的财产。比亚利克在现场所做的笔记中，描绘了他们怎样为每一片碎玻璃而感到忧伤。他们从未学习过使用任何武器，因而当暴民们冲向他们时，除了躲进"屎坑"，他们想不出任何办法。继而，没有被杀死的男人们又"像狗一样"跑到拉比那里，询问法律是否还允许他们和他们那些遭受了凌辱的可怜的妻子们睡觉。

比利亚克的这首诗被泽夫·亚博京斯基（Ze'ev Jabotinsky；1880～1940）译成了俄文。亚博京斯基后来建立了右翼的犹太复国运动修正派组织，也就是今天利库德集团的前身。他在为《屠城》作的序中将比利亚克称为"我精神上的兄长"，并说该诗反映的犹太人的感受是任何其他作品都无法比拟的。他本人对犹太人生活的责难也许直接来自于一些反犹主义的小册子：

> 我们住在犹太人聚居区狭小的范围内，眼看着很多代人遭受压迫所造成的可鄙的褊狭一步步地在加剧，如此地令人不快……真正值得称颂的辉煌的希伯来文化，我们却看不到。下等阶层的孩子们在希伯来语小学里能领略一二，但在那里，犹太教以那样悲惨的形式，在那样丑陋的环境里展示出来，根本无法激起人们对它的热爱。中等阶层的孩子则不同，希伯来文化在他们当中甚至是被否定的。实际上他们所有人都对我们民族的历史一无所知。他们不知道历史作为照向白人国家的光辉的作用，不知道其巨大的精神力量……他们只知道他们耳闻目睹的犹太教。那么他们都看到了些什么呢？他们看到犹太人总是处于恐惧中，甚至风吹树叶的声音都能吓坏他们。他们看到犹太人到处遭受驱逐，到处遭受欺侮，而他们却连还嘴都不敢……每当犹太孩子离家上学时，妈妈都会叮嘱他不要出头，以免惹人注意。①

悲叹或斥责犹太人的软弱、怯懦、缺乏尚武精神是一回事，就此

---

① "Exile and Assimilation", Tel Aviv, Salzman, 1946, pp. 100 - 101.

采取行动则是另一回事。至少有一位犹太复国主义者——阿道夫·布吕尔（Adolf Bruell，1846～1908）——曾提倡通过与异族通婚为犹太人的血液注入军人气概。随着土耳其于1915年年底参加第一次世界大战，已是犹太复国运动著名领袖之一的亚博京斯基，则寻求以另一种方式解决问题。他为建立一支由英国人指挥的犹太军团付出了极大努力。

他心目中的志愿者将来自中立国家，如斯堪的纳维亚国家，在1917年之前也包括美国。从交战国中也能吸收一些人，因为他们是作为外国人居住在那些国家的，不符合征兵条件。他们起初将开往埃及接受军事训练。继而将协助英军同奥斯曼帝国作战。此后，他们将成为未来犹太军队的中坚。正如一位参加了这一计划的士兵后来所说的，他们的目标是"战略性"的，他们的"流血牺牲将对后代产生教育价值"。换言之，他们将为建设新的战争文化树立榜样。

总体而言，这一计划并不成功。原因之一是英国陆军部缺乏兴趣，建立这样一支军事价值微乎其微的部队，却有可能在即将成为英国的中东盟友的阿拉伯人中产生巨大得多的政治麻烦。甚至在风头转变，英国不肯支持后，亚博京斯基心目中的大多数人，仍然宁愿过他们原来的生活。他们既缺乏战斗精神也缺乏战斗精神赖以产生的那种文化。亚博京斯基曾亲自来到伦敦东边一个贫穷的地区怀特查珀尔，想在定居那里的俄国犹太人中招募志愿者。这个自治市刚刚经历了一场巨大的繁荣。居民们当即告诉这位想当他们救星的人，他们是裁缝，最不愿意做的事情就是参加一个跟他们没有多大关系的帝国的军队去打仗。他们的反对情绪如此激烈，以致不得不由警察把亚博京斯基从人群中救了出来。最终只有几百人登记入伍同奥斯曼帝国作战，先是在加利波利，后来在西奈沙漠和约旦河谷。

赫茨尔尽管不愿公开谈论这些事件，但也花了很多时间思索让他的追随者"保持男人般的纪律"的办法。与此同时，还有必要警示新建的犹太军队，不要发生各种会损害其他友军的不正当行为。要有"国家的节日，有壮观的场面、多彩的游行，等等——也就是，在建国之日"。这个国家将以黄色为选定的颜色，颁发类似于法国荣誉军团勋章的奖章。此外，最为重要的是要有一面旗帜。"一面旗帜，是什么？

是一根棍子支撑一片破布吗？不，先生，旗帜绝不是这样。有了旗帜，你就可以引导人们向任何方向前进，甚至进入应许之地。人们愿意为一面旗帜出生入死。是的，如果你训练他们的话，旗帜将是人们唯一愿意为之赴汤蹈火的东西。"①

改造"小犹太人"——这个出自反犹主义者的轻蔑称呼，反复出现在赫茨尔的日记中——的另一个途径，是为他们提供适当的体育教育。在他的书中，他提出通过建立射击俱乐部，开展球类运动和划船活动，来达到这一目的。所有这些运动都在瑞士和英国证明了其价值，为什么不能用它们来改造犹太人呢？在将体育作为民族复兴的工具方面，最杰出的宣讲者是赫茨尔的密友马克斯·诺尔道（Max Nordau；1849~1923）。他和赫茨尔一样出生在布达佩斯。他从那里去了巴黎，做了一名内科医生，密切地接触了该城受压迫的人们——他也接触到了那里的现代艺术，但却一点儿也不欣赏。1892 年他出版了一本国际畅销书——《堕落》（*Degeneration*）——阐述了他认为的现代文明将带来的恶果。其中突出的是城市生活、商业化、消费主义，以及铁路发展所带来的交通运输速度的提高。另一个因素是来自世界各地的信息的极大丰富。面对所有这些灾难，人们还怎能指望保持神智清醒？所有这些都会损害人的头脑和身体，使人们焦躁不安，变得女人气、神经衰弱，最终发疯。

像他的许多犹太同胞一样，诺尔道的一些思想可以溯源至反犹主义者。对他产生影响的关键人物是弗里德里希·路德维希·雅恩（Friedrich Ludwig Jahn；1778~1852）。这位"德国体操之父"宣称的理想是在健全的身体上打造健全的头脑。尽管雅恩禁止犹太人参加他的运动，诺尔道却心甘情愿地承认他的影响。通过雅恩的办法来重振犹太民族，还有比这更理所当然的吗？犹太人对德雷福斯事件的反应，或者说是缺乏反应，尤其令诺尔道失望。当暴民们咆哮着要取德雷福斯和他们的血时，法国犹太人竟然连聚在一起发出抗议之声都不敢。相反，他们"沿着墙根悄悄地溜走"，显示出他们性格上的"病态"已变得何

---

① Patai ed., *The Complete Diaries of Theodor Herzl*, vol. 1, pp. 27, 33, 43, 68.

其严重。①显然他们比任何其他人都更迫切需要救治，无论是在身体上还是在精神上。

应赫茨尔的邀请，诺尔道出席了 1898 年的第二届犹太复国主义者大会。他在会上阐述了在制定政治计划的同时制定一个体育锻炼计划的重要性。体育锻炼将促成一个崭新的、自豪的、挺直腰杆的"强壮的犹太民族"的建立。他可能也受到了那些年在美国大张旗鼓地做宣传的"强健派基督教"组织的影响。他的讲演赢得了热烈的掌声。此后几年他又就此话题发表了若干文章，后来都被收入了他的文集《犹太复国主义者著作》(Zionist Writings)。而且，诺尔道像赫茨尔一样，非常关心人们常说的犹太人缺乏勇气的问题，深感有必要解决之。1907 年他创作了一部话剧，其主人公科恩博士致力于挽救他的民族的荣誉感，与一名德国军官进行了决斗——尽管他为此丧生，但死后却成为人们的榜样。

那时，犹太人的体操俱乐部已经不再稀少，部分上是响应诺尔道的号召，部分上是因为异族人的俱乐部不断地驱逐犹太成员。为了锻造自己的传统，大多数俱乐部都以古代犹太英雄为自己命名。至少在维也纳有一家俱乐部干脆起名为"力量"。1903 年第六届犹太复国主义者大会举行开幕式时，邀请了数十名犹太运动员前来表演。他们展示了非凡的技艺，证明了形势并非不可救药，犹太民族依然有希望。

从不止一个方面看，所有这些犹太人是什么样子不是什么样子，能做什么不能做什么的形象，都汇总到一个人那里，就是前面提到过的亚博京斯基。亚博京斯基是位优秀的演说家和出色的语言学家——他能用八种不同的语言写作——还是一位政治组织能手。在他生前和死后，他都被认为是犹太复国主义者中最突出的"好战分子"（不过他还没有他的一些追随者激进，如梅纳赫姆·贝京）。在他早年，他曾提到自己反对当时时髦的观点，说战争是经济竞争的结果。实际上，他怀疑战争是人类不断地追逐荣耀和优秀的结果，这也是一种时尚。他认为理解人类行为的线索是荷马，而不是马克思。

---

① M. Nordou, *Degeneration*, Lincoln, University of Nebraska Press, 1993, p. 16.

　　　　　　战争的文化

将犹太人变成英雄。图为1918年一张纪念英国军队中的犹太人营的明信片。

亚博京斯基尽管有时被指责为法西斯，但从政治上讲，他始终是个自由主义者。他坚决主张民主选举、维护人权和个人自由（他说"每个人都是国王"）。也许更重要的是，他从不忽视私有财产在保证个人自由方面的作用。至少是直到1936年所谓的阿拉伯人大起义在以色列之地爆发之前，他引人注目的是准备承认，甚至宣扬武装力量（一道"铁墙"）即将和应当在犹太复国主义者重新定居以色列之地并在那里建立犹太国家这一尝试中所起的作用。为了在建军需要与他的自由主义观念之间架设一座桥梁，他提出了一种新型的"内在承诺"，比德国军队的那种更具吸引力也更成功。

他认为，典礼和仪式构成了人类文化的"将近四分之三"。然而犹太人仍然还"不知道怎样立正，怎样相互敬礼，怎样向同事和长官致词。简而言之，我们杂乱无形"。他和其他一些人开始着手解决这一问题。1923年他们成立了一个右翼青年组织，以公元135年反抗哈德良的犹太起义者占据的最后一座堡垒命名为"贝塔"（Betar）。贝塔在好几个国家建有分部，刚一成立便明确宣布了其好战的意图，在其圣歌的开头采用了这样的歌词："犹太国在血与火中倒下/犹太国也将在血与火中崛起！"该组织极其强调准军事教育。在一个以邋遢、懒散、缺乏纪律感而著称的社会，（打领带的）军服是必需的。贝塔成员还悉心地将自己的鞋始终擦得锃亮。他们互相监督，互相敬礼，高举旗帜，进行队列操练，还举行阅兵分列式，等等。

许多最重要的犹太复国运动领导人，部分上因为是马克思的信徒，部分上因为将犹太教视为剥夺了犹太人勇武精神的因素之一，都对宗教缺乏耐心。亚博京斯基和贝塔却不这样。他们虽然基本上也都是世俗观念，却采取了一条更为积极的路线。在他们看来，旧约圣经不单纯是一本圣书，也掺入了很多世俗的要素。因此，他们试图利用之，强调其民族主义的内容，而不是其伦理和宗教内容。总体而言，他们的意图不仅是改变犹太人的态度，还要影响非犹太人。他们的这一招在许多地方都非常奏效，如：波兰，该国为贝塔提供了最大数量的成员；意大利，希望在反对英国人方面获得支持的墨索里尼，亲自为该组织提供了格外有利的环境和氛围，甚至允许他们举行一些非常正规的准军事训练；还有以色列之地。为树立榜样，亚博京斯基始终没有改变他分发自己照片的习惯。照片上他身着第一次世界大战中英国军官的军服，头戴军帽，腰扎皮带。

1933 年，亚博京斯基为了反击那些指斥他为"好战分子"的人（他反过来指斥他们血管里流的不是血，而是肉汤），就这个话题写了一篇文章。他指出，大到整个世界，小到以色列之地的犹太人社区，许多左翼的、自封为和平主义的组织，为了激励他们的成员，增强他们的凝聚力，为他们指明方向，都采用了军事上的术语和方法。他们也建立准军事组织。他们也谈论"前进"和"后退"，佩戴勋章，采用军衔（如基督教拯救军），穿着制服，升降旗帜，举行行军等活动。显然这些举措是有益的。他认为，战争是丑恶的，只能为正义的事业而发动，但这没有问题——鉴于犹太人是一个弱小且受迫害的少数群体，他们的事业无疑是正义的。

他继续写道，"就其本身而言"，军事生活"有很多突出的优良特性"。他最喜欢的两条是典礼和纪律。"世界上再没有其他东西，比群众能在某个特定时间，感觉自己是一个集体，以统一的意志、统一的节拍行动，给我们的印象更深刻了。因为这就是暴民、乌合之众和国家完全不同的地方。"这些特性对于"我们的种族"（这时犹太人也已像反犹主义者一样强烈地拥抱种族观念了）冲破黑暗的犹太人聚居区，进入光明的世界，是至关重要的。军事生活如果运用得当，就能够产生战斗精神和"哈达尔"（Hadar）。依照亚博京斯基的观点，"哈达尔"可用来代表犹太人所不具备的一切素质，最好是翻译为"值得尊重的外表和举止"——如保持身体干净、仪表整洁，以笔直的身姿行走，节制使用肢体语言，坚定有力又从容不迫地说话，等等。

改变赫茨尔所说的软弱、女人气的"小犹太人"形象，建设充满阳刚之气、身强力壮、富有尚武精神的"新犹太人"形象，这种思想产生于世纪之交的犹太复国主义者当中，后来被以色列之地的犹太人社区采纳，在以色列国得到极大重视。毕竟，"新犹太人"存在的理由是，假如不能赐给犹太人绝对的安全，至少要赋予他们保卫自己的必要条件，既包括身体上的条件也包括思想上的条件——也就是常言所说的"挺直腰杆"。因此这样的改变直到 20 世纪 50 年代和 60 年代，以色列人还在以一切可以利用的手段予以宣传。其结果之一是，"大流散的犹太人"（Diaspora Jew）在那些年成了所有以色列词汇中表示最强烈的鄙视的词语之一。甚至纳粹大屠杀的幸存者，都得不到同情。他们经常发现自己因被认为"像羔羊一样任人宰割"而遭到蔑视。我个人也记得，还在大约 1960 年上小学时，为了让我们记住这一切，我和我的同学们被要求合唱一首歌，歌词中将他们和他们死去的亲戚称为"小牛"。

像所有成见通常的情况那样，犹太复国主义者首先提出继而又试图改变的"没有骨头的男人"的形象，部分上是不真实的，部分上是真实的。这种形象部分上源于早自中世纪起的一些最为恶毒的反犹主义者，说它不真实是因为包括了一些纯粹是杜撰的要素，如说犹太人缺乏阳刚之气，更容易得女性的歇斯底里症。其次，这样的说法也不够严谨，就像并非所有的非犹太人都是英雄一样，总有一些犹太人不符合这一模式。最后，就这一形象是犹太人自己提出的而言，其界限可限于病理学上。然而，它也有真实的一面，在于经历了许多世纪流散生活的犹太人，的确大多与他们自己的战争文化隔绝了。至于说接受别人的战争文化，这样做或者是被禁止的，或者他们都是在相当不情愿的情况下被迫而为的。在这样的情况下，他们还能有什么选择呢？除了极少数例外，如在战争法方面颇有造诣的杰出学者迈蒙尼德（Mai-monides；1135~1204），他们看不出有任何这样的必要。至于说还有一些战争文化的痕迹留下，他们竭尽全力地或者重新解释或者弃之如敝屣。如果赫茨尔日记的开头几页真实可信的话，犹太人的这种态度已经促使他关心的首要之务是，让即将成为他的追随者的犹太复国主义者们确信，他们需要一面旗帜。

犹太复国运动一旦启动，形势立刻就变得很明朗，如果不经一战，以色列之地是不可能获得的，因而建设新的尚武传统就变得格外紧迫起来。犹太复国主义者们清醒地认识到了这一点，有意识地采取了行动。尚武传统部分上要取自犹太历史，最重要的是旧约圣经。在这方面又是亚博京斯基一马当先。也许原因之一是他和他的右翼追随者们在犹太复国主义者组织中居于少数。这使得他敢于把其他人，如赫茨尔、哈伊姆·魏茨曼（Chaim Weizmann）、大卫·本古里安（David Ben Gurion）等只敢在私下里说的话公开讲出来。其中本古里安对"新犹太人"的思想尤其倾心。亚博京斯基的努力之一是写了一本关于参孙的小说。他在书中试图纠正这位英雄人物愚蠢糊涂、贪恋女色，总是陷入麻烦不得不力战以摆脱的莽汉形象，把他塑造成一位有远见卓识的领袖人物。正如参孙对看守他的狱卒所说的，他终其一生都"热爱"非力士人，努力劝诫他自己的人欣赏敌人"在作战中的秩序和尊严"，但却不成功。

新形成的军事传统中的其他成分还有哈斯曼人（Hasmonean）对塞琉古王朝的起义和所有反抗罗马统治，为民族独立而牺牲生命的斗争。后者中较著名的有梅察达（Masada）的故事。梅察达是朱代安沙漠中高耸于死海之上的一块巨大、难以攀登的岩石。按照古犹太历史学家约瑟夫斯·弗莱维厄斯（Josephus Flavius）的讲述，正是在这里，最后一批犹太反抗者选择了集体自杀，宁死也不向敌人投降。像众多其他犹太战争文化要素一样，一连好几百年，梅察达的故事都被从犹太人的民族意识中清除了。甚至梅察达石所在的地点都被忘却了。原因之一是约瑟夫斯是用希腊文记载这个故事的，而他的作品的希伯来语译文，是直到1923年才出现的。

大约从19世纪中，当这块岩石被德国考古队重新发现起，其名声就在逐渐增长。当亚博京斯基撰写他那篇关于军事生活的益处的文章时，梅察达才刚刚开始被犹太复国主义者转变成为他们正着手建立的国家的象征。不久之后它便成了朝圣目标。它被用作战争文化的一部分，于风云动荡的20世纪60年代和70年代达到高潮。以色列装甲部队的部分新兵，会被要求手举火炬，于夜晚登上梅察达岩，以迎接初升的太阳。继而他们会列队于岩顶之上，宣誓"梅察达绝不会再度丢失"。一部分不以为然，一部分出于敬佩，外国人称之为"梅察达情结"。作为回答，一些以色列人，包括果尔达·梅厄总理，也这样称呼。

以色列军事文化的某些要素，尤其是军服、队列、阅兵式和一些典礼，都是多少从世界各国军队借鉴来的改良版。20世纪50年代早期的阅兵式照片清楚地表明，他们受了管治巴勒斯坦地区三十多年的英国军队很大恩惠。以军中的很多官兵，包括好几位总参谋长，都是在英军中成长起来的。后来，就这些不同的传统中哪些应当予以强调，还发生了热烈的辩论。一种起源于古代社会，甚至是部落时代的文化，是否适合于现代社会？如何使犹太人战争文化中的宗教要素——其最重要的来源是旧约圣经——与现代以色列社会占统治地位的世俗特性和谐一致？犹太人（及后来的以色列）国防军是要像许多其他国家那样重起炉灶，还是从不同来源汲取道德力量？假定战争文化是不可或缺的，如何在灌输这种文化的同时避免万恶的"军国主义"呢？

从1929年的反犹太人骚乱到1979年与埃及达成和平协议，大约五十年间，这个问题都被"en brera"（意为"别无选择"）这一观念遮掩了。无论是出于犹太人自己的看法还是在相当大程度上的确是事实，"en brera"起因于这个国家是一个大卫在同歌利亚交战。只需看看地图，就能明白这一点。然而，到了20世纪末21世纪初，以色列已经发展成为一个地区巨人。以色列国防军（简称IDF）是世界上最强大的军队之一。其军火库中的核武器和运载工具，足以将其所有敌人一并摧毁。这便使得自犹太复国运动刚刚兴起时就一直鼓舞着犹太人的精神力量大为减弱。还有一些新情况是以色列和其他发达社会所共有的，如平均每个家庭孩子数量的减少和由此带来的人口平均年龄的上升，都在推动着变化。最后但绝非最不重要的，需要镇压被占领土的巴勒斯坦人导致了军队士气低落，也使以色列社会和军队之间出现了越来越大的裂痕。相反，军队无论何时想主张自己的权利或者弥补自己损失的威望，都会被指责为"军国主义"。

2006年夏天，报应来了。在同只有几千人，重武器也极少，并非正规军的伊斯兰游击队武装黎巴嫩真主党作战时，以色列国防军表现得很糟糕。政治领导人和军队总参谋部饱受内部分歧、决策不畅，以及最重要的，惧怕战斗和伤亡的折磨。军队证明是有作战愿望的，但表现得懒散懈怠，训练无素，动员不足，指挥拙劣。显然，长期以来使得指挥官只需喊一声"跟我来"就能把部队召集起的那种精神力量已被忘却了。在这些缺点的惩罚下，以军用了好几个星期才达成了他们自称的战斗目的。后来，当他们遭受火箭炮袭击时，他们在后方的表现丝毫也不比在前方好。这一显而易见的失败在以色列国内引发了骚乱，最终导致了总参谋长的辞职下台。然而，它仍然重新引发了关于战斗力的真正源泉和尚武传统对于维持战斗力的作用的争论。

目前，还不可能预测会出现什么答案。但很显然的是，在缺乏和平的情况下，以色列在未来的武装斗争中生存下来的能力，取决于这样一种传统能否像在"别无选择"时期那样充分地建立并注入军队和国民的意识中。因此，从犹太人到犹太复国主义者到以色列人的经历，便为一个因种种原因而丧失了自己的战争文化的民族，发生了什么情况，还会发生什么情况，提供了一个直观的实例。

战争的文化

第二十章
女权主义的影响

从最早的穴居人在身上涂上颜料，拿起棍棒去杀他们的邻居（通常的目的之一，就是捕捉对方的女人）的时代起，女人和战争文化之间的关系，就是错综复杂的。今天依然如此，而且尽管女权主义者和各种其他团体努力进行了一些改革，很可能将来会仍会如此。

甚至粗略地瞟一眼历史，就能看出女人与战争绝对是密不可分的。这主要不是因为她们在战斗中积极地发挥着作用，尽管时而能够看到的确有一些妇女亲身投入战斗，或者女扮男装（主要在 18 世纪），或者公开参战（这种情况更少见）。这也不是因为她们或者像在今天的发达国家军队那样穿上军服，或者不穿军服，做随军杂务工作，她们通常是协助男人，在后勤、行政、运输、医疗、情报等方面贡献力量。无论以哪种身份，妇女所做的都是模仿男人、做男人的代理人。在后一种情况下，她们有时能够使更多的男人到前线去，做战争的实际工作——战斗。这点已由她们的低地位、低薪水和有限的提升机会反映了出来。实际上，军队招募女兵的原因之一就是，与男人相比，她们的成本较低。

相反，当女人作为女人时，她们对男人，尤其是上阵厮杀的男人的影响，是不可估量的。"拿着你的盾牌回来，或者躺在上面回来"，是一位斯巴达母亲对她即将奔赴战场的儿子的告别词。有一次，普鲁士手下的士兵从战斗中逃跑，被波斯女人们称为"可耻的胆小鬼"，她们还掀起裙子来强调这点。我们听说，世界上一些其他文明，如南非的祖鲁人，也发生过类似的故事。纵观历史，有无数心怀挂虑的妇女向她们即将开赴前线的男人赠送照片、护身符、衣服（包括贴身内衣）及其他礼物。1914 年，英国妇女向躲避兵役的人分发白羽毛，并告诉他们："我们不想失去你们，但我们认为你应该去。""上来，进来"，本是召唤信众进入犹太会堂读《律法书》的犹太传统祝福语，经过暧昧的改造，据说成了以色列妇女迎接她们从 1973 年战争中归来的丈夫的欢迎词。

无论在现实中还是在小说里，都是女人在大声疾呼她们的男人保护她们，防御淫邪的男性敌人的恶毒用心。无论在现实中还是小说里，发动战争最重要的目的之一，经常就是拯救女人。因此，当男人们穿上华丽的军装，拿起武器，排好队列，奔赴战场时，是女人在为他们欢呼；当他们战斗时，是女人在为他们祈祷；当他们凯旋时，是女人来迎接他们、拥抱他们；当他们战败但又不再逃跑时，是女人来安慰他们；当他们负伤时，是女人来为他们包扎（得到女人的照料，比由男人来照料，要好多少呀）；而当他们战死时，作为最后的恩惠，也是女人来悼念和埋葬他们。战争的胜利者肯定不会放过失败一方的女人。顺便说一句，在这种情况下女性的团结是没有意义的。失败者的女人可能被当成战利品，遭受各种暴行和凌辱，最严重的是强奸和杀害（或者两者兼而有之）。

不守规矩的女人，如拒绝悼念她们死去的男人或很快就找到新伴侣的女人，不仅会遭到男人也会遭到其他女人的唾弃。越轨的女人，如自愿陪伴敌人者，会遭到己方的惩罚，很可能是极其严厉的惩罚。奥德修斯历险归来，报复了珀涅罗珀（Penelope）的求婚者们后，立刻吊死了 12 名与求婚者们睡觉的女仆，"就像画眉和鸽子落入了罗网一样"。在第二次世界大战结束后刚刚解放的欧洲，曾与德国士兵交往的女人经常被剪去头发游街。在伊拉克，在阿富汗，任何胆敢与外国占领军士兵走得太近的妇女，都等于签下了自己的死刑判决书。

简单地说，如果没有两性之间的紧张状态，战争几乎是不可想象的。实际上，很可能是毫无意义的。没有前途的男人——换言之，没有女人和后代的男人——没有什么理由为荣誉或财产相互厮杀，或者会很快结束争斗。

对战争适用的，对其文化也适用。除了其他因素外，男人创造出战争文化，一个极其重要的原因是要使他们军事上的荣耀给女人留下深刻印象。假如这种文化不能像吸引男人一样吸引女人，男人也不会为此去花费那么大力气。如果不是让女人激动和钦慕，闪亮的武器、成套的盔甲、脸上和身上画的图案、高高的冠饰、华美的紧身军服、剑客的搏斗、骑士的比武大会、阅兵式、分列式、胜利庆典、纪念碑，诸如此类，还有什么用？多年前我曾在圣迭戈出席过美国海军陆战队的一个典礼，其中有一些炫耀他们技艺的危险动作，观众中有他们的女性亲属和朋友，她们中的一些人紧张得直咬手指。女人对战争及其文化的重要性，无论怎么强调都不过分——而这一点，如贺拉斯（Horace）①所说的，"早在特洛伊的海伦出生之前"，就已是如此了。

　　在12世纪的法国史诗《拉乌尔·德康布雷》（*Raoul de Cambrai*）中，主人公贝尼耶（Bernier）闪亮登场后，他的钦慕者伯尼斯（Bernice）惊呼道："做这样一位骑士的恋人或未婚妻，该有多么幸运呀！"塑造了伯尼斯这个人物并让她说出了这样的话的，是一个男人。然而，女人也赞同他的做法。在人类历史上迄今最大的那场战争结束后不久，英国女权主义者弗吉妮亚·吴尔夫（Virginia Woolf）就像所有其他人一样表明了这点。她说："所有这些世纪以来，女人一直就在起着具有神奇而怡人的力量的放大镜的作用，把男人的实际身材放大了一倍。"如果不是这种力量，"也许地球上仍然是只有沼泽和森林。我们的所有战争的荣耀也都不为人知……镜子对所有暴力行为和英雄行为都是必不可少的。"

　　相当多的女权主义者都坚称，战争，当然也包括其文化，是典型的邪恶的男性产物，（据说）对于女人"真正的"本性是没有吸引力的。因此，努力参加战争的女人是她们性别的叛徒。她们应当做的是远离战争，尽可能地抵制战争。然而，现实却要复杂得多。看看下面这段文字，这是一位美国陆军妇女辅助队（简称WAAC）成员在第二次世界大战当中所写的：

---

① 公元前65~前8，古罗马诗人。——译注

没有女人，就没有战争。 图为 1918 年在巴勒斯坦，
身穿节日盛装的犹太妇女同她们即将远行的男人告别。

　　我们全部 800 人列队行进在阅兵场上，即将接受费丝上校的检
阅。我们当然全神贯注于左右的同伴。走过检阅台时，我们精神抖
擞地一甩头，我真奇怪居然没有人像保龄球一样滚下来。所有这些

　　　　　　　　　　　　　　　战争的文化

身段优美、热情洋溢的女人排着整齐的队列行进，乐队在演奏，阳光很明媚，这真是我迄今最美妙的经历。作为与你本人相比无限之大的某种事物的一部分，再没有什么能赶得上这样的感觉了。①

不过女人是否像众多男人那样喜欢战争和战斗呢？根据事实判断，女人一旦过了青春期，就极少有人再参加任何形式的战争游戏了（包括那些不需要体力的游戏，例如电脑游戏）。即使受到邀请，她们也大多会拒绝。我本人曾研究过一些亲身参加了战斗，而不是仅仅做战地服务工作或者作壁上观的女人所写的书，结果也没有发现她们发出男人们经常会发出的一些声音。相反，这些女人往往会强调她们在抛弃了女人的角色，承担了通常由男人承担的角色后所遭遇的困难。

以娜杰日达·杜罗娃（Nadezhda Durova）的《少女骑兵》（*Cavalry Maiden*）为例。作者是一位俄国贵族小姐。大约 27 岁，她离家出走，参加了沙皇军队，抗击拿破仑——作为女人，她觉得军队使她享受到比家庭生活大得多的自由。在退役很久之后她才开始了写作，但仍经常描述遭遇有多么"可怕"。战争和战斗无疑让她感到刺激，甚至是狂喜，但她通常的反应似乎仍是担忧和恐惧。纵观全书，她没有一次表示说自己喜欢战争。

极少有女人喜欢战争，或至少是没人表示自己喜欢战争，也许真正的原因是有一个难言之隐。战争和阳刚之气是相互促进的，因此英勇善战的人一向为男人所羡慕，为女人所迷恋。西蒙娜·德·波伏瓦（Simone de Beauvoir）曾描述过这样的情景。1940 年，德国军队（她没忘了说一句，他们打扮得"非常华丽、整洁"）刚一占领巴黎，就被职业和业余的妓女包围了。1945 年，盟军先是占领了西欧，继而攻入了德国本土，也发生了同样的情况。这样的事例还不胜枚举。曾有一位以色列妇女，凝视着她那些手持武器的男同胞们，心想他们简直是"神"②。

---

① E. R. Pollock, *Yes Ma'am*；*The Personal Papers of a WAAC Private*, Philadelphia, Lippincott, 1993, p. 31.

② Quoted in U. Ben Eliezer and J. Robbins, "Gender Inequality and Cultural Militarism" [Hebrew], in Gor, ed., *The Militarization of Education*, p. 266.

而对于女人来说，情况却正相反。她们的外表或行为越是像武功高强的斗士，也就越难以保持女性特质，也就越无法吸引男人。因此，正像本书此前的一章所论述过的，人们会让出现在文学作品或影视屏幕上的战斗妇女尽可能地具备女性特质，而全然不顾现实生活中根本不可能有这样的人物，这样男性，尤其是年轻男性，才会愿意读她们的历险故事，看她们的打斗行动，玩有她们参与的电脑游戏。本人就以沉溺女色而著称，深谙此道的卢梭一语中的："女士，你越是想像我们一样，我们就越不喜欢你。"

这种情况也不能全怪"大男子主义"。许多男人都会觉得战斗中的女人非常可爱——例如，第二次世界大战时期专门为诸如《先生》（Esquire）等一些男性杂志作画的画家阿尔贝托·瓦尔加斯（Alberto Vargas），画过一些穿着高跟鞋、短裤、开领军装，俏皮地歪戴着军帽的女性形象。女人们对这一情况的了解至少不比男性差，却对这样的形象不大感兴趣。相对于每一名出现在《时尚》（Vogue）、《世界主义者》（Cosmopolitan）或《嘉人》（Marie Claire）之类的杂志封面上的穿军装的女性，都有上千名不穿军装的漂亮模特或演员登上这些杂志的封面。这类杂志都是由女性编辑的，只能更加说明问题。她们的这种态度，至少会阻止一部分原本喜爱军装甚至喜爱军事的女人像男人一样表达自己的爱好。因此，有关她们的天生特性的这个问题仍然是没有定论的。

然而，在与这个话题有关的其他方面，男人和女人的确不同。首先，从身体上讲，女人比男人弱小得多，也更易遭受打击——在涉及像战争这样身体的健壮程度、力量和耐力一向并且还将继续承担至关重要的作用的活动时，这是一个不能也不应忽略的事实。两性之间最重要的差异也许可以概括如下：女人平均要比男人矮五英寸左右。她们的全身力量平均只有男人的72%，上身力量平均只有男人的55%。女人的关节也与男人构造不同。这使得她们不如男人更擅长于爬、跳、跑和投掷等活动。骨骼的细小，尤其是颅骨和胫骨，使得她们在受到打或压时也比男人更容易受伤。

女人较弱的身体构造意味着她们对感染的抵抗力不及男人，因而

战争的文化

不如男人更能适应战地的污秽和生活。她们敏感的胸部会随着年龄的增长而变得越来越大，因而要求有特殊的保护，这便妨碍了她们进行某些运动。当接近敌人时，女人较短的胳膊和腿也会为她们带来不利。较小的肺意味着她们在所有的有氧活动中都无法与男人抗衡。实际上，20岁的女人的有氧运动能力相当于50岁的男人。而且，男性的肌肉构造也与女性不同。其结果便是，一段时间的高强度训练，不仅不会缩小两性间的差距，反而会进一步扩大之。自大约1970年以来，男性和女性在跑步时间上的差距在缩小，但这只能说明以前女性的起点有多么低。最后，女人和男人一样，都能够迫使自己，或者被迫，在身体方面付出远远超出自己平素能力的努力。然而，对于女人来说，长期这样做的后果很可能是导致骨质疏松、闭经和不孕不育。

考虑到两性间的身体差异，设计一套训练课程，既要让两性成员在同等基础上为战争做好准备，又要确保他们心甘情愿地参加这种训练，几乎是不可能的。让女人进行同男人同等艰苦标准的训练，无论是匍匐、奔跑还是负重行军（或者哪怕仅仅是在她们行军后不能洗澡），其结果便会是相当高比例的女学员受伤、退出和/或不及格。因此，在加拿大的一项实验中，每100名参加步兵训练的女人中，只有一名能坚持到全部训练课程结束并及格。在以色列，能够从步兵学校毕业的女学员数量实在太少，以致不得不思考在这方面投入的资源是否合算。而如果反过来，让男学员以女性的标准进行训练，那么最终他就会像没有接受过任何训练一样。更加糟糕的是，训练课程如果不能体现出挑战性，不仅不能增强学员的自信心，很可能还会使学员们漠然视之，导致士气低落。此外，还有一条坏处：课程越不艰苦，就越不能促使学员冲击自己的极限，也就越不能用作优胜劣汰的手段。

当然，有可能设计出一个体系，开始先估量男学员和女学员的相对能力，然后再把他们按性别分开，让他们按照自己的身体能够承受的标准进行训练。这种办法的一个坏处是，不是调查女性学员在战斗中必须做什么并依此设计课程，从而让她们尽可能充分地为战斗做好准备，而是只考虑她们的自身能力。这种办法忽略了任何训练都不及真实的战争艰苦这一事实——而且在战争中，训练不充分的代价就是不必要的损失。因此这样做不仅仅是错误，无论对于整个军队还是对于其中的女兵来说，都是犯罪。

这种办法还有一个坏处，就是让男学员在与女学员同样所得的情况下训练得更艰苦。例如，他们不得不跑 5 英里，而不是像女学员那样只跑 3 英里；不得不在 45 分钟内完成一个训练项目，而不是像女学员那样可以用 1 小时；不得不翻过 7 英尺的墙，而不是像女学员那样只须翻 5 英尺的墙；不得不将手榴弹投出 60 码外，而不是像女学员那样只投 35 码就可以了；他们行军时背的背包也比女学员的要重上一倍。在训练艰苦得多的情况下，男学员们就会问，这有什么意义？女学员的标准要低得多，却能得到与他们相同的学分，最终能够同他们在同样的单位做同样的工作，获得同样的薪水和同等的待遇。

一些军校试图通过隐瞒这些差异来解决问题——例如，让男女学员用看上去一样但却是不同物质制成因而重量不同的手榴弹进行训练，或者让男女学员跑不同的道路（男学员的长，女学员的短）但却有同样的起点和终点。这些办法都是建筑在男学员比较愚蠢的基础上的——因此往往会使他们更加不快更加不满。只要达标的女学员数量不够标准水平，如不到 10% 或 15%，就要求男学员无论是否情愿，都要帮她们完成项目，以使训练继续进行。然而，这样的结果不可避免地又会是影响士气。

还有一种非常现实的情况会导致困难进一步加剧，就是可用的设施往往不足，必须做出妥协。当这种情况发生时，无论是住房、洗浴设施，还是食堂之类，本来训练就更加辛苦的男学员，不可避免地又要吃亏。世界上还不存在一支会优先选择女人而不是男人的军队，假如有这样的军队，那么毫无疑问首先会遭到女学员及其平民家属和支持者的怒吼和抗议。所有这些问题，便是有史以来接受军事训练的男人和女人极少住在一起或共同进行身体训练（甚至极少让女人公开训练）的原因。相反，当男女需要共同训练时，如朝鲜等国家举行的大阅兵，其目的并非展示女学员的技艺和能力，而仅仅是起装饰作用。

当训练的是一支团队而不是个人时，情况又更复杂了。任何团队的实力都是由其最弱的成员决定的。假如团队中插进一名女学员，除非她是真正的亚马孙战士（实验证明，只有比例极小的女人能够跟得上哪怕是最弱小的男人的训练强度），否则她就会成为拖后腿的人，迫使她的男性战友付出更多的艰辛来弥补她的弱点和缺陷。大多数时间，这些拖后腿的人只会带来些小小的麻烦。如在 1991 年的海湾战争中，每当要拔营转移，装卸弹药时，男性的美国大兵总得帮助他们的女战友。然而，在某些情况下，当男兵不得不保护和照料女兵，从而不能全神贯注于任务时，也有可能会给女兵和男兵都带来生命危险。

在这样的情况下女兵自己也不好受。在执行各种任务时总是落在最后一名，或者总得要求特免，再或总得要求男兵帮助。如果她不能适当地表达谢意，就会被抛弃，甚至还会有人故意使坏。女兵的数量越小，男兵接触周围平民中女性的机会越少，部队中解决异性相吸问题的压力就越大。在驻伊拉克的美军部队中，这个问题有时达到了极其严重的程度，一些女兵忙于抵御男性战友的挑逗，竟至根本无法遂行任务了。

最后，在全世界所有军队中，都不可避免地会有一些要求教官与学员之间，以及学员相互之间有身体接触的训练项目。例如：选手搏斗；诸如用绷带包扎、心脏按摩、口对口人工呼吸等医疗项目；抬伤员撤退；通过模拟的拷打锻炼学员的忍耐力，等等。如果要求男女之间相互触碰，则必然会产生当今的人们称为性骚扰，以前的人们称为耍流氓之类的投诉。如果要求他们保持距离，则训练就会沦落为脱离实际的荒唐仪式。这样的仪式，就像精心编排的芭蕾舞，实际上在美国和许多现代国家的军队中都能看到。

我们知道，战争文化的相当大一部分出自并存在于考验未来勇士，让他们为战斗甚至是牺牲做好准备的机构和程序。这一体系如此利害攸关，在任何情况下，都不应是不公平的，或者被认为是不公平的。如果是这样，那它几乎可以肯定必将垮掉。这样的文化不仅不会受到钦慕和珍爱，反而会受到厌恶和憎恨；不仅不会产生凝聚力和战斗力，反而会妨碍其形成。的确，即使在最好的条件下，维护公平都是很难做到的。但是，如果男女像许多种类的军事训练那样密切地混合在一起，维护公平就几乎是不可能的。

公平难以维持，可能还有一个更重要的原因。开天辟地以来，在所有已知的社会里，被认为适于男人做的事情，都被认为对女人来说太难了。与此同时，被认为适于女人做的事情，都被认为对于男人来说太容易了。如事实所证明的，不单是在干力气活儿时，在对男女分别进行处罚时，这种观点也大行其是。人们普遍认为，如果斥骂一个男人，他一般会接受的，而斥骂女人却不行。这一不对称，便是一些极强的女强人，如以色列前总理果尔达·梅厄或印度前总理英迪拉·甘地（Indira Gandhi），被称为男人——两人的确都曾如此——是一种赞扬（尽管这种赞扬会在她们寻找丈夫时给她们造成些麻烦）的原因。但是如果一个男人被称为女人，那就代表着恐怕最严重的羞辱。

这种不对称对于男人和女人都有重要影响。如世界上最著名的女人类学家玛格丽特·米德（Margaret Mead）所说的，在所有的社会里，男人和女人都把男人的成就估量得比女人高得多。如荷兰诗人沙瓦·温伯格所说的，假如男人也有月经，那么卫生巾都会看上去又大又惊人。男人因为害怕被视为女人，被迫花相当大一部分精力来确保女人不要超过他们。如果做不到这点——比如女人大量进入某一男人的领域，就会发生这种情况——那么男人开始离开这一领域就只是个时间问题了。一旦这种情况发生，这个领域的社会地位就会开始下降。其所能提供的经济报酬及其对优秀人才的吸引力也会下降。反之亦然。例如，自大约1970年起，诸如烹调等行业因男人的加入而声望大增，结果从长期不大引人注目的女性节目和女性杂志中跻身主流媒体，得到了相当大的关注。

该怎样解释上述变化进程呢？显然它们与男人力气大有些关系；然而，鉴于这样的情况也同样出现在一些与力气无关的领域，例如下象棋（实际上所有杰出的象棋选手都是男人），这绝对不是最终答案。也许更好的解释是：鉴于男人能产生比女人多得多的后继者，从进化的观点看，他们的生命远不如女人珍贵。在任何特定的人类群体中，无论是因为战争还是因为其他原因，男人死亡的比例都会大得多。然而，除非是真正的灾难，剩余的人几乎总是能生育出与现有比例差不多的女人。如果有足够的食品又没有永恒的敌人，两性的比例最终能够得到恢复，群体的生存是没有危险的。实际上，还是从进化的观点来看，即使有永恒的敌人，群体的生存也没有危险。敌人杀死了男人，会占有女人，或者收养她们的孩子，或者与她们再生出更多的孩子。

无论放眼何方，社会对女人生命赋予的价值，都显然要高得多。在所有已知的社会，暴力犯罪致死的女人都比男人要少得多——这点很说明问题，因为这样的暴力本身大多是男人与男人的对决。社会对女性犯罪的宽容度也高于男性。在美国，被判死刑的女杀人犯，是男杀人犯的八分之一。而最终被执行者的差距就更大了。鉴于从事危险职业的女人比男人要少得多，她们遭遇的事故也少得多。然而，最大的差距还体现在电影中。银幕上每有一个女人丧命，就相应会有大约200个男人遭遇同样下场。然而甚至这一数字都还不足以说明两性间的差异。在电影中，除非一个女性人物邪恶至极，她的死几乎总是被表现为悲剧。相反，男人遭遇同样的命运则往往是为取悦观众。

不仅是男人的生命在与女人相比时被看轻，男性的荷尔蒙，如睾酮，也使得他们更易于采取进攻性、武断性和竞争性的行为。这些事实非常关键。它们解释了男人为什么在几乎一切领域都倾向于冒险，包括许多与战争和力量无关的领域，如投资、赌博，甚至是在考试中做多项选择题时。就其本身而言，冒险行为需要勇气，而勇气一向被认为或许是人类最伟大的品质——不仅男人钦佩，女人也同样钦佩。

这些想法也许能最终解决玛格丽特·米德等很多人提出，但却鲜有人试图解答的一个大难题：为什么在所有已知的社会里，男人都能随心所欲地收获如此不成比例的荣耀。男人做的许多事情（有人会说，包括发动战争）都是完全没有理性的：例如极限体育运动，如最危险的登山、赛马、赛车、高台跳雪和激流漂流等等。这些领域都鲜有妇女涉足。重要的不是这些事情本身，而是男人着手做这些事情的方式，或者也许仅仅是看得见的方式。只要他们没有悲惨地失败，他们越是鲁莽地追求自己的目标，收获的掌声也就越大。

实际上，假如成功的几率不高，而事业又很崇高，纵使失败也能赢得光环。勇敢本身是一项极大的美德。就连电影《火车大劫案》

（*Great Train Robbery*）中的歹徒都博得了一定的公众同情。当勇敢不是为了自己，而是为了他人的利益而表现出来时，人们会说这是自我牺牲，有时会成为真正高尚的品质。在平民生活中，一个典型的例子是冲进燃烧的房屋抢救儿童却献出了自己生命的消防队员（女消防队员基本上是不存在的）。男人对社会生存的重要性远不及女人这一事实，意味着人们经常寄希望于男人牺牲自己的生命来做这样的事情。而且，一个牺牲了自己的生命拯救了女人的男人会受到敬仰。相反，一个允许女人为救自己而死的男人则必定遭到蔑视。在一些动物中，也能看到在面对猛兽时，雄性会选择自我牺牲，如斑马和狒狒。

在所有的人类活动中，战争实际上是唯一一项人们——几乎全部是男人——被强令参加的活动，即使这意味着他们有可能丧命。如果他们逃避或拒绝，就会因为怯懦而受到审判、惩罚，也许还会被处死。罗马人的什一斩——通过抽签的形式处死逃兵中的十分之一——就以这种规矩中最严厉者而著称。但它绝非绝无仅有的。在第二次世界大战中，单是苏联红军就因这种行为而处决了成千上万人（但基本上没有女人）。战争文化创立并代代相传，就是为了让男人做好牺牲准备，同时又奖励他们的冒险精神的。由于女人拥有生育孩子和照顾孩子的生理机能，很少会有人要求她们与男人平等地分享战争文化，更不会下这样的命令。牺牲女人的生命，代表着高度的邪恶，会直接导致战争文化的崩溃。

如果很少出现在实际中，但至少在理论上，有可能想象某些疯狂的独裁者会粗暴地无视这些问题。她或他的出发点也许只是想尽可能地扩大可用的兵力，但可能也会出现一些极端版的"男女平等"，坚决要证明男人能做的一切，女人也都能做。不管是怎样，她或他将像征召男臣民入伍一样征召女臣民（你也许会问，连做了母亲的女人也征召吗？难道不是有很多女权主义者都声称男人能够像女人一样照顾孩子吗？）。接下去她或他会训练男女士兵，或者分开训练，或者一起训练；或者以不同的标准，或者以同样的标准。除了所有其他考虑之外，男军人管理女军人，与女军人管理男军人，都同样是正常的。男女军人都将完全根据其被证实的才能分配任务，获得提升和奖励。不管你喜欢不喜欢，在这一过程中，根本不会注意社会是不会平等地评价男人和女人的成就这一事实的，因此这样做的结果就是羞辱男人。

继而，在作为训练的一部分，向男兵和女兵同样灌输了战争文化后，我们的独裁者会命令他们在同样的条件下投入战斗。在同样地牺牲了他们之后，她或他又会同样地奖励生存者的英雄行为和取得的胜利。然而，她或他也会同样地惩罚生存者——例如，把逃兵送进存活机会微乎其微的惩戒营，或者直接送到同样由男女组成的行刑队之前。当然，任何试图这样行事的军队，或者会看到大量女兵在训练中受伤，从而使训练产生反效果；或者被迫使用大批训练不足，并且满腹怨气的男兵和女兵。作为群体，他们不待进入枪炮射程之内，就会分崩离析。

不可避免地，这样的安排导致的女性伤亡，必将远远大于哪怕最"先进"的西方军队迄今遭遇过的情况。也许这就是20世纪70年代哪怕最激进的女权主义乌托邦都没有提出，更不用说要求任何此类事情的原因了：假如承诺像男人一样行事，像男人一样受到严厉对待的回报是像男人一样经常丧命，你就别想拥有支持者，尤其是女性支持者了。这类情况即使有，也非常极端，只能出现在诸如这样垂死挣扎的时刻：被围困的城市城门受到猛攻，城墙被炸开裂隙，城内已满是残垣断壁。即便如此，站在屋顶上掷击下面敌人的妇女们，也都是在绝望之下自愿参战的，而不是因为有什么组织命令她们这样做。

当今时代，当然是在"先进"的西方国家，很容易想象的是相反的情况——然而，却会导致同样的结果。请想象一个承平已久的社会，女性成员尤其认为战争及其文化都已没有任何存在必要。当男人们精心打扮后，迈着整齐的步伐，高呼着口号行进时，女人们不是鼓掌欢呼，而是嗤之以鼻。她们向他们的军服吐唾沫，撕掉他们的装饰品。她们嘲笑他们的军帽，并且——"越战"时期我的一位朋友千真万确地遭遇过这种情况——告诉他们，她们但愿这些当兵的都被杀死。

一些更为积极的女权主义者还会更进一步。像阿里斯托芬笔下的利西翠姐一样，她们不仅排斥战争文化，还排斥有史以来作为战争文

对战争最有效的消解药是女人的嘲笑。图为利西翠妲。

化的创建者、传播者和受益者的军人。一旦这样的女权主义者当道，
战争文化——军旗、徽章、军乐，以及纪念碑——就会从街上移除，
送进军营。又会从军营退入博物馆，再从博物馆退入无人问津，几乎
要被遗忘的地下室，最终在那里变成一堆覆满尘土的废物。随着战
争文化衰落，这类女权主义者又会进一步得势，由此开始一个恶性
循环。

　　女人对于战争文化，并通过战争文化对于战争本身，一向是绝对
不可或缺的。正是由于这个原因，趋向女权主义的女性，会以两种不
同的方式对战争文化产生破坏性的影响。一种是循利西翠妲之例，反
对战争文化，摒弃战争文化，以及最恶劣的，嘲笑战争文化。另一种
几乎同样恶劣，是向军队施加压力，要他们招入过多的妇女，并让这

些妇女占据过多的重要职位——简而言之，就是要模仿男人。无论是哪种情况，战争文化都将不得不失去女性"芬芳的力量"的反射和放大作用。结果，它就必将像纸牌搭成的房子一样垮掉——而随之垮掉的，则是当战争来临时进行战斗和打赢战争的能力。

结论：巨大的悖论

　　理论上讲，战争只不过是为达到目的而使用的一种手段，是一种通过杀死敌人、击伤敌人或以其他手段使敌人丧失战斗力，从而服务于一个集团的利益的行动——如果说非常残酷，却是理性的。但在实际上，任何论断都不能超越事实。战争，尤其是战斗，是我们人类可以从事的最令人激动，最令人感到刺激，能使其他一切都黯然失色的活动之一。在太多的情况下，这种激动和刺激都能转化为纯粹的快乐。单是这一事实就——或者应当——足以使战争超越于克劳塞维茨及其众多"现实主义"的信徒所建造的功利性王国之上，进入文化的领域。实际上，正如我的朋友爱德华·勒特韦克所说的，如果战争不令人愉快，那么一定是发动战争的目的实在太错误了。

　　战争最为激动人心，原因显然是：这是生死搏斗。战争是罕有的人类——几乎全部是男人——故意去找死的活动之一，是唯一他们在这样做时还要拉上一个像自己一样强壮，像自己一样聪明的对手的活动。他们会接受可能违背自己的意愿，拿自己的生命冒险的命令，而如果不服从命令则会遭到最严厉的惩罚。这些事实都反映在战争的文化中。的确，战争文化在很大程度上是为了征服人类对死亡的恐惧，才在数千年前创造出来，并一直维系至今的。

　　战争文化是像参加过战斗的人经常认为的那样，属于战争的"精髓"；还是像众多防卫官员和学院派战略家们认为的，只是装饰性的附属物，这里不予讨论。有一种说法声称，战争的真正精髓是战斗，战斗既没有规则也没有任何其他类型的文化，用克劳塞维茨的话说，战斗之于战争恰如现金支付之于商业，这也许不错。但是，一篇只关注现金支付而忽略其他一切的商业论文（假使可能写出的话），不仅是毫无意义的，也是无法理解的。这就好比说柜子的精髓是由装各种物体的空间构成的一样。这种说法尽管从技术上说是正确的，但却忽略了一个事实，是侧板、后板、门和搁架创造了这一空间并为其限定了边界。

虽然战争文化的明显功能是使人视死如归，甚至慷慨赴死，但除非它不被理解为达到目的的手段，而是被理解为目的本身，才能有此效果。那些为鹰旗而献身的人们非常清楚那只是一种凶恶的鸟的形象，涂上了各种颜色，放在了旗杆上。一位在讲话之前要求奏响军乐，检阅部队，或者为阵亡战友举行纪念仪式的司令官，假如告诉听众或参加者他的目的是想让他们为战斗"振奋起来"，那他得到的只能是嘲笑和/或蔑视。因此现实和虚饰是掺和的。战争文化如果想有任何用处，就必须是无用的。这便是本章标题所指的巨大的悖论。

实际上，"理解"这个词因为强调的是领悟力，也许本身就是个错误的选择。部分上因为战争展示的是全然的恐怖，部分上因为战争包含着与本身也有自由意志，其行动经常无法预测的敌人的冲突，战争有着滑向无法控制的严重伤害的固有趋势，也就是喜好委婉的现代战略术语所说的"升级"、"不充分信息"和"摩擦"之类。为了防止这些情况发生，或者在其发生后将其影响降至最低，只让战争文化被理解是不够的，必须要让战士感觉、体验战争文化，使战争文化融入其灵魂中，达到使战争文化的领受者们凝聚成不可分割的一体的地步。

所有这一切解释了为什么武器、组织、战术、战略及其他所有与战争相关的事物都发生了变化，往往还是急剧的变化，而植根于人类心理中的战争文化，却在很大程度上没有变化。在某种意义上，战争文化越是古老就越好，因为时间使它披上了一层无法人为制造也无法轻易替代的古色。当其他条件均等时，战争文化中的任何要素越是珍贵，其影响也就越大。无疑，这便是那些要素往往被盲目而愚蠢地固守，以致甚而起到反作用的一个原因。

我们了解过去，无论我们是否愿意，都必须接受之。但该如何对待现在和未来呢？人类是否已达到，或者将能达到这样的地步：终于可以长舒一口气，摒弃战争文化（以及战争本身），一心一意地过舒服日子呢？有些人是这样认为的。他们还希望利用这一机会，将"军国主义"社会连同其他一切坏东西一起消灭。

我个人对此是深表怀疑的。的确，考虑到地球上人口的增长和越来越多的资源落到了最强大的政治实体手中，自1945年以来，战争在逐步减少。然而，这种减少绝非人心变化的结果，更不用说是人类这种动物本性改变的结果了。无论我们回顾多么遥远的历史，都总能看到有一些人在为和平事业大声疾呼。然而这个好战的世界似乎对他们的言辞和手势一向是无动于衷。那些和平的斗士们，经常做不到不顾一切地坚守信念，往往最终都会去为他们认为正义的事业鼓吹战争。还有一些人做和平主义者，只是因为他们深知真到了危急关头，自会有他们的同胞替他们干脏活的。就的确发生的些许变化而言，那几乎完全是因为恐惧核屠杀将战争的最终目的——胜利——变得毫无意义。

尽管这种恐惧使得世界上最强大的那些政治实体不再像以前那样相互厮杀了，却几乎丝毫无力阻止较小一些的实体大动干戈。例如朝鲜，例如比夫拉①，例如越南。例如1971年的印度—巴基斯坦战争；例如伊朗和伊拉克的八年战争；例如前南斯拉夫，例如安哥拉，例如莫桑比克；例如苏联侵略阿富汗；例如哥伦比亚，例如卢旺达，例如苏丹。需要对这些战争负责的团体和军队，并不都有最严密的组织和最精良的武器。但这一事实并没有妨碍他们像他们那些更大更强、装备更好的前辈们那样行为残暴，罪恶累累。

即使在发展中国家，即使在统治者和舆论界喜欢一味指责别国有"军国主义"倾向的许多国家，好战精神往往都不仅存在而且非常旺盛。假如需要证据的话，请看：人们喜欢读关于战争的书籍，看战争题材的电影，玩基于战争或模仿战争的游戏，每当别国有战争爆发，

---

① 位于尼日利亚东南部，1967年至1970年间尼日利亚政府和宣布独立的比夫拉地区之间曾发生一场惨烈内战，以比夫拉政府投降而告终。——译注

无论多么遥远多么与已无关，人们都会兴致勃勃。的确，这种源远流长的好战精神的某些表现完全是可以忽略不计的，并不是每个坐在扶手椅里的战略家都当真愿意挺身而出，搏命一战。然而，也有一些表现却不容小觑。它们表明雷神托尔的大锤尽管闲置已久，却并没有被人遗忘。一旦形势需要，仍会被一只坚强有力的大手拿起。

300年前的中国将军和兵法家孙膑说得好："国虽大，好战必亡。"①但孙膑的另一句话也很对："兵者，百岁不一用，然不可一日忘也。"②任何人类活动的从事者，任何人类产品的制造者，如果在工作时能够乐此不疲，而非步履蹒跚，那么那项活动的效率一定更高，那件产品的质量一定更完善。那么，准备战争和发动战争怎么会例外呢？

如果要打仗，更不用说要打胜仗，就必须保持战争文化。假如环境不允许，或者假如事情做过了头，那么，如我们所看到的，就有可能出现四种情况。第一种是野蛮的乌合之众，一种没有纪律、没有凝聚力，只能在没有敌手的情况下打仗的团伙。第二种是没有灵魂的机器，由机器人而不是活生生的人组成。第三种是没有骨头的男人，在情况需要时既不能也不愿保卫自己的人。第四种是女权主义。像前三种一样，女权主义既是战争文化衰落的反映，也是促使这种衰落发生的因素之一。与前三种不同的是，女权主义是一柄双刃剑。当它要维护战争文化时，会有过多的女人参军并分享战争文化，而这与女人对战争文化嗤之以鼻，却是同样危险的。

像许多书一样，本书也将在它开始的地方结束。我既不是军队将领也不是防卫官员，在决定做一名学者，选择"沉思生活"时，我的目标一向不是为人们指点迷津，或者把这个世界解说得让人容易理

---

① 原文为 "However mighty the state, whoever takes pleasure in war will perish"。《孙膑兵法》中并无此语，此处可能系作者之误，这句中文见《司马法》。——译注

② 原文为 "though war may take place only once in a hundred years, it must be prepared for as if it could break out the very next day"。《孙膑兵法》中并无此语，此处可能系作者之误。这句中文见《鹖冠子》。——译注

解。在我即将结束本书时，像我开始这项研究计划时一样，我认为不能像有些人那样蔑视战争文化。相反，战争文化至少像我有可能选择的任何其他课题一样有趣，一样重要，一样值得研究。如果读者读到这里，能够产生同样的感受，那我就心满意足了。

战争的文化